अली सरदार जाफ़री

अली सरदार जाफ़री का जन्म 29 नवम्बर, 1913 को बलरामपुर, जिला–गोंडा, उत्तर प्रदेश में हुआ। उन्होंने पहले घर पर रहकर उर्दू-फ़ारसी और क़ुरआन मजीद की तालीम ली। फिर धार्मिक शिक्षा सुल्तानुल मदरसा, लखनऊ में। बलरामपुर लौटकर अंग्रेज़ी माध्यम से शिक्षा। अलीगढ़ मुस्लिम विश्वविद्यालय में दाख़िला। हड़ताल में हिस्सेदारी के चलते विश्वविद्यालय से निष्कासन। बाद में एंग्लो-अरेबिक कॉलेज, दिल्ली से स्नातक की उपाधि। लखनऊ विश्वविद्यालय से अंग्रेज़ी साहित्य में एम.ए. की अधूरी पढ़ाई।

आठ वृत्तचित्रों, धारावाहिकों का लेखन-निर्देशन। बाईस देशों की यात्राएँ। रवीन्द्रनाथ ठाकुर, महात्मा गांधी, जवाहरलाल नेहरू, मौलाना आज़ाद, सत्यजित राय, पाब्लो नेरूदा, शोलोखोव, पास्तरनाक, लुई अरागाँ, ख्रुश्चेव और पॉल राब्सन जैसी हस्तियों से मुलाक़ात-सोहबत। ज्ञानपीठ पुरस्कार समेत 21 पुरस्कारों से सम्मानित हुए।

उनकी प्रमुख कृतियाँ हैं—'परवाज़', 'ख़ून की कहानी', 'अम्न का सितारा', 'एशिया जाग उठा', 'पत्थर की दीवार', 'लहू पुकारता है' (कविता); 'नई दुनिया को सलाम', 'यह ख़ून किसका है', 'पैकार' (नाटक); 'मंज़िल' (कहानी); 'लखनऊ की पाँच रातें' (संस्मरण); 'तरक़्क़ीपसंद अदब', 'इक़बालशनासी', 'पैग़म्बराने-सुख़न', 'ग़ालिब का सूफ़ियाना ख़याल' (आलोचना); 'दीवान-ए-मीर', 'दीवान-ए-ग़ालिब', 'कबीर बानी' (सम्पादन)।

निधन : 1 अगस्त, 2000; मुम्बई।

दीवान-ए-ग़ालिब

अली सरदार जाफ़री

राजकमल पेपरबैक्स

पहला पुस्तकालय संस्करण
हिन्दुस्तानी बुक ट्रस्ट, मुम्बई द्वारा
1958 में प्रकाशित

राजकमल पेपरबैक्स में
पहला संस्करण : 1988
पच्चीसवाँ संस्करण : 2025

राजकमल पेपरबैक्स : उत्कृष्ट साहित्य के जनसुलभ संस्करण

राजकमल प्रकाशन प्रा.लि.
1-बी, नेताजी सुभाष मार्ग, दरियागंज
नई दिल्ली-110 002
द्वारा प्रकाशित

शाखाएँ : अशोक राजपथ, साइंस कॉलेज के सामने, पटना-800 006
पहली मंजिल, दरबारी बिल्डिंग, महात्मा गांधी मार्ग, प्रयागराज-211 001
1, अनमोल सोराबजी संतुक लेन, धोबी तलाव, मरीन लाइंस, मुम्बई-400 002
वेबसाइट : www.rajkamalprakashan.com
ई-मेल : info@rajkamalprakashan.com

विकास कंप्यूटर एंड प्रिंटर्स
ट्रॉनिका सिटी-201 102
द्वारा मुद्रित

मूल्य : ₹ 399

DEEVAN-E-GHALIB
Edited byAli Sardar Jafri

ISBN : 978-81-267-0527-6

भूमिका

मानव मस्तिष्क का विस्तार असीमित होने के बावुजूद एक व्यक्ति का मस्तिष्क कितना ही विशाल क्यों न हो फिर भी सीमित रहता है। बड़े-से-बड़ा कवि और चिन्तक भी इस नियम का अपवाद नहीं। लेकिन उसकी रचना, कविता या स्वप्न जिसे वह अपने व्यक्तित्व से अलग करके आईने की तरह दुनिया के सामने रख देता है, मानव-मस्तिष्क का असीमित विस्तार धारण कर लेता है। आनेवाली पीढ़ियों को हर पाठक अपनी बौद्धिक योग्यता और भावना की तीव्रता के अनुसार उस रचना में नए अर्थों और गुणों की वृद्धि कर देता है। अतःएव ग़ालिब या शेक्सपियर की एक पंक्ति हज़ार अवसरों पर हज़ार नए अर्थ पैदा कर सकती है। उसके दामन में इतना विस्तार होता है कि वह आनेवाली ज़िन्दगी की ख़ुशियों और ग़मों को समेट सके। इसको समालोचना की भाषा में साधारणीकरण, सर्व व्यापकता, और तहदारी के नाम दिए जाते हैं, जो भावनारहित और विचारशून्य शाब्दिक बाज़ीगरी से भिन्न है और केवल उस समय पैदा होती है जब कवि अपने युग पर हावी होने के साथ-साथ शब्दों के संगीत और उनके अर्थों के गुणों से भी भली-भाँति परिचित हो और उनको इस तरह छेड़ सके जैसे संगीतकार साज़ के तारों को छेड़ता है। साहित्य के लम्बे इतिहास में चन्द गिनी-चुनी विभूतियाँ इस स्तर पर पूरी उतरती हैं। ग़ालिब उनमें एक है।

ग़ालिब उर्दू का अत्यन्त लोकप्रिय कवि है, जिसे इक़बाल ने गेटे का समकक्ष माना है। गत सौ वर्षों में दीवान-ए-ग़ालिब के अनेक संस्करण प्रकाशित हुए हैं और असंख्य लेख लिखे गए हैं। हर समालोचक और पाठक ने अपनी रुचि और स्वभाव के अनुसार ग़ालिब के काव्य में गुंजाइश देखी। कभी प्रशंसा ने श्रद्धा का रूप धारण किया, कभी एक गम्भीर विश्लेषण का और कभी उस अतिशयोक्ति का जो कला का सुन्दर आभूषण है।

ग़ालिब का व्यक्तित्व अत्यन्त आकर्षक और सर्वव्यापी था। वंश के विचार से वह ऐबक तुर्क था जिसका दादा उसके जन्म (आगरा, 27 दिसम्बर, 1797) से

लगभग अर्धशताब्दि पूर्व समरक़न्द से हिन्दुस्तान आया था। इस ख़ान्दान ने ग़ालिब को "चौड़ा-चकला हाड़, लंबा क़द, सुडौल इकहरा जिस्म, भरे-भरे हाथ-पाँव, किताबी चेहरः, खड़ा नक़्शः चौड़ी पेशानी, घनी लम्बी पलकें और बड़ी-बड़ी बादामी आँखें और सुर्ख़-ओ-तुपैद रंग" दिया था। जिसमें मदिरा पान ने चम्पई कान्ति पैदा कर दी थी। ग़ालिब का स्वभाव ईरानी था, धार्मिक विश्वास 'अरबी, शिक्षा-दीक्षा और संस्कार हिन्दुस्तानी और भाषा उर्दू। बुद्धि की कुशाग्रता और काव्य-प्रतिभा जन्मसिद्ध थी और ज़िन्दादिली, विचार-स्वातंत्र्य और शिष्टाचार ने सोने पर सुहागे का काम किया, जिसके कारण लोग उसके अहं और अभिमान को भी सहन कर लेते थे। शे'र कहना बचपन से आरम्भ कर दिया था और पच्चीस वर्ष की आयु से पूर्व ही अपने कुछ उत्तम क़सीदे और ग़ज़लें कह ली थीं और तीस-बत्तीस वर्ष की आयु में कलकत्ते से दिल्ली तक एक हलचल मचा दी थी। शिक्षा के सम्बन्ध से काफ़ी जानकारी अब तक उपलब्ध नहीं हो सकी है लेकिन ग़ालिब अपने युग की प्रचलित विद्याओं का पंडित था और फ़ारसी भाषा, और साहित्य पर गहरी नज़र रखता था। और फिर जीवन का अध्ययन इतना व्यापक था कि उसने स्वयं लिखा है कि सत्तर वर्ष की आयु में जनसाधारण से नहीं जनविशेष से सत्तर हज़ार व्यक्ति नज़र से गुज़र चुके हैं। "मैं मानव नहीं हूँ , मानव-पारखी हूँ।" बादशाहों और धनवानों से लेकर मधुविक्रेताओं तक और दिल्ली के पंडितों और विद्वानों से लेकर अंग्रेज़ अधिकारियों तक असंख्य व्यक्ति ग़ालिब के निजी दोस्तों में थे। जवानी की रंगरलियों का ज़िक्र अनेक बार स्वयं किया है। नृत्य, संगीत, मदिरा, सौन्दर्योपासना, जुआ किसी वस्तु से विरक्ति प्रकट नहीं की। और जब बीस-पच्चीस वर्ष की आयु में रंगरलियों से दिल हट गया तो सूफ़ियों जैसा स्वतंत्र आचार-विचार अपनाया और हिन्दू , मुसलमान, ईसाई सबसे एक-सा व्यवहार किया। नमाज़ पढ़ी नहीं, रोज़ा रखा नहीं, शराब कभी छोड़ी नहीं। हमेशा स्वयं को गुनहगार कहा लेकिन ख़ुदा, रसूल और इस्लाम पर पूरा विश्वास था। चन्द चीज़ों का शौक़ हवस की हद तक था। विद्या और प्रतिष्ठा की लालसा एक तीव्र तृष्णा बनकर उम्र भर साथ रही। कड़वे करेले, इमली के खट्टे फूल, चने की दाल, अंगूर, आम, कबाब, शराब, मधुर राग और सुन्दर मुखड़े हमेशा दिल को खींचते रहे। यों तो ग़ालिब उम्र भर इन चीज़ों के लिए तरसता रहा लेकिन यदि कभी चन्द चीज़ें एक साथ जमा हो गईं तो उस वक़्त उसका दिमाग़ आस्मान पर पहुँच गया और उसने स्वयं को त्रिलोक का सम्राट समझ लिया।

चन्द घटनाएँ ग़ालिब के जीवन में बड़ी महत्वपूर्ण हैं। बचपन में अनाथ हो जाना, दिल्ली का निवास और कलकत्ते की यात्रा। और इनका प्रभाव उसके व्यक्तित्व

और काव्य पर बड़ा गहरा है। उसके प्रारम्भिक जीवन और शा'अिरी की बेराह-रवी प्रसिद्ध है। जो बच्चा पाँच वर्ष की आयु में पिता के वात्सल्य से वंचित हो गया हो और उपयुक्त तरबियत (शिक्षा-दीक्षा) न मिली हो, वह अपनी प्रतिभा और गुणों के आधार पर ही आगे बढ़ सकता था। और इसमें बेराह-रवी बड़ी महत्वपूर्ण मंज़िल है, जहाँ ठोकरें उस्ताद का काम करती हैं कहा जाता है कि मीर ने ग़ालिब की प्रारम्भिक शा'अिरी देखकर कहा था कि कोई योग्य उस्ताद मिल गया तो अच्छा शा'अिर बन जाएगा नहीं तो निरर्थक बकने लगेगा। एक ईरानी मुल्ला अब्दुस्समद (जिसका अस्तित्व संदिग्ध है) के सिवाय, जीवन के अनुभव ही ग़ालिब के उस्ताद रहे। ग़ालिब की प्रारम्भिक कठिन और उलझी हुई शा'अिरी पर, जिसके कुछ नमूने प्रस्तुत दीवान में भी बाक़ी रह गए हैं, जब आगरेवाले हँसे तो ग़ालिब के अहं ने उसकी कोई परवाह नहीं की। लेकिन शादी के बाद दिल्ली-निवास के दौरान में बड़े-बड़े विद्वानों और माने हुए कला-मर्मज्ञों के सम्पर्क में आने के बाद ग़ालिब उनकी राय की उपेक्षा न कर सका और पच्चीस वर्ष की आयु तक पहुँचते-पहुँचते रुचि सही शे'र की तरफ़ प्रवृत्त हो गई। अपनी जागीर और पेन्शन के सिलसिले में ग़ालिब को तीस वर्ष की आयु में (सन् 1827 ई.) कलकत्ते की जो यात्रा करनी पड़ी, वह उसके जीवन का बहुत बड़ा मोड़ है। वहाँ उसने केवल नए जीवन की झलकियाँ ही नहीं देखीं बल्कि अपनी असफलता के आईने में अपना मुँह भी देखा। इस प्रकार ग़ालिब ने मुग़ल संस्कृति की आख़री बहार और नई औद्योगिक संस्कृति के उभरते हुए चिन्ह और उनकी कैफ़ियतों को अपने व्यक्तित्व में समो लिया।

लेकिन इन सबसे बड़ी घटना जीवन भर की निर्धनता है, जिसने ग़ालिब को हमेशा बेचैन और व्याकुल रखा। अब न तो पूर्वजों की प्रतिष्ठा और वैभव बाक़ी था जिनके सम्बन्ध प्राचीन ईरानी बादशाहों से मिलते थे और न बू'अली सीना की विद्या सीने में थी। इसलिए ग़ालिब ने अपने क़लम को 'अलम (ध्वजा) बना लिया और पूर्वजों की टूटी हुई बर्छियों को क़लम (फ़ारसी से)। ज़िन्दगी ने ग़ालिब के साथ कुछ अच्छा व्यवहार नहीं किया और हमेशा उसकी रूह में रेगज़ार (मरुस्थल) ही उँडेले। लेकिन ग़ालिब की आत्मा ने जीवन को लालःज़ार (पुष्पोद्यान) प्रदान किए। उसके स्वभाव की यह उदारता उर्दू भाषा और साहित्य को मालामाल कर गई।

यह प्रश्न महत्वपूर्ण है कि ग़ालिब के सामने विश्व और जीवन के बारे में कोई दृष्टिकोण था या नहीं। वह किसी दर्शन विशेष का निर्माता नहीं है इसलिए उसके यहाँ व्यवस्थित विचार और सन्देश की खोज व्यर्थ होगी। लेकिन ग़ालिब की शा'अिरी में चिन्तन के तत्व और दार्शनिक प्रवृत्ति से इनकार नहीं किया जा सकता। इसलिए

रस्मी विचारों और ग़ज़ल के परम्परागत विषयों की पैदा की हुई विपरीतता के बावुजूद विश्व और मानव के सम्बन्ध में ग़ालिब की व्यापक प्रवृत्ति का अनुमान लगाना दिलचस्पी से ख़ाली नहीं है।

इसमें कोई संदेह नहीं कि उर्दू का यह महान कवि प्राचीन सूफ़ियाना विचारों से प्रभावित था, जो उसको अपने अध्ययन के 'अलावा फ़ारसी और उर्दू काव्य से वरसे में मिले थे। यह कहने के बाद भी कि "शा'अिर' को तसव्वुफ़ शोभा नहीं देता" ग़ालिब ने सृष्टि को समझने के लिए और धर्म के दिखावे से बचने के लिए तसव्वुफ़ के कुछ विचारों से सहायता ली और उन्हीं से अपनी स्वतंत्र और तीखी प्रकृति का प्रशिक्षण किया।

वह वहदत-ए-वुजूद (विश्वदेवतावाद, जगीश्वरवाद, यह विश्वास कि सृष्टि के अनेक रूपों में एक ही तत्व विद्यमान है) का माननेवाला था। उसने अपनी फ़ारसी मसनवी 'अब्र-ए-गुहरबार' में विश्व को चेतना-दर्पण (आईनः-ए-आगही) कहा है जो ब्रह्म-रूप (वजूहुल्लाह) के दर्शन का वातावरण है। न केवल यह कि मानव जिस दिशा में मुँह करता है, उस ओर 'वह ही वह' नज़र आता है बल्कि जिस मुँह को मानव चारों ओर मोड़ रहा है, वह ख़ुद 'उसी' का मुँह है। दूसरी जगह फ़ारसी गद्य में यह कहा है कि कण का अस्तित्व उसके अपने अहंकार (पिंदार) के अतिरिक्त कुछ नहीं, जो कुछ है परमसत्य के सूर्य का आलोक है। दरिया हर जगह बह रहा है और उसमें तरंग, बुलबुले और भँवर उभर रहे हैं। और 'हमः ऊस्त' (सब कुछ वही है) ही 'हमःऊस्त' है (ग़ज़ल 99, शे'र 6, 7; ग़ज़ल 163 शे'र 4, 5, 6, 7)।

चूँकि सृष्टि एक वहदत (एकत्व, अद्वैत) है और अस्लज़ात (ब्रह्म) नश्वर नहीं है इसलिए विश्व भी नश्वर नहीं हो सकता। ग़ालिब ने यह बात इतनी खुलकर कहीं नहीं कही है लेकिन अपनी फ़ारसी पुस्तक 'मेहर-ए-नीम रोज़' में यह विश्वास प्रकट किया है कि जगत का कोई बाह्य अस्तित्व नहीं है (या'नी ख़ुदा की ज़ात से अलग जगत की कल्पना केवल भ्रम है, "हर चन्द कहें कि है, नहीं है") इसलिए अनश्वरता, नश्वरता, नवीनता और पुरातनता का प्रश्न उत्पन्न नहीं होता। सिफ़ात (गुण) 'अैन-ए-ज़ात (स्वयंब्रह्म) हैं और आलोक सूर्य से अलग नहीं। क़यामत (प्रलय) के बाद नया आदम (मनु) पैदा होगा और एक आदम के बाद दूसरा आदम प्रकट होगा और संसार योंही चलता रहेगा। ग़ालिब के इस शे'र से भी इस विचार की पुष्टि होती है :

आराइश-ए-जमाल से फ़ारिग़ नहीं हनोज़
पेश ए-नज़र है आईनः दाइम निक़ाब में

(99-9)

यहीं से दूसरा प्रश्न उत्पन्न होता है। यदि विश्व ब्रह्म का प्रकाश है तो वे चीज़ें जिन्हें बदी, गुनाह, मुसीबत, तकलीफ़, दर्द और ग़म कहा जाता है, कहाँ से आई हैं, अन्तर्विरोध कहाँ से उभरते हैं। इसका बँधा-टका पुराना जवाब तो यह है कि आलोक ब्रह्म से जितना दूर होता जाता है, उतनी ही उसमें मलिनता (कसाफ़त) आती जाती है। किन्तु इस उत्तर की तार्किक कमज़ोरी यह है कि अन्तर ब्रह्म से अलग वस्तु बन जाता है और 'हमःऊस्त' के सर्वव्यापी घेर को तोड़ देता है।

ग़ालिब ने यह प्रश्न उठाया ज़रूर किन्तु इसका सन्तोषप्रद उत्तर न दे सका। स्वयं सूफ़ियों और दार्शनिकों से यह प्रश्न नहीं सँभल सका तो एक कवि से क्या आशा की जा सकती है। अपनी एक फ़ारसी मसनवी 'अब्र-ए-गुहरबार' के 'मुनाजात' वाले हिस्से में ग़ालिब केवल यह कह सका कि सिफ़ात-ए-कमाल (गुण) के एक बिन्दु से तमाम अन्तर्विरोधी वस्तुएँ पैदा होती हैं लेकिन यह वर्णन-चमत्कार जो 'हमःऊस्त' का विवरण है, असली प्रश्न का उत्तर नहीं है। इससे अधिक कवितामय और सन्तोषप्रद उत्तर फ़ारसी के पहले क़सीदे में मिलता है, जिसमें ग़ालिब ख़ुदा से सम्बोधन करता है कि तूने अन्य के सन्देह (वह्म-ए-ग़ैर) से दुनिया में हलचल मचा रखी है। ख़ुद ही एक अक्षर कहा और ख़ुद ही शंका में पड़ गया। यह ख़ुद और ग़ैर-ए-ख़ुद का विभाजन ऐसा है कि देखनेवाला और देखा जानेवाला एक होते हुए भी दो मालूम दे रहे हैं और इनके बीच में पूजा की रीति (रस्म-ए-परस्तिश) का पर्दा पड़ा हुआ है। यद्यपि अद्वैत में द्वैत की समाई नहीं है। फिर आगे चलकर वह गुप्त भेद से पर्दा उठाता है और कहता है कि दुख-दर्द भी वहीं से आए हैं किन्तु इसलिए कि सुख-चैन का आनन्द बढ़ा दें। हेमन्त का औचित्य ग़ालिब ने आनन्द के नवीनीकरण में ढूँढा है। कठिनाइयाँ एक प्रकार की परीक्षा है ताकि मित्र शत्रु की दृष्टि से छिपा रहे। और अतिथि के पथ में काँटे इसीलिए बिछाए गए हैं कि जब जीर्णता का इलाज किया जाए तो सुख का नया आनन्द मिले मानो ख़ुद और ग़ैर-ए-ख़ुद का विभाजन एक ऐसी विपरीतता का कारण है, जो जीवन को जीवन बनाती है। यह विपरीतता अद्वैत है, द्वैत नहीं—

लताफ़त बेकसाफ़त जल्वः पैदा कर नहीं सकती
चमन ज़ंगार है आइनः-ए-बाद-ए-बहारी का **(48)**

यहाँ पहुँचकर बदी नेकी का एक हिस्सा बन जाती है। अपूर्ण और पूर्ण का भेद समाप्त हो जाता है (42—4)। पदार्थ और आत्मा, जीवन और मृत्यु सब एक

हो जाते हैं। धर्म और धार्मिक विश्वास की हैसियत 'मरुस्थल' से अधिक नहीं रहती। रीति-रिवाज और सम्प्रदाय का त्याग ईमान (विश्वास) का अंग बन जाते हैं (112-14)। हर्ष और विषाद का विभाजन निरर्थक हो जाता है। बहार और ख़िज़ाँ एक-दूसरे के गले में बाँहें डाल लेती हैं। एक ही रंग का पैमाना घूम रहा है। बहार (वसंत) इसका एक रंग है और ख़िज़ाँ (पतझड़) दूसरा। दिन-रात एक-दूसरे के पीछे दौड़ रहे हैं। यह सब अद्वैत का आवेश और उत्क्रोश है। एक बिन्दु है जो तेज़ी से घूम रहा है और अपनी उड़ान के वेग से नाचता हुआ शोला बन गया है। यह अस्तित्व कष्ट और आराम की कल्पना से निस्पृह है। डूबनेवाले ने लहर का तमाँचा खाया है और प्यासे ने पानी पी लिया। वैसे दरिया ने स्वयं न किसी को डुबोना चाहा और न पानी पिलाना चाहा। वह अपने आप में लीन है। क्रिया और प्रतिक्रिया उसकी तरंगें हैं, जिनसे आज कल और कल आज बन रहा है—

है तिलिस्म-ए-दहर में सद हश्र-ए-पादाश-ए-'अमल
आगही ग़ाफ़िल, कि यक-इमरोज़ बे-फ़र्दा नहीं

(ज़मीमः 25)

वहदत-ए-वुजूद (विश्वदेवतावाद) की सीमाएँ कहीं तो वेदान्त से जा मिलती हैं और कहीं नौफ़लातूनियत (NEO PLATONISM) से। यह दर्शन ज़ात-ए-मुत्लक़ (ब्रह्म), नफ़ि-ए-सिफ़ात (निर्गुणत्व), और संसारत्याग से लेकर उपमाओं से आरोपित और गुणों से सजी हुई ज़ात (ईश्वर) के विचार तक फैला हुआ है, और जब इसमें ईरानी और तातारी पैगेनिज़्म (कुफ़्र) का सम्मिश्रण हो जाता है तो आनन्द प्रा‍ि‍त का पहलू भी पैदा हो जाता है। और अब यह अपने-अपने साहस पर निर्भर है कि मनुष्य इस मंज़िल पर पहुँचकर संसार को तज दे या शौक़ का हाथ बढ़ाकर इस रंग और प्रकाश, ध्वनि और संगीत से भरे हुए नाचते खिलौने को उठा ले।

ग़ालिब ने निश्चय ही इस विश्वास से एक बड़ा आशावादी दृष्टिकोण अपनाया, जो उसके सारे काव्य में ख़ून-ए-बहार की तरह दौड़ रहा है। दुख और सन्ताप आनन्द के नवीनीकरण की बुनियादें हैं। इसलिए इनसे विमुख रहना मृत्यु और खेलना जीवन की दलील है। स्वयं मृत्यु जीवन का आनन्द बढ़ा देती है और कार्य-आनन्द का साहस प्रदान करती है (22)। संसार की कठिनाइयाँ इसलिए हैं कि मानवता की तलवार सान पर चढ़ जाए और जौहर चमक उठे। ग़ालिब ने अपने एक और फ़ारसी क़सीदे में कहा है कि मेरा जुनून (उन्माद) मुझे बेकार नहीं बैठने देता, आग जितनी तेज़ है, उतनी ही मैं और उसे हवा दे रहा हूँ, मौत से

लड़ता हूँ और नंगी तलवारों पर अपने शरीर को फेंकता हूँ, तलवार और कटार से खेलता हूँ और तीरों को चूमता हूँ।

यही कारण है कि ग़ालिब के ग़म इतने आकर्षक हैं। उनमें जो भरपूर हर्ष की कैफ़ियत है, वह उर्दू के किसी कवि के यहाँ नहीं मिलेगी। केवल इक़बाल उसमें ग़ालिब के निकट आता है। किन्तु वहाँ भी आशावाद का चिन्तन-पक्ष अस्तित्व के हर्ष की भावुक कैफ़ियत पर हावी है। ग़ालिब की शा'अिरी में ग़म और हर्ष को अलग-अलग करना लगभग असम्भव है। इसलिए उसे केवल ग़म या केवल हर्ष का कवि समझना भूल है। वह वास्तव में ग़म की ख़ुशी का शा'अिर है। यानी वह मुसीबतों से लड़कर हर्ष का सामान प्राप्त करता है, जैसे शराब की कड़वाहट सहन करके मदिरता की मंज़िल प्राप्त की जाती है, फिर वह कड़वाहट स्वयं मदिर बन जाती है।

इसके बाद यह समझने में कोई कठिनाई नहीं रह जाती कि ग़ालिब के विश्व में मनुष्य का क्या स्थान है। वह भी अन्य सचराचर की भाँति ब्रह्म का प्रकाश है। किन्तु मानव तथा अन्य सचराचर में एक अन्तर है। और यह बहुत बड़ा अन्तर है। मानव के पास कामना है, भावना है, शौक़ है, तड़प है। उसके अन्तःकरण में एक हलचल है जो अस्तित्व-सागर में जल की आर्द्रता की तरह और रेशम के लच्छे में तार की तरह है (फ़ारसी मसनवी)। और सबसे बड़ी बात यह है कि उसके पास बुद्धि है। वह अपने हाथों और मन के सहयोग से अपना चरित्र और आचरण प्राप्त करता है, और बुद्धि और प्राण के मिलन से वाक्शक्ति (अब्र-ए-गुहरबार)। उसकी बुद्धि सीमित सही किन्तु असीम बुद्धि का एक अंश है। ग़ालिब ने 'मुग़न्नीनामे' में इस बुद्धि को विश्व की शृंगारकारिणी शक्ति कहा है, जो रूहानियों (आध्यात्मवादियों) की उषा का प्रकाश और यूनानियों के विज्ञान की रातों का दीप है। संसार की सारी शोभा इसी मानव के कारण है—

ज़िमा गर्मस्त ईन हंगमः बिनगर शोर-ए-हस्ती रा
क़यामत मी दमद अज़ पर्दः-ए-ख़ाके कि इन्साँ शुद

(दुनिया की यह हलचल मेरे कारण है और मिट्टी के उस पर्दे में प्रलय मचल रहा है, जो मानव बन गया है)

ग़ालिब की दृष्टि में मानव की महानता इतनी विशद है कि वह उसे सृष्टि का अक्ष (धुरा) समझता है और विश्व की सृष्टि का कारण ठहराता है।

ज़ि आफ़रीनिश-ए-'आलम ग़रज़ जुज़ आदम नीस्त
बगिर्द-ए-नुक़्तः-ए-मा दौर-ए-हफ़्त परकारस्त

(विश्व की सृष्टि का उद्देश्य मानव के अतिरिक्त और कुछ नहीं है। मैं केन्द्र हूँ और मेरे चारों ओर सात वृत्त घूम रहे हैं)

मिट्टी के पर्दे से उठनेवाले इस क़यामत के फ़ितने का सारा प्रयास यह है कि इस सृष्टि को जिसमें वह चारों ओर से घिरा हुआ है, देखे और समझे। हर समय और हर रंग में दुनिया के तमाशे में तन्मय और विभोर रहे और अपनी संकीर्ण आँखों को उन्मीलित करता रहे (118)। अपने चारों ओर बिखरी छवि के पर्दे उठाए और उनके अर्थ तक पहुँचने के लिए दिल-ओ-जिगर का ख़ून कर डाले और यदि तत्व को समझने का सामान न हो तो भी रूप की जादूगरी के तमाशे में खो जाए (52-4)। सम्भव है कि इस सौन्दर्योपासक और दर्शनाभिलाषी के लिए बहार को अवकाश न हो और निगार (सुन्दरी) को प्रेम न हो। न सही, बहार फिर बहार है, निगार फिर निगार है। चमन (उद्यान) की शीतलता और सुरभित समीर से और मा'शूक़ की मस्त अदा से तो इनकार सम्भव नहीं है (210–9, 10)। कामना की अग्निशाला तो बहरहाल प्रज्वलित रखी जा सकती है क्योंकि जब तक कल्पना, अनुध्यान और अभिलाषा की सम्पत्ति पास है उस समय तक—

हर चेः दर मब्दः-ए-फ़ैयाज़ बुवद आन-ए-मनस्त
गुल जुदा नाशुदः अज़ शाख़ बदामान-ए-मनस्त

(जो कुछ उदार सृष्टि के पास है, मेरा है। डाल से न टूटा हुआ फूल मेरी गोद में है) इसलिए ग़ालिब की शा'इरी में संसार, आनन्द और इच्छा के त्याग के विषय कदाचित ही मिलेंगे जो परम्परागत रूप से चले आए हैं। किन्तु ग़ालिब के अपने स्वभाव का अंश नहीं हैं।

ग़ालिब की अभिरुचि रस और आनन्द की प्राप्ति में सीमाओं का बन्धन नहीं मानती। वह सौन्दर्य को इस प्रकार आत्मसात कर लेना चाहता है कि निगाहों को भी अपने और मा'शूक़ के बीच बाधा समझता है (42–5)। इस स्थिति में स्पष्ट निगाह की सफलता भी उसे शान्ति प्रदान नहीं कर सकती और वह अपने अतृप्त हृदय की शान्ति के लिए तड़पता रह जाता है (153–6)। जब पीने पर आता है तो घड़े को प्याला बना लेना चाहता है (134–2) और जब गुनाहों पर आता है तो गुनाहों का सागर पानी की कमी से सूख जाता है (39–6)। ग़ालिब की आनन्द-तृष्णा का अति सुन्दर उदाहरण उर्दू की प्रसिद्ध ग़ज़ल "मुद्दत हुई है यार को मेहमाँ किये हुए" (234) और फ़ारसी की ग़ज़ल में मिलता है, जहाँ वह अमूल्य मधुपात्र की गर्दिश से मृत्यु और मान्यताओं को भी बदल देना चाहता है। वह स्वच्छन्द साहस के साथ अनुद्देश्य लालसा को भी आवश्यक समझता है (189–2)

और एक अत्यन्त मृदुल 'लोलुपता' की मंज़िल में पहुँच जाता है। शायद यह बात जवानी की बेराह-रवी ने सिखला दी थी कि आवारगी में अपमान तो होता है लेकिन तबी'अत सान पर चढ़ जाती है (21 –3)।

ग़ालिब की आवारगी और लोलुपता के गवाह उसके दिलचस्प पैमाने (मापदंड) हैं। रोने का पैमाना वह गुनाह जो किए नहीं गए (231–10) थकन का पैमाना पूरे बयाबान का विस्तार भी नहीं (11) क्योंकि जब बयाबान के बयाबान थकन से भर जाते हैं तो अभिरुचि की गति की लहरों पर पदचिह्न बुलबुलों की तरह बहने लगते हैं और उसकी शान्ति के लिए दोजहान भी काफ़ी नहीं हैं (105)। सारा सम्भावना जगत कामना का केवल एक क़दम मालूम होता है (ज़मीमः 12)। ग़ालिब का काव्य दूसरे क़दम की खोज है और यह खोज एक अविराम दुख, तड़प, जलन, कसक और गति में परिवर्तित हो गई है। "शौक़-ए-अिनाँ गुसेख़्तः दरिया कहें जिसे" (230–5)।

'शौक़' ग़ालिब का अत्यन्त प्रिय शब्द है और इस परिवार के अन्य शब्द तमन्ना, आरजू और ख़्वाहिश से उसकी कविता छलक रही है। जुनून (उन्माद) जो शौक़ की अन्तिम मंज़िल है, उसको सदा उकसाता रहता है। उसे ज्ञात है कि शौक़ अत्यन्त विनम्रता में भी मानव को गर्वोन्नत कर देता है और कण को मरुस्थल का विस्तार और बूँद को सागर का आवेग प्रदान करता है (43–3)। इसलिए शौक़ और तलब (तृष्णा) की राह में वह एक क्षण के लिए भी निश्चिन्त नहीं होना चाहता। मंज़िल से कहीं अधिक रस मंज़िल की जुस्तुजू (तलाश) में है। "जब मैं बिहिश्त (स्वर्ग) का तसव्वुर (कल्पना) करता हूँ और सोचता हूँ कि अगर मग़फ़िरत (मुक्ति) हो गई और एक क़स्र (प्रासाद) मिला और एक हूर (अप्सरा) मिली अक़ामत (आवास) जाविदाँ (शाश्वत) है और इस एक नेकबख़्त के साथ ज़िन्दगानी है, इस तसव्वुर से जी घबराता है और कलेजा मुँह को आता है। हय, हय वह हूर अजीरन हो जाएगी। तबीअत क्यूँ न घबरायगी वही ज़मुर्रदीं काख़ (पन्ने का घर) और वही तूबा (कल्पवृक्ष) की एक शाख़।" (एक पत्र से उद्धृत)। और ग़ालिब के उस्ताद ने युवावस्था के आरम्भ में यह नुक्ता सिखा दिया था कि शकर का मज़ा चख लेना मगर मक्खी बनकर शहद पर कभी न बैठना, नहीं तो उड़ने की शक्ति बाक़ी नहीं रहेगी। इसलिए ग़ालिब मंज़िल का नहीं मंज़िल के पथ का, तृप्ति का नहीं, तृष्णा के रस का कवि है। प्यास बुझा लेना उसका उद्देश्य नहीं, प्यास को बढ़ाना उसका आदर्श है।

रश्क बर तश्नः-ए-तनूहा रव-ए-वादी दारम्
न बर आसूदः दिलान-ए-हरम-ओ-ज़मज़म-ए-शाँ

(ईर्ष्या मार्ग में अकेले भटकनेवाले प्यासे से होती है न कि हरम-ओ-ज़मज़म पर पहुँचकर तृप्त हो जानेवालों से)। आरज़ू के डंक का आनन्द रहगुज़ारों के आनन्द से परिचित कराता है और इस चीज़ ने ग़ालिब की कविता को गति की भावना से भरपूर कर दिया है, जिसका प्रकटीकरण मौज (तरंग), तूफ़ान, तलातुम (आवेग), शोला (ज्वाला), सीमाब (पारा), बर्क़ (बिजली) और परवाज़ (उड़ान) के शब्दों की बहुतायत से होता है। यह भाव रच-बसकर ग़ालिब के सौन्दर्यबोध का महत्वपूर्ण अंग बन गया है। अतःएव ग़ालिब का मा'शूक़ भी बर्क़-ओ-शरर (बिजली और आग) है और ग़ालिब उसकी गति का उपासक (61—5 व 159—5)।

इसके साथ ग़ालिब की गतिवान् और नर्त्तित इमेजरी (IMAGERY) है, जो चित्रांकन की पराकष्ठा है। जब वह अपनी अछूती उपमाओं और अनुपम रूपकों का जादू जगाता है तो हर अक्षर नृत्य करने लगता है। स्थिर चित्र तरल बन जाते हैं। एकाकी विचार रंग और सुगंध का एक आकार बनकर सामने आता है। अरण्य गति के उत्ताप से जलने लगते हैं (70—2), बयाबान पथिक के क़दमों के आगे-आगे भागने लगते हैं (191), बेजान पत्थरों के सीने में अनगढ़ी मूर्त्तियाँ नृत्य करने लगती हैं (फ़ारसी ग़ज़ल), आइनों के जौहर में पलकें विकंपित हो उठती हैं (18—4), मदिरा-पात्रों के हाथों की रेखाओं में रक्त दौड़ने लगता है (112—13), मा'शूक़ के वार्तालाप से दीवारों में जान पड़ जाती है (174) और क़द की मोहकता देखकर सर्व-ओ-सनोबर छाया की भाँति साथ-साथ घूमने लगते हैं (174—2), फूलों की डालियाँ अँगड़ाई लेकर उन्मुख होने लगती हैं और फूल स्वयमेव गोशः-ए-दस्तार के पास पहुँच जाते हैं (73—6), बस एक बिजली और आग और पारे की-सी हालत होती है (164—3) और उम्र व्याकुलता की राहों पर चलती है और माह व वर्ष की माप सूर्य की गर्दिश के बजाय बिजलियों की चमक और तड़प से की जाती है (153)। ग़ालिब के यहाँ कल्पना के छलावे भी इसी यथार्थ की चुग़ली खा रहे हैं, कल्पना की छलाँग कहने के लिए एक कलात्मक विशेषता है किन्तु वास्तव में यह छिपी हुई व्याकुलता का प्रकट रूप है। चूँकि वह बहुत-सी बातें अनकही छोड़ देता है इसलिए शे'र दुरूह अवश्य हो जाता है लेकिन इससे शे'र का सौन्दर्य बढ़ जाता है और अर्थ का अँचल अधिक विस्तार धारण कर लेता है—

तू और आराइश-ए-ख़म-ए-काकुल
मैं और अंदेशः हा-ए-दूर-ओ-दराज़

(72—2)

यह हर्ष और आनन्द बटोरने, और दुख झेलने और कामना की कैफ़ियतें जी सिमटकर कमान और गति की कल्पना और विचारों के छलावों में परिणत हो गई है, आकस्मिक चीज़ नहीं है। निश्चय ही इसमें ग़ालिब के स्वभाव के तीखेपन और सूफ़ियाना शा'अिरी की उन परम्पराओं का बड़ा हाथ है जो स्वस्थ हैं। लेकिन बात केवल इतनी ही नहीं है। ग़ालिब का मनोवैज्ञानिक विश्लेषण भी यह तक़ाज़ा करता है कि वातावरण के प्रभावों से दृष्टिविमुख न हुआ जाए। दुनिया को 'चेतना दर्पण' कहनेवाला और उसके तमाशे पर ज़ोर देनेवाला शा'अिरी को क़ाफ़ियः पैमाई (तुकबन्दी) के बजाय अर्थपूर्णता का दर्जा देनेवाला और लेखनी के कम्पन पर बुद्धि के बन्धन लगानेवाला (मुग़न्नी नामः) शा'अिर अपने वातावरण से अनभिज्ञ रहकर केवल अपने ख़ून-ए-दिल के उछालने पर सन्तुष्ट नहीं हो सकता था—

चाक मत कर जैब वे अय्याम-ए-गुल
कुछ उधर का भी इशारा चाहिये

(190–4)

जब वह कहता है कि अंजुमन-ए-आर्ज़ू (कामना की महफ़िल) से बाहर साँस लेना भी हराम है (57) तो यह केवल चन्द सिक्कों, चन्द प्यालों और चन्द चुम्बनों की आरज़ू नहीं है बल्कि एक अरचित-उद्यान की कामना है, जिसकी कल्पना के आनन्द ने गीत छेड़ने पर मजबूर कर दिया है (ज़मीमः 21) और उस अरचित-उद्यान को केवल निजी इच्छा का उद्यान समझ लेना, ग़ालिब का अपमान है। इसमें सामाजिक सम्भावनाओं की कल्पना इसलिए सम्मिलित है कि ग़ालिब के पास सामाजिक प्रगति का एक उत्तम विचार मौजूद था और निर्माण की अभिलाषा उसके दिल का सबसे बड़ा दर्द (136)। ग़ज़ल के किसी शे'र के सम्बन्ध में यह कहना कि उसका वास्तविक प्रेरक क्या था, कठिन है क्योंकि उसपर रूपकों के आवरण पड़े होते हैं (60—6, 7)। लेकिन ग़ालिब ने अपने पत्रों में ग़दर (1857) की तबाही के बाद देहली के जो हृदय विदारक मर्सिये लिखे हैं, उन्हीं में एक जगह यह हसरत-ए-तामीर (निर्माण की अभिलाषा) का शे'र भी लिखा हुआ नज़र आता है—"दिल्ली का हाल तो यह है—

घर में था क्या कि तिरा ग़म उसे ग़ारत करता
वो जो रखते थे हम इक हसरत-ए-ता'मीर सो है"

(136)

इन छह शब्दों और दो पंक्तियों के पीछे ग़ालिब के विचारों की एक दुनिया आबाद है जो ग़ालिब के पत्रों में देखी जा सकती है। 1857 से बहुत पहले ग़ालिब ने यह अनुमान कर लिया था कि मुग़ल संस्कृति और समाज का दीप

अब सदा के लिए बुझनेवाला है। यद्यपि इसकी प्राचीन मान्यताएँ ग़ालिब को बहुत प्रिय थीं लेकिन उसे यह भी ज्ञात था कि इमारत बेबुनियाद हो चुकी है और जड़ें खोखली हैं। हवा का कोई भी झोंका उसे गिरा सकता है। ग़ालिब के निजी हालात भी इससे मिलते-जुलते थे। जो सोग घर में था वही आगरे और देहली पर छाया था और दोनों ने मिलकर ग़ालिब को युवावस्था के आरम्भ ही से उदार कर दिया था।

लेकिन इसी के साथ ग़ालिब ने उस नई दुनिया की झलक देख ली थी जो विज्ञान और उद्योग की प्रगति के साथ आ रही थी। वह अंग्रेज़ी पूँजीवाद की शोषण-शक्ति का अनुमान न लगा सका (और यदि लगाया हो तो उसका सुबूत नहीं मिलता) लेकिन अंग्रेज़ों के लाए हुए विज्ञान और उद्योग ने उसे इतना प्रभावित किया कि जब ग़दर से कई वर्ष पहले सर सैयद अहमद ख़ाँ ने अबुल फ़ज़्ल की 'आईन-ए-अकबरी' का परिशोधन किया और ग़ालिब से उसकी समीक्षा लिखने की इच्छा प्रकट की तो ग़ालिब ने ग़ज़ल के रूपकों के सारे आवरण अलग रखकर स्पष्ट शब्दों में कह दिया कि आँखें खोलकर साहिबान-ए-इंग्लिस्तान को देखो कि ये अपने कला-कौशल में अगलों से आगे बढ़ गए हैं। उन्होंने हवा और लहरों को बेकार करके आग और धुएँ की शक्ति से अपनी नावें सागर में तैरा दी हैं। यह बिना मिज़राब के संगीत उत्पन्न कर रहे हैं और उनके जादू से शब्द चिड़ियों की तरह उड़ते हैं, हवा में आग लग जाती है और फिर बिना दीप के नगर आलोकित हो जाते हैं। इस विधान के आगे बाक़ी सारे विधान जीर्ण हो चुके हैं। जब मोतियों का ख़ज़ाना सामने हो तो पुराने खलियानों से दाने चुनने की क्या आवश्यकता है। यह कहने के बाद ग़ालिब ने जो निष्कर्ष निकाला है वह महत्वपूर्ण है। आईन-ए-अकबरी के अच्छा होने में क्या सन्देह है लेकिन उदार दृष्टि को कृपण नहीं समझना चाहिए क्योंकि गुणों का अन्त नहीं है। ख़ूब से ख़ूबतर का क्रम जारी रहता है। इसलिए मृतकोपासना शुभ कार्य नहीं है (फ़ारसी मसनवी नं. 10)।

इसके बाद कोई सन्देह नहीं रह जाता कि ग़ालिब के पास समाज-विकास का एक उत्तम आदर्श था और वह अकबर-कालीन विधान की तुलना में नए औद्योगिक विधान को प्रधानता देता था और विज्ञान के आविष्कारों और विचारों को शा'अिरी में स्थान देने के पक्ष में था (ख़ुतूत-मेहर 548)। ग़ालिब के लिए यह अनुमान लगाना कठिन था कि इस नई व्यवस्था के सामाजिक सम्बन्ध क्या हैं और इसकी प्रकृति में किस प्रकार की विनाशकता है। लेकिन इसका एक शे'र ऐसा अवश्य है जो एक क्षण के लिए चौंका देता है—

ग़ारतगर-ए-नामूस न हो गर हवस-ए-ज़र
क्यों शाहिद-ए-गुल बाग़ से बाज़ार में आवे

(174–8)

ग़ज़ल गीतिमय (ग़िनाई, Lyrical और आन्तरिक Subjective) काव्य की पराकाष्ठा है। इसलिए इसके शे'रों में व्यक्तिगत मनोभाव और सामाजिक व्याकुलता के मध्य सीमा निर्धारित करना कठिन है, फिर भी यह अनुभव कर लेना कठिन नहीं कि ग़ालिब अपने युग से अत्यन्त निराश था। इस निराशा में निजी असमर्थताओं (नारसाइयों) और समाजी विवशताओं ने मिलकर एक कैफ़ियत पैदा कर दी थी। ग़ालिब को ज़िन्दगी जिस तरह भुगतनी पड़ी वह एक भावुक हृदय का ख़ून कर देने के लिए काफ़ी है। पाँच वर्ष की आयु में बाप का और आठ-नौ वर्ष की आयु में चाचा का साया सर से उठ गया। एक सम्पन्न ननिहाल में माँ के बेरंग आँचल के नीचे बचपन व्यतीत किया और आरम्भिक युवावस्था की चन्दरोज़ा फ़ुरसत-ए-गुनाह के बदले उम्र भर की असफलता, विफलता, उत्ताप और जलन मिली। अट्ठारह-उन्नीस वर्ष की आयु से जीवन की निर्ममताओं का सामना करने के लिए अकेले मैदान में उतरना पड़ा। आय का कोई साधन नहीं था। बाप और चाचा की मृत्यु के बाद जो जागीर पालन-पोषण के लिए थी उसको अधिकांश लोग खा गए और ग़ालिब उम्र भर हाथों में अर्ज़ियाँ और क़सीदे लिए हुए देहली, लखनऊ, कलकत्ता, कानपुर, दर-बदर ठोकरें खाता फिरा, अयोग्य धनवानों और अंग्रेज़ अफ़सरों की झूठी प्रशंसा में हृदय-रक्त उगला और उसके बाद भी क़र्ज़ की शराब पी और भीख पर ज़िन्दगी गुज़ारी। मरते समय (दिल्ली, 15 फ़रवरी, 1896) भी यह कटु अनुभूति साथ थी कि विधवा पत्नी पर ग़रीबी और निर्धनता में क्या बीतेगी। यह भी हुआ कि ऋणदाताओं की नालिश और डिग्रियों के डर से घर में छिपकर बैठना पड़ा और किसी शत्रु के षड्यन्त्र से जुए, (शतरंज और चौसर) की लत में क़ैदख़ाने का अपमान सहन करना पड़ा। मुग़ल दरबार में, जिसकी बहार लुट चुकी थी, वह आदर-पद भी न मिला जो निम्नतर कोटि के कवियों को प्राप्त हो रहा था और आयु के अन्तिम चरण में एक बौद्धिक वाद-विवाद के अपराध में बरसों माँ-बहन की गालियाँ खानी पड़ीं। युवावस्था में युवती प्रेयसी का जनाज़ा आँखों के सामने उठ गया। जिसकी अदाएँ उम्र भर तड़पाती रहीं। घर में बच्चों के खेल-कूद के बजाय उनकी लाशें नज़र आईं। जिस भाँजे को गोद लिया था वह जवान मर गया, दिल्ली आँखों के सामने उजड़ी, बन्धु-बाँधव आँखों के सामने क़त्ल हुए, समकालीन कवि और विद्वान फाँसियों पर चढ़ा दिए गए और काला पानी भेज दिए गए और ग़ालिब के लिए 'मातम-ए-यक शहर-ए-आरज़ू' (कामना

नगरी का शोक) (17–2) के अतिरिक्त कुछ बाक़ी नहीं रह गया। इन हालात में वह यही कहने पर विवश था–

न गुल-ए-नग़्मः हूँ न पर्दः-ए-साज़
मैं हूँ अपनी शिकस्त की आवाज़

(72)

ग़ालिब को यह दुख था कि "क़लंदरि-ओ-आज़ादगि-ओ-ईसार-ओ-करम" (स्वतंत्रता, त्याग और उदारता) के जो जौहर उसको मिले थे वह प्रकट न हो सके। "अगर तमाम 'आलम में न हो सके न सही, जिस शहर में रहूँ उस शहर में तो भूखा-नंगा नज़र न आए। ख़ुदा का मक़हूर (कोप-भाजन) ख़ल्क़ का मरदूद (बहिष्कृत) बूढ़ा, नातवान (दुर्बल), बीमार, फ़क़ीर, नकूबत (दरिद्रता) में गिरफ़्तार मेरे और मुआमिलात-ए-कलाम-ओ-कमाल (कविता और गुण) से क़त्-ए-नज़र करो (अनदेखा करो)। वह जो किसी को भीख माँगते न देख सके और ख़ुद दर-बदर भीख माँगे वह मैं हूँ" (एक ख़त)। इस ख़त के पीछे ग़ालिब का मानव के सम्बन्ध में विचार काम कर रहा है जिसको उसने अपने एक फ़ारसी क़सीदे (26) में भी प्रस्तुत किया है। एक और जगह कहता है कि ख़ुदा ने सिर्फ़ ईमान की ज्योति जगाई है। सभ्यता और शहरों का शृंगार तो मनुष्य से है (ज़मीमः 34)। जब उस मनुष्य का अपमान ग़ालिब से सहन न हो सका तो कभी तो ख़ुदा से फ़रियाद की कि आज हम इतने पतित क्यों हैं (99–6) और कभी यह कहकर दिल को दिलासा दे लिया–

आराइश-ए-ज़माना ज़ि बेदाद करदः अन्द
हर ख़ूँ कि रेख़्त ग़ाज़ः-ए-रू-ए-ज़मीं शनास

(ज़माने का शृंगार अत्याचार से किया गया है और जो भी रक्त प्रवाहित किया गया है वह धरती का अंगराग बन गया है)।

निराशा का स्वर ग़ालिब की अनगिनत ग़ज़लों और शे'रों में मिलता है। वह उसकी अत्यन्त सहज और प्रभावशाली रचनाएँ हैं जो दिल से एक चीख़ बनकर बाहर निकली हैं (21, 161, 162, 163, 216)। ये आहों की तरह प्रकट शृंगार से अरंजित हैं। लेकिन ग़ालिब का महान व्यक्तित्व उसकी निराशा को केवल भावुकता के स्तर से उठाकर बुद्धि और ज्ञान के स्तर पर ले जाता है और ग़ालिब लड़ने के लिए अपने हथियार सँभाल लेता है और अपनी तल्ख़ नवाई (कटु वाणी) को व्यंग में बदल देता है।

क्या वह नमरूद की ख़ुदाई थी
बन्दगी में मिरा भला न हुआ

(27–6)

वह अत्यन्त कठिन अवस्था में भी जी खोलकर हँसना जानता है। इस पर ग़ालिब के अनगिनत चुटकुले और पत्र गवाह हैं कि उसने भूख, मौत, अपमान, हर चीज़ का सामना एक मर्दाना ज़हरीली हँसी से किया। व्यंग्य के तीर विफलता और असन्तोष के विषय में बुझाए जाते हैं और आत्मविश्वास और अहं के धनुष से फेंके जाते हैं। प्रकटतः यह ख़ुशदिली की मामूली-सी क्रिया मालूम होती है लेकिन वास्तव में वह एक ढाल थी जिसका ग़ालिब ने ज़माने के वारों से बचने के लिए उपयोग किया। इस ख़ुशदिली की छाप ग़ालिब की शा'अिरी पर पड़ रही है (80–2, 92–3, 109, 127–4, 175, 202, 220)। वह व्यंग्य और हास्य की छलनी में ख़ून के आँसुओं को छान देता है और छलनी के भीगे हुए छेदों पर असंख्य मुस्कुराते हुए होंठों का भ्रम होता है।

की मिरे क़त्ल के बा'द उसने जफ़ा से तौबः
हाय उस ज़ूद पशेमाँ का पशेमाँ होना

(18–8)

यह फ़ित्नः आदमी की ख़ाना वीरानी को क्या कम है
हुए तुम दोस्त जिसके दुश्मन उसका आस्माँ क्यों हो

(127–8)

यह बड़ा तीखा व्यंग है जो हँस-हँसकर ज़ख़्म खाने का सामर्थ्य प्रदान करता है। और इस सामर्थ्य ही में ग़ालिब के आत्मसम्मान और व्यक्तित्व (Individuality) का भेद छुपा हुआ है, जिसे ज़माने की विपत्तियों ने अहं और आत्मश्लाघा में बदल दिया–

ज़मानः सख़्त कम आज़ार है, बजान-ए-असद
वगरनः हम तो तवक़्क़ो'अ ज़ियादः रखते हैं

(110)

यह अधिक मज़बूत ढाल थी। इसके बिना संसार के दुखों का सामना सम्भव नहीं था। ग़ालिब के अहं ने कभी किसी की परवा नहीं की। न प्रेम-सन्ताप के सामने उसका सर झुका न जग-सन्ताप के। मजनूँ हो या फ़रहाद, ख़िज़्र हो या सिकन्दर, ज़माना हो या ख़ूबान-ए-दिल आज़ार (दुख देनेवाला मा'शूक़) कोई ग़ालिब की आँखों में नहीं समाता। वह ख़ुदा की बन्दगी में भी मनमौजी और अभिमानी रहा (23–2) और बेवफ़ाओं के 'अिश्क़ में भी (127–4)। उसका सबसे अधिक सुन्दर विवरण इस ग़ज़ल में है–

''बाज़ीचः-ए-अत्फ़ाल है दुनिया मिरे अगे'' (209)

यह शान क़सीदों में भी बाक़ी है, यद्यपि यह ग़ालिब की शा'अिरी और जीवन का कमज़ोर पहलू है। लेकिन यह स्वीकार न करना ज़ुल्म होगा कि मजबूर होकर

उसने अपना हाथ ज़रूर फैलाया मगर इसको सदा ज़लील पेशा समझता रहा, और एक जगह अफ़सोस किया है कि आधी शा'अिरी अपात्रों की प्रशंसा में व्यर्थ हो गई। यही कारण है कि क़सीदों का प्रशंसात्मक अंश कमज़ोर है और तशबीब (आरम्भिक भाग) अत्यन्त काव्यमय। ग़ालिब को इसका एहसास था कि जिसकी प्रशंसा कर रहा हूँ उससे मेरा दर्जा ऊँचा है इसीलिए उसने कहीं-कहीं स्वयं अपनी प्रशंसा का पहलू निकाल लिया है।

ग़ालिब का अन्तिम आश्रयस्थल उसका अनुध्यान और कल्पना है क्योंकि "निर्धनों के जीवन का आधार कल्पना पर है" (एक ख़त)। इस जगत में पहुँचकर वह विश्व पर राज्य करने लगता है और जीवन के हर अभाव की पूर्ति कर लेता है। यह स्वप्नों का संसार है और यहाँ स्वप्नों का निर्माण करनेवाले के अतिरिक्त किसी का शासन नहीं चलता। यहाँ बादशाह अजगर मालूम होने लगते हैं और शा'अिर पैग़म्बर हो जाता है और जिब्राईल (ख़ुदा का सन्देश लेकर आनेवाला फ़रिश्ता) "नाक़ः-ए-शौक़ का हुदीख़्वान" (अपने गीत से शौक़ को आगे बढ़ानेवाला)। यहाँ निर्दयता नहीं है केवल करुणा है। अपूर्ण कामनाएँ नहीं हैं, केवल कामनापूर्ति का हर्ष है, क़दहसाज़ी (प्याले बनाना) और साक़ीतराशी (साक़ी गढ़ना) है। प्यास जितनी बढ़ती है सागर का उबाल भी उतना ही बढ़ता है। बुरे हालात में जीने का हौसला जाग उठता है और जिगर का ख़ून पीकर चेहरे की ताज़गी बढ़ जाती है (अब्र-ए-गुहरबार)। अनुध्यान अरचित उद्यानों से कुसुमचयन करता है और बहारों के गीत गाता है। इस दुनिया में केवल गति और उड़ान है और आगे बढ़े जाने का मस्ताना अमल, "ता बाज़गश्त से न रहे मुद्द'आ मुझे" (150–3)।

ग़ालिब की ये सारी विशेषताएँ मिलकर उसके प्रेम के दृष्टिकोण को ऐसा रूप देती हैं जिससे पहले उर्दू शा'अिरी अपरिचित थी। सौन्दर्य के असीम आकर्षण के सामने, जिसमें अफ़लातूनियत कम है और जिस्मानियत (शारीरिकता) अधिक, अत्यधिक समर्पण और श्रद्धा के बावुजूद ग़ालिब का 'अिश्क़ स्वाभिमानी और मस्तकोन्नत है। जीवन के लिए यदि यह नियम है कि जो नालः (आर्त्तनाद) होंठों तक नहीं आया वह सीने का दाग़ बन गया (23–5, 116, 122–6, 149–8, 154–5, 197, 212–2) इसलिए दुख के सहन का साहस कम होना चाहिए और क्रोध का आवेग अधिक (फ़ारसी शे'र) तो 'अिश्क़ के लिए यह नियम कि–

'अिज्ज़-ओ-नियाज़ से तो वह आया न राह पर
दामन को उसके आज हरीफ़ानः खेंचिये

(ज़मीमः 38–2)

उर्दू ग़ज़ल की सांकेतिकता का तक़ाज़ा यह है कि केवल मा'शूक़ को नहीं बल्कि हर आदर्श को चाहे वह नए जीवन की कामना ही क्यों न हो इसी तरह दामन खेंचकर प्राप्त किया जा सकता है। शायद यही कारण है कि ग़ालिब ने अपने आप को आईन-ए-ग़ज़लख़्वानी (काव्य-शास्त्र) में गुस्ताख़ (धृष्ट और अशिष्ट) कहा है (178—12)।

इससे उर्दू शा'अिरी को एक नया मिज़ाज (स्वभाव और स्वर) मिला जिसके स्वाभिमान में हल्के से विद्रोह का सम्मिश्रण है। यह कभी तशकीक (शंका) के रूप में उभरता है और कभी व्यंग के और कभी कल्पना की कमन्दें बन जाता है। ग़ालिब के समकालीन इस मिज़ाज को नहीं समझ सके जो ख़ून के घूँट पीकर मुस्कुराता है और जीवन तथा मानव को नई गरिमा प्रदान करता है। ग़ालिब से पहले ख़ुदा और मा'शूक़ पर किसने व्यंग किया था, दुख-सहन के बाँध किसने तोड़े थे, जुल्म-ओ-सितम (अन्याय और अत्याचार) की चलती हुई तलवार को अपनी व्याकुलता के सागर की रक्त-तरंग किसने बनाया था (133—5), किसने ग़ज़ल की भावना में विचार का इतना अधिक सम्मिश्रण किया था, किसने ग़ज़ल और क़सीदे की भाषा का अन्तर मिटाकर नई नज़्म (आधुनिक काव्य-शैली) की बुनियादें रखी थीं (इसीलिए ग़ालिब की ग़ज़ल का स्वर मीर के स्वर से ऊँचा है)।

19वीं शताब्दी के अन्त और 20वीं शताब्दी के आरम्भ में ग़ालिब की लोकप्रियता में जो अभिवृद्धि हुई है उसमें और बातों के अतिरिक्त इस नए मिज़ाज का भी योग है। यह स्वतंत्रता की चेतना से जागृत नए हिन्दोस्तान के नए मिज़ाज से एक स्वर है, जिसे विगत वैभव पर गर्व भी है और दुख भी है और नई महानता की तलाश भी। ग़ालिब ने राजनीतिक कविता नहीं की लेकिन नए युग के मिज़ाज को समो लिया। और जब नए तूफ़ान से खेलनेवाले आए तो उन्होंने प्रलयंकारी तरंगों से लड़ने के लिए ग़ालिब की शा'अिरी से शक्ति प्राप्त की "ग़ालिब की कला के कारण ग़ज़ल प्रेम-वर्णन से बढ़कर जीवन-वर्णन बनती है और जीवन के विभिन्न युगों, करवटों और क्रान्तियों का साथ देने लगती है" (आले अहमद सुरूर)।

यह आकस्मिक बात नहीं है कि उर्दू की पुरानी शा'अिरी से विद्रोह करनेवाला हाली ग़ालिब का शिष्य था और नई शिक्षा पर बल देनेवाला सर सैयद ग़दर से पहले नए विज्ञान और उद्योग की प्रशंसा ग़ालिब से सुन चुका था। और यह भी आकस्मिक बात नहीं है कि देशभक्त शिबली की ग़ज़लों में ग़ालिब की प्रतिध्वनि है और इक़बाल के चिन्तन और कला पर ग़ालिब के चिन्तन और कला के सूर्य की किरणें पड़ रही हैं। जोश मलीहाबादी से लेकर आज के शा'अिरों तक कोई

ऐसा नहीं है जो किसी-न-किसी रूप में ग़ालिब से प्रभावित न हो। ग़ालिब के अनगिनत शे'र उत्तरी भारत के लोगों की ज़बान पर चढ़े हुए हैं और उर्दू जाननेवाला शायद ही कोई घर दीवान-ए-ग़ालिब से ख़ाली हो।

आज हमारे हाथ में ग़ालिब की शा'अिरी दो युगों की तर्जुमान बनकर आई है। उसमें एक युग का मदिरालस और दूसरे युग की मादकता है, जाती हुई रात की वेदना और उदीयमान उषा का हर्ष मिश्रित हो गया है।

ग़ालिब की महानता केवल इसमें नहीं है कि उसने अपने युग की आन्तरिक व्याकुलता को समेट लिया बल्कि इसमें कि उसने नई व्याकुलता पैदा की। उसकी शा'अिरी अपने युग के बन्धनों को तोड़ देती है और भूत और भविष्य के विस्तार में फैल जाती है। ग़ालिब ने अपने हर अनुभव को जो एक अत्यन्त मृदुल सौन्दर्यबोध रखनेवाले मस्तिष्क की प्रक्रिया थी, मानवी मनोविज्ञान की आग में तपाकर पिघलाया है, व्यापक नियम की कसौटियों पर कसा है और फिर काव्य के रूप में ढाला है। तब उसके यहाँ एक विश्व कवि का स्वर पैदा हुआ है और वह जीवन के हर क्षण का कवि बन गया है। वह मानव-आत्मा की बहुरंगी अवस्थाओं से परिचित है। अत्यधिक हर्ष हो या अत्यधिक निराशा, शंका की दशा हो या कल्पना की जादूगरी हो, दर्शन की गूढ़ समस्याएँ हों या अत्यन्त निम्नकोटि की वस्तुएँ, चुम्बनों की मादकता हो या आलिंगन का आनन्द, हर स्थिति में ग़ालिब की शा'अिरी साथ देगी। निम्नतर कोटि के कवि उसकी किसी एक अदा को अपना विचार-दर्शन बना सकते हैं लेकिन ग़ालिब एक साथ अपनी सारी अदाओं का जादू डालता है।

इस शा'अिरी का रसास्वादन कर सकने के लिए केवल शाब्दिक अर्थों का ज्ञान पर्याप्त नहीं है। शे'रों को बार-बार पढ़ना भी आवश्यक है। फिर शब्द अक्षरों के समूह के रूप में नहीं बल्कि चित्रों के रूप में पहचाने जाएँगे। मनुष्यों के चेहरों की तरह वे धीरे-धीरे सुपरिचित बनेंगे और अपना व्यक्तित्व प्रकट करेंगे। फिर शब्दों की ध्वनि का लोच महसूस होगा और उनके परस्पर टकराव की झनकार से कान परिचित होंगे। तब जाकर अर्थ-संगीत और आंतरिक स्वर के द्वार खुलेंगे। इस तरह शाब्दिक अर्थों से गुज़रकर काव्यात्मक अर्थों तक पहुँचने का पथ मिलेगा। और उल्लासजनित मत्तता की वह अवस्था प्राप्त होगी जहाँ वफ़ा (प्रेम-निर्वाह) का शब्द मा'शूक़ की जुल्फ़ों (अलकों) की तरह सुरभित हो उठेगा और सर्व-ए-चराग़ाँ (दीप-सज्जित वृक्ष) नृत्य करता नज़र आएगा, 'अिश्क़ (प्रेम) अभिरुचि और आचरण बन जाएगा, प्रेयसी का सौन्दर्य सृष्टि के सौन्दर्य में परिणत हो जाएगा, नाज़ (रूप-गर्व) वह आदर्श बन जाएगा जिसकी प्राप्ति के लिए तन-मन

की बाज़ी लगाना सुरुचि का परिचायक है, शमशीर-ओ-सिनाँ (तलवार और बर्छी) का तेज और अन्दाज़-ओ-अदा (हाव-भाव) की सुन्दरता प्रकट होगी, फ़िराक़ (विरह) का दर्द कामना की मृदुलता में परिणत हो जाएगा और विसाल (मिलन) तृष्णा के आनन्द की परितृप्ति में; शौक़ (अकांक्षा) एक निर्माण-शक्ति बनकर उभरेगा और दश्त-ओ-सहरा (मैदान और जंगल़) सम्भावनाओं का विस्तार धारण कर लेंगे; जुनून (उन्माद) जिज्ञासा बन जाएगा जिसकी राहें कभी ज़िन्दाँ (कारागार) की ज़ंजीरें रोकेंगी और कभी दैर-ओ-हरम (मन्दिर और मस्जिद) की दीवारें, जिन्होंने अपने अन्दर लालसा की थकन को सजा रखा है; (ज़मीमः 20–2) और मैख़ानः (मदिरालय) पूर्ण मानवता और पूर्ण स्वतंत्रता की मंज़िल बनकर सामने आएगा। फिर दीवान-ए-ग़ालिब के हर पृष्ठ पर उसकी कल्पना की सृष्टि अँगड़ाइयाँ लेने लगेगी, उसके सरापा नाज़ महबूब आँखों के सामने मुस्कुराएँगे और दुनिया ज़्यादा ख़ूबसूरत हो जाएगी और मानव अधिक आदरणीय।

प्रचलित दीवान-ए-ग़ालिब वास्तव में ग़ालिब के उर्दू काव्य का संग्रह है, जिसके कई संस्करण ग़ालिब के जीवनकाल में प्रकाशित हुए। मैंने इस संस्करण के लिए श्री मालिक राम द्वारा सम्पादित दीवान का उपयोग किया है, जिसका मूल मतबः-ए-निज़ामी कानपुर के संस्करण (1862 ई.) पर आधारित है। और इसका संशोधन स्वयं ग़ालिब ने किया था।

मैंने केवल ग़ज़लें मूल-क्रम के साथ बाक़ी रखी हैं और ज़मीमे (परिशिष्ट) में भी दो क़‘तओं के ‘अलावः बाक़ी अश’आर ग़ज़लों के ही हैं।

‘आम तौर पर उर्दू लिखावट में विरामचिह्नों और मात्राओं का रिवाज नहीं है और ‘अिबारत अटकल से पढ़ी जाती है इसलिए दीवान-ए-ग़ालिब के विभिन्न संस्करणों में कुछ इज़ाफ़तों में विरोध मिलता है, जो या तो दीवान सम्पादित करनेवालों ने जल्दी में लिख दी हैं या कातिब ने सजावट के लिए लगा दी हैं। मालिक राम ने विरामचिह्नों के मु‘आमले में बड़े परिश्रम और सावधानी से काम लिया है लेकिन ऐ‘राब लगाने में उन्होंने भी इतनी सावधानी नहीं बरती। मैंने विरामचिह्न ज्यों-के-त्यों रखे हैं लेकिन कुछ इज़ाफ़तों के मु‘आमले में विरोध किया है। उदाहरण के लिए मालिक राम के यहाँ और कुछ दूसरे संस्करणों में ‘‘जोश-ए-क़दह से बज़्म-ए-चराग़ाँ किये हुए’’ लिखा है। मैंने बज़्म की इज़ाफ़त बाक़ी नहीं रखी। इसी तरह ‘चश्म-ए-दल्लाल जिन्स-ए-रुस्वाई’ के बजाय मैंने ‘चश्म, दल्लाल-ए-जिन्स-ए-रुस्वाई’ लिखा है।

उच्चारण का प्रश्न भी महत्वपूर्ण है। विदेशी भाषाओं के चन्द शब्द उर्दू भाषा में आकर बिगड़ चुके हैं। चूँकि इस तरह वह उर्दू के शब्द बन गए हैं इसलिए

मैं साधारणतः बोलचाल के उच्चारण (तद्‌भव) को मूल फ़ारसी या 'अरबी उच्चारण (तत्सम) पर प्रधानता देता हूँ। यही कारण है कि मैंने सवाल को सवाल, गिरिफ़्तार को गिरफ़्तार और निश्तर को नश्तर लिखा है। ऐसे शब्दों में भी जिनके दो उच्चारण हैं, मैंने बोलचाल के उच्चारण को बेहतर समझा है। इसकी कसौटी मेरा निजी ज्ञान है। इसलिए 'अज्ज़ पर 'अिज्ज़ को और सिताइश पर सताइश को प्रधानता दी है लेकिन इतनी सावधानी बरती है कि हिन्दी शब्दावली में कोष्ठक के अन्दर दूसरा उच्चारण भी लिख दिया है। मैंने कुछ शब्द जैसे ख़ज़ाँ, चराग़ और नशात को नहीं बदला है लेकिन मेरा विचार है कि उर्दू में ख़िज़ाँ, चिराग़ और निशात प्रचलित हैं और उनका इसी तरह प्रयोग करना चाहिए। यह दूसरा प्रश्न है कि स्वयं ग़ालिब ने क्या उच्चारण किया। जब तक इसकी छानबीन न की जाए उस समय तक हम निजी रुचि की कसौटी का प्रयोग करने पर बाध्य हैं।

नागरी लिपि में उर्दू काव्य और साहित्य का एक बड़ा भाग प्रकाशित हो चुका है। लेकिन उर्दू को नागरी लिपि में परिवर्तित करने के प्रश्न पर पूरी तरह विचार नहीं किया गया। प्रारम्भ में यह असावधानी स्वाभाविक थी, लेकिन अब, जबकि हिन्दी हिन्दुस्तान की राष्ट्रभाषा बन चुकी है और उसको देवनागरी लिपि द्वारा हिन्दुस्तान की विभिन्न भाषाओं की पूँजी को अपने दामन में समेटना है तो यह आवश्यक है कि लिपि के प्रश्नों पर साहित्यिक और वैज्ञानिक रूप से विचार किया जाए और दूसरी भाषाओं की आवाज़ों को व्यक्त करने के लिए नई 'अलामतें और संकेत अपनाए जाएँ। यह जीवित भाषाओं की विशेषता है और नागरी लिपि पहले भी क, ख, ग, ज और फ के नीचे बिन्दी लगाकर अपने जीवित होने का सुबूत दे चुकी है।

उर्दू साहित्य हिन्दी साहित्य से सबसे अधिक निकट है और दोनों की बोलचाल की भाषा और स्थान एक ही है। लेकिन फिर भी उर्दू में कुछ ऐसी विशेषताएँ हैं जो हिन्दी से भिन्न हैं जैसे 'अत्फ़ और इज़ाफ़त।

'अत्फ़ दो या दो से अधिक शब्दों या वाक्यों को मिलाने का काम देता है। 'अत्फ़ के बहुत से अक्षर हैं लेकिन यहाँ पर केवल उस वाव से बहस है जो और के अर्थ में प्रयुक्त होता है। जैसे 'गुल और बुलबुल' की जगह गुल-ओ-बुलबुल।

इज़ाफ़त एक शब्द से दूसरे शब्द का सम्बन्ध प्रकट करती है। इज़ाफ़त की 'अलामत 'ज़ेर' से लिखी जाती है जो अक्षर के नीचे लगाया जाता है और प्रयोग से गुल का रंग 'रंग-ए-गुल' और ग़ालिब का दीवान 'दीवान-ए-ग़ालिब' हो जाता है।

नागरी में 'अत्फ़ और इज़ाफ़त के लिखने के जो तरीक़े प्रचलित हैं, वह दोषपूर्ण हैं। उनसे शब्दों का मूलरूप बिगड़ जाता है और कभी-कभी अर्थ का अनर्थ हो जाने की आशंका होती है। जैसे साधारणतः 'गुल और बुलबुल' को लिखने के लिए 'गुलो बुलबुल' लिखा जाता है या गुल व बुलबुल। एक में गुल का रूप बिगड़ गया है और दूसरे में उच्चारण की अशुद्धि की सम्भावना है।

इस दीवान में 'अत्फ़ के वाव के लिए -ओ- की 'अलामत अपनाई गई है और 'गुल-ओ-बुलबुल' लिखा गया है।

इज़ाफ़त के लिए -ए- की 'अलामत अपनाई गई है। और दीवाने ग़ालिब के बजाय जिसका अर्थ पागल ग़ालिब भी हो सकता है, 'दीवान-ए-ग़ालिब' लिखा गया है। इस तरह शब्द का मूल-रूप बाक़ी रहता है और इज़ाफ़त का ज़ेर 'ये' में नहीं बदलता।

उर्दू के तीन अक्षरों के लिए भी नए चिह्नों से काम लिया गया है—एक शे. दूसरा अैन और तीसरा छोटी हे।

उर्दू के एक अक्षर की आवाज़ हिन्दी में मौजूद नहीं है यह ज और श के बीच की आवाज़ है। इसलिए श के नीचे बिन्दी लगा दी गई है (श़)।

'अैन की आवाज़ उर्दू में अलिफ़ की आवाज़ से मिल गई है इसलिए नागरी लिपि में साधारणतः दोनों अक्षरों को एक ही तरह लिखा जाता है। जिन शब्दों के आरम्भ में 'अैन आता है उनमें कोई बाधा नहीं आती। जैसे 'आशिक़' और 'औरत'। लेकिन जिन शब्दों के अन्त में या बीच में 'अैन आता है वहाँ उसकी अलग आवाज़ का प्रकट करना आवश्यक हो जाता है। कभी-कभी 'अैन अलिफ़ के साथ भी आता है। जैसे 'आदत या विदा'अ। इस जगह लिखावट में अैन को अलिफ़ से अलग करने की ज़रूरत पड़ती है। यही कारण है कि इस दीवान में अलिफ़ के लिए (अ) और 'अैन के लिए ('अ) की 'अलामत प्रयोग की गई है।

'अैन दूसरे अक्षरों की तरह गतिवान भी आता है और गतिहीन भी। गतिवान 'अैन के लिखने में कोई कठिनाई नहीं आती और उसे हर जगह ('अ) लिखा गया है।

गतिहीन 'अैन जो हमेशः शब्द के अन्त या बीच में आता है, उसके लिए यह तरीक़ः अपनाया गया है कि शब्द के अन्त में पूरा 'अैन लिखा गया है। जैसे शम्'अ या विदा'अ। लेकिन जहाँ कहीं शब्द के बीच में गतिहीन 'अैन आया है वहाँ अ की 'अलामत निकाल दी गई है और केवल (') बाक़ी रखा गया है। जैसे बा'द या मा'नी या ज़ो'फ़। यदि इन शब्दों में से (') जो गतिहीन 'अैन की 'अलामत है, निकाल दिया जाए तो कुछ शब्दों का रूप ऐसा बदलेगा कि उनका

मतलब कुछ-का-कुछ हो जाएगा। बा'द बाद हो जाएगा, या'नी हवा और मा'नी मानी हो जाएगा जो ईरान के एक प्राचीन चित्रकार का नाम है।

'अैन पर ख़त्म होनेवाले शब्दों पर जब इज़ाफ़त लग जाती है तो गतिहीन 'अैन फिर गतिवान हो जाता है लेकिन चूँकि इज़ाफ़त के लिए दूसरा चिह्न प्रयोग में लाया गया है इसलिए ऐसे शब्दों के अन्त में आनेवाले 'अैन से भी (अ) की 'अलामत ख़ारिज करके केवल (') बाक़ी रखा गया है। उदाहरण के लिए (विदा'अ) को अब इज़ाफ़त के साथ लिखेंगे तो वह (विदा'-ए-) हो जाएगा। यही तरीक़ः 'अत्फ़ की सूरत में भी सही है। शम्'अ का शब्द इज़ाफ़त के साथ (शम'-ए-) और अत्फ़ के साथ (शम'-ओ-) हो जाएगा।

उर्दू में एक बड़ी हे है और एक छोटी हे। दोनों की आवाज़ें अलग-अलग हैं, लेकिन उर्दू में एक हो गई हैं। इसलिए नागरी में इन दोनों के लिए (ह) काफ़ी है। लेकिन उर्दू में आजानेवाले कुछ विदेशी शब्दों के अन्त में जब छोटी हे आती है तो यह ज़बर की आवाज़ देती है जो अलिफ़ की आवाज़ को छोटा कर देने से पैदा होगी। जैसे हफ़्तः, गुलदस्तः, नग़मः बादः। इस हे की आवाज़ को अलिफ़ से बदला जा सकता है। लेकिन ऐसा करने से कई स्थानों पर इज़ाफ़त में कठिनाई पैदा हो जाएगी। मसलन यदि (नग़मा) लिखा जाए तो इज़ाफ़त के बा'द उसका रूप (नग़मा-ए-) होगा और उसका उच्चारण (नग़मअे) के बजाय (नग़माओे) हो जाएगा। यही कारण है कि इस हे के लिए विसर्ग (:) का उपयोग किया गया है। जिसकी मूल आवाज़ संस्कृत में छोटी हे की आवाज़ है। इस दीवान में विसर्ग को हर जगह ह के बजाय अ पढ़ना चाहिए जो उर्दू में अलिफ़ की नहीं बल्कि ज़बर की आवाज़ है। अब (नग़मः-ए-) लिखा जाए तो (नग़मअे) पढ़ा जाएगा।

कोई लिपि पूर्ण नहीं है और इंसान के गले और मुख से निकलनेवाली सब आवाज़ों को व्यक्त करने में समर्थ नहीं है क्योंकि मानव मस्तिष्क की तरह मानव कंठ भी असीमित योग्यता का मालिक है। उर्दू के वे शब्द जिनका दूसरा अक्षर बड़ी हे हो और यह हे गतिहीन हो और पहले अक्षर पर ज़बर हो तो उसे ज़बर नहीं बोला जाता बल्कि उसकी आवाज़ ज़बर और ज़ेर के बीच में होती है। जैसे अह्मद, मह्बूब, बह्र, वह्शत वग़ैरः। इनका उच्चारण करते समय पहले अक्षर को हमेशः अ और ए के बीच बोलना चाहिए। कभी-कभी छोटी हे के शब्दों के साथ भी यही होता है जैसे क़ह्र।

उर्दू की एक और विशेषता यह है कि शा'अिरी में कुछ शब्दों की याये मज्हूल (मोटी आवाज़ देनेवाली ये) को ख़ारिज करके उसे ज़ेर से बदल दिया जाता है। इस तरह आवाज़ छोटी हो जाती है। उदाहरण के लिए 'एक' और 'मेरे' से जब याये

मज्हूल ख़ारिज होती है तो 'ए' की आवाज़ छोटी हो जाती है।' और इसे (इक) और (मिरे) लिखा जाता है। नागरी में इस आवाज़ को जो वास्तव में ज़ेर की ख़ालिस आवाज़ है, व्यक्त करने का कोई तरीक़: नहीं। इसलिए मजबूरन ऐसे स्थानों पर इ की अलामत प्रयोग में लाई गई है जैसे (इक) और (मिरे)। यही सूरत कहीं-कहीं वाव के साथ भी पेश आती है, जहाँ उसकी पूरी आवाज़ कटकर पेश की आवाज़ में बदल जाती है। जैसे कोहसार को मजबूरन 'कुहूसार' लिखा गया है।

मेरी राय यह है कि नागरी लिपि की मात्राओं में उर्दू के ज़ेर और पेश को सम्मिलित कर लेना चाहिए। चूँकि ज़बर जिसका रूप ज़ेर जैसा ही होता है और अक्षर के ऊपर लगाया जाता है, नागरी अक्षरों में सम्मिलित होता है, इसलिए इसे नागरी लिपि की मात्राओं में सम्मिलित करने की ज़रूरत नहीं। अलबत्तः किसी अक्षर से ज़बर की हरकत को ख़ारिज करने के लिए उसके नीचे हलन्त लगा देना चाहिए जैसे (शम्'अ) के म और (बह्र) के 'ह' में लगाया गया है।

इस तरह नागरी लिपि उर्दू की आवाज़ों को बड़ी हद तक व्यक्त करने में समर्थ हो जाएगी।

नागरी लिपि में संशोधन और परिवर्द्धन का जो प्रस्ताव यहाँ पेश किया गया है, सम्भव है कि हिन्दी के कुछ क्षेत्रों में इसे स्वीकार करने योग्य न समझा जाए। लेकिन यह विश्वास है कि यह प्रस्ताव उन लोगों को भी सोचने का अवसर अवश्य देगा और इस प्रकार नागरी लिपि के दूसरे प्रश्नों पर भी, जिन्हें मैंने यहाँ नहीं छेड़ा है, विचार-विनिमय और वाद-विवाद हो सकेगा।

अन्त में उन सब मित्रों के प्रति आभार प्रकट करते हुए मुझे अत्यन्त हर्ष होता है, जिनके सहयोग से दीवान-ए-ग़ालिब का प्रस्तुत संस्करण प्रकाशित हुआ है। सबसे पहले मैं लाला योधराज का आभारी हूँ, जिनकी उदारता और विशाल हृदयता से हिन्दुस्तानी बुक ट्रस्ट अस्तित्व में आया। दीवान-ए-ग़ालिब इस ट्रस्ट का प्रथम ग्रन्थ है। मीर, इक़बाल और उर्दू के दूसरे महान कवियों के संकलन भविष्य में प्रकाशित होंगे। मेरे आदरणीय मित्र श्री शहाबुद्दीन दस्नवी ने अपनी अत्यन्त व्यस्तता के बावुजूद हिन्दुस्तानी बुक ट्रस्ट के स्थापन और दीवान के मुद्रण में जिस तरह प्रयत्न किया है और अपना बहुमूल्य समय दिया है, उसकी प्रशंसा के लिए शब्द नाकाफ़ी हैं। श्री वी. शंकर के क़ीमती मशवरों के साथ-साथ जो काम करनेवालों के मार्गदर्शन और उत्साहवर्धन का कारण हुए, डॉक्टर मुल्कराज आनन्द और उनकी सहयोगिनी मिस सैयार के परामर्श से दीवान-ए-ग़ालिब का हर पृष्ठ सुसज्जित है और इसका यह सुन्दर और मनोहर रूप उन्हीं के प्रयत्नों का नतीजः

है। मैं श्री मालिक राम का भी आभारी हूँ, जिन्होंने अपने सम्पादित दीवान-ए-ग़ालिब का उपयोग करने की अनुमति देकर मेरे काम को बहुत आसान बना दिया। श्री मुग़नी अमरोहवी ने ग़ज़लों का देवनागरी में लिपिबद्ध किया और हर पृष्ठ का संशोधन किया और श्री प्रेम स्वरूप शर्मा ने शब्दावली सम्पादित करने में मेरा हाथ बटाया। इन दोनों मित्रों के सहयोग के बिना इस कर्तव्य से भारमुक्त होना मेरे लिए असम्भव था।

अदबी प्रिंटिंग प्रेस के सभी कार्यकर्ता विशेष रूप से मेरे धन्यवाद के अधिकारी हैं। उन्होंने दिन-रात एक करके दीवान-ए-ग़ालिब इतनी स्वच्छता के साथ छापा है और अपने और अपने प्रेस के लिए दिलों के अन्दर जगह पैदा कर ली है।

ख़ुदा करे इस दीवान के प्रकाशन से हिन्दीवालों और उर्दूवालों के दिलों में प्रेम के नए पुष्प खिलें और हमारा देश और हमारी भाषा उनकी सुगन्ध से महक उठे।

सरदार जा'फ़री

बम्बई
जुलाई, 1958

लिखावट और उच्चारण का नक़्शः

श़	'ऐन
ज़ और श के बीच की आवाज़	'अ (पूरा) '(आधा)

छोटी हे :

लिखावट		उच्चारण
नग़मः	अ	नग़मा
नग़मः-ए-	अऐ	नग़मऐ
नग़मः-ओ-	अओ	नग़मओ

'अत्फ़ (-ओ-)
(दो शब्दों का जोड़)

गुल-ओ-बुलबुल	ओ	गुलो-बुलबुल
लालः-ओ-गुल	अओ	लालाओ-गुल
अदा-ओ-नाज़	आओ	अदाओ-नाज़

इज़ाफ़त (-ए-)
(दो शब्दों का सम्बन्ध)

ग़म-ए-दिल	ऐ	ग़मे-दिल
नग़मः-ए-दिल	अऐ	नग़मऐ-दिल
हवा-ए-दिल	आऐ	हवाऐ-दिल

1

नक़्श फ़रियादी है, किसकी शोख़ि-ए-तहरीर का
काग़ज़ी है पैरहन, हर पैकर-ए-तस्वीर का

काव-ए-काव-ए-सख़्त जानीहा-ए-तन्हाई, न पूछ
सुबूह करना शाम का, लाना है जू-ए-शीर का

जज़्बः-ए-बे इख़्तियार-ए-शौक़ देखा चाहिये
सीनः-ए-शमशीर से बाहर है, दम शमशीर का

नक़्श–निशान, बेलबूटे, चित्र, चिह्न। **फ़रियादी**–फ़रियाद करनेवाला। **शोख़ि-ए-तहरीर**–(शोख़ी–तीखापन, चंचलता, दिलकशी, मोहकता, शरारत, सुन्दरता। तहरीर–लिखावट, चित्र की रेखाएँ) तहरीर की सुन्दरता और बाँकपन। **पैरहन**–लिबास, वस्त्र। **पैकर-ए-तस्वीर**– (पैकर–आकार) चित्र का आकार। प्राचीन ईरान में रिवाज था कि फ़रियाद करनेवाले काग़ज़ के कपड़े पहनकर आते थे।

काव-ए-काव-ए-सख़्तजानीहा-ए-तन्हाई–(काव-काव–कड़ी मेहनत, घोर परिश्रम। सख़्तजानी–ऐसी हालत जिसमें प्राण मुश्किल से निकले। हा–बहुवचन। ए-इज़ाफ़त। तन्हाई–एकान्त, अकेलापन) तन्हाई की मुसीबतें, विरह के दुख। **जू-ए-शीर**–दूध की नहर। शीरीं फ़रहाद की कहानी में फ़रहाद ('आशिक़) पहाड़ से दूध की नहर काटने गया था और वहीं सर फोड़कर मर गया। इसलिए जू-ए-शीर लाना–कठिन काम करना, कठिन काम में मर जाना।

जज़्बः-ए-बेइख़्तियार-ए-शौक़–(जज़्बः–मनोभाव, आवेश। बे इख़्तियार–जिसपर क़ाबू न हो। शौक़–अभिलाषा, चाव) इंतिहाई शौक़ की हालत, प्रेम का अतिशय भाव।

सीनः-ए-शमशीर–तलवार का सीनः। **दम**–धार, साँस, प्राण।

आगही, दाम-ए-शनीदन, जिस क़दर चाहे, बिछाये
मुद्द'आ 'अन्क़ा है, अपने 'आलम-ए-तक़रीर का

बसकि हूँ, ग़ालिब, असीरी में भी आतश ज़ेर-ए-पा
मू-ए-आतश दीदः, है हल्क़ः मिरी ज़ंजीर का

आगही–समझ-बूझ, अक्ल, चेतना। **दाम-ए-शुनीदन**–(दाम-जाल। शुनीदन–सुनना) बात को पकड़ने की कोशिश, समझने की कोशिश, श्रवण-जाल।

मुद्द'आ–उद्देश्य, मक्सद, मतलब, अभिप्राय। **'अन्क़ा**–एक काल्पनिक पक्षी का नाम, जिसका अस्तित्व न हो, नापैद। **'आलम-ए-तक़रीर**–बोलने की हालत, बातों की दुनिया।

असीरी–क़ैद। **आतश-ज़ेर-ए-पा**–पाँव के नीचे आग, व्याकुल, बेताब। **मू-ए-आतश दीदः**–आग में झुलसा हुआ बाल। **हल्क़ः**–ज़ंजीर की कड़ी।

2

जराहत तोह्फ़ः, अल्मास अर्मुग़ाँ, दाग़-ए-जिगर हदियः
मुबारकबाद असद, ग़मख़्वार-ए-जान-ए-दर्दमन्द आया

जराहत–घाव, ज़ख़्म। **अलमास**–हीरा, दिल को काटनेवाला। **अर्मुग़ाँ**–तोहफ़ः, भेंट, उपहार, पुरस्कार। **दाग़-ए-जिगर**–जिगर का दाग़। (जिगर वीरता और शक्ति का प्रतीक है) **हदियः**–तोह्फ़ः, उपहार। **मुबारकबाद**–मुबारक हो, बधाई। **ग़मख़्वार-ए-जान-ए-दर्दमन्द**– (ग़मख़्वार–सहानुभूति रखनेवाला। जान-ए-दर्दमन्द–दुखी प्राण) दुख भरी जान का दुख उठानेवाला, दुखियों को धीरज बँधानेवाला।

3

जुज़ क़ैस और कोई न आया, ब रू-ए-कार
सह्‌रा, मगर, ब तँगि-ए-चश्म-ए-हुसूद था

आशुफ़्तगी ने नक़्श-ए-सुवैदा किया दुरुस्त
ज़ाहिर हुआ, कि दाग़ का सरमायः दूद था

था ख़्वाब में, ख़याल को तुझसे मु'आमलः
जब आँख खुल गई, न ज़ियाँ था न सूद था

लेता हूँ मक्तब-ए-ग़म-ए-दिल में सबक़ हनोज़
लेकिन यही कि, रफ़्त गया, और बूद था

जुज़ क़ैस–(क़ैस–मजनूँ का नाम) क़ैस के सिवाय **बरू-ए-कार आना**–पैदा होना, प्रसिद्धि पाना। **सह्‌रा**–जंगल, रेगिस्तान, बयाबान, वीरान (इसमें विस्तार और फ़ासले का मतलब भी है) **वुस'अत**–विस्तार, फैलाव। **मगर**–शायद। **बतँगि-ए-चश्म-ए-हुसूद**–(हुसूद–ईर्ष्या, डाह) हसद की आँख की तरह तंग, डाह करनेवाले की आँख की संकीर्णता।

आशुफ़्तगी–परीशानी, उन्माद, विकलता, अस्तव्यस्तता। **नक़्श-ए-सुवैदा**–दिल पर काला धब्बः या दाग़, ग़म का दाग़। **किया दुरुस्त**–बनाया। **सरमायः**–पूँजी। **दूद**–धुआँ।

ख़्वाब–स्वप्न (ग़फ़लत)। **ख़याल**–कल्पना। **मु'आमलः**–लेन-देन, बातचीत, त'अल्लुक़, सम्बन्ध। **ज़ियाँ**–नुक़्सान, घाटा, हानि। **सूद**–नफ़'अ, लाभ।

मकतब-ए-ग़म-ए-दिल–दिल के ग़म का मद्रिसः, दुखों की पाठशाला। **सबक़**–पाठ। **हनोज़**–अभी, अभी तक। **रफ़्त**–गया। **बूद**–था

ढाँपा क़फ़न ने दाग़-ए-'अुयूब-ए-बरह्नगी
मैं, वर्नः हर लिबास में नँग-ए-वुजूद था

तेशे बिग़ैर मर न सका कोहकन, असद
सर्‌गश्तः-ए-ख़ुमार-ए-रुसूम-ओ-क़ुयूद था

दाग़-ए-'अुयूब-ए-बरह्नगी—(दाग़—धब्बः। 'अुयूब—दोष, अवगुण, बुराइयाँ। बरह्नगी—नग्नता) नग्नता के दोषों के चिह्न। **लिबास**—वस्त्र, कपड़े। **नँग-ए-वुजूद**—(नँग—लज्जा, शर्म, दोष। वुजूद—जीवन, अस्तित्व) अस्तित्व के लिए लज्जाजनक। **तेशः**—कुदाल। **कोहकन**—पहाड़ काटनेवाला, फ़रहाद। **सरगश्तः-ए-ख़ुमार-ए-रुसूम-ओ-क़ुयूद**—(सरगश्तः—सरफिरा, भ्रान्त, उद्विग्न। ख़ुमार—उतरा हुआ नशः, मदिरालस। रुसूम-ओ-क़ुयूद—रीति-रिवाज का बँधन) रस्म-ओ-रिवाज का मारा हुआ।

4

कहते हो, न देंगे हम, दिल अगर पड़ा पाया
दिल कहाँ, कि गुम कीजे, हमने मुद्द'आ पाया

'अिश्क़ से, तबी'अत ने, ज़ीस्त का मज़ा पाया
दर्द की दवा पाई, दर्द-ए-बेदवा पाया

दोस्तदार-ए-दुश्मन है, ए'तिमाद-ए-दिल मा'लूम
आह बे असर देखी, नालः नारसा पाया

सादगि-ओ-पुरकारी, बेख़ुदी-ओ-हुशियारी
हुस्न को तग़ाफ़ुल में, जुरअत आज़मा पाया

गुंचः फिर लगा खिलने, आज हमने अपना दिल
ख़ूँ किया हुआ देखा, गुम किया हुआ पाया

हाल-ए-दिल नहीं मा'लूम, लेकिन इस क़दर या'नी
हम ने बारहा ढूँढा, तुम ने बारहा पाया

शोर-ए-पन्द-ए-नासेह ने ज़ख़्म पर नमक छिड़का
आप से कोई पूछे तुम ने क्या मज़ा पाया

मुद्द'-आ–मतलब, मंशा, उद्देश्य। **ज़ीस्त**–ज़िन्दगी, जीवन।
दोस्तदार–मित्र। **दुश्मन**–शत्रु। (व्यंग से मा'शूक़ को दुश्मन कहा गया है, जो जान का लागू है।)
ए'तिमाद–भरोसा। **नालः**–आर्तनाद। **नारसा**–न पहुँचनेवाला, बेअसर। **पुरकारी**–चालाकी, 'अय्यारी।
बेख़ुदी–अपने-आप से बेख़बर होना, आत्मविस्मृति। **तग़ाफ़ुल**–उपेक्षा, असावधानी, लापरवाही। **जुरअत आज़मा**–हिम्मत आज़माने वाला, बढ़ावा देनेवाला, दिल को उकसाने वाला।
गुंचः–कली। **बारहा**–बार-बार।
शोर-ए-पन्द-ए-नासेह–(शोर–ऊँची आवाज़, ग़ुल, कड़वापन, खारीपन। पन्द–उपदेश। नासेह– उपदेशक) उपदेश की कटुता।

5

दिल मिरा, सोज़-ए-निहाँ से, बेमहाबा जल गया
आतश-ए-ख़ामोश की मानिन्द गोया जल गया

दिल में, ज़ौक़-ए-वस्ल-ओ-याद-ए-यार तक, बाक़ी नहीं
आग इस घर में लगी ऐसी कि जो था जल गया

मैं 'अदम से भी परे हूँ, वर्नः ग़ाफ़िल, बारहा
मेरी आह-ए-आतशीं से, बाल-ए-'अन्क़ा जल गया

अर्ज़ कीजे, जौहर-ए-अन्देशः की गर्मी कहाँ
कुछ ख़याल आया था वहशत का, कि सहरा जल गया

दिल नहीं, तुझको दिखाता वर्नः दाग़ों की बहार
इस चराग़ाँ का, करूँ क्या, कारफ़रमा जल गया

मैं हूँ और अफ़्सुर्दगी की आरज़ू, ग़ालिब, कि दिल
देखकर तर्ज़-ए-तपाक-ए-अहल-ए-दुनिया जल गया

सोज़-ए-निहाँ–छुपी हुई जलन, अन्दर की आग। **बेमहाबा**–(बिना लिहाज़, बिना मुरव्वत) बिल्कुल, यकसर। **आतश-ए-ख़ामोश**–बुझी हुई आग, चुपके-चुपके सुलगती हुई आग। **मानिन्द**–तरह। **गोया**–जैसे।

ज़ौक़-ए-वस्ल–(ज़ौक़–रस, मज़ा, चस्का, आनन्द। इनमें से किसी भी एक शब्द से ज़ौक़ का ठीक-ठीक अर्थ नहीं निकलता। वस्ल–मिलन) मिलन का मज़ा। **याद-ए-यार**–दोस्त की याद। **'अदम**–अनस्तित्व, परलोक। **ग़ाफ़िल**–असावधान, निश्चेत। **आह-ए-आतशीं**–आग से भरी हुई आह। **बाल-ए-'अन्क़ा**–'अन्क़ा का पर।

'अर्ज़–बयान, आवेदन। **जौहर-ए-अन्देशः**–(जौहर–रत्न। अन्देशः–शंका) ख़याल या फ़िक्र का जौहर, चिन्तन की आत्मा। **वहशत**–घबराहट। **सहरा**–जंगल, बयाबान। **चराग़ाँ**–दीपोत्सव, दीपमाला। **कारफ़रमा**–मोहतमिम, कार्यकर्ता, प्रबन्ध करनेवाला, (दिल)। **अफ़्सुर्दगी**–कुम्हलाहट, मुरझा जाना। **आरज़ू**–इच्छा, कामना, लालसा। **तर्ज़-ए-तपाक-ए-अह्ल-ए-दुनिया**–(तर्ज़–पद्धति, स्वभाव, तपाक-आव-भगत, प्रीति) दुनियावालों का आव-भगत करने का तरीक़ः।

6

शौक़ हर रंग, रक़ीब-ए-सर-ओ-सामाँ निकला
क़ैस तस्वीर के पर्दे में भी 'अुरियाँ निकला

ज़ख़्म ने दाद न दी तंगि-ए-दिल की यारब
तीर भी सीनः-ए-बिस्मिल से परअफ़शाँ निकला

बू-ए-गुल, नालः-ए-दिल, दूद-ए-चराग़-ए-महफ़िल
जो तिरी बज़्म से निकला, सो परीशाँ निकला

दिल-ए-हसरतज़दः था मायदः-ए-लज़्ज़त-ए-दर्द
काम यारों का, बक़द्र-ए-लब-ओ-दन्दाँ निकला

थी नौआमोज़-ए-फ़ना, हिम्मत-ए-दुश्वार-पसन्द
सख़्त मुश्किल है, कि यह काम भी आसाँ निकला

दिल में फिर गिरिये ने इक शोर उठाया, ग़ालिब
आह जो क़तरः न निकला था, सो तूफ़ाँ निकला

हर रंग–हर तरह, हर सूरत में, हर तरीक़े से। **रक़ीब-ए-सर-ओ-सामाँ**–(रक़ीब–दुश्मन। सर-ओ-सामाँ– आवश्यक सामग्री) हर प्रकार की सज्जा व श्रृंगार का शत्रु।
क़ैस–मजनूँ का नाम। **'अुरियाँ**–नंगा, नग्न, विवस्त्र।
दाद न दी–ख़याल न किया, लिहाज न किया, ता'रीफ़ न की, न्याय न किया।
यारब–अय ख़ुदा। **सीनः-ए-बिस्मिल**–ज़ख़्मी का सीनः। **परअफ़शाँ**–पर झाड़ता हुआ, पर फैलाए हुए, परीशान, सरासीमः।
बू-ए-गुल–फूल की ख़ुशबू या सुगन्ध। **नालः-ए-दिल**–दिल का नालः, दिल की फ़रियाद। **दूद-ए-चराग़-ए-महफ़िल**–महफ़िल के चराग़ का धुआँ। **बज़्म**–महफ़िल, मज्लिस, सभा, गोष्ठी।
दिल-ए-हसरतज़दः–हसरतों का मारा हुआ दिल। **मायदः-ए-लज़्ज़त-ए-दर्द**–दस्तरख़्वान जिसपर 'अिश्क़ का दर्द सजा हुआ है और उस दर्द में मज़ा है।
बक़द्र-ए-लब-ओ-दन्दाँ–होंठों और दाँतों की हैसियत के बराबर, या'नी बहुत थोड़ा।
नौआमोज़-ए-फ़ना–मौत के मु'आमले में नौसिखिया। **हिम्मत-ए-दुश्वार-पसन्द**–मुश्किलों से ख़ुश होनेवाली हिम्मत। **गिरियः**–रोना। **क़तरः**–बूँद।

7

धमकी में मर गया, जो न बाब-ए-नबर्द था
'अिश्क़-ए-नबर्द पेशः, तलबगार-ए-मर्द था

था ज़िन्दगी में मर्ग का खटका लगा हुआ
उड़ने से पेश्तर भी मिरा रंग ज़र्द था

तालीफ़-ए-नुस्ख़ःहा-ए-वफ़ा कर रहा था मैं
मजमू'अः-ए-ख़याल अभी फ़र्द फ़र्द था

दिल ता जिगर कि साहिल-ए-दरिया-ए-ख़ूँ है अब
इस रहगुज़र में जलवः-ए-गुल आगे गर्द था

जाती है कोई कशमकश अन्दोह-ए-'अिश्क़ की
दिल भी अगर गया, तो वही दिल का दर्द था

बाब-ए-नबर्द–लड़ाई के योग्य। **'अिश्क़-ए-नबर्द पेशः**–'अिश्क़ जिसे लड़ाई या कठिनाइयों में आनन्द आए। **तलबगार-ए-मर्द**–बहादुर को चाहनेवाला, बहादुर को ढूँढनेवाला।
पेश्तर–पहले। **ज़र्द**–पीला।
तालीफ़-ए-नुस्ख़हा-ए-वफ़ा–'अिश्क़ की किताब की तरतीब, सम्पादन। **मजमू'अः-ए-ख़याल**–कल्पना का संकलन। **फ़र्द-फ़र्द**–वरक़-वरक़, टुकड़े-टुकड़े बिखरा हुआ।
दिल ता जिगर–दिल से जिगर तक (दिल महब्बत की मंज़िल है और जिगर हिम्मत की)
साहिल-ए-दरिया-ए-ख़ूँ–ख़ून के सागर का कनारः। **रहगुज़र**–रास्ता, पथ, मार्ग।
जल्वः-ए-गुल–(जल्वः–दर्शन, छवि, कान्ति। गुल–फूल) फूलों की बहार।
आगे–पहले, गुज़रे हुए समय में, अतीत काल। **गर्द**–धूल, हेच, बे'मानी, निरर्थक।
कशमकश–खेंच तान, मुसीबत, परीशानी। **अन्दोह-ए-'अिश्क़**–'अिश्क़ का ग़म, 'अिश्क़ की मुसीबत।

अहबाब चारः-साज़ि-ए-वहशत न कर सके
ज़िन्दाँ में भी ख़याल, बयाबाँ नबर्द था

यह लाश-ए-बेकफ़न, असद-ए-ख़स्तः जाँ की है
हक़ मग़्फ़िरत करे, 'अजब आज़ाद मर्द था

अहबाब–दोस्त, मित्र। **चारः-साज़ि-ए-वहशत**–वहशत का इलाज। **ज़िन्दाँ**–क़ैदख़ानः। **बयाबाँ नबर्द**–जंगल-जंगल घूमनेवाला।
असद-ए-ख़स्तः जाँ–असद–ग़ालिब का नाम। ख़स्तः जाँ–थकी माँदी जान।
हक़–ख़ुदा। **मग़्फ़िरत**–मोक्ष, मुक्ति।

8

शुमार-ए-सुबूहः मर्गूब-ए-बुत-ए-मुश्किल-पसन्द आया
तमाशा-ए-बयक कफ़ बुर्दन-ए-सद् दिल पसन्द आया

ब फ़ैज़-ए-बेदिली, नौमीदि-ए-जावेद आसाँ है
कशाइश को हमारा 'उक़्दः-ए-मुश्किल पसन्द आया

हवा-ए-सैर-ए-गुल, आईनः-ए-बेमेहरि-ए-क़ातिल
कि अन्दाज़-ए-ब़ख़ूँ ग़लतीदन-ए-बिस्मिल पसन्द आया

शुमार-ए-सुबूहः–(शुमार–गिनना। सुबूहः–सौ दाने की तस्बीह) माला जपना।
मर्ग़ूब-ए-बुत-ए-मुश्किल पसन्द–(मर्ग़ूब–पसन्दीदः। बुत-ए-मुश्किल पसन्द–मा'शूक़ जिसे मुश्किल काम अच्छे लगें) मुश्किलों से आनन्द लेनेवाले माशूक़ की पसन्द।
तमाशा-ए-बयक कफ़ बुर्दन-ए-सद्दिल–एक मुट्ठी में सौ दिल बन्द कर लेने का खेल।
बफ़ैज़-ए-बेदिली–उदासीनता की उदारता से। **नौमीदि-ए-जावेद**–हमेशाः के लिए मायूसी, चिरकालिक निराशा। **कशाइश**–विस्तार, खोलने की क्रिया। **'उक़दः-ए-मुश्किल**–सख़्त गाँठ, गूढ़ गुत्थी, कठिन समस्या।
हवा-ए-सैर-ए-गुल–(हवा–ख़्वाहिश, शौक़, इच्छा। सैर-ए-गुल–फूलों का तमाशा) फूलों की सैर करने की ख़्वाहिश या शौक़। **आईनः-ए-बेमेहरि-ए-क़ातिल**–(आईनः–सुबूत, दलील। बेमेह्री–बेरहमी, बेमुरव्वती, निर्दयता। क़ातिल–मा'शूक़) मा'शूक़ की बेरहमी का सुबूत। **अन्दाज़-ए-बख़ूँ ग़ल्तीदन-ए-बिस्मिल**–(अन्दाज़–तरीक़ः। बख़ूँ ग़ल्तीदन–ख़ून में लिथड़ना। बिस्मिल–ज़ख़्मी) ज़ख़्मियों के ख़ून में लोटने का तरीक़ः।

9

दह्र में, नक़्श-ए-वफ़ा, वज्ह-ए-तसल्ली न हुआ
है यह वह लफ़्ज़, कि शर्मिन्दः-ए-म'अनी न हुआ।

सब्ज़ः-ए-ख़त से तिरा, काकुल-ए-सरकश न दबा
यह ज़मर्रुद भी हरीफ़-ए-दम-ए-अफ़'ई न हुआ

मैं ने चाहा था कि अन्दोह-ए-वफ़ा से छूटूँ
वह सितमगर मिरे मरने प भी राज़ी न हुआ

दिल गुज़रगाह-ए-ख़याल-ए-मै-ओ-साग़र ही सही
गर नफ़स जादः-ए-सरमंज़िल-ए-तक़्वा न हुआ

दह्र–काल, समय, दुनिया, जगत। **नक़्श-ए-वफ़ा**–वफ़ा की तस्वीर, वफ़ा का लफ़्ज़। **वज्ह-ए-तसल्ली**–सन्तोष का कारण। **लफ़्ज़**–शब्द। **शर्मिन्दः-ए-मा'नी**–जिसका कोई मतलब हो, अर्थ हो, सार्थक।

सब्ज़ः-ए-ख़त–मुख-लोम। **काकुल-ए-सरकश**–(काकुल–बल खाई हुई बालों की लट। सरकश–मग़रूर, बाग़ी) बालों की बाग़ी और घमंडी लटें। **ज़मर्रुद**–हरे रंग का क़ीमती पत्थर (यहाँ सब्ज़ः-ए-ख़त को कहा गया है।) **हरीफ़-ए-दम-ए-अफ़'ई**– (हरीफ़–मुक़ाबिलः करनेवाला, प्रतिद्वन्द्वी, दुश्मन। दम-ए-अफ़'ई–साँप की साँस, फुँकार) लहराते हुए साँप का मुक़ाबिलः करनेवाला। (कहते हैं कि ज़मर्रुद को देखकर साँप अन्धा हो जाता है।)

अन्दोह-ए-वफ़ा–वफ़ा की मुसीबत, वफ़ा का दिया हुआ ग़म, 'अिश्क़ का दुख।

सितमगर–सितम करनेवाला, जुल्म ढानेवाला, अत्याचारी, माशूक़। **राज़ी न हुआ**–ख़ुश न हुआ, इजाज़त न दी।

गुज़रगाह-ए-ख़याल-ए-मै-ओ-साग़र–(गुज़रगाह–रास्तः, मार्ग। ख़याल–कल्पना। मै–शराब। साग़र–शराब का प्यालः) मै और साग़र के ख़याल से भरा हुआ मार्ग, जिसपर से मै और साग़र की कल्पना गुज़र रही हो। **नफ़स**–साँस। **जादः-ए-सरमंज़िल-ए-तक़्वा**–(जादः–रास्ता, पथ, पगडंडी। तक़्वा–पारसाई, संयम, पवित्रता, त्याग) संयम-मार्ग।

हूँ तिरे व'अदः न करने में भी राज़ी, कि कभी
गोश मिन्नत-कश-ए-गुलबाँग-ए-तसल्ली न हुआ

किससे महरूमि-ए-क़िस्मत की शिकायत कीजे
हमने चाहा था कि मर जायें, सो वह भी न हुआ

मर गया सदमः-ए-यक जुंबिश-ए-लब से ग़ालिब
नातवानी से हरीफ़-ए-दम-ए-'ईसा न हुआ

राज़ी–ख़ुश, मुतमइन, सन्तुष्ट। **गोश**–कान। **मिन्नत-कश-ए-गुलबाँग-ए-तसल्ली**–(मिन्नत कश–एहसानमन्द, कृतज्ञ। गुलबाँग–ख़ुशख़बरी, मुशदः) ऐसे शुभ समाचार का एहसानमन्द जिससे सन्तोष हो।

महरूमि-ए-क़िस्मत–भाग्य से वंचित होना, भाग्य हीनता।

सदमः-ए-यक जुँबिश-ए-लब–(सदमः–चोट, ग़म। यक–एक। जुँबिश–हिलाना। लब–होंठ) होंठों के हिलने का सदमः। **नातवानी**–कमज़ोरी, दुर्बलता। **हरीफ़**–मुक़ाबिलः करनेवाला, विरोधी। **दम-ए-'ईसा**–हज़रत 'ईसा की साँस या फूँक ('ईसा और मसीहा नफ़स मा'शूक़ के लिए भी इस्ति'माल होता है। इंजील के अनुसार हज़रत 'ईसा की फूँक से मुर्दे ज़िन्दः हो जाते थे)।

10

सताइशगर है ज़ाहिद इस क़दर, जिस बाग़-ए-रिज़्वाँ का
वह इक गुलदस्तः है हम बेख़ुदों के ताक़-ए-निसियाँ का

बयाँ क्या कीजिये बेदाद-ए-काविशहा-ए-मिश्गाँ का
कि हरइक क़तरः-ए-ख़ूँ दानः है तस्बीह-ए-मरजाँ का

न आई सतवत-ए-क़ातिल भी माने'अ, मेरे नालों को
लिया दाँतों में जो तिन्का, हुआ रेशः नयसताँ का

दिखाऊँगा तमाशा, दी अगर फ़ुर्सत ज़माने ने
मिरा हर दाग़-ए-दिल, इक तुख़्म है सर्व-ए-चराग़ाँ का

किया आईनः-ख़ाने का वह नक़्शः, तेरे जल्वे ने
करे, जो परतव-ए-ख़ुर्शीद, 'आलम शबनमिस्ताँ का

सताइशगर–(सिताइशगर) तारीफ़ करनेवाला, प्रशंसक। **ज़ाहिद**–परहेज़गार आदमी, त्यागी, गुनाह से दूर रहनेवाला, संयमी। (उर्दू शा'इरी में ज़ाहिद और मौलवी का हमेशः मज़ाक़ उड़ाया गया है)। **बाग़-ए-रिज़्वाँ**–रिज़्वाँ का बाग़, जन्नत, स्वर्ग। (रिज़्वाँ जन्नत की हिफ़ाज़त करनेवाले फ़रिश्ते का नाम है)। **बेख़ुद**–जो अपने होश में न हो, बेसुध, आत्मलीन। **ताक़-ए-निसियाँ**–ताक़ जिसमें कुछ रखकर भूल जाएँ।

बेदाद–जुल्म, अन्याय। **काविशहा-ए-मिश्गाँ**–(काविश–कोशिश। हा–बहुवचन। ए–इज़ाफ़त, मिश्गाँ–दृग-अंचल) पलकों की झपक, पलकों का हिलना।

क़तरः-ए-ख़ूँ–ख़ून की बूँद। **तस्बीह-ए-मरजाँ**–मूँगे की तस्बीह, मूँगे की माला। (मूँगा क़ीमती है और तस्बीह पवित्र)।

सतवत-ए-क़ातिल–क़ातिल (मा'शूक़) का रो'ब दाब। **न आई माने'अ मेरे नालों को**–मेरे नालों को रोक न सकी। **नयस्ताँ**–नरकुल का जंगल (नयस्ताँ के रेशे से मतलब नै या'नी बाँसुरी है। उसकी आवाज़ 'आशिक़ की फ़रियाद है, जो मा'शूक़ के लिए नग़्मः है)।

दाग़-ए-दिल–दिल का दाग़। **तुख़्म**–बीज। **सर्व-ए-चराग़ाँ**–चराग़ों से जगमगाता हुआ पेड़।

आईनःख़ानः–घर जिसकी दीवारों में आईने जड़े हों। **नक़्शः**–हालत। **जल्वः**–नूर, नूर का ज़ुहूर, दर्शन, कान्ति, छवि। **परतव-ए-ख़ुर्शीद**–सूरज की रौशनी, किरणें।

आलम–हालत, दशा। **शबनमिस्ताँ**–ओस की बूँद से भरी हुई जगह।

मिरी ता'मीर में मुज़्मर, है इक सूरत ख़राबी की
हयूला बर्क़-ए-ख़रमन का, है ख़ून-ए-गर्म देह्क़ाँ का

उगा है घर में हर सू सब्ज़ः, लाखों आरज़ूएँ हैं
चराग़-ए-मुर्दः हूँ, मैं बेज़बाँ, गोर-ए-ग़रीबाँ का

हनोज़, इक परतव-ए-नक़्श-ए-ख़याल-ए-यार बाक़ी है
दिल-ए-अफ़्सुर्दः, गोया, हुजरः है यूसुफ़ के ज़िन्दाँ का

बग़ल में ग़ैर की, आज आप सोते हैं कहीं, वर्नः
सबब क्या, ख़्वाब में आकर तबस्सुमहा-ए-पिन्हाँ का

नहीं मा'लूम, किस किसका लहू पानी हुआ होगा
क़यामत है, सरश्क आलूदः होना तेरी मिश्ग़ाँ का

नज़र में है हमारी जादः-ए-राह-ए-फ़ना ग़ालिब
कि यह शीराज़ः है आलम के अज्ज़ा-ए-परीशाँ का

ता'मीर–बनावट, रचना। **मुज़्मर**–छुपी हुई। **हयूला**–माद्दः, तत्व, धातु। **बर्क़-ए-ख़िरमन**–खलियान पर गिरनेवाली बिजली। **दहक़ाँ**–(दहक़ान) किसान।

हर सू–हर तरफ़। **सब्ज़ः**–घास। **तमाशा कर**–तमाशा देख। **मदार**–निर्भरता, आश्रय। **दरबाँ**–घर का रखवाला, ड्योढ़ीवान।

ख़मोशी–ख़ामोशी, मौन। **निहाँ**–छुपी हुई। **ख़ूँ गश्तः**–जिनका ख़ून हो चुका हो।

चराग़-ए-मुर्दः–मरा हुआ चराग़, बुझा हुआ दीपक। **गोर-ए-ग़रीबाँ**–क़ब्रिस्तान।

हनोज़–अभी, अभी तक। **परतव-ए-नक़्श-ए-ख़याल-ए-यार**–(परतव–परछाईं, अक्स, रौशनी, किरण, प्रकाश। नक़्श–तस्वीर। ख़याल–कल्पना, याद। यार–दोस्त, मा'शूक़) मा'शूक़ की याद की किरण। **दर्द-ए-अफ़सुर्दः**–बुझा हुआ दिल। **गोया**–जैसे। **हुजरः**–कोठरी। **यूसुफ़**–एक पैग़म्बर जिनको दुनिया का सबसे सुन्दर व्यक्ति समझा जाता था। भाइयों ने जलन में उनसे दग़ा की। मिस्र के बाज़ार में ग़ुलाम की तरह बेचे गए। जुलेख़ा उन पर 'आशिक़ हो गईं। जीवन का एक बड़ा हिस्सः उन्होंने क़ैद में गुज़ारा। **ज़िन्दाँ**–क़ैदख़ानः।

ग़ैर–दुश्मन, अजनबी, रक़ीब, प्रेमिका का दूसरा प्रेमी। **तबस्सुमहा-ए-पिन्हाँ**–छुपी हुई मुस्कुराहटें, हल्की मुस्कान।

क़यामत–प्रलय, अत्याचार, जुल्म। **सरश्क आलूदः**–आँसुओं से तर। **मिश्ग़ाँ**–दृगांचल।

जादः-ए-राह-ए-फ़ना–मौत का रास्तः। **शीराज़ः**–बिखरी हुई चीज़ों की एकत्रता। **'आलम**–दुनिया, संसार। **अज्ज़ा-ए-परीशाँ**–बिखरे हुए टुकड़े।

11

न होगा यक बयाबाँ मान्दगी से ज़ौक़ कम मेरा
हबाब-ए-मौजः-ए-रफ़्तार है नक़्श-ए-क़दम मेरा

महब्बत थी चमन से, लेकिन अब यह बेदिमाग़ी है
कि मौज-ए-बू-ए-गुल से नाक में आता है दम मेरा

यक बयाबाँ माँदगी–इतनी ज़्यादः थकन जो पूरे बयाबान (जंगल) में समा जाए, जिसके नापने के लिए बयाबान का पैमानः चाहिए। **ज़ौक़**–रस, मज़ा, चस्का, आनन्द (इनमें से कोई एक शब्द ज़ौक़ का पूरा अर्थ नहीं दे सकता।) **हबाब-ए-मौजः-ए-रफ़्तार**– (हबाब–बुलबुलः। मौज–लहर। रफ़्तार–चाल, गति) रफ़्तार की लहर पर तैरते हुए बुलबुले। **नक़्श-ए-क़दम**–पैर का निशान, पदचिह्न।

बेदिमाग़ी–(बेदमाग़ी) बेज़ारी। **मौज-ए-बू-ए-गुल**–फूल की महक जो लहर की तरह आती है।

12

सरापा रेह्न-ए-'अिश्क़-ओ-नागुज़ीर-ए-उल्फ़त-ए-हस्ती
'अिबादत बर्क़ की करता हूँ और अफ़सोस हासिल का

बक़द्र-ए-ज़र्फ़ है, साक़ी, ख़ुमार-ए-तश्नः कामी भी
जो तू दरिया-ए-मै है, तो मैं ख़मियाज़ः हूँ साहिल का

सरापा–सर से पाँव तक । **रह्न-ए-'अिश्क़**–'अिश्क़ के हाथ गिरवी। **नागुज़ीर**–अनिवार्य, लाज़मी। **उल्फ़त-ए-हस्ती**–ज़िन्दगी की महब्बत, जीवन की चाह। **'अिबादत**–पूजा। **बर्क़**–बिजली। **अफ़सोस**–ग़म, दुख। **हासिल**–आय, आमदनी, नफ़'अ, खेती, खलियान।

बक़द्र-ए-ज़र्फ़–(ज़र्फ़–पात्र, हृदय, मन, साहस) हौसले के मुताबिक़, साहस के अनुसार। **ख़ुमार-ए-तश्नःकामी**–(ख़ुमार–मदिरालस। तश्नःकामी–प्यास) प्यास का ख़ुमार। **दरिया-ए-मै**–शराब का सागर। **ख़मियाज़ः**–अँगड़ाई, जम्हाई, नतीजः। **साहिल**–कनारः (नशः उतरने में अँगड़ाई आती है और सागर का कनारः ऊँचा-नीचा और लहराता हुआ होने की वजह से अँगड़ाई की तरह मा'लूम होता है। साक़ी को शराब का सागर इसलिए अपनी प्यास को सागर का कनारः कहा है, जिसकी प्यास कभी नहीं बुझती।)

13

महूरम नहीं है तू ही नवाहा-ए-राज़ का
याँ वर्नः जो हिजाब है, पर्दः है साज़ का

रंग-ए-शिकस्तः, सुबह-ए-बहार-ए-नज़ारः है
यह वक़्त है शिगुफ़्तन-ए-गुलहा-ए-नाज़ का

तू और सू-ए-ग़ैर नज़रहा-ए-तेज़ तेज़
मैं और दुख तिरी मिश़ः हा-ए-दराज़ का

सर्फ़ः है ज़ब्त-ए-आह में मेरा, वगर्नः मैं
तो'मः हूँ, एक ही नफ़स-ए-जाँ गुदाज़ का

महूरम–जाननेवाला, समझनेवाला, मर्मज्ञ, रहस्यवेत्ता। **नवाहा-ए-राज़**–(नवा–स्वर, आवाज़। हा–बहुवचन। ए–इज़ाफ़त। राज़–मर्म, भेद, छुपी हुई हक़ीक़त) राज़ के सुर, राज़ की आवाज़ें। **हिजाब**–ओट, आड़, चिल्मन (पर्दः)। **पर्दः**–साज़ का पर्दः जिससे राग निकलते हैं। **साज़**–बाजा (जैसे–साराँगी, सितार, सरोद, वीणा वग़ैरः)।

रंग-ए-शिकस्तः–(शिकस्तः–टूटा हुआ) उड़ा हुआ रंग। **सुबह-ए-बहार-ए-नज़ारः**– (नज़ारः–दर्शन, अवलोकन, दृश्य) नज़ारे की बहार की सुबह। **नाज़**–सौन्दर्य, गर्व, सौन्दर्याभिमान। **शिगुफ़्तन-ए-गुलहा-ए-नाज़**–(शिगुफ़्तन–खिलना। गुल–फूल। हा–बहुवचन। ए–इज़ाफ़त। नाज़–इतराहट, फ़ख़्र, बेपरवाई, सौन्दर्य–गर्व, सौन्दर्याभिमान) नाज़ के फूलों की मुस्कुराहट। **सू-ए-ग़ैर**–ग़ैर (दुश्मन, रक़ीब) की तरफ़। **नज़रहा-ए-तेज़-तेज़**–(हा–बहुवचन। ए–इज़ाफ़त) तेज़-तेज़ नज़रें। **मिश़ःहा-ए-दराज़**–(हा–बहुवचन। ए–इज़ाफ़त) लम्बी पलकें।

सर्फ़ः–फ़ायदः। **ज़ब्त-ए-आह**–आह का सहन (नियंत्रण)। **वगरनः**–वर्नः। **तो'मा**–निवाला, ग्रास, कौर। **नफ़स-ए-जाँगुदाज़**–(नफ़स–साँस। जाँगुदाज़–जान को पिघला देनेवाला) जान लेनेवाली आह।

हैं, बसकि जोश-ए-बादः से, शीशे उछल रहे
हर गोशः-ए-बिसात, है सर शीशः बाज़ का

काविश का दिल करे है तक़ाज़ा, कि है हनोज़
नाख़ुन प क़र्ज़, इस गिरह-ए-नीमबाज़ का

ताराज-ए-काविश-ए-ग़म-ए-हिजराँ हुआ, असद
सीनः, कि था दफ़ीनः गुहरहा-ए-राज़ का

जोश-ए-बादः–शराब का उबाल, शराब का ज़ोर। **शीशः**–शराब की बोतल। **गोशः-ए-बिसात**–(बिसात–फ़र्श) महफ़िल का कोना-कोना। **शीशःबाज़**–मदारी जो बोतलें उछालकर दिखाता है।

काविश–कोशिश, कुरेद, खोज। **हनोज़**–अभी तक, अभी। **गिरह-ए-नीमबाज़**– अधखुली गाँठ। **ताराज-ए-काविश-ए-ग़म-ए-हिजराँ**–(ताराज–लूट, तबाही। हिजराँ–प्रेमिका से जुदाई, विरह।) हिज्र के ग़मों का लूटा हुआ। **दफ़ीनः**–ज़मीन में गड़ा हुआ धन या ख़ज़ानः। **गुहरहा-ए-राज़**–(गुहर–मोती। हा–बहुवचन। ए–इज़ाफ़त। राज़–भेद) राज़ के मोती।

14

बज़्म-ए-शाहनशाह में अश'आर का दफ़्तर खुला
रखियो यारब, यह दर-ए-गँजीनः-ए-गौहर खुला

शब हुई, फिर अंजुमन-ए-रख़्शिन्दः का मंज़र खुला
इस तकल्लुफ़ से, कि गोया बुतकदे का दर खुला

गरचेः हूँ दीवानः, पर क्यों दोस्त का खाऊँ फ़रेब
आस्तीं में दश्नः पिन्हाँ हाथ में नश्तर खुला

गो न समझूँ उसकी बातें, गो न पाऊँ उसका भेद
पर यह क्या कम है कि मुझसे वह परी पैकर खुला

है, ख़याल-ए-हुस्न में, हुस्न-ए-'अमल का-सा ख़याल
ख़ुल्द का इक दर है, मेरी गोर के अन्दर, खुला

बज़्म-ए-शाहनशाह–बादशाह की महफ़िल, दरबार। **अश'आर**–(शे'र का बहुवचन) कविता। **यारब**–अय ख़ुदा। **दर-ए-गँजीनः-ए-गौहर**–मोतियों के ख़ज़ाने का दरवाज़ः। दरबार।

शब–रात। **अंजुम-ए-रख़्शिन्दः**–चमकदार तारे। **मंज़र**–दृश्य। **तकल्लुफ़**–ख़ूबसूरत और मुहज़्ज़ब बनावट, सुसंस्कृत दिखावा। **बुतकदः**–मूर्तियों का घर, मन्दिर।

दीवानः–पागल, खोया हुआ। **फ़रेब**–धोखा। **दश्नः**–छुरी, कटारी। **पिन्हाँ**–छुपा हुआ, छुपी हुई, निहित। **नश्तर**–(निश्तर)। बारीक और नाज़ुक छुरी।

परी पैकर–परी का सा आकार या चेहरः, परी की तरह सुन्दर।

ख़याल-ए-हुस्न–सुन्दरता की कल्पना। **हुस्न-ए-'अमल**–कार्य की सुन्दरता।

ख़ुल्द–जन्नत, स्वर्ग। **दर**–दरवाज़ः। **गोर**–क़ब्र।

मुँह न खुलने पर, है वह 'आलम, कि देखा ही नहीं
ज़ुल्फ़ से बढ़कर, निक़ाब उस शोख़ के मुँह पर खुला

दर प रहने को कहा और कहके कैसा फिर गया
जितने 'अर्से में मिरा लिपटा हुआ बिस्तर खुला

क्यों अँधेरी है शब-ए-ग़म, है बलाओं का नुज़ूल
आज उधर ही को रहेगा दीदः-ए-अख़्तर खुला

क्या रहूँ ग़ुर्बत में ख़ुश, जब हो हवादिस का यह हाल
नामः लाता है वतन से नामःबर, अक्सर खुला

उसकी उम्मत में हूँ मैं, मेरे रहें क्यों काम बन्द
वासते जिस शह के, ग़ालिब, गुम्बद-ए-बेदर खुला

'आलम–हालत, दशा। **ज़ुल्फ़**–बालों की लट। **शोख़**–तीखा, तेज़, शरीर, चंचल, चपल, हसीन (मा'शूक़)।
'अर्सः–मुद्दत, देर, वक़्त।
शब-ए-ग़म–ग़म की रात। **नुज़ूल**–नीचे उतरना। **दीदः-ए-अख़्तर**–तारों की आँख।
ग़ुर्बत–मुसाफ़िरत, बेवतनी, प्रवास। **हवादिस**–दुर्घटनाएँ। **नामः**–ख़त, पत्र, चिट्ठी।
नामःबर–चिट्ठी लानेवाला, डाकिया, पत्र-वाहक।
उम्मत–किसी को माननेवालों का गिरोह, अनुयायी, रसूल-ए-इस्लाम को माननेवाले।
शह–शाह, बादशाह (रसूल अल्लाह, हज़रत मुहम्मद)। **गुँबद-ए-बेदर**–बिना दरवाज़े का गुँबद (आस्मान) (मुसलमान मानते हैं कि हज़रत मुहम्मद साहब आस्मान पर गए थे, इसको मे'राज कहते हैं।)

15

शब, कि बर्क़-ए-सोज़-ए-दिल से, ज़हरः-ए-अब्र आब था
शो'लः-ए-जव्वालः हर इक हल्क़ः-ए-गिरदाब था

वाँ करम को, 'उज़्र-ए-बारिश, था 'अिनाँगीर-ए-ख़िराम
गिरिये से याँ, पंबः-ए-बालिश कफ़-ए-सैलाब था

वाँ, ख़ुदआराई को, था मोती पिरोने का ख़याल
याँ, हुजूम-ए-अश्क में, तार-ए-निगह नायाब था

जल्वः-ए-गुल ने किया था, वाँ, चराग़ाँ आब-ए-जू
याँ, रवाँ मिश़गान-ए-चश्म-ए-तर से ख़ून-ए-नाब था

शब–रात, रजनी, यामिनी। **बर्क़-ए-सोज़-ए-दिल**–बिजली की तरह तड़पती हुई दिल की जलन। **ज़हरः-ए-अब्र**–बादल का पित्ता। **आब**–पानी। **शो'लः-ए-जव्वालः**–नाचता हुआ शो'लः जैसे मश'अल के घुमाने से आग का चक्कर बन जाए। **हल्क़ः-ए-गिरदाब**–भँवर का चक्कर।

करम–कृपा, करुणा। मतलब है करीम (कृपालु)। **'उज़्र-ए-बारिश**–पानी बरसने का बहानः। **'अिनाँगीर-ए-ख़िराम**–('अिनाँगीर–लगाम पकड़नेवाला, रोकनेवाला। ख़िराम–मन्द गति) मा'शूक़ का रास्तः रोकनेवाला। **गिरियः**–रोना। **पँबः-ए-बालिश**–तकिये की रुई। **कफ़-ए-सैलाब**–पानी का झाग।

ख़ुद आराई–अपने आप को सजाना, शृंगार। **हुजूम-ए-अश्क**–आँसुओं का तूफ़ान। **तार-ए-निगह**–नज़र का डोरा (जिसमें आँसुओं के मोती हों)। **नायाब**–अप्राप्य, अलभ्य।

जल्वः-ए-गुल–(जल्वः–दर्शन, कान्ति, छवि) फूलों की बहार। **चराग़ाँ**–दीपोत्सव, दीपावली। **आब-ए-जू**–जलधारा। **रवाँ**–बहता हुआ, प्रवाहमान। **मिश़गान-ए-चश्म-ए-तर**–भीगी हुई आँखों की पलकें, आँसू भरी पलकें। **ख़ून-ए-नाब**–ख़ालिस ख़ून।

याँ, सर-ए-पुरशोर बेख़्वाबी से था दीवार जू
वाँ, वह फ़र्क़-ए-नाज़ महव-ए-बालिश-ए-कमख़्वाब था

याँ, नफ़स करता था रौशन शम‘अ-ए-बज़्म-ए-बेख़ुदी
जलवः-ए-गुल, वाँ, बिसात-ए-सोह्‌बत-ए-अहबाब था

फ़र्श से ता ‘अर्श, वाँ तूफ़ाँ था मौज-ए-रंग का
याँ ज़मीं से आस्माँ तक सोख़तन का बाब था

नागहाँ, इस रंग से ख़ूँनाबः टपकाने लगा,
दिल, कि ज़ौक़-ए-काविश-ए-नाख़ुन से लज़्ज़तयाब था

सर-ए-पुरशोर–उन्माद से भरा हुआ सर। **बेख़्वाबी**–उन्निद्रा। **दीवार जू**–दीवार की तलाश में। **फ़र्क़-ए-नाज़**–मा‘शूक़ का सर। **महव-ए-बालिश-ए-कमख़्वाब**–कमख़्वाब के तकिए में खोया हुआ, या धँसा हुआ।

नफ़स–साँस (अर्थात् ऐसा साँस जिससे चिंगारियाँ निकल रही हों)। **शम्‌-ए-बज़्म-ए-बेख़ुदी**–(शम्‌‘अ अशुद्ध है)–(बेख़ुदी–किसी ख़याल में खो जाना, अपने आप में न रहना, आत्म-विस्मृति) बेख़ुदी की महफ़िल का चराग़। **जल्वः-ए-गुल**–फूलों की बहार। **बिसात-ए-सोह्‌बत-ए-अहबाब**–दोस्तों की महफ़िल का फ़र्श।

फ़र्श–बिछाने की चीज़, ज़मीन। **‘अर्श**–आकाश। **मौज-ए-रंग**–रंग की लहर। **सोख़्तन का बाब**–जलने की हालत।

नागहाँ–अचानक। **रंग**–तरह, प्रकार। **ख़ूँनाबः**–ख़ून। **ज़ौक़-ए-काविश-ए-नाख़ुन**– (ज़ौक़–स्वाद, आनन्द। काविश–प्रयत्न, प्रयास)। **लज़्ज़तयाब**–मज़ः पानेवाला, आनन्द लेनेवाला।

16

नालः-ए-दिल में शब, अन्दाज़-ए-असर नायाब था
था सिपन्द-ए-बज़्म-ए-वस्ल-ए-ग़ैर, गो बेताब था

मक़्दम-ए-सैलाब से, दिल क्या निशात आहंग है,
ख़ानः-ए-'आशिक़, मगर, साज़-ए-सदा-ए-आब था

नाज़िश-ए-अय्याम-ए-ख़ाकिस्तर नशीनी, क्या कहूँ,
पहलु-ए-अन्देशः, वक़्फ़-ए-बिस्तर-ए-संजाब था

कुछ न की, अपने जुनून-ए-नारसा ने, वर्नः याँ
ज़र्रः ज़र्रः, रूकश-ए-ख़ुर्शीद-ए-'आलम ताब था

नालः-ए-दिल–(नालः–आर्तनाद) दिल का नालः। **शब**–रात, यामिनी, रजनी। **अन्दाज़-ए-असर**–(अन्दाज़–शैली। असर-प्रभाव) मतलब सिर्फ़ असर है। **नायाब**–अप्राप्य, अलभ्य। **सिपन्द-ए-बज़्म-ए-वस्ल-ए-ग़ैर**–(सिपन्द–काला दाना जिसे टोने टोटके के लिए आग में फेंकते हैं।)

मक़्दम-ए-सैलाब–(मक़्दम–आगमन, आमद। सैलाब–जलप्लावन, बाढ़। **नशात आहँग** (निशात अशुद्ध है)–(नशात–हर्ष। आहँग–संगीतमय, स्वर) उल्लासित। **ख़ानः-ए-'आशिक़**–'आशिक़ का घर। **मगर**–शायद। **साज़-ए-सदा-ए-आब**–बहते पानी की आवाज़ का साज़–जलतरंग।

नाज़िश-ए-अय्याम-ए-ख़ाकिस्तर नशीनी–(नाज़िश–गर्व। अय्याम–दिन, ज़मानः। ख़ाकिस्तर नशीनी–राख या ख़ाक पर बैठना) विनय के दिनों का गर्व। **पहलु-ए-अन्देशः**–कल्पना की करवट। **वक़्फ़-ए-बिस्तर-ए-संजाब**–(वक़्फ़–समर्पण। संजाब–एक जानवर की मुलायम बालों की खाल) संजाब की कोमल सेज पर समर्पित।

जुनून-ए-नारसा–कच्चा उन्माद, नाक़िस 'अिश्क़। **रूकश-ए-ख़ुर्शीद-ए-'आलम ताब**–दुनिया को चमका देनेवाले सूरज की तरह चमकदार।

आज क्यों परवा नहीं, अपने असीरों की तुझे
कल तलक, तेरा भी दिल मेह्र-ओ-वफ़ा का बाब था

याद कर वह दिन, कि हर इक हल्क़ः तेरे दाम का
इन्तिज़ार-ए-सैद में, इक दीदः-ए-बेख़्वाब था

मैं ने रोका रात ग़ालिब को, वगर्नः देखते
उसके सैल-ए-गिरियः में, गर्दूं कफ़-ए-सैलाब था

असीरों–असीर का बहुवचन, क़ैदियों। **मेह्र-ओ-वफ़ा का बाब**–प्रेम और निबाह का अध्याय।
हल्क़ः–जाल का फन्दा। **दाम**–जाल। **इन्तिज़ार-ए-सैद**–शिकार का इन्तिज़ार।
दीदः-ए-बेख़्वाब–उन्निद्र नयन।
वगरनः–वर्नः। **सैल-ए-गिरियः**–अश्रु–प्लावन। **गर्दूं**–गगन, आकाश। **कफ़-ए-सैलाब**– जलप्लावन से उत्पन्न झाग।

17

एक एक क़तरे का मुझे देना पड़ा हिसाब
ख़ून-ए-जिगर, वदी'अत-ए-मिश़गान-ए-यार था

अब मैं हूँ और मातम-ए-यक शहर-ए-आरज़ू
तोड़ा जो तू ने आईनः, तिमसाल दार था

गलियों में मेरी ना'श को खेंचे फिरो, कि मैं
जाँ दादः-ए-हवा-ए-सर-ए-रहगुज़ार था

मौज-ए-सराब-ए-दश्त-ए-वफ़ा का न पूछ हाल
हर ज़र्रः मिस्ल-ए-जौहर-ए-तेग़ आबदार था

कम जानते थे हम भी ग़म-ए-'अिश्क़ को, पर अब
देखा, तो कम हुए प, ग़म-ए-रोज़गार था

वदी'अत-ए-मिश़गान-ए-यार–यार (मा'शूक़) की पलकों की दी हुई अमानत, धरोहर।
मातम-ए-यक शह्र-ए-आर्ज़ू–कामना नगरी के उजड़ने का मातम। (यक शहर-ए-आर्ज़ू– इतनी कामनाएँ जिनसे एक शहर बस जाए)। **तिमसालदार**–चित्रमय (तिमसालदार आईनः–चित्रमय दर्पण)।
ना'श–लाश। **जाँदादः-ए-हवा-ए-सर-ए-रहगुज़ार**–(जाँदादः–दिलदादः आसक्त। ह्वा–कामना, आर्ज़ू। सर-ए-रहगुज़ार–मार्ग, पत्थर) गली-गली, डगर-डगर घूमने की कामना का मारा हुआ।
मौज-ए-सराब-ए-दश्तः-ए-वफ़ा–(मौज–लहर। सराब–मृगजल। दश्त–मरुस्थल। वफ़ा–प्रेम का निर्वाह) प्रेम निर्वाह के मरुस्थल में मृगजल की लहर। **मिस्ल-ए-जौहर-ए-तेग़**–तलवार के जौहर की तरह। **आबदार**–चमकता हुआ, तेज़ धारवाला।
ग़म-ए-'अिश्क़–प्रेम का दुख, प्रेम की चिन्ता। **ग़म-ए-रोज़गार**–दुनिया का दुख, दुनिया की चिन्ता।

18

बसकि दुश्वार है, हर काम का आसाँ होना
आदमी को भी मुयस्सर नहीं, इन्साँ होना

गिरियः चाहे है ख़राबी मिरे काशाने की
दर-ओ-दीवार से टपके है, बयाबाँ होना

वाय दीवानगि-ए-शौक़, कि हर दम मुझको
आप जाना उधर, और आप ही हैराँ होना

जल्वः अज़बसकि तक़ाज़ा-ए-निगह करता है
जौहर-ए-आईनः भी, चाहे है मिश़गाँ होना

'अिश्रत-ए-क़त्लगह-ए-अहल-ए-तमन्ना मत पूछ
'अीद-ए-नज़्ज़ारः है शमशीर का 'अुरियाँ होना

मुश्किल–दुश्वार, कठिन।
गिरियः–रोना। **काशानः**–घर। **बयाबाँ**–जंगल, वीरानः।
वाय दीवानगि-ए-शौक़–(वाय–हाय) शौक़ का दीवानः पन। अभिलाषा की अधिकता। **हर दम**–हर घड़ी, हर वक़्त। **हैराँ**–चकित।
जलवः–दर्शन, कान्ति, छवि। **अज़बसकि**–बहुत शिद्दत से, अतिशय। **तक़ाज़ा-ए-निगह**–निगाह का तक़ाज़ा। देखे जाने की इच्छा। **जौहर-ए-आईनः**–आईने का जौहर (फ़ौलाद के आईने साफ़ करके छाने जाते थे। इस तरह उन पर जो लकीरें पड़ती थीं, उन्हें जौहर कहते थे)। **मिश़गाँ**–पलकें, दृगाँचल।
'अिश्रत-ए-क़त्ल गह-ए-अह्ल-ए-तमन्ना–('अिश्रत–आनन्द। क़त्लगह–वधस्थल। अह्ल-ए-तमन्ना–अभिलाषी, वह लोग जिनके सामने जीवन का कोई आदर्श हो) वधस्थल में अभिलाषियों का आनन्द। **'अीद-ए-नज़्ज़ारः**–नज़्ज़ारे की 'अीद। अवलोकन का त्योहार। **शमशीर**–तलवार (तलवार 'अीद के चाँद की तरह होती है)। **अुरियाँ**–नंगा।

ले गये ख़ाक में हम, दाग़-ए-तमन्ना-ए-नशात
तू हो, और आप बसद रंग गुलिस्ताँ होना

'अिश्रत-ए-पारः-ए-दिल, ज़ख़्म-ए-तमन्ना खाना
लज़्ज़त-ए-रीश-ए-जिगर, ग़र्क़-ए-नमकदाँ होना

की मिरे क़त्ल के बा'द, उसने जफ़ा से तौबः
हाय, उस ज़ूद पशेमाँ का पशेमाँ होना

हैफ़, उस चार गिरह कपड़े की क़िस्मत, ग़ालिब
जिसकी क़िस्मत में हो, 'आशिक़ का गरीबाँ होना

दाग़-ए-तमन्ना-ए-नशात–(दाग़–दिल पर असफलता का काला निशान, दुख की जलन का चिह्न) हर्ष की कामना का दुख। **बसद रंग**–सैकड़ों रंग से। सैकड़ों तरह से।
गुलिस्ताँ–बाग़, हरा-भरा, फला-फूला।
'अिश्रत-ए-पारः-ए-दिल–दिल के टुकड़ों का आनन्द। **ज़ख़्म-ए-तमन्ना**–कामना का घाव (जो कामना पूरी न हो वह ख़ुद एक घाव है)। **लज़्ज़त-ए-रीश-ए-जिगर**–जिगर के ज़ख़्म का स्वाद। **ग़र्क़-ए-नमकदाँ**–नमकदान में डूबना।
जफ़ा–निर्दयता, अन्याय। **तौबः**–किसी अनुचित काम को भविष्य में न करने की प्रतिज्ञा। **ज़ूद पशेमाँ**–शीघ्र लज्जित हो जानेवाला।
हैफ़–पश्चात्ताप, अफ़सोस।

19

शब, ख़ुमार-ए-शौक़-ए-साक़ी, रस्तख़ेज़ अन्दाज़ः था
ता मुहीत-ए-बादः सूरत ख़ानः-ए-ख़मियाज़ः था

यक क़दम वहूशत से, दर्स-ए-दफ़्तर-ए-इमकाँ खुला
जादः, अज्ज़ा-ए-दो 'आलम दश्त का, शीराज़ः था

माने'अ-ए-वहशत ख़िरामीहा-ए-लैला, कौन है
ख़ानः-ए-मजनून-ए-सहरा गर्द, बे दरवाज़ः था

शब–रात, रजनी, यामिनी। **ख़ुमार-ए-शौक़-ए-साक़ी**–वह मदिरालस जो साक़ी को न पाकर पैदा हुआ, और इसलिए साक़ी का शौक़ और बढ़ गया। **रस्तख़ेज़ अन्दाज़ः**–क़यामत का नमूनः। **ता मुहीत-ए-बादः**–मदिरा की परिधि तक। **सूरत ख़ानः-ए-ख़मियाज़ः**–अँगड़ाइयों का तस्वीर-घर।

यक क़दम वहूशत–वहूशत का एक या पहला क़दम। **दर्स-ए-दफ़्तर-ए-इम्काँ**–सम्भावनारूपी पुस्तक का पाठ (संसार को आलम-ए-इम्कां या'नी सम्भावना का जगत कहते हैं) **जादः**–रास्तः, मार्ग। **अज्ज़ा-ए-दो 'आलम दश्त**–दो दुनियाओं का अंश, एक दश्त के दो भाग, दो संसार। **शीराज़ः**–बिखरी हुई चीज़ों की एकत्रता, बन्धन। **माने'-ए-वहशत ख़िरामीहा-ए-लैला**–(माने'अ अशुद्ध है)–(माने'–बाधक, निषेधक। वहूशत ख़िरामी–शौक़ और चाव की अधिकता, दीवानों की तरह चलना। हा–बहुवचन। ए–इज़ाफ़त) लैला को वहूशत ख़िरामी से रोकनेवाला। **ख़ानः-ए-मजनून-ए-सहरा गर्द**–जंगल में आवारा घूमनेवाले मजनूँ का घर। **बे दरवाज़ः**–जिसमें दरवाज़ः न हो, पास्बाँ या द्वारपाल न हो।

पूछ मत रुस्वाई-ए-अन्दाज़-ए-इस्तिग़ना-ए-हुस्न
दस्त मरहून-ए-हिना, रुख़सार रेहून-ए-ग़ाज़ः था

नालः-ए-दिल ने दिये औराक़-ए-लख़्त-ए-दिल, बबाद
यादगार-ए-नालः, इक दीवान-ए-बे शीराज़ः था

रुस्वाई-ए-अन्दाज़-ए-इस्तिग़ना-ए-हुस्न—(रुस्वाई—अनादर, तिरस्कार। अन्दाज़—शान। इस्तिग़ना—निस्पृहता। ए—इज़ाफ़त। हुस्न—सौन्दर्य, मा'शूक़) सौन्दर्य की निस्पृहता की शान का तिरस्कार। **दस्त**—हाथ। **मरहून-ए-हिना**—मेंहदी का आभारी। **रुख़सार**—गाल, कपोल। **रेहून-ए-ग़ाज़ः**—ग़ाज़ः (पावडर) का आभारी।

नालः-ए-दिल—(नालः—आर्तनाद) दिल का नालः। **औराक़-ए-लख़्त-ए-दिल**—दिल के टुकड़ों के वर्क़ (पृष्ठ)। **ब बाद**—हवा को। **यादगार-ए-नालः**—आर्तनाद की स्मृति। **दीवान-ए-बेशीराज़ः**—बिखरा हुआ संकलन।

20

दोस्त ग़मख़्वारी में मेरी, स'अि फ़रमायेंगे क्या
ज़ख़्म के भरने तलक, नाख़ुन न बढ़ जायेंगे क्या

बेनियाज़ी हद से गुज़री, बन्दः परवर कब तलक
हम कहेंगे हाल-ए-दिल, और आप फ़रमायेंगे क्या

हज़रत-ए-नासेह गर आएँ, दीदः-ओ-दिल फ़र्श-ए-राह
कोई मुझको यह तो समझादो, कि समझायेंगे क्या

आज वाँ तेग़-ओ-कफ़न बाँधे हुए जाता हूँ मैं
'अुज़्र मेरे क़त्ल करने में वह अब लायेंगे क्या

गर किया नासेह ने हम को क़ैद, अच्छा, यों सही
यह जुनून-ए-'अिश्क़ के अन्दाज़ छुट जायेंगे क्या

ख़ानः ज़ाद-ए-ज़ुल्फ़ हैं, ज़ंजीर से भागेंगे क्यों
हैं गिरफ़्तार-ए-वफ़ा, ज़िन्दाँ से घबरायेंगे क्या

है अब इस मा'मूरे में क़ेह्त-ए-ग़म-ए-उल्फ़त, असद
हम ने यह माना, कि दिल्ली में रहें, खायेंगे क्या

ग़म ख़्वारी–सहानुभूति, तीमारदारी। **स'अि**–कोशिश, प्रयत्न, प्रयास (सहायता)
वे नियाज़ी–निस्पृहता। **बन्दः परवर**–दीन पालक, महोदय।
हज़रत-ए-नासेह–उपदेशक महाशय ('हज़रत' में व्यंग्य है) **दीदः-ओ-दिल**–नयन और मन।
फ़र्श-ए-राह–रास्ते में बिछे हुए।
जुनून-ए-'अिश्क़–प्रेम का उन्माद, प्रेमोन्माद। **अन्दाज़**–तरीक़े।
ख़ानः ज़ाद-ए-ज़ुल्फ़–(ख़ानः ज़ाद–गृहजात, गृह-पालित। ज़ुल्फ़–अलक) ज़ुल्फ़ों का बन्दी।
गिरफ़्तार-ए-वफ़ा–(वफ़ा–प्रेम निर्वाह) प्रेम के निर्वाह में फँसे हुए।
ज़िन्दाँ–क़ैदख़ाना।
मा'मूरे–बस्ती, आबादी, नगरी। **क़ह्त-ए-ग़म-ए-उल्फ़त**–प्रेम के दुखों का अकाल।

21

यह न थी हमारी क़िस्मत, कि विसाल-ए-यार होता
अगर और जीते रहते, यही इन्तिज़ार होता

तिरे वा'दे पर जिये हम, तो यह जान, झूट जाना
कि ख़ुशी से मर न जाते, अगर ए'तिबार होता

तिरी नाज़ुकी से जाना, कि बँधा था 'अेहूद बोदा
कभी तू न तोड़ सकता, अगर उस्तुवार होता

कोई मेरे दिल से पूछे, तिरे तीर-ए-नीमकश को
यह ख़लिश कहाँ से होती, जो जिगर के पार होता

यह कहाँ की दोस्ती है, कि बने हैं दोस्त, नासेह
कोई चारः साज़ होता, कोई ग़मगुसार होता

रग-ए-संग से टपकता, वह लहू , कि फिर न थमता
जिसे ग़म समझ रहे हो, यह अगर शरार होता

विसाल-ए-यार–पिया मिलन। प्रिय-मिलन।
वा'दे–वचन। **ए'तिबार**–विश्वास।
'अहद–प्रतिज्ञा, इक़रार, वचन। **बोदा**–कच्चा, कमज़ोर। **उस्तुवार**–मज़बूत, दृढ़, पुश्त।
तीर-ए-नीम कश–आधा खिंचा हुआ तीर, वह तीर जिसे चलाने में धनुष आधा खींचा गया हो, कमज़ोर तीर। **ख़लिश**–खटक, चुभन, वेदना।
चारःसाज़–उपचारक, चिकित्सक। **ग़म गुसार**–सहानुभूतिकर्ता, हितैषी, दुख बँटानेवाला।
रग-ए-संग–पत्थर की नस। **शरार**–चिंगारी।

ग़म अगरचेः जाँगुसिल है, प कहाँ बचें, कि दिल है
ग़म-ए-'अिश्क़ गर न होता, ग़म-ए-रोज़गार होता

कहूँ किससे मैं कि क्या है, शब-ए-ग़म बुरी बला है
मुझे क्या बुरा था मरना, अगर एक बार होता

हुए मरके हम जो रुस्वा, हुए क्यों न ग़र्क़-ए-दरिया
न कभी जनाज़ः उठता, न कहीं मज़ार होता

उसे कौन देख सकता, कि यगानः है वह यकता
जो दुई की बू भी होती, तो कहीं दुचार होता

यह मसाइल-ए-तसव्वुफ़, यह तिरा बयान, ग़ालिब
तुझे हम वली समझते, जो न बादःख़्वार होता

जाँ गुसिल–कष्टदायक, दुखदायी, जान लेवा। **ग़म-ए-'अिश्क़**–प्रेम का दुख, चिन्ता सन्ताप। **ग़म-ए-रोज़गार**–दुनिया का दुख, चिन्ता, सन्ताप।

शब-ए-ग़म–ग़म की रात।

रुस्वा–निन्दित, ज़लील, बदनाम। **ग़र्क़-ए-दरिया**–(ग़र्क़–निमज्जित। दरिया–समुद्र) पानी में डूबा हुआ।

यगानः–अनुपम। **यक्ता**–अद्वितीय। **दुई**–द्वैत। **दुचार**–आमना-सामना।

मसाइल-ए-तसव्वुफ़–तसव्वुफ़ (भक्ति) की समस्याएँ। **बयान**–वर्णन। **वली**–ऋषि, मुनि। **बादःख़्वार**–शराबी, मद्यप।

22

हवस को है नशात-ए-कार क्या क्या
न हो मरना तो जीने का मज़ा क्या

तजाहुल पेशगी से मुद्द'आ क्या
कहाँ तक, अय सरापा नाज़, क्या, क्या

नवाज़िशहा-ए-बेजा, देखता हूँ
शिकायतहा-ए-रंगीं का गिला क्या

निगाह-ए-बेमहाबा चाहता हूँ
तग़ाफ़ुलहा-ए-तमकीं आज़मा क्या

फ़रोग़-ए-शो'लः-ए-ख़स यक नफ़स है
हवस को पास-ए-नामूस-ए-वफ़ा क्या

नफ़स, मौज-ए-मुहीत-ए-बेख़ुदी है
तग़ाफ़ुलहा-ए-साक़ी का गिला क्या

हवस–तृष्णा, लालसा, (आकांक्षा)। **नशात-ए-कार**–(नशात–हर्ष। कार–काम) कार्य–आनन्द, काम करने की उमंग।
तजाहुल-पेशगी–जानबूझकर अनजान बनना। **मुद्द'आ**–मतलब, उद्देश्य।
सरापानाज़–रूपगर्विता (मा'शूक़)।
नवाज़िशहा-ए-बेजा–(नवाज़िश–अनुकम्पा, कृपा। हा–बहुवचन। ए–इज़ाफ़त) अनुचित कृपाएँ।
शिकायतहा-ए-रंगीं–(हा–बहुवचन। ए–इज़ाफ़त) रंगीन शिकायतें। **गिला**–शिकवः, उलाहना।
निगाह-ए-बेमहाबा–निःसंकोच या बेधड़क दृष्टि। **तग़ाफ़ुलहा-ए-तम्कीं आज़्मा**–सन्तोष की परीक्षा लेनेवाली ग़फ़लत।
फ़रोग़-ए-शो'लः-ए-ख़स–घास-फूस के शो'ले की चमक। **यक नफ़स**–एक साँस या'नी पल भर।
पास-ए-नामूस-ए-वफ़ा–(पास–आदर। नामूस–सतीत्व। वफ़ा–प्रेम का निर्वाह) प्रेम के सतीत्व का आदर।
नफ़स–साँस। **मौज-ए-मुहीत-ए-बेख़ुदी**–आत्मविस्मृति की व्यापकता (समुद्र) की लहर।
तग़ाफ़ुलहा-ए-साक़ी–साक़ी की ग़फ़लत।

दिमाग़-ए-'अित्र-ए-पैराहन नहीं है
ग़म-ए-आवारगीहा-ए-सबा क्या

दिल-ए-हर-क़तरः है साज़-ए-अनल बहर
हम उसके हैं, हमारा पूछना क्या

महाबा क्या है, मैं ज़ामिन, इधर देख
शहीदान-ए-निगह का ख़ूँ-बहा क्या

सुन, अय ग़ारतगर-ए-जिन्स-ए-वफ़ा, सुन
शिकस्त-ए-शीशः-ए-दिल की सदा क्या

किया किसने जिगरदारी की दा'वा
शिकेब-ए-ख़ातिर-ए-'आशिक़, भला क्या

यह क़ातिल वा'दः-ए-सब्र आज़मा क्यों
यह काफ़िर फ़ितनः-ए-ताक़त रुबा क्या

बला-ए-जाँ है, ग़ालिब, उसकी हर बात
'अिबारत क्या, इशारत क्या, अदा क्या

दिमाग़-ए-'अित्र-ए-पैराहन–(दमाग़) वस्त्र में लगे हुए 'अित्र की संज्ञा और सहन।
ग़म-ए-आवारगीहा-ए-सबा–(आवारगी–कुचाल, निरुद्देश्य भ्रमण) प्रभात समीर की आवारगी का संताप।
दिल-ए-हर क़तरः–हर बूँद का दिल। **साज़-ए-अनल-बहर**–(साज़–आवाज़, नाद। अनल बहर–मैं सागर हूँ) ''मैं सागर हूँ'' का संगीत।
महाबा–लिहाज़, मुरव्वत, शील संकोच। यहाँ मतलब है–फ़िक्र, चिन्ता। **ज़ामिन**–प्रतिभू, ज़मानतदार।
शहीदान-ए-निगह–निगाहों के क़त्ल किए हुए, निगाहों के मारे हुए लोग। **ख़ूँबहा**–ख़ून की क़ीमत (पुराने ज़माने में प्रथा थी कि ख़ून की क़ीमत देकर ख़ून मु'आफ़ कराया जा सकता था।)
ग़ारतगर-ए-जिंस-ए-वफ़ा–प्रेम निर्वाह का लूटनेवाला, प्रेम विनाशक।
शिकस्त-ए-क़ीमत-ए- दिल–(क़ीमत–क़द्र, मूल्य) दिल की क़ीमत का टूटना, दिल का टूटना।
सदा–ध्वनि, आवाज़।
जिगरदारी–सहनशीलता। **शिकेब-ए-ख़ातिर-ए-'आशिक़**–(शिकेब–धैर्य। ख़ातिर–दिल, मन) प्रेमी के मन का धैर्य।
क़ातिल–जान लेवा। **वा'दः-ए-सब्र आज़्मा**–सब्र (सन्तोष) की परीक्षा लेनेवाला वा'दः।
काफ़िर–जो किसी मूल्य और आदर्श को न माने। **फ़ित्नः-ए-ताक़त रुबा**–शक्ति छीन लेनेवाली आपत्ति।
बला-ए-जाँ–(बला–विपत्ति। जान–प्राण) जान की मुसीबत। **'अिबारत**–लिखने का ढंग, लेख-शैली।
इशारत–इशारा, संकेत। **अदा**–वर्णन, हाव-भाव।

23

दर ख़ुर-ए-क़ेहर-ओ-ग़ज़ब, जब कोई हमसा न हुआ
फिर ग़लत क्या है, कि हमसा कोई पैदा न हुआ

बन्दगी में भी, वह आज़ादः-ओ-ख़ुदबीं हैं, कि हम
उलटे फिर आये, दर-ए-का'बः अगर वा न हुआ

सबको मक़बूल, है दा'वा तिरी यकताई का
रूबरू कोई बुत-ए-आईनः-सीमा न हुआ

कम नहीं, नाज़िश-ए-हमनामि-ए-चश्म-ए-ख़ूबाँ
तेरा बीमार, बुरा क्या है, गर अच्छा न हुआ

सीने का दाग़ है, वह नालः कि लब तक न गया
ख़ाक का रिज़्क़ है, वह क़तरः कि दरिया न हुआ

दरख़ुर-ए-क़ह्र-ओ-ग़ज़ब–प्रकोप और आपत्ति के योग्य।

बन्दगी–ईश-वन्दना। **आज़ादः-ओ-ख़ुदबीं**–मनमौजी और अभिमानी। **दर-ए-का'बः**–का'बे का दरवाज़ः। **वा**–खुला।

मक़बूल–स्वीकृत। **यक्ताई**–अद्वितीयता। **रूबरू**–सन्मुख। **बुत-ए-आईनः-सीमा**–दर्पण की तरह चमकते हुए मुखड़ेवाला हसीन (बुत–हसीन, रूपसी)।

नाज़िश-ए-हमनामि-ए-चश्म-ए-ख़ूबाँ–(नाज़िश–गर्व। हमनामी समनामता। चश्म-ए-ख़ूबाँ–मा'शूक़ की आँख) मा'शूक़ की आँख के समान होने का गर्व। (मा'शूक़ की आँख को अधखुली होने की वजह से बीमार कहा जाता है।)

दाग़–दुख की जलन का चिह्न, दिल पर असफलता का काला निशान।

नालः–आर्तनाद। **लब**–होंठ, अधर। **ख़ाक**–मिट्टी। **रिज़्क़**–(जीविका, रोज़ी) खाने की चीज़। **क़तरः**–बूँद। **दरिया**–समुद्र।

नाम का मेरे है, वह दुख कि किसी को न मिला
काम में मेरे है, वह फ़ितनः कि बरपा न हुआ

हर बुन-ए-मू से, दम-ए-ज़िक्र, न टपके ख़ूँनाब
हमज़ः का क़िस्सः हुआ, 'अिश्क़ का चरचा न हुआ

क़तरे में दजलः दिखाई न दे, और जुज़्व में कुल
खेल लड़कों का हुआ, दीदः-ए-बीना न हुआ

थी ख़बर गर्म, कि ग़ालिब के उड़ेंगे पुर्ज़े
देखने हम भी गये थे, प तमाशा न हुआ

फ़ित्नः–उपद्रव। **बरपा**–उपस्थित

बुन-ए-मू–बाल की जड़। **ख़ून-ए-नाब**–ख़ालिस ख़ून, ख़ून की धारा। **हम्ज़ः का क़िस्सः**–एक लम्बी कहानी जो दास्तान-ए-अमीर हम्ज़ः के नाम से प्रसिद्ध है।

दज्लः–'अिराक़ की एक नदी का नाम, मतलब कोई भी नदी। **जुज़्व**–अंश, व्यष्टि। **कुल**–सम्पूर्ण, समष्टि। **दीदः-ए-बीना**–दृष्टा नयन।

24

असद, हम वह जुनूँ जौलाँ गदा-ए-बेसर-ओ-पा हैं
कि है सर पंजः-ए-मिशगान-ए-आहू , पुश्तख़ार अपना

जुनूँ जौलाँ–पागलपन में मारा-मारा फिरनेवाला। **गदा-ए-बेसर-ओ-पा**–(गदा–फ़क़ीर। ए–इज़ाफ़त) बे ठिकाना फ़क़ीर। **सर पँजः-ए-मिश्गान-ए-आहू**–हिरन की पलकों का पँजः। **पुश्त ख़ार**–पीठ खुजाने के लिए हाथ के पँजे की आकृति की लकड़ी।

25

पै-ए-नज़्र-ए-करम तोहफ़ः, है शर्म-ए-नारसाई का
बख़ूँ ग़लतीदः-ए-सद रंग दा'वा पारसाई का

न हो हुस्न-ए-तमाशा दोस्त, रुस्वा बेवफ़ाई का
बमुहर-ए-सद नज़र साबित है दा'वा पारसाई का

ज़कात-ए-हुस्न दे, अय जल्वः-ए-बीनिश, कि मेहर आसा
चराग़-ए-ख़ानः-ए-दरवेश हो, कासः गदाई का

न मारा, जानकर बेजुर्म, क़ातिल तेरी गर्दन पर
रहा मानिन्द-ए-ख़ून-ए-बेगुनह, हक़ आशनाई का

पै-ए-नज़्र-ए-करम–(नज़्र–उपहार। करम–कृपा, करुणा, दानशीलता। यहाँ मतलब है–कृपालु) कृपालु या'नी ख़ुदा के लिए भेंट। **शर्म-ए-नारसाई**–पास न पहुँच सकने की लज्जा। **बख़ूँ ग़ल्तीदः-ए-सदरंग**–ख़ून में सौ तरह लिथड़ा हुआ। ख़ून में लतपत। **पारसाई**–पवित्रता।
हुस्न-ए-तमाशा दोस्त–तमाशे को पसन्द करनेवाला हुस्न (मा'शूक़)। **रुस्वा**–निन्दित, बदनाम। **बमुहर-ए-सद नज़र**–सैकड़ों निगाहों की मुहर से।
ज़कात-ए-हुस्न–सुन्दरता का दान। **अय जल्वः-ए-बीनिश**–अय आँखों के नूर, दृष्टि को अपनी ज्योति से चमकानेवाले। **मेहर आसा**–सूरज की तरह। **चराग़-ए-ख़ानः-ए-दर्वेश**–भिखारी के घर का दिया। **कासः**–प्यालः। **गदाई**–फ़क़ीरी, भिखमँगापन। **बेजुर्म**–निर्दोष। **क़ातिल**–क़त्ल करनेवाला, (मा'शूक़)। **मानिन्द-ए-ख़ून-ए-बेगुनह**–निष्पाप के ख़ून की तरह। **आश्नाई**–दोस्ती। (तूने मुझे निर्दोष समझकर मेरा ख़ून नहीं किया मगर दोस्ती के हक़ का ख़ून कर दिया और यह ख़ून तेरी गर्दन पर है।)

तमन्ना-ए-ज़बाँ महव-ए-सिपास-ए-बेज़बानी है
मिटा जिससे तक़ाज़ा, शिकवः-ए-बेदस्त-ओ-पाई का

वही इक बात है, जो याँ नफ़स, वाँ नकहत-ए-गुल है
चमन का जल्वः बा'अिस है, मिरी रंगीं नवाई का

दहान-ए-हर बुत-ए-पैग़ारःजू, ज़ंजीर-ए-रुस्वाई
'अदम तक बेवफ़ा, चरचा है तेरी बेवफ़ाई का

न दे नामे को इतना तूल, ग़ालिब, मुख़्तसर लिख दे
कि हसरत संज हूँ, 'अर्ज़-ए-सितमहा-ए-जुदाई का

तमन्ना-ए-ज़बाँ–ज़बान की कामना (वाक शक्ति की इच्छा)।
महव-ए-सिपास-ए-बेज़बानी–मूकता की प्रशंसा में रत। **तक़ाज़ा**–अभियाचन।
शिकवः-ए-बेदस्तःओ-पाई–मजबूरी और चालाकी की शिकायत।
नफ़स–साँस। **नकहत-ए-गुल**–फूल की ख़ुशबू, पुष्प-सौरभ। **जल्वः**–दर्शन, कान्ति, छवि।
बा'अिस–कारण। **रंगीं नवाई**–स्वर-मोहकता (रंगीन का शब्द चमन के सम्बन्ध से है)।
दहान-ए-हर-बुत-ए-पैग़ाराजू–हर ता'नः देनेवाले और लड़ाका मा'शूक़ का मुँह।
ज़ंजीर-ए-रुस्वाई–निन्दा और बदनामी की ज़ंजीर। **'अदम**–यमलोक, अनस्तित्व, दूसरी दुनिया।
बेवफ़ा–जो मित्रता का निर्वाह न करे।
नामे–नामः, ख़त, चिट्ठी। **तूल**–विस्तार। **मुख़्तसर**–संक्षिप्त। **हसरत संज**–आर्ज़ूमन्द, इच्छुक।
अर्ज़-ए-सितमहा-ए-जुदाई–विरह के अत्याचार की शिकायत।

26

गर न अन्दोह-ए-शब-ए-फ़ुर्क़त बयाँ हो जायगा
बेतकल्लुफ़ दाग़-ए-मह, मुह्‌र-ए-दहाँ हो जायगा

ज़हरः गर ऐसा ही, शाम-ए-हिज्र में होता है आब
परतव-ए-महताब, सैल-ए-ख़ान्माँ हो जायगा

ले तो लूँ, सोते में उसके पाँव का बोसः, मगर
ऐसी बातों से, वह काफ़िर बदगुमाँ हो जायगा

दिल को हम सर्फ़-ए-वफ़ा समझे थे, क्या मा'लूम था
या'नी, यह पहले ही नज़्र-ए-इम्तिहाँ हो जायगा

सब के दिल में है जगह तेरी, जो तू राज़ी हुआ
मुझ प गोया इक ज़मानः मेहरबाँ हो जायगा

अन्दोह-ए-शब-ए-फ़ुर्क़त–विरह-यामिनी की व्यथा। **बयाँ**–वर्णन। **दाग़-ए-मह**–चन्द्रकलंक। **मुहर-ए-दहाँ**–मुँह की मुहर।

ज़हरः–पित्ता। **शाम-ए-हिज्र**–विरह-सन्ध्या। **आब**–पानी। **परतव-ए-महताब**–चाँद की आभा या'नी चाँदनी। **सैल-ए-ख़ानमाँ**–घर में घुस आनेवाला सैलाब।

बोसः–चुम्बन। **काफ़िर**–मा'शूक़ के लिए प्यार का शब्द, तीखा, किसी को न माननेवाला। **बदगुमाँ**–सन्देहशील।

हर्फ़-ए-वफ़ा–प्रेम-निर्वाह में काम आनेवाला। **नज़्र-ए-इम्तिहाँ**–परीक्षक की भेंट।

गर निगाह-ए-गर्म फ़रमाती रही, ता'लीम-ए-ज़ब्त
शो'लः ख़स में, जैसे ख़ूँ रग में, निहाँ हो जायगा

बाग़ में मुझको न लेजा, वर्नः मेरे हाल पर
हर गुल-ए-तर एक चश्म-ए-ख़ूँफ़िशाँ हो जायगा

वाय, गर मेरा तिरा इंसाफ़, महशर में न हो,
अब तलक तो यह तवक़्क़ो'अ है, कि वाँ हो जायगा

फ़ायदः क्या, सोच, आख़िर तू भी दाना है, असद
दोस्ती नादाँ की है, जी का ज़ियाँ हो जायगा

निगाह-ए-गर्म–तप्त दृष्टि, रोष की दृष्टि। **फ़रमाती रही**–देती रही। **ता'लीम-ए-ज़ब्त**–सहनशीलता की शिक्षा। **ख़स**–तृण। **निहाँ**–निहित।

गुल-ए-तर–ओस में भीगा हुआ फूल। **चश्म-ए-ख़ूँफ़िशाँ**–ख़ून के आँसू बरसाती हुई आँख।

वाय–हा हन्त। **महशर**–प्रलय, क़यामत। **तवक़्क़ो'अ**–उम्मीद, आशा।

दाना–ज्ञानी। **नादाँ**–अज्ञानी। **ज़ियाँ**–हानि, नुक़सान।

27

दर्द मिन्नत कश-ए-दवा न हुआ
मैं न अच्छा हुआ, बुरा न हुआ

जम‘अ करते हो क्यों रक़ीबों को
इक तमाशा हुआ, गिला न हुआ

हम कहाँ क़िस्मत आज़माने जायें
तू ही जब ख़ंजर आज़मा न हुआ

कितने शीरीं हैं तेरे लब, कि रक़ीब
गालियाँ खा के बेमज़ा न हुआ

है ख़बर गर्म उनके आने की
आज ही, घर में बोरिया न हुआ

क्या वह नमरूद की ख़ुदाई थी
बन्दगी में मिरा भला न हुआ

जान दी, दी हुई उसी की थी
हक़ तो यह है, कि हक़ अदा न हुआ

मिन्नत कश-ए-दवा–दवा का आभारी।
रक़ीब–प्रतिद्वन्द्वी, दुश्मन। **गिला**–शिकवः, शिकायत, उलाहना।
ख़ंजर आज़्मा–ख़ंजर आज़्मानेवाला, ख़ंजर चलानेवाला। **शीरीं**–मीठा, मीठे।
लब–होंठ, अधर।
नमरूद–एक पुराना बादशाह जो अपने आपको ख़ुदा कहता था। **बन्दगी**–ईश वन्दना।

ज़ख़्म गर दब गया, लहू न थमा
काम गर रुक गया, रवा न हुआ

रहज़नी है, कि दिल सितानी है
ले के दिल, दिलसिताँ रवाना हुआ

कुछ तो पढ़िये, कि लोग कहते हैं
आज ग़ालिब ग़ज़लसरा न हुआ

रवा–जारी।
रहज़नी–लूटमार, डकैती। **दिलसिताँ**–मा'शूक़। **दिलसितानी**–मा'शूक़ी।
ग़ज़लसरा–ग़ज़ल सुनानेवाला।

28

गिला है शौक़ को, दिल में भी तंगि-ए-जा का
गुहर में महूव हुआ इज़्तिराब दरिया का

यह जानता हूँ, कि तू और पासुख़-ए-मक्तूब
मगर, सितम ज़दः हूँ, ज़ौक़-ए-ख़ामःफ़रसा का

हिना-ए-पा-ए-ख़ज़ाँ है, बहार अगर है यही
दवाम कुल्फ़त-ए-ख़ातिर है 'ऐश दुनिया का

ग़म-ए-फ़िराक़ में, तकलीफ़-ए-सैर-ए-बाग़ न दो
मुझे दिमाग़ नहीं ख़न्दःहा-ए-बेजा का

हनोज़ महरमि-ए-हुस्न को तरसता हूँ
करे है हर बुन-ए-मू काम चश्म-ए-बीना का

तंगि-ए-जा–जगह की कमी। **गुहर**–मोती। **महूव**–गुम, लीन। **इज़्तिराब**–तड़प, बेचैनी।
पासुख़-ए-मक्तूब–ख़त का जवाब, पत्रोत्तर। **सितमज़दः**–अत्याचार का मारा हुआ।
ज़ौक़-ए-ख़ामः फ़रसा–क़लम चलाने का शौक़, लिखने की लत।
हिना-ए-पा-ए-ख़ज़ाँ–(ख़ज़ाँ–हेमन्त ऋतु, पतझड़) ख़ज़ाँ के पाँव की मेंहदी।
दवाम–हमेशः, नित्य, शाश्वत। **कुल्फ़त-ए-ख़ातिर**–मन का क्लेश। **'ऐश**–आनन्द, विलास।
ग़म-ए-फ़िराक़–विरह–सन्ताप। **तकलीफ़-ए-सैर-ए-बाग़**–बाग़ में घूमने की तकलीफ़।
दिमाग़–बर्दाश्त, संज्ञा, सहन। **ख़न्दःहा-ए-बेजा**–(ख़न्दः–हँसी। हा–बहुवचन। ए–इज़ाफ़त) बेतुकी हँसी।
हनोज़–अभी, अभी तक। **महरमि-ए-हुस्न**–सौन्दर्य से परिचय। **बुन-ए-मू**–बाल की जड़, रोम-कूप।

दिल उसको, पहले ही नाज़-ओ-अदा से, दे बैठे
हमें दिमाग़ कहाँ, हुस्न के तक़ाज़ा का

न कह, कि गिरियः बमिक़्दार-ए-हसरत-ए-दिल है
मिरी निगाह में है जम'-ओ-ख़र्च दरिया का

फ़लक को देख के, करता हूँ उसको याद, असद
जफ़ा में उसकी है अन्दाज़ कारफ़रमा का

चश्म-ए-बीना–देखनेवाली आँख, दृष्टा नयन।
गिरियः–रोना, रुदन। **ब मिक़दार-ए-हस्रत-ए-दिल**–हार्दिक कामना का परिणाम।
निगाह–आँख। **जम'-ओ-ख़र्च**–जम'अ और ख़र्च या'नी हिसाब। **दरिया**–समुद्र।
फ़लक–आसमान, आकाश, तक़दीर, भाग्य। **जफ़ा**–निर्दयता, निर्मोह। **अन्दाज़**–हाव-भाव।
कारफ़र्मा–हाकिम, मा'शूक़।

29

क़तरः-ए-मै, बसकि हैरत से नफ़स परवर हुआ
ख़त्त-ए-जाम-ए-मै सरासर, रिश्तः-ए-गौहर हुआ

ए'तिबार-ए-'अिश्क़ की ख़ानः ख़राबी देखना
ग़ैर ने की आह, लेकिन वह ख़फ़ा मुझपर हुआ

क़तरः-ए-मै–शराब की बूँद। **हैरत**–आश्चर्य, विस्मय। **नफ़स परवर**–रूह परवर, जीवनदाता। **ख़त-ए-जाम-ए-मै**–शराब के प्याले की रेखा। **सरासर**–एक सिरे से दूसरे सिरे तक, अत्यन्त, बिलकुल। **रिश्तः-ए-गौहर**–मोतियों की लड़ी, जिस धागे में मोती पिरोए गए हों।
ए'तिबार-ए-'अिश्क़–प्रेम का विश्वास, प्रेम की साख। **ख़ानः ख़राबी**–गृहविनाश, तबाही। **ग़ैर**–दुश्मन, रक़ीब।

30

जब, बतक़रीब-ए-सफ़र, यार ने महमिल बाँधा
तपिश-ए-शौक़ ने हर ज़र्रे प इक दिल बाँधा

अहल-ए-बीनिश ने ब हैरत कदः-ए-शोख़ि-ए-नाज़
जौहर-ए-आइनः को तूति-ए-बिस्मिल बाँधा

यास-ओ-उम्मीद ने, यक 'अरबदः मैदाँ माँगा
अिज्ज़-ए-हिम्मत ने तिलिस्म-ए-दिल-ए-साइल बाँधा

न बँधे तशनिगि-ए-ज़ौक़ के मज़मूँ, ग़ालिब
गरचेः दिल खोल के दरिया को भी साहिल बाँधा

बतक़रीब-ए-सफ़र–सफ़र के लिए, यात्रा के लिए। **यार**–दोस्त, मित्र, मा'शूक़।
महमिल–ऊँट की काठी। **तपिश-ए-शौक़**–आकांक्षा की गर्मी, शौक़ की ज़्यादती।
अहल-ए-बीनिश–आत्मज्ञानी, ब्रह्मज्ञानी। **ब हैरत कदः-ए-शोख़ि-ए-नाज़**–(हैरतकदः–विस्मय और आश्चर्य की मंज़िल। शोख़ि-ए-नाज़–हुस्न की चंचलता) हुस्न की चंचलता से उत्पन्न विस्मय की स्थिति में पहुँचकर।
जौहर-ए-आइनः–(लोहे के आईने को माँझकर चमकाया जाता है, उसकी चमक को जौहर कहते हैं। उसमें हल्की-सी हरियाली होती है) आइने का जौहर।
तूति-ए-बिस्मिल–ज़ख़्मी तूती (छोटी ज़ात का तोता) जिसे आईने के सामने बिठाकर बोलना सिखाते हैं।
[यह तसव्वुफ़ (भक्ति) का शे'र है। ग़ालिब ने हुस्न को आईनः और उसके गुण को जौहर (आईने की चमक) कहा है और ग़मों से चूर दुनिया को ज़ख़्मी तूती]
यास-ओ-उम्मीद–आशा और निराशा। **यक 'अरबदः मैदाँ**–('अरबदः–युद्ध, लड़ाई) इतना बड़ा मैदान जिसमें लड़ाई हो सके। **'अिज्ज़-ए-हिम्मत**–('अज्ज़) साहस की नम्रता। **तिलिस्म-ए-दिल-ए-साइल**–हाथ फैलानेवाले के दिल का इन्द्रजाल।
तश्नगि-ए-ज़ौक़–ज़ौक़ (रस, आनन्द, अभिलाषा) की प्यास। **मज़मूँ**–विषय।
साहिल–कनारः, तट।

31

मैं, और बज़्म-ए-मै से, यों तश्नःकाम आऊँ
गर मैंने की थी तौबः, साक़ी को क्या हुआ था

है एक तीर, जिसमें दोनों छिदे पड़े हैं
वह दिन गये, कि अपना दिल से जिगर जुदा था

दरमान्दगी में ग़ालिब, कुछ बन पड़े, तो जानूँ
जब रिश्तः बेगिरह था, नाखुन गिरह कुशा था

बज़्म-ए-मै–शराब की महफ़िल, मैख़ानः, मदिरालय। **तश्नःकाम**–प्यासा।
जुदा–अलग।
दर्मान्दगी–बेचारगी, परीशानी, क्लेश, दुख। **रिश्तः**–सूत्र, सम्बन्ध। **बेगिरह**–बिना गाँठ का। **गिरह कुशा**–गाँठ खोलनेवाला।

32

घर हमारा, जो न रोते भी, तो वीराँ होता
बह्र, गर बह्र न होता, तो बयाबाँ होता

तंगि-ए-दिल का गिला क्या, यह वह काफ़िर दिल है
कि अगर तंग न होता, तो परीशाँ होता

बा'द-ए-यक उम्र-ए-वर'अ, बार तो देता, बारे
काश, रिज़्वाँ ही दर-ए-यार का दरबाँ होता

वीराँ–(वीरान)–निर्जन, उजाड़। **बह्र**–समुद्र। **बयाबाँ**–जंगल, रेगिस्तान, उजाड़ मैदान।
तंगि-ए-दिल–ग़म, परीशानी।
बा'द-ए-यक 'उम्र-ए-वर'अ–जीवन भर की निस्पृहता और संयम के बा'द। **बार देता**–अन्दर जाने की इजाज़त देता। **बारे**–अल्बतः, अवश्य। **रिज़्वाँ**–जन्नत के दरबान का नाम। **दर-ए-यार**–मा'शूक़ का दरवाज़ः।

33

न था कुछ तो ख़ुदा था, कुछ न होता, तो ख़ुदा होता
डुबोया मुझको होने ने, न होता मैं तो क्या होता

हुआ जब ग़म से यों बेहिस, तो ग़म क्या सर के कटने का
न होता गर जुदा तन से, तो ज़ानू पर धरा होता

हुई मुद्दत, कि ग़ालिब मर गया, पर याद आता है
वह हर इक बात पर कहना, कि यों होता, तो क्या होता

बेहिस–स्तब्ध, सुन्न। **ज़ानू**–घुटना।
मुद्दत–समय।

34

यक ज़र्रः-ए-ज़मीं नहीं बेकार, बाग़ का
याँ जादः भी, फ़तीलः है लाले के दाग़ का

बे मै किसे है ताक़त-ए-आशोब-ए-आगही
खेंचा है 'अिज्ज़-ए-हौसलः ने ख़त अयाग़ का

बुलबुल के कार-ओ-बार प हैं, ख़न्दःहा-ए-गुल
कहते हैं जिसको 'अिश्क़, ख़लल है दिमाग़ का

ताज़ः नहीं है नश्शः-ए-फ़िक्र-ए-सुख़न मुझे
तिरयाकि-ए-क़दीम हूँ दूद-ए-चराग़ का

सौ बार बन्द-ए-'अिश्क़ से आज़ाद हम हुए
पर क्या करें, कि दिल ही 'अदू है फ़राग़ का

यक ज़र्रः-ए-ज़मीं–धरती का एक भी ज़र्रः (कण)। **जादः**–पथ, मार्ग। **फ़तीलः**–बत्ती। **लाले**–सुर्ख़ रंग का कटोरे की तरह का फूल जिसमें काला धब्बा होता है। अहि पुष्प। **बे मै**–शराब के बिग़ैर, बिना मदिरा के। **ताक़त-ए-आशोब-ए-आगही**–चेन्ता की दी हुई अशान्ति को सहन करने की शक्ति। **'अिज्ज़-ए-हौसलः**–('अज्ज़) साहस की नम्रता। **ख़त**–लकीर, रेखा। **अयाग़**–प्यालः।
ख़न्दःहा-ए-गुल–(ख़न्दः–हँसी। हा–बहुवचन। ए–इज़ाफ़त) फूल की हँसी।
ख़लल–ख़राबी।
ताज़ः–नया। **नश्शः-ए-फ़िक्र-ए-सुख़न**–कविता की कल्पना का नशः।
तिरियाकि-ए-क़दीम–पुराना अफ़ीमची। **दूद-ए-चराग़**–चराग़ का धुआँ।
बन्द-ए-'अिश्क़–प्रेम-बन्धन। **'अदू**–दुश्मन, शत्रु। **फ़राग़**–मुक्ति।

बेख़ून-ए-दिल है चश्म में मौज-ए-निगह गुबार
यह मैकदः ख़राब है, मै के सुराग़ का

बाग़-ए-शिगुफ़्तः तेरा, बिसात-ए-निशात-ए-दिल
अब्र-ए-बहार, ख़ुमकदः किसके दिमाग़ का

बेख़ून-ए-दिल–दिल के ख़ून के बिग़ैर। **चश्म**–आँख। **मौज-ए-निगह**–निगाह की लहर। दृष्टि-तरंग, दृष्टि-हिलोल। **गुबार**–धूल, गर्द, उड़ती हुई मिट्टी। **मैकदः**–मदिरालय, शराब ख़ानः। **ख़राब**–निकृष्ट, दुर्दशाग्रस्त। **मै के सुराग़ का**–शराब के कारण, शराब के होने से। **बाग़-ए-शिगुफ़्तः तेरा**–तेरा खिला हुआ बाग़, तेरा फूलों से भरा हुआ बाग़, तेरा हुस्न। **बिसात-ए-नशात-ए-दिल**–(निशात ग़लत है) मन के हर्ष की बुनियाद, हृदय की प्रफुल्लता का आधार। **अब्र-ए-बहार**–बहार का बादल, वसन्त ऋतु का बादल। **ख़ुम कदः**–शराब के मटके रखने की जगह। शराबख़ानः, मदिरालय।

35

वह मिरी चीन-ए-जबीं से, ग़म-ए-पिन्हाँ समझा
राज़-ए-मक्तूब ब बेरब्ति-ए-'उन्वाँ समझा

यक अलिफ़ बेश नहीं, सैक़ल-ए-आईनः हनोज़
चाक करता हूँ मैं, जब से कि गरीबाँ समझा

शर्ह-ए-अस्बाब-ए-गिरफ़्तारि-ए-ख़ातिर, मत पूछ
इस क़दर तंग हुआ दिल, कि मैं ज़िन्दाँ समझा

बदगुमानी ने न चाहा उसे सरगर्म-ए-ख़िराम
रुख़ प हर क़तरः 'अरक़, दीदः-ए-हैराँ समझा

अिज्ज़ से अपने यह जाना, कि वह बदख़ू होगा
नब्ज़-ए-ख़स से तपिश-ए-शो'लः-ए-सोज़ाँ समझा

चीन-ए-जबीं–माथे का बल। **ग़म-ए-पिन्हाँ**–छुपा हुआ ग़म, दिल का ग़म।
राज़-ए-मक्तूब–ख़त का भेद। **बबेरब्ति-ए-'उन्वाँ**–शीर्षक और विषय की कर्महीन्ता से।
यक अलिफ़–(अलिफ़–उर्दू का पहिला अक्षर) एक अलिफ़। **बेश**–ज़्यादः, अधिक।
सैक़ल-ए-आईनः–दर्पण को चमकाने के लिए माँझने की क्रिया। **हनोज़**–अभी, अभी तक।
चाक–फाड़ना।
शरूह-ए-अस्बाब-ए-गिरफ़्तारि-ए-ख़ातिर–(शरूह–व्याख्या, अस्बाब–सबब का बहुवचन, कारण। गिरफ़्तारि-ए-ख़ातिर–मन का फँसना या'नी परीशानी, व्याकुलता) मन की व्याकुलता के कारण की व्याख्या। **ज़िन्दाँ**–क़ैद खानः।
बदगुमानी–मिथ्या-सन्देह। **सरगर्म-ए-ख़िराम**–मन्दगतिलीन। **रुख़**–मुखड़ा, चेहरः।
हर क़तरः 'अरक़–पसीने की एक-एक बूंद। **दीदः-ए-हैराँ**–चकित नयन।
'अिज्ज़–('अज्ज़) नम्रता। **बदख़ू**–दुष्प्रकृति, दुःश्शील। **नब्ज़-ए-ख़स**–(नब्ज़–नाड़ी) तृण।
तपिश-ए-शो'लः-ए-सोज़ाँ–ज्वलन्त शो'ले की तपन।

सफ़र-ए-'अिश्क़ में की ज़ो'फ़ ने राहत तलबी
हर क़दम साये को मैं अपने शबिस्ताँ समझा

था गुरेज़ाँ मिश्ः-ए-यार से दि़ल, ता दम-ए-मर्ग
दफ़'-ए-पैकान-ए-क़ज़ा, इस क़दर आसाँ समझा

दिल दिया जान के क्यों उसको वफ़ादार, असद
ग़लती की, कि जो काफ़िर को मुसलमाँ समझा

सफ़र-ए-'अिश्क़–प्रेम यात्रा। **ज़ो'फ़**–दुर्बलता, अशक्ति। **राहत तलबी**–सुख प्रियता, आलस्य प्रियता। **शबिस्ताँ**–शयनागार।
गुरेज़ाँ–पलायित। **मिशः-ए-यार**–प्रेयसी का दृगांचल। **तादम-ए-मर्ग**–मरते समय तक। **दफ़्'-ए-पैकान-ए-क़ज़ा**–मौत के तीर की नोक से बचना।

36

फिर मुझे दीदः-ए-तर याद आया
दिल, जिगर तश्नः-ए-फ़रियाद आया

दम लिया था न क़यामत ने हनोज़
फिर तिरा वक़्त-ए-सफ़र याद आया

सादगीहा-ए-तमन्ना, या'नी
फिर वह नैरंग-ए-नज़र याद आया

'उज़्र-ए-वामान्दगी, अय हसरत-ए-दिल
नालः करता था, जिगर याद आया

ज़िन्दगी यों भी गुज़र ही जाती
क्यों तिरा राहगुज़र याद आया

दीदः-ए-तर–भीगे नयन। **जिगर तश्नः-ए-फ़रियाद**–आर्तनाद का प्यासा।
क़यामत–(क़ियामत) प्रलय। **हनोज़**–अभी, अभी तक।
सादगीहा-ए-तमन्ना–कामना की सरलता। **नैरँग-ए-नज़र**–दृष्टि पर पड़ा हुआ इन्द्रजाल या'नी मा'शूक़ जो सर से पाँव तक जादू ही जादू है–मायाविनी।
'उज़्र-ए-वामान्दगी–थकावट का बहाना। **हस्रत-ए-दिल**–हृदय की अभिलाषा।
राहगुज़र–रास्ता, मार्ग, पथ।

क्या ही रिज़्वाँ से लड़ाई होगी
घर तिरा ख़ुल्द में गर याद आया

आह वह जुरअत-ए-फ़रियाद कहाँ
दिल से तंग आ के जिगर याद आया

फिर तिरे कूचे को जाता है ख़याल
दिल-ए-गुमगश्तः, मगर याद आया

कोई वीरानी सी वीरानी है
दश्त को देख के घर याद आया

मैंने मजनूँ प लड़कपन में, असद
संग उठाया था, कि सर याद आया

रिज़्वाँ–जन्नत का द्वारपाल। **ख़ुल्द**–जन्नत, बिहिश्त, स्वर्ग।
जुरअत-ए-फ़रियाद–आर्तनाद का साहस, फ़रियाद करने की हिम्मत।
कूचे–(कूचः) गली। **ख़याल**–कल्पना। **दिल-ए-गुमगश्तः**–खोया हुआ दिल।
वीरानी–उजाड़पन। **दश्त**–जंगल, उजाड़ मैदान।
सँग–पत्थर।

37

हुई ताख़ीर, तो कुछ बा'अिस-ए-ताख़ीर भी था
आप आते थे, मगर कोई 'अिनाँगीर भी था

तुम से बेजा, है मुझे अपनी तबाही का गिला
उसमें कुछ शाइबः-ए-ख़ूबि-ए-तक़दीर भी था

तू मुझे भूल गया हो, तो पता बतला दूँ
कभी फ़ितराक में तेरे, कोई नख़चीर भी था

क़ैद में, है तिरे वहशी को, वही ज़ुल्फ़ की याद
हाँ कुछ इक रंज-ए-गिराँबारि-ए-ज़ंजीर भी था

बिजली इक कौन्द गई आँखों के आगे, तो क्या
बात करते, कि मैं लब तश्नः-ए-तक़रीर भी था

यूसुफ़ उसको कहूँ, और कुछ न कहे, ख़ैर हुई
गर बिगड़ बैठे, तो मैं लाइक़-ए-ता'ज़ीर भी था

ताख़ीर–देर। **बा'अिस-ए-ताख़ीर**–देर की वजह, कारण। **'अिनाँगीर**–लगाम पकड़नेवाला, रास्तः रोकनेवाला।

शाइबः-ए-ख़ूबि-ए-तक़दीर–सौभाग्य की झलक।

फ़ितराक–शिकार या सामान रखने का थैला (व्यंग्य है)। **नख़चीर**–शिकार की हुई चीज़।

रंज-ए-गिराँ बारि-ए-ज़ंजीर–ज़ंजीर के भारी बोझ का दुख।

लब तश्नः-ए-तक़रीर–(लब तश्नः–प्यासे अधरोंवाला) बातों का प्यासा।

यूसुफ़–एक पैग़म्बर (अवतार) का नाम जो बहुत ख़ूबसूरत थे, सुन्दर मनोहर, मा'शूक़।

लाइक़-ए-ता'ज़ीर–सज़ा के योग्य।

देखकर ग़ैर को, हो क्यों न कलेजा ठंडा
नालः करता था, वले तालिब-ए-तासीर भी था

पेशे में 'ऐब नहीं, रखिये न फ़रहाद को नाम
हम ही आशुफ़्तःसरों में, वह जवाँ मीर भी था

हम थे मरने को खड़े, पास न आया, न सही
आख़िर उस शोख़ के तरकश में कोई तीर भी था

पकड़े जाते हैं फ़रिश्तों के लिखे पर, नाहक़
आदमी कोई हमारा, दम-ए-तहरीर भी था

रेख़्ते के तुम्हीं उस्ताद नहीं हो, ग़ालिब
कहते हैं, अगले ज़माने में कोई मीर भी था

ग़ैर–दुश्मन, रक़ीब। **तालिब-ए-तासीर**–प्रभाव का अभिलाषी।
फ़रहाद–एक 'आशिक़ जो अपनी मा'शूक़ शीरीं के लिए पहाड़ काटने गया था।
आशुफ़्तःसर–हतबुद्धि। **जवाँमीर**–जवानी में मरनेवाला।
तरकश–तूणीर, तीर रखने का चोंगा।
दम-ए-तहरीर–लिखते समय (कहते हैं कि फ़रिश्ते आदमी का कर्मपत्र लिखते रहते हैं)
रेख़्ते–(रेख़्तः) उर्दू भाषा का पुराना नाम–यहाँ मतलब उर्दू शा'अिरी से है।

38

लब-ए-ख़ुश्क दर तशनिगी मुर्दगाँ का
ज़ियारत कदः हूँ, दिल आज़ुर्दगाँ का

हमः नाउमीदी, हमः बदगुमानी
मैं दिल हूँ, फ़रेब-ए-वफ़ा ख़ुर्दगाँ का

लब-ए-ख़ुश्क दर तश्नगी मुर्दगाँ–प्यास से मरनेवालों का सूखा हुआ होंठ। **ज़ियारत कदः**–(ज़ियारत–दर्शन। कदः–स्थान) तीर्थ स्थान। **दिल आज़ुर्दगाँ**–दुखिया चित।
हमः नाउमीदी–पूर्ण निराशा। **हमः बदगुमानी**–पूर्ण मिथ्या-सन्देह। **फ़रेब-ए-वफ़ा ख़ुर्दगाँ**–जो प्रेम निर्वाह का धोका खा चुके हैं।

39

तू दोस्त किसी का भी, सितमगर, न हुआ था
औरों प है वह ज़ुल्म, कि मुझ पर न हुआ था

छोड़ा मह-ए-नख़्शब की तरह, दस्त-ए-क़ज़ा ने
ख़ुर्शीद हनोज़ उसके बराबर न हुआ था

तौफ़ीक़ ब अन्दाज़-ए-हिम्मत है अज़ल से
आँखों में है वह क़तरः, कि गौहर न हुआ था

जब तक कि न देखा था, क़द-ए-यार का 'आलम
मैं मो'तक़िद-ए-फ़ितनः-ए-महशर न हुआ था

मह-ए-नख़शब–नख़शब का चाँद। नख़शब तुर्किस्तान का एक शहर है जो हज़ार वर्ष पहले ईरान का उत्तरी भाग था। वहाँ के किसानों के विद्रोह का एक बहुत बड़ा नेता अल् मुक़न्न'अ था जो अपने समय का बड़ा वैज्ञानिक भी था। उसने एक कृत्रिम चाँद बनाया था, जो एक कुएँ से निकलता था और उसी में डूब जाता था। कहते हैं उसकी रौशनी मीलों तक फैलती थी। कुछ समय के बाद वह चाँद ख़ुद जल बुझा। इसलिए मह-ए-नख़शब का मतलब है–निकृष्ट चाँद। ग़ालिब ने मा'शूक़ के चेहरे के हुस्न के मुक़ाबिले में सूरज को नख़शब का चाँद कहा है। **दस्त-ए-क़ज़ा**–तक़दीर (ईश्वर-आज्ञा) का हाथ। **ख़ुर्शीद**–सूरज। **हनोज़**–अभी, अभी तक। **उसके**–मा'शूक़ के।

तौफ़ीक़–शक्ति, सामर्थ्य। **ब अन्दाज़ः-ए-हिम्मत**–साहस के अनुमान के बराबर।

अज़ल–अनादिकाल, सृष्टिकाल। **गौहर**–मोती।

क़द-ए-यार–यार (मा'शूक़) का क़द। **'आलम**–शोभा, दशा, अवस्था। **मो'तक़िद-ए-फ़ितनः-ए-महशर**–क़यामत की चपल आपत्ति का अनुयायी।

मैं सादः दिल, आज़ुर्दगि-ए-यार से ख़ुश हूँ
या'नी सबक़-ए-शौक़, मुकर्रर न हुआ था

दरिया-ए-म'आसी, तुनुक आबी से, हुआ ख़ुश्क
मेरा सर-ए-दामन भी, अभी तर न हुआ था

जारी थी असद, दाग़-ए-जिगर से मिरे तहसील
आतशकदः, जागीर-ए-समन्दर न हुआ था

सादः दिल–सरल हृदय, सीधा सादः, भोला-भाला। **आज़ुर्दगि-ए-यार**–दोस्त (मा'शूक़) की उदासी। **सबक़-ए-शौक़**–प्रेम और चाव का पाठ। **मुकर्रर**–दुबारः।
दरिया-ए-म'आसी–पाप का सागर। **तुनुक आबी**–पानी की कमी। **ख़ुश्क**–सूखा हुआ, शुष्क। **सर-ए-दामन**–दामन का सिरा, दामन का कनारः। **तर**–गीला, आर्द्र। **जारी**–प्रवाहित, बहता हुआ। **तहसील**–मालगुज़ारी, आमदनी। **आतशकदः**–अग्निशाला, पूजा की आग रखने का स्थान, अगियारी, अग्निकुंड, अग्नि-मन्दिर। **जागीर-ए-समन्दर**–(समन्दर–एक कल्पित कीड़ा जो आग में पैदा होता है और आग में रहता है) अग्नि-कीट की जागीर।

40

शब, कि वह मजलिस फ़रोज़-ए-ख़ल्वत-ए-नामूस था
रिश्तः-ए-हर शम'अ, ख़ार-ए-किसवत-ए-फ़ानूस था

मशहद-ए-'आशिक़ से कोसों तक जो उगती है हिना
किसक़दर, यारब, हलाक-ए-हसरत-ए-पाबोस था

हासिल-ए-उल्फ़त न देखा, जुज़ शिकस्त-ए-आरजू
दिल बदिल पैवस्तः, गोया इक लब-ए-अफ़सोस था

क्या कहूँ बीमारि-ए-ग़म की फ़राग़त का बयाँ
जो कि खाया ख़ून-ए-दिल, बेमिन्नत-ए-कैमूस था

शब–रात्री, रजनी, यामिनी। **मज्लिस फ़ुरोज़-ए-ख़ल्वत-ए-नामूस**–(मज्लिस फ़ुरोज़–महफ़िल को चमकानेवाला, महफ़िल की शोभा, ख़ल्वत–एकान्त, तन्हाई। नामूस–सतीत्व, 'अिस्मत) अपने शयनागार के एकान्त की शोभा। **रिश्तःए-हर शम्'अ**–हर शम'अ की बत्ती। **ख़ार-ए-किस्वत-ए-फ़ानूस**–(ख़ार-ए-किस्वत–कपड़े में चुभे हुए काँटे। फ़ानूस–शीशे की क़न्दील या झाड़ जिसमें बहुत-सी मोमबत्तियाँ जलती हैं।) फ़ानूस के बदन में चुभता हुआ काँटा। (महबूब के हुस्न के सामने फ़ानूस की रौशनी भी रश्क और हसद [ईर्ष्या] से बेचैन हो गई, जैसे उसके बदन में काँटे चुभने लगे हों) **मशहद-ए-'आशिक़**– (मशहद–शहीद होने की जगह, बलिवेदी) 'आशिक़ का मशहद। **हिना**–मेंहदी। **यारब**–अय ख़ुदा। **हलाक-ए-हस्रत-ए-पाबोस**–पैर चूमने की अभिलाषा का मारा हुआ।

हासिल-ए-उल्फ़त–प्रेम का लाभ। जुज़ शिकस्त-ए-आर्जू–कामना की पराजय के सिवा। **दिल बदिल पैवस्तः**–दिल से मिला हुआ दिल। **गोया**–जैसे। **लब-ए-अफ़सोस**–रंज और पछतावे के कारण बन्द होंठ।

बीमारि-ए-ग़म–ग़म की बीमारी। **फ़राग़त**–निश्चिन्तता। **बेमिन्नत-ए-कैमूस**– (कैमूस–पाचनक्रिया में जिगर का काम) पाचनक्रिया का अनाभारी।

41

आईनः देख, अपना सा मुँह ले के रह गये
साहब को, दिल न देने प कितना गुरूर था

क़ासिद की अपने हाथ से गर्दन न मारिये
उसकी ख़ता नहीं है, यह मेरा क़ुसूर था

42

अर्ज़-ए-नियाज़-ए-'अिश्क़ के क़ाबिल नहीं रहा
जिस दिल प नाज़ था मुझे, वह दिल नहीं रहा

जाता हूँ दाग़-ए-हसरत-ए-हस्ती लिये हुए
हूँ शम'-ए-कुश्तः, दर ख़ुर-ए-महफ़िल नहीं रहा

मरने की, अय दिल, और ही तदबीर कर, कि मैं
शायान-ए-दस्त-ओ-बाजु-ए-क़ातिल नहीं रहा

बर रू-ए-शश जिहत, दर-ए-आईनः बाज़ है
याँ इम्तियाज़-ए-नाक़िस-ओ-कामिल नहीं रहा

वा कर दिये है शौक़ ने, बन्द-ए-निक़ाब-ए-हुस्न
ग़ैर अज़ निगाह, अब कोई हाइल नहीं रहा

अर्ज़-ए-नियाज़-ए-'अिश्क़–(नियाज़–आकांक्षा, श्रद्धा) प्रेमाकांक्षा की अभिव्यक्ति।
नाज़–गर्व, अभिमान।
दाग़-ए-हस्रत-ए-हस्ती–जीवन की अभिलाषाओं का दाग़। **शम्'ए-कुश्तः**–बुझा हुआ चराग़। **दरख़ुर-ए-महफ़िल**–महफ़िल के योग्य। **शायान-ए-दस्त-ए-बाज़ू-ए-क़ातिल**– क़ातिल के हाथों और भुजाओं द्वारा क़त्ल किए जाने के योग्य।
बर-रू-ए-शश जिहत–(शश जिहत-छह दिशाएँ) ज़मीन और आस्मान के मुख पर (सामने) **दर-ए-आईनः**–आईने का दरवाज़ः या'नी आईने का रुख़ (मुख)। **बाज़**–खुला हुआ।
इम्तियाज़-ए-नाक़िस-ओ-कामिल–पूर्ण और अपूर्ण का फ़र्क़ (भेद)
वा–उद्घटित, खुला हुआ। **शौक़**–अभिलाषा, चाव, प्रेमाकांक्षा।
बन्द-ए-निक़ाब-ए-हुस्न–हुस्न (मा'शूक़) की निक़ाब के बन्धन। **ग़ैर अज़ निगाह**–दृष्टि के सिवा।
हाइल–बाधक।

गो मैं रहा रहीन-ए-सितमहा-ए-रोज़गार
लेकिन तिरे ख़याल से ग़ाफ़िल नहीं रहा

दिल से हवा-ए-किश्त-ए-वफ़ा मिट गई, कि वाँ
हासिल, सिवाय हसरत-ए-हासिल नहीं रहा

बेदाद-ए-'अिश्क़ से नहीं डरता, मगर असद
जिस दिल प नाज़ था मुझे, वह दिल नहीं रहा

गो–यद्यपि, अगरचे। **रहीन-ए-सितमहा-ए-रोज़गार**–संसार के जुल्म और अत्याचार का शिकार। **ख़याल**–कल्पना, याद। **ग़ाफ़िल**–असावधान।
हवा-ए-किश्त-ए-वफ़ा–प्रेम-निर्वाह की खेती लगाने की कामना। **हासिल**–प्राप्ति, लाभ। **हसरत-ए-हासिल**–लाभ की अभिलाषा। **बेदाद-ए-'अिश्क़**–प्रेम का जुल्म (अत्याचार)।

43

रश्क कहता है, कि उसका ग़ैर से इख़लास, हैफ़
'अक़्ल कहती है, कि वह बेमेहूर किसका आश्ना

ज़र्रः ज़र्रः साग़र-ए-मैख़ानः-ए-नैरंग है
गर्दिश-ए-मजनूँ, ब चश्मकहा-ए-लैला आश्ना

शौक़ है सामाँ तराज़-ए-नाज़िश-ए-अर्बाब-ए-'अिज्ज़
ज़र्रः सहरा दस्तगाह-ओ-क़तरः दरिया आश्ना

मैं, और इक आफ़त का टुकड़ा, वह दिल-ए-वहशी, कि है
'आफ़ियत का दुश्मन और आवारगी का आश्ना

रश्क–ईर्ष्या। **ग़ैर**–रक़ीब, प्रेमक्षेत्र का प्रतिद्वन्द्वी। **इख़्लास**–निस्वार्थता, मैत्री। **हैफ़**– पश्चात्ताप, धिक। **बे मेहूर**–निर्मोही। **आश्ना**–दोस्त।

साग़र-ए-मैख़ानः-ए-नैरँग–इन्द्रजाल के पैदा किये हुए मदिरालय का प्यालः **गर्दिश-ए-मजनूँ**–मजनूँ की आवारागर्दी, मारे-मारे फिरना। **बचश्मकहा-ए-लैला**–लैला की आँख के इशारे से। **आश्ना**–वाक़िफ़, जाननेवाला, परिचित।

शौक़–आकांक्षा। **सामाँ तराज़-ए-नाज़िश-ए-अर्बाब-ए-'अिज्ज़**–(सामाँतराज़– प्रबन्ध करनेवाला। नाज़िश–गर्व। अरबाब-ए-अिज्ज़–विनयशीलता के मालिक) विनयशील लोगों के गर्व का सामान करनेवाले। **ज़र्रः सहूरा दस्तगाह-ओ-क़तरः दरिया आश्ना**–हर कण अपनी जगह मरुस्थल का विस्तार लिये हुए है, और हर बूँद सागर की विशालता।

दिल-ए-वहूशी–(वहशी–जंगली) बेताब (न ठहरनेवाला) दिल। **'आफ़ियत**–शान्ति, कुशलता। **आवारगी**–मारे-मारे फिरना।

शिकवः संज-ए-रश्क-ए-हमदीगर न रहना चाहिये
मेरा ज़ानू मूनिस और आईनः तेरा आश्ना

कोहकन, नक़्क़ाश-ए-यक तिम्साल-ए-शीरीं था, असद
सँग से सर मार कर होवे न पैदा आश्ना

शिकवासँज-ए-रश्क-ए-हमदिगर–एक-दूसरे से ईर्ष्या के कारण शिकायत करना।
ज़ानू–घुटना। **मूनिस**–दोस्त, मित्र।
कोहकन–पहाड़ काटनेवाला–फ़रहाद, जिसकी माशूक़ः का नाम शीरीं था।
नक़्क़ाश-ए-यक तिम्साल-ए-शीरीं–शीरीं की छवि अंकित करनेवाला चित्रकार।
सँग–पत्थर।

44

ज़िक्र उस परीवश का, और फिर बयाँ अपना
बन गया रक़ीब, आख़िर, था जो राज़दाँ अपना

मै वह क्यों बहुत पीते, बज़्म-ए-ग़ैर में, यारब
आजही हुआ मंजूर, उनको इम्तिहाँ अपना

मंज़र इक बलन्दी पर, और हम बना सकते
'अर्श से इधर होता, काशके मकाँ अपना

दे वह जिस क़दर ज़िल्लत, हम हँसी में टालेंगे
बारे आश्ना निकला, उनका पास्बाँ अपना

दर्द-ए-दिल लिखूँ कब तक, जाऊँ उनको दिखला दूँ
उँगलियाँ फ़िगार अपनी, ख़ामः ख़ूँचकाँ अपना

ज़िक्र–चर्चा, यशगान। **परीवश**–परी चेहरः, ख़ूबसूरत, मा'शूक़। **बयाँ**–वर्णन।
राज़दाँ–राज़ जाननेवाला, ग़मख़्वार।
बज़्म-ए-ग़ैर–दुश्मन की महफ़िल, रक़ीब का घर। **मंज़ूर**–स्वीकृत। **इम्तिहाँ**–परीक्षा।
मंज़र–दृश्य। **'अर्श**–आकाश।
ज़िल्लत–तिरस्कार, अपमान। **बारे**–आख़िरकार, अन्ततः। **आश्ना**–जाननेवाला, दोस्त। **पास्बाँ**–प्रहरी, दरबान, द्वारपाल।
फ़िगार–ज़ख़्मी, घायल। **ख़ामः**–क़लम। **ख़ूँचकाँ**–जिससे ख़ून टपक रहा हो।

घिसते घिसते मिट जाता, आपने 'अबस बदला
नँग-ए-सिज़्दः से मेरे, सँग-ए-आस्ताँ अपना

ता करे न ग़म्माज़ी, कर लिया है दुश्मन को
दोस्त की शिकायत में, हमने हमज़बाँ अपना

हम कहाँ के दाना थे, किस हुनर में यकता थे
बे सबब हुआ ग़ालिब, दुश्मन आस्माँ अपना

'अबस–बेकार, अकारण। **नँग-ए-सिज़्दः**–(सिजदः–माथा टेककर प्रणाम करना) सिजदे का कलंक (सिजदे से पड़ा दाग़)। **सँग-ए-आस्ताँ**–देहलीज़ का पत्थर, दरवाज़े की चौखट।
ग़म्माज़ी–चुग़ली। **हम ज़बाँ**–सहमत, सम्मिलित।
दाना–चतुर, बुद्धिमान। **हुनर**–शिल्प, गुण। **यकता**–अद्वितीय, बेमिस्ल।

45

सुरमः-ए-मुफ़्त-ए-नज़र हूँ , मिरी क़ीमत यह है
कि रहे चश्म-ए-ख़रीदार प एहसाँ मेरा

रुख़सत-ए-नालः मुझे दे, कि मबादा ज़ालिम
तेरे चेहरे से हो ज़ाहिर, ग़म-ए-पिन्हाँ मेरा

सुर्मः-ए-मुफ़्त-ए-नज़र–आँखों को मुफ़्त (बिना मूल्य) मिलनेवाला सुर्मः। **क़ीमत**–मूल्य। **चश्म-ए-ख़रीदार**–मोल लेनेवाले की आँख। **एहसान**–उपकार, कृतज्ञता। **रुख़्सत-ए-नालः**–आर्तनाद की अनुमति (इजाज़त)। **मबादा**–ऐसा न हो। **ग़म-ए-पिन्हाँ**–छुपा हुआ ग़म, दिल का दुख।

46

ग़ाफ़िल ब वहम-ए-नाज़ ख़ुद आरा है, वर्नः याँ
बेशानः-ए-सबा नहीं तुर्रः गियाह का

बज़्म-ए-क़दह से 'ऐश-ए-तमन्ना न रख, कि रंग
सैद-ए-ज़िदाम जस्तः है, इस दाम गाह का

रहमत अगर क़ुबूल करे, क्या ब'ईद है
शर्मिन्दगी से 'उज़्र न करना गुनाह का

मक़्तल को किस निशात से जाता हूँ मैं, कि है
पुर गुल, ख़याल-ए-ज़ख़्म से, दामन निगाह का

जाँ दर हवा-ए-यक निगह-ए-गर्म है, असद
परवानः है वकील, तिरे दाद ख़्वाह का

ग़ाफ़िल–असावधान, निश्चेत। **ब वहम-ए-नाज़**–गर्व के भ्रम से। **ख़ुद आरा**–स्वयं को बनाने सँवारनेवाला। **बे शानः-ए-सबा**–प्रभात-समीर की कँघी के बिना। **तुर्रः**–अलक, कलग़ी। **गियाह**–घास।

बज़्म-ए-क़दह–प्यालों की महफ़िल, शराब नोशी (मदिरापान) की महफ़िल।

'ऐश-ए-तमन्ना–कामना-विलास। **रंग**–वर्ण, मनोरंजन। **सैद-ए-ज़िदाम जस्तः**–जाल से छूटकर भागा हुआ शिकार। **दामगाह**–वह जगह जहाँ जाल बिछा हो।

रहमत–कृपा, दया। (ख़ुदा)

क़ुबूल–स्वीकार। **ब'ईद**–दूर। **शर्मिन्दगी**–लज्जाशीलता। **'उज़्र**–क्षमायाचना। **गुनाह**–पाप।

मक़्तल–वध-स्थल, बलिवेदी। **नशात**–हर्ष। **पुर गुल**–फूलों से भरा हुआ।

ख़याल-ए-ज़ख़्म–घाव की कल्पना। **दामन निगाह का**–दृष्टि की गोद।

जाँ–जान, प्राण, मन। **दर हवा-ए-यक निगह-ए-गर्म**–एक गर्म दृष्टि की आर्ज़ू में। **परवानः**–आग में जलनेवाला पतँगा। **दाद ख़्वाह**–न्याय माँगनेवाला।

47

जौर से बाज़ आये पर बाज़ आयें क्या
कहते हैं, हम तुझको मुँह दिखलायें क्या

रात दिन, गर्दिश में हैं सात आस्माँ
हो रहेगा कुछ न कुछ, घबरायें क्या

लाग हो, तो उसको हम समझें लगाव
जब न हो कुछ भी, तो धोका खायें क्या

हो लिये क्यों नामःबर के साथ साथ
यारब, अपने ख़त को हम पहुँचायें क्या

मौज-ए-ख़ूँ, सर से गुज़र ही क्यों न जाय
आस्तान-ए-यार से उठ जायें क्या

'उम्र भर देखा किये, मरने की राह
मर गये पर, देखिये, दिखलायें क्या

पूछते हैं वह, कि ग़ालिब कौन है
कोई बतलाओ, कि हम बतलायें क्या

जौर–जुल्म, अन्याय। **बाज़ आना**–किसी काम से हाथ खींचना, रुक जाना, त्यागना।
गर्दिश–चक्कर।
नामःबर–पत्र-वाहक।
मौज-ए-ख़ूँ–ख़ून की लहर। **आस्तान-ए-यार**–दोस्त (मा'शूक़) की चौखट।

48

लताफ़त बेकसाफ़त जल्वः पैदा कर नहीं सकती
चमन ज़ंगार है आईनः-ए-बाद-ए-बहारी का

हरीफ़-ए-जोशिश-ए-दरिया नहीं, ख़ुद्दारि-ए-साहिल
जहाँ साक़ी हो तू बातिल है दा'वा होशियारी का

लताफ़त–मृदुलता। **कसाफ़त**–मलिनता। **जल्वः**–दर्शनः, छबि। **ज़ँगार**–हरिकि (ताँबे का कसाव)। **आईनः-ए-बाद-ए-बहारी**–बहार की हवा का दर्पण। **हरीफ़-ए-जोशिश-ए-दरिया**–समुद्र के ज्वार का मुक़ाबिलः करनेवाला। **ख़ुद्दारि-ए-साहिल**–तट का स्वाभिमान। **बातिल**–मिथ्या। **पारसाई**–संयम।

49

'अिश्रत-ए-क़तरः है, दरिया में फ़ना हो जाना
दर्द का हद से गुज़रना, है दवा हो जाना

तुझसे, क़िस्मत में मिरी, सूरत-ए-क़ुफ़्ल-ए-अबजद
था लिखा, बात के बनते ही, जुदा हो जाना

दिल हुआ कशमकश-ए-चारः-ए-ज़हमत में तमाम
मिट गया घिसने में इस 'उक़्दे का वा हो जाना

अब जफ़ा से भी हैं महरूम हम, अल्लाह अल्लाह
इस कदर दुश्मन-ए-अरबाब-ए-वफ़ा हो जाना,

ज़ो'फ़ से, गिरियः मुबद्दल बदम-ए-सर्द हुआ
बावर आया हमें पानी का हवा हो जाना

'अिश्रत-ए-क़तरः–बूँद का ऐश्वर्य। **फ़ना**–नष्ट, विलीन।

सूरत-ए-क़ुफ़्ल-ए-अबजद–(अबजद–वर्णमाला) अक्षरों के मेल से खुलनेवाले ताले के समान। **जुदा**–अलग।

कशमकश-ए-चारः-ए-ज़ेह्मत–दिल के दर्द के उपचार का प्रयास। **तमाम**–ख़त्म, मृत। **अुक़्दः**–गाँठ। **वा**–खुलना, खुला हुआ।

जफ़ा–निर्दयता, अत्याचार। **महरूम**–वंचित। **दुश्मन-ए-अऱ्बाब-ए-वफ़ा**–प्रेम का निर्वाह करनेवालों ('आशिक़ों का दुश्मन)।

ज़ो'फ़–निर्बलता, कमज़ोरी। **गिरियः**–रोना, आँसू। **मुबद्दल बदम-ए-सर्द**–ठंडी आह में तब्दील (परिवर्तित)। **बावर**–यक़ीन, विश्वास।

दिल से मिटना तिरी अँगुश्त-ए-हिनाई का ख़याल
हो गया, गोश्त से नाख़ुन का जुदा हो जाना

है मुझे, अब्र-ए-बहारी का बरसकर खुलना
रोते रोते ग़म-ए-फ़ुर्क़त में, फ़ना हो जाना

गर नहीं नक्हत-ए-गुल को तिरे कूचे की हवस
क्यों है, गर्द-ए-रह-ए-जौलान-ए-सबा हो जाना

ताकि तुझ पर खुले ए'जाज़-ए-हवा-ए-सैक़ल
देख बरसात में सब्ज़ आइने का हो जाना

बख़्शे है जल्वः-ए-गुल ज़ौक़-ए-तमाशा, ग़ालिब
चश्म को चाहिये हर रंग में वा हो जाना

अँगुश्त-ए-हिनाई–मेंहदी लगी हुई उंगली।
अब्र-ए-बहारी–बहार की रुत का बादल, वसन्त-मेघ। **ग़म-ए-फ़ुर्क़त**–विरह का दुख, विरह-व्यथा।
फ़ना–नष्ट।
गर्द-ए-रह-ए-जौलान-ए-सबा–पवन के रास्ते की धूल।
ए'जाज़-ए-हवा-ए-सैक़ल–परिष्कृति की अभिलाषा का चमत्कार। **सब्ज़**–हरा।
जल्वः-ए-गुल–फूल की छवि, फूल की बहार। **ज़ौक़-ए-तमाशा**–अवलोकन का चाव। **चश्म**–आँख।
वा–खुलना।

50

फिर हुआ वक़्त, कि हो बाल कुशा मौज-ए-शराब
दे बत-ए-मै को दिल-ओ-दस्त-ए-शना मौज-ए-शराब

पूछ मत, वज्ह-ए-सियह मस्ति-ए-अर्‌बाब-ए-चमन
सायः-ए-ताक में होती है हवा, मौज-ए-शराब

जो हुआ ग़र्क़ः-ए-मै, बख़्त-ए-रसा रखता है
सर से गुज़रे प भी, है बाल-ए-हुमा, मौज-ए-शराब

है यह बरसात वह मौसम, कि 'अजब क्या है, अगर
मौज-ए-हस्ती को करे फ़ैज़-ए-हवा, मौज-ए-शराब

बाल कुशा–उड़ने के लिए पर खोलना। **मौज-ए-शराब**–मदिरा की तरंग।

बत-ए-मै–मदिरा की बतख़ (इससे मतलब है शराब की सुराही। एक भाष्यकार ने लिखा है कि प्राचीन ईरान में अंगूरी शराब बनाने का यह तरीक़ा था कि अंगूरों को कुचलकर हौज़ में डाल दिया जाता था। सूरज की गर्मी से जब रस निकलने लगता और ख़मीर पैदा हो जाता तो मिट्टी की मुँहबन्द सुराहियाँ हौज़ में छोड़ दी जाती थीं। अंगूर का रस उनके छिद्रों में से छन-छनकर अन्दर जमा होता रहता था और सुराहियाँ अंगूरी शराब से भर जाती थीं। इन सुराहियों को बत-ए-मै कहते थे) **दिल-ओ-दस्त-ए-शना**–(दिल–साहस, हौसलः, दस्त–शक्ति) तैरने का साहस और शक्ति।

वज्ह-ए-सियह मस्ति-ए-अर्‌बाब-ए-चमन–(सियह मस्ती या बदमस्ती–अत्यधिक नशे की हालत) चमनवालों की सियह मस्ती का कारण। **सायः-ए-ताक**–अंगूर-वेलि की छाँह।

ग़र्क़ः-ए-मै–शराब में डूबा हुआ। **बख़्त-ए-रसा**–ख़ुश नसीब, सौभाग्य।

बाल-ए-हुमा–(हुमा–एक कल्पित पक्षी का नाम। कहते हैं कि उसके परों की छाया किसी के सर पर पड़ जाए तो वह बादशाह हो जाता है) हुमा के फैले हुए पंख।

मौज-ए-हस्ती–जीवन की तरंग। **फ़ैज़-ए-हवा**–हवा की उदारता।

चार मौज उठती है तूफ़ान-ए-तरब से हर सू
मौज-ए-गुल, मौज-ए-शफ़क़, मौज-ए-सबा, मौज-ए-शराब

जिस क़दर रूह-ए-नबाती है जिगर तश्नः-ए-नाज़
दे है तस्कीं बदम-ए-आब-ए-बक़ा मौज-ए-शराब

बसकि दौड़े है रग-ए-ताक में ख़ूँ हो होकर
शह्पर-ए-रंग से है बाल कुशा, मौज-ए-शराब

मौजः-ए-गुल से चराग़ाँ है, गुज़रगाह-ए-ख़याल
है तसव्वुर में ज़िबस, जल्वःनुमा मौज-ए-शराब

नश्शे के पर्दे में है, मेह्व-ए-तमाशा-ए-दिमाग़
बसकि रखती है सर-ए-नश्व-ओ-नुमा मौज-ए-शराब

एक आलम प है, तूफ़ानि-ए-कैफ़ीयत-ए-फ़स्ल
मौजः-ए-सब्ज़ः-ए-नौख़ेज़ से ता मौज-ए-शराब

तूफ़ान-ए-तरब–हर्ष का तूफ़ान। **हरसू**–चारों ओर। **मौज-ए-गुल**–फूलों की तरंग।
मौज-ए-शफ़क़–अरुणोदय की तरंग। **मौज-ए-सबा**–प्रभात समीर की तरंग।
रूह-ए-नबाती–वनस्पतियों की आत्मा। **जिगर तश्नः-ए-नाज़**–(नाज़-रूप-गर्व–यहाँ मतलब है उगने और फलने-फूलने की उमंग) उगने और फलने-फूलने की प्यासी।
तस्कीं–सन्तोष, तृप्ति। **ब दम-ए-आब-ए-बक़ा**–अमृत का घूँट।
रग-ए-ताक–अंगूर की नसें। **शह्पर-ए-रंग**–रंग के पंख।
मौजः-ए-गुल–फूलों की तरंग। **चराग़ाँ**–दीपों से सजा हुआ। **गुज़रगाह-ए-ख़याल**–कल्पना का पथ। **तसव्वुर**–अनुध्यान। **जल्वःनुमा**–छविमान।
मह्व-ए-तमाशा-ए-दिमाग़–मनोजगत की सैर में लीन। **सर-ए-नश्व-ओ-नुमा**–उगने और बढ़ने की उमंग।
'आलम–संसार। **तूफ़ानि-ए-कैफ़ीयत-ए-फ़स्ल**–(फ़स्ल-ऋतु) ऋतु की मत्तता का तूफ़ान।
मौजः-ए-सब्ज़ः-ए-नौख़ेज़–नवोदित हरियाली की तरंग। **ता**–तक, तलक।

शर्ह-ए-हँगामः-ए-हस्ती है, ज़िहे मौसम-ए-गुल
रहबर-ए-क़तरः ब दरिया है, ख़ुशा मौज-ए-शराब

होश उड़ते हैं मिरे, जल्वः-ए-गुल देख असद
फिर हुआ वक़्त, कि हो बाल कुशा मौज-ए-शराब

शर्ह-ए-हंगामः-ए-हस्ती–अस्तित्व की धूमधाम और हलचल की व्याख्या। **ज़िहे**–प्रशंसासूचक शब्द जैसे वाह-वाह। **मौसम-ए-गुल**–फूलों की ऋतु या'नी बहार।

रहबर-ए-क़तरः ब दरिया–बूँद को सागर तक ले जानेवाला मार्गदर्शक। **ख़ुशा**–प्रशंसासूचक शब्द जैसे वाह-वाह।

51

अफ़सोस, कि दन्दाँ का किया रिज़्क़, फ़लक ने
जिन लोगों की थी, दरख़ुर-ए-'अिक़्द-ए-गुहर, अँगुश्त

काफ़ी है निशानी तिरी, छल्ले का न देना
ख़ाली मुझे दिखला के, बवक़्त-ए-सफ़र, अँगुश्त

लिखता हूँ, असद, सोज़िश-ए-दिल से, सुख़न-ए-गर्म
ता रख न सके कोई मिरे हर्फ़ पर अँगुश्त

दन्दाँ–दाँत। **रिज़्क़**–ख़ूराक, भोजन। **फ़लक**–आकाश, भाग्य।
दरख़ुर-ए-'अिक़्द-ए-गुहर–(दरख़ुर–क़ाबिल, योग्य। 'अिक़्द-ए-गुहर–मोतियों की लड़ी) मोतियों की लड़ी के योग्य। **अँगुश्त**–उंगली। **ब वक़्त-ए-सफ़र**–यात्रा के समय। **सोज़िश-ए-दिल**–दिल की तपन। **सुख़न-ए-गर्म**–गर्म कविता। (कविता जिसमें दिल की गर्मी और असर हो) **ता**–ताकि। **हर्फ़**–अक्षर (हर्फ़ पर उंगली रखना–दोष निकालना, आपत्ति करना)

52

रहा गर कोई ता क़यामत, सलामत
फिर इक रोज़ मरना है, हज़रत सलामत

जिगर को मिरे 'अिश्क़-ए-खूँनाबः मशरब
लिखे है ख़ुदावन्द-ए-ने'मत सलामत

'अलर्रग़्म-ए-दुश्मन, शहीद-ए-वफ़ा हूँ
मुबारक मुबारक, सलामत सलामत

नहीं गर सर-ओ-बर्ग-ए-इदराक-ए-मा'नी
तमाशा-ए-नैरंग-ए-सूरत, सलामत

ता क़यामत–(क़यामत–प्रलय) संसार के ख़ात्मे तक, सृष्टि के अन्त तक। **सलामत**–सुरक्षित, जीवित। **हज़रत सलामत**–(हज़रत–श्रीमान, महाशय।) यह आदरसूचक सम्बोधन है। **'अिश्क़-ए-ख़ूँनाबः मशरब**–ख़ून पीनेवाला 'अिश्क़। **ख़ुदावन्द-ए-ने'मत सलामत**–मालिक, आक़ा, स्वामी।

'अलर्रग़्म-ए-दुश्मन–दुश्मन के बर ख़िलाफ़ (विरुद्ध, विपरीत)।

शहीद-ए-वफ़ा–प्रेम निर्वाह की प्रतिज्ञा का मारा हुआ।

सर-ओ-बर्ग-ए-इदराक-ए-मा'नी (मा'ना)–(मा'नी–अर्थ, तत्व, आन्तरिक सौन्दर्य) संसार के तत्व को समझने का सामान। **तमाशा-ए-नैरँग-ए-सूरत**–(नैरँग–इन्द्रजाल) रूप की जादूगरी का तमाशा।

53

मुँद गईं, खोलते ही खोलते आँखें, ग़ालिब
यार लाए मिरी बालीं प उसे, पर किस वक़्त

बालीं–सिरहाने।

54

आमद-ए-ख़त से हुआ है सर्द जो, बाज़ार-ए-दोस्त
दूद-ए-शम'-ए-कुश्तः था, शायद ख़त-ए-रुख़सार-ए-दोस्त

अय दिल-ए-ना 'आक़िबत अन्देश ज़ब्त-ए-शौक़ कर
कौन ला सकता है ताब-ए-जल्वः-ए-दीदार-ए-दोस्त

ख़ानः वीराँ साज़ि-ए-हैरत तमाशा कीजिये
सूरत-ए-नक़्श-ए-क़दम, हूँ रफ़्तः-ए-रफ़्तार-ए-दोस्त

'अिश्क़ में, बेदाद-ए-रश्क-ए-ग़ैर ने मारा मुझे
कुश्तः-ए-दुश्मन हूँ आख़िर, गरचेः था बीमार-ए-दोस्त

चश्म-ए-मा रौशन, कि उस बेदर्द का दिल शाद है
दीदः-ए-पुरख़ूँ हमारा, साग़र-ए-सरशार-ए-दोस्त

आमद-ए-ख़त–मुखलोम का आना। **सर्द**–ठंडा। **बाज़ार-ए-दोस्त**–दोस्त का बाज़ार (माँग में कमी होना)। **दूद-ए-शम्'-ए-कुश्तः**–बुझे हुए दीप का धुआँ।
ख़त-ए-रुख़सार-ए-दोस्त–दोस्त के कपोलों की रोमावलि।
अय दिल-ए-ना 'आक़िबत अन्देश–ओ परिणाम को न सोचनेवाले दिल।
ज़ब्त-ए-शौक़–'शौक़ का नियंत्रण। **ताब-ए-जल्वः-ए-दीदार-ए-दोस्त**–(ताब लाना–शक्ति रखना, सहन करना) दोस्त के सौन्दर्य (आलोक) के दर्शन की ताब।
ख़ानः वीराँ साज़ि-ए-हैरत–आश्चर्य (विस्मय) के कारण घर की बरबादी।
बेदाद-ए-रश्क-ए-ग़ैर–प्रतिद्वन्द्वी के प्रति ईर्ष्या से पैदा होनेवाला अन्याय।
कुश्तः-ए-दुश्मन–दुश्मन का मारा हुआ। **बीमार-ए-दोस्त**–दोस्त के प्रेम का रोगी।
चश्म-ए-मा रौशन–मेरी आँख प्रकाशमान है। **शाद**–प्रसन्न। **दीदः-ए-पुरख़ूँ**–लहू भरी आँख। **साग़र-ए-सरशार-ए-दोस्त**–दोस्त की परिपूर्ण मधु-चषक (प्यालः) जिससे वह तृप्त होता है।

ग़ैर, यों करता है मेरी पुरसिश, उसके हिज्र में
बे तकल्लुफ़ दोस्त हो जैसे कोई ग़मख़्वार-ए-दोस्त

ताकि मैं जानूँ, कि है इसकी रसाई वाँ तलक
मुझको देता है, पयाम-ए-वा'दः-ए-दीदार-ए-दोस्त

जबकि मैं करता हूँ अपना शिकवः-ए-ज़ो'फ़-ए-दिमाग़
सर करे है वह, हदीस-ए-ज़ुल्फ़-ए-'अम्बर बार-ए-दोस्त

चुपके चुपके मुझको रोते देख पाता है, अगर
हँस के करता है बयान-ए-शोख़ि-ए-गुफ़्तार-ए-दोस्त

मेहरबानीहा-ए-दुश्मन की शिकायत कीजिये
या बायाँ कीजे, सिपास-ए-लज़्ज़त-ए-आज़ार-ए-दोस्त

यह ग़ज़ल अपनी मुझे जी से पसन्द आती है आप
है रदीफ़-ए-शे'र में, ग़ालिब, ज़िबस तकरार-ए-दोस्त

पुरसिश–हाल पूछना, परिपृच्छा। **हिज्र**–विरह।
रसाई–पहुँच। **पयाम-ए-वा'दः-ए-दीदार-ए-दोस्त**–दोस्त के दर्शन देने के इक़रार का सन्देशा।
शिकवः-ए-ज़ोफ़-ए-दिमाग़ (दमाग़)–दिमाग़ की कमज़ोरी की शिकायत। **सर करे है**–शुरू करता है। **हदीस-ए-'ज़ुल्फ़-ए-'अँबर बार-ए-दोस्त**–दोस्त की सुगन्धित अलकों का प्रवचन।
बयान-ए-शोख़ि-ए-गुफ़्तार-ए-दोस्त–दोस्त के शोख वार्तालाप का वर्णन।
मेहरबानीहा-ए-दुश्मन–(हा–बहुवचन) दुश्मन की मेहरबानियाँ (व्यंग्य)।
सिपास-ए-लज़्ज़त-ए-आज़ार-ए-दोस्त–दोस्त के दिये दुखों के रस व आनन्द की प्रशंसा।
रदीफ़-ए-शे'र–शे'रों की रदीफ़ (ग़ज़ल के शे'रों में क़ाफ़िये के बाद बार-बार आनेवाला शब्द, जैसे इस ग़ज़ल में दोस्त), **ज़िबस**–बहुत, अधिक।

55

गुलशन में बन्द-ओ-बस्त बरंग-ए-दिगर, है आज
क़ुमरी का तौक़ हल्क़ः-ए-बेरून-ए-दर, है आज

आता है एक पारः-ए-दिल हर फ़ुग़ाँ के साथ
तार-ए-नफ़स, कमन्द-ए-शिकार-ए-असर, है आज

अय 'आफ़ियत, किनारः कर, अय इन्तिज़ाम, चल
सैलाब-ए-गिरियः दरपै-ए-दीवार-ओ-दर, है आज

बन्द-ओ-बस्त–बन्दोबस्त। **बरँग-ए-दिगर**–दूसरे रंग से, दूसरी तरह। **क़ुमरी**–फ़ाख़्तः जाति की एक चिड़िया जिसके गले में एक काली माला होती है। ग़ालिब ने उसे तौक़ कहा है जो हँसुली की तरह मालूम होती है और अपराधियों के गले में डाला जानेवाला लोहे का गोल फन्दा भी। **हल्क़ः-ए-बेरून-ए-दर**–(हल्क़ः–परिधि) दरवाज़े के बाहर का घेरा (मतलब है क़ुमरी का तौक़ बाग़ के बाहर है और पक्षी आज़ाद है।)

पारः-ए-दिल–दिल का टुकड़ा। **फ़ुग़ाँ**–आह, नालः आर्त्तनाद। **तार-ए-नफ़स**–साँस की डोरी। **कमन्द-ए-शिकार-ए-असर**–प्रभाव को शिकार करनेवाली (पाश, फन्दा)। **'आफ़ियत**–शान्ति, कुशलता। **किनारः कर**–(कनारः) अलग हट जा। **सैलाब-ए-गिरियः**–रोने का तूफ़ान (आँसुओं की बाढ़)। **दरपै-ए-दीवार-ओ-दर**–घरबार को ढा देने पर तुला हुआ।

56

लो हम मरीज़-ए-'अिश्क़ के तीमारदार हैं
अच्छा अगर न हो, तो मसीहा का क्या 'अिलाज

57

नफ़स न अंजुमन-ए-आरज़ू से बाहर खेंच
अगर शराब नहीं, इन्तिज़ार-ए-साग़र खेंच

कमाल-ए-गर्मि-ए-स'अि-ए-तलाश-ए-दीद न पूछ
बरंग-ए-ख़ार मिरे आईने से जौहर खेंच

तुझे बहानः-ए-राहत है इन्तिज़ार, अय दिल
किया है किसने इशारः, कि नाज़-ए-बिस्तर खेंच

तिरी तरफ़ है ब हसरत नज़ारः-ए-नरगिस
बकोरि-ए-दिल-ओ-चश्म-ए-रक़ीब, साग़र खेंच

(खेंच—खींच) **नफ़स**—साँस, श्वास। **अंजुमन-ए-आरज़ू**—अरमानों की अंजुमन (महफ़िल, मज्लिस, बज़्म, परिषद, मंडली इन सबका एक ही अर्थ है। इनमें सजावट का भाव भी निहित है)।
कमाल-ए-गर्मि-ए-स'अि-ए-तलाश-ए-दीद—(कमाल—पराकाष्ठा, आख़िरी हद। गर्मी—उग्रता। स'अि—प्रयत्न। दीद—दर्शन) मा'शूक़ के दर्शन की खोज में प्रयत्न की पराकाष्ठा।
बरँग-ए-ख़ार—काँटे की तरह। **जौहर**—ताँबे के दर्पण को रगड़कर चमकाने से जो लकीरें पड़ती हैं। (आईने के जौहर—पैर के काँटे या निगाहें जो काँटों की तरह इसलिए चुभ रही हैं क्योंकि वे 'आशिक़ और मा'शूक़ के बीच में हाइल हैं। देखिये 42वीं ग़ज़ल का 5वाँ शे'र)
बहानः-ए-राहत—चैन और आराम का बहाना। **नाज़-ए-बिस्तर खेंच**—बिस्तर के नाज़ उठा, बिस्तर पर आराम कर।
ब हसरत—लालसापूर्वक। **नज़ारः-ए-नरगिस**—(नरगिस एक फूल है, जिसकी आँख से उपमा दी जाती है) नरगिस की दृष्टि। **बकोरि-ए-दिल-ओ-चश्म-ए-रक़ीब**—प्रतिद्वन्द्वी (नरगिस) के अन्धे दिल और अन्धी आँख के नाम पर। **साग़र खेंच**—साग़र (मधुपात्र) उठा, (मेरे साथ शराब पी)।

बनीम ग़मज़ः अदा कर, हक़-ए-वदी'अत-ए-नाज़
नियाम-ए-पर्दः-ए-ज़ख़्म-ए-जिगर से ख़ंजर खेंच

मिरे क़दह में है सहबा-ए-आतश-ए-पिन्हाँ
बरू-ए-सफ़रः कबाब-ए-दिल-ए-समन्दर खेंच

ब नीम ग़मज़ः–(ग़मज़ः आँख का इशारः, सैन) आँखों के आधे इशारे से। **अदा कर हक़-ए-वदी'अत-ए-नाज़**–(वदी 'अत–अमानतः नाज़–सौन्दर्य का गर्व) नाज़ का हक़ अदा कर, पूरी तरह नाज़ कर। **नियाम-ए-पर्दः-ए-ज़ख़्म-ए-जिगर**–जिगर का ज़ख़्म, जो तलवार की म्यान की तरह है। **ख़ंजर**–कटार (मा'शूक़ की दृष्टि) (ज़ख़्म से कटार खेंचने से ज़ख़्म और बढ़ जाता है)

क़दह–प्यालः, मधुपात्र। **सहबा-ए-आतश-ए-पिन्हाँ**–(पिन्हाँ-गुप्त) दिल की आग की शराब। **बरू-ए-सफ़रः**–दस्तरख़्वान पर। **कबाब-ए-दिल-ए-समन्दर**–(समन्दर–अग्निकीट) समन्दर के दिल के कबाब। (ग़ालिब ने इस ग़ज़ल में दूसरे और पाँचवें शे'र के अतिरिक्त–'खेंच' शब्द का जिस तरह प्रयोग किया है, वह उर्दू में प्रचलित नहीं है)

58

हुस्न, ग़मज़े की कशाकश से छुटा, मेरे बा'द
बारे, आराम से हैं अह्ल-ए-जफ़ा, मेरे बा'द

मंसब-ए-शेफ़्तिगी के कोई क़ाबिल न रहा
हुई मा'ज़ूलि-ए-अन्दाज़-ओ-अदा, मेरे बा'द

शम'अ बुझती है, तो उसमें से धुआँ उठता है
शो'लः-ए-'अिश्क़ सियह पोश हुआ, मेरे बा'द

ख़ूँ है दिल ख़ाक में, अह्वाल-ए-बुताँ पर, या'नी
इनके नाख़ून हुए मुहताज-ए-हिना, मेरे बा'द

दरखुर-ए-अर्ज़ नहीं, जौहर-ए-बेदाद को, जा
निगह-ए-नाज़ है सुरमे से ख़फ़ा, मेरे बा'द

हुस्न–रूप, सौन्दर्य (मा'शूक़)। **ग़म्ज़े**–(ग़म्ज़ः) सैन, नयन-कटाक्ष। **कशाकश**–कष्ट। **अह्ल-ए-जफ़ा**–अन्याय करनेवाले (मा'शूक़)।

मंसब-ए-शेफ़्तिगी–आसक्ति का पद। **मा'ज़ूलि-ए-अन्दाज़-ओ-अदा**–मा'शूक़ के हाव-भाव (नख़रों) का बरतरफ़ (अपदस्थ) होना।

सियह पोश–काला।

ख़ाक में–मट्टी के नीचे, क़ब्र में। **अह्वाल-ए-बुताँ**–(बुत-मूर्ति, सुन्दर व्यक्ति, मा'शूक़। 'बुताँ' बहुवचन है) मा'शूक़ों की दशा। **मुह्ताज-ए-हिना**–मेंहदी के आभारी।

दरखुर-ए-अर्ज़–निवेदन के योग्य, प्रकट करने योग्य। **जौहर-ए-बेदाद**–अन्याय का रत्न (मा'शूक़ की दृष्टि)। **जा**–जगह। **निगह-ए-नाज़**–गर्व भरी दृष्टि, मा'शूक़ की निगाह, गर्वित नयन।

है जुनूँ, अहल-ए-जुनूँ के लिए आग़ोश-ए-विदा'अ
चाक होता है गरीबाँ से जुदा, मेरे बा'द

कौन होता है हरीफ़-ए-मै-ए-मर्द अफ़गन-ए-'अिश्क़
है मुकर्रर लब-ए-साक़ी प सला, मेरे बा'द

ग़म से मरता हूँ, कि इतना नहीं दुनिया में कोई
कि करे ता'ज़ियत-ए-मेहर-ओ-वफ़ा, मेरे बा'द

आये है बेकसि-ए-'अिश्क़ प रोना, ग़ालिब
किसके घर जायेगा सैलाब-ए-बला, मेरे बा'द

जुनूँ–उन्माद, उन्मत्तता, दीवानगी, पागलपन (उर्दू काव्य में यह 'अिश्क़ की वह स्थिति है जब इंसान महबूब [प्रिय] की कल्पना में इतना खो जाता है कि वह सारे संसार से बेख़बर और निस्पृह हो जाता है। महबूब एक व्यक्ति भी हो सकता है, विचार भी और आदर्श भी)। **अह्ल-ए-जुनूँ**–जुनूनवाले, दीवाने, 'आशिक़। **आग़ोश-ए-विदा'अ**–विदाई की गोद, विदा होने के लिए गले मिलना। **चाक**–फटा, फटा हुआ (चाक यहाँ संज्ञा के रूप में प्रयुक्त हुआ है)। **गरीबाँ**–कुर्ते का गला। (गरीबान फाड़ना जुनून का लक्षण है, जब गरीबान फटना बन्द हो गया तो जुनून भी ख़त्म हो गया) **जुदा**–अलग, विलग।

हरीफ़-ए-मै-ए-मर्द अफ़गन-ए-'अिश्क़–(हरीफ़-मुक़ाबिलः करनेवाला, सह-उद्योगी। मै-ए-मर्द अफ़गन–मर्दों को पछाड़ देनेवाली शराब) प्रेम की तीव्र मदिरा को सहन करनेवाला। **मुकर्रर**–बार-बार। **लब-ए-साक़ी**–साक़ी के अधर। **सला**–आह्वान, निमंत्रण।

ता'ज़ियत-ए-मेह्र-ओ-वफ़ा–(ता'ज़ियत–मृतक के सम्बन्धियों को सांत्वना देना, मातम-पुरसी) प्रेम और प्रेम-निर्वाह की ता'ज़ियत।

बेकसि-ए-'अश्क़–'अिश्क़ की असहायता। **सैलाब-ए-बला**–विपत्तियों की बाढ़ (तूफ़ान)।

59

बला से हैं, जो यह पेश-ए-नज़र दर-ओ-दीवार
निगाह-ए-शौक़ को हैं, बाल-ओ-पर दर-ओ-दीवार

वुफ़ूर-ए-अश्क ने काशाने का किया यह रंग
कि हो गये मिरे दीवार-ओ-दर, दर-ओ-दीवार

नहीं है सायः, कि सुनकर नवेद-ए-मक़दम-ए-यार
गये हैं चन्द क़दम पेश्तर, दर-ओ-दीवार

हुई है किस क़दर अरज़ानि-ए-मै-ए-जल्वः
कि मस्त है तिरे कूचे में हर दर-ओ-दीवार

जो है तुझे सर-ए-सौदा-ए-इन्तिज़ार, तो आ
कि है दुकान-ए-मता'-ए-नज़र दर-ओ-दीवार

पेश-ए-नज़र–आँख के सामने। **दर-ओ-दीवार**–दरवाज़े और दीवारें।
निगाह-ए-शौक़–अभिलाषा भरी दृष्टि। **बाल-ओ-पर**–पंख।
वुफ़ूर-ए-अश्क–आँसुओं की बहुलता। **काशाने**–(काशानः) घर।
नवेद-ए-मक्दम-ए-यार–यार (मा'शूक़) के आगमन का शुभ समाचार। **चन्द क़दम पेश्तर**–दो-चार पग आगे।
अरज़ानि-ए-मै-ए-जल्वः–दर्शन रूपी मदिरा की अल्प-मूल्यता (अधिकता)
सर-ए-सौदा-ए-इन्तिज़ार–प्रतीक्षा की लगन। **दुकान-ए-मता'ए-नज़र**–निगाहों के लिए सामान से भरी-पुरी दुकान।

हुजूम-ए-गिरियः का सामान कब किया मैंने
कि गिर पड़े न मिरे पाँव पर दर-ओ-दीवार

वह आ रहा मिरे हमसाये में, तो साये से
हुए फ़िदा दर-ओ-दीवार पर, दर-ओ-दीवार

नज़र में खटके है, बिन तेरे, घर की आबादी
हमेशः रोते हैं हम, देखकर दर-ओ-दीवार

न पूछ बे ख़ुदि-ए-'ऐश-ए-मक़दम-ए-सैलाब
कि नाचते हैं पड़े, सर बसर दर-ओ-दीवार

न कह किसी से, कि ग़ालिब नहीं ज़माने में
हरीफ़-ए-राज़-ए-महब्बत, मगर दर-ओ-दीवार

हुजूम-ए-गिरियः–रोने (आँसुओं) की अधिकता।
हमसाये में–(हमसायः) पड़ोस में। **फ़िदा**–निछावर।
बेख़ुदि-ए-'ऐश-ए-सैलाब–सैलाब के आगमन की ख़ुशी से उत्पन्न आत्मविस्मृति। (बा'ज़ संस्करणों में यह शे'र छठे शे'र के बाद आता है, इस तरह सैलाब का मतलब आँसुओं का सैलाब हो जाता है)।
हरीफ़-ए-राज़-ए-महब्बत–प्रेम का भेद दिल में रखनेवाले (छुपानेवाले)।

60

घर जब बना लिया तिरे दर पर, कहे बिग़ैर
जानेगा अब भी तू न मिरा घर कहे बिग़ैर

कहते हैं, जब रही न मुझे ताक़त-ए-सुख़न
जानूँ किसी के दिल की मैं क्योंकर, कहे बिग़ैर

काम उससे आ पड़ा है, कि जिसका जहान में
लेवे न कोई नाम, सितमगर कहे बिग़ैर

जी में ही कुछ नहीं है हमारे, वगरनः हम
सर जाये या रहे, न रहें पर कहे बिग़ैर

छोड़ूँगा मैं न उस बुत-ए-काफ़िर का पूजना
छोड़े न ख़ल्क़ गो मुझे काफ़िर कहे बिग़ैर

मक़सद है नाज़-ओ-ग़मज़ः, वले गुफ़्तगू में, काम
चलता नहीं है, दश्नः-ओ-ख़ंजर कहे बिग़ैर

ताक़त-ए-सुख़न–बात करने की शक्ति।

बुत-ए-काफ़िर–(बुत-मूर्ति, माशूक़। काफ़िर–शब्दार्थ नास्तिक है, लेकिन प्यार में मा'शूक़ को इसलिए काफ़िर कह देते हैं कि वह अपने सौन्दर्य-गर्व के सामने किसी को कुछ नहीं समझता) अत्यन्त सुन्दर और गर्वीला मा'शूक़। **ख़ल्क़**–दुनियावाले।

मक़सद–उद्देश्य। **नाज़-ओ-ग़मज़ः**–मा'शूक़ का रूप-गर्व और हाव-भाव। **वले**–लेकिन। **दश्नः-ओ-ख़ंजर**–कटार और छुरी।

हरचन्द, हो मुशाहदः-ए-हक़ की गुफ़्तगू
बनती नहीं है, बादः-ओ-साग़र कहे बिग़ैर

बहरा हूँ मैं, तो चाहिये दूना हो इल्तिफ़ात
सुनता नहीं हूँ बात, मुकर्रर कहे बिग़ैर

ग़ालिब, न कर हुज़ूर में तू बार बार 'अर्ज़
ज़ाहिर है तेरा हाल सब उनपर, कहे बिग़ैर

मुशाहदः-ए-हक़–(मुशाहिदः) (हक़-यथार्थ, परमसत्य, ईश्वर, ब्रह्मरूप) हक़ का अवलोकन।
बादःओ-साग़र–मदिरा और मधुपात्र।
इल्तिफ़ात–आकृष्टि, कृपा, प्रेम। **मुकर्रर**–दुबारः, बार-बार।

61

क्यों जल गया न ताब-ए-रुख़-ए-यार देखकर
जलता हूँ, अपनी ताक़त-ए-दीदार देखकर

आतश परस्त कहते हैं अहले-ए-जहाँ मुझे
सरगर्म-ए-नालःहा-ए-शररबार देखकर

क्या आबरू-ए-'अिश्क़, जहाँ 'आम हो जफ़ा
रुकता हूँ तुमको बेसबब आज़ार देखकर

आता है मेरे क़त्ल को, पर जोश-ए-रश्क से
मरता हूँ उसके हाथ में तलवार देखकर

साबित हुआ है, गर्दन-ए-मीना प ख़ून-ए-ख़ल्क़
लरज़े है मोज-ए-मै तिरी रफ़्तार देखकर

वा हसरता, कि यार ने खेंचा सितम से हाथ
हम को हरीस-ए-लज़्ज़त-ए-आज़ार देखकर

ताब-ए-रुख़-ए-यार–मा'शूक़ के मुखड़े की चमक-दमक। **ताक़त-ए-दीदार**– दर्शन-शक्ति।
आतश परस्त–अग्नि पूजक। **अह्ल-ए-जहाँ**–दुनियावाले। **सरगर्म-ए-नालःहा-ए- शररबार**–चिंगारियाँ बरसानेवाले आर्त्तनाद में संलग्न।
आबरू-ए-'अिश्क़–प्रेम की प्रतिष्ठा। **जफ़ा**–जुल्म, अन्याय। **बेसबब आज़ार**–अकारण दुख पहुँचानेवाला।
जोश-ए-रश्क–ईर्ष्या की अधिकता।
गर्दन-ए-मीना–सुराधानी की गर्दन। **ख़ून-ए-ख़ल्क़**–दुनियांवालों का ख़ून। **लरज़े है**–काँपती है।
मौज-ए-मै–मदिरा की लहर। **रफ़्तार**–चाल, गति।

बिक जाते हैं हम आप, मता'-ए-सुख़न के साथ
लेकिन 'अयार-ए-तब'-ए-ख़रीदार देखकर

ज़ुन्नार बाँध, सुब्हः-ए-सद् दानः तोड़ डाल
रहरौ चले है राह को, हमवार देखकर

इन आबलों से पाँव के, घबरा गया था मैं
जी ख़ुश हुआ है राह को पुर ख़ार देखकर

क्या बदगुमाँ है मुझसे, कि आईने में मिरे
तूती का 'अक्स समझे है, ज़ंगार देखकर

गिरनी थी हम प बर्क़-ए-तजल्ली, न तूर पर
देते हैं बादः, ज़र्फ़-ए-क़दह ख़्वार देखकर

सर फोड़ना वह, ग़ालिब-ए-शोरीदः हाल का
याद आ गया मुझे, तिरी दीवार देखकर

वा हसरता–हाय रे दिल की हसरत (अभिलाषा)। **हरीस-ए-लज़्ज़त-ए-आज़ार**–दुख-दर्द के स्वाद पर ललचाया हुआ।

मता'-ए-सुख़न–काव्य की दौलत। **'अयार-ए-तब'-ए-ख़रीदार**–ग्राहक के स्वभाव की कसौटी।

ज़ुन्नार–जनेऊ। **सुबूहः-ए-सद-दानः**–सौ मनकों वाली माला (तसबीह)। **रहरौ**–पथिक, राही। **हमवार**–समतल।

आबलों–(आबलः का बहुवचन) छाले। **पुरख़ार**–काँटों भरी, कंटकाकीर्ण।

बदगुमाँ–मिथ्या-सन्देह से भरा हुआ। **तूती**–छोटी ज़ात का तोता जिसे आईने के सामने बिठाकर बोलना सिखाते हैं। **ज़ंगार**–ज़ंग (दर्पण को चमकाने के लिए)।

बर्क़-ए-तजल्ली–आकाश ज्योति की बिजली। **तूर**–एक पर्वत का नाम। (ईसाइयों और मुसलमानों के एक पैग़म्बर हज़रत मूसा ने तूर पर खड़े होकर ईश्वर से प्रार्थना की कि वह ज्योति दिखा दे। जब ज्योति की बिजली चमकी तो हज़रत मूसा बेसुध हो गए और तूर जलकर राख हो गया। यह क़िस्सः इंजील और क़ुरआन दोनों में है)। **बादः**–मदिरा। **ज़र्फ़-ए-क़दह ख़्वार**–शराब का प्यालः पीनेवाले का साहस (पात्र)।

ग़ालिब-ए-शोरीदः-हाल–विकल ग़ालिब।

62

लरज़ता है मिरा दिल ज़ह्मत-ए-मेह्र-ए-दरख़्शाँ पर
मैं हूँ वह क़तरः-ए-शबनम, कि हो ख़ार-ए-बयाबाँ पर

न छोड़ी हज़रत-ए-यूसुफ़ ने याँ भी ख़ानः आराई
सफ़ेदी दीदः-ए-या'क़ूब की, फिरती है ज़िन्दाँ पर

फ़ना ता'लीम-ए-दर्स-ए-बेख़ुदी हूँ, उस ज़माने से
कि मजनूँ लाम अलिफ़ लिखता था दीवार-ए-दबिस्ताँ पर

फ़राग़त किस क़दर रहती मुझे, तशवीश-ए-मरहम से
बहम गर सुलह् करते पारःहा-ए-दिल नमकदाँ पर

लरज़ता है–काँपता है। **ज़ेह्मत-ए-मेहर-ए-दरख़्शाँ**–चमकते हुए सूरज का कष्ट।
क़तरः-ए-शबनम–ओस की बूँद। **ख़ार-ए-बयाबाँ**–जंगल का काँटा, वन-कंटक।
हज़रत-ए-यूसुफ़–एक पैग़म्बर (देखिये ग़ज़ल 37 शे'र 6)। **ख़ानः आराई**–घर की सजावट, गृह-सज्जा। **सफ़ेदी दीदः-ए-या'क़ूब की**–या'क़ूब की आँखों की ज्योति (हज़रत यूसुफ़ के बाप हज़रत याक़ूब भी पैग़म्बर थे। जब यूसुफ़ मिस्र आकर क़ैद हुए तो रोते-रोते बाप की आँखें अन्धी हो गईं। या'नी यह ज्योति यूसुफ़ के साथ क़ैदख़ाने [ज़िंदाँ] में आ गई)।
फ़ना ता'लीम-ए-दर्स-ए-बेख़ुदी–आत्म विस्मृति के पाठ से मृत्यु की शिक्षा। **लाम अलिफ़**–उर्दू का संयुक्ताक्षर जो लाम और अलिफ़ से मिलकर बना है। ( )
दीवार-ए-दबिस्ताँ–पाठशाला की दीवार। **फ़राग़त**–अवकाश। **तशवीश-ए-मरहम**–मरहम की चिन्ता। **बहम**–आपस में। **पारःहा-ए-दिल**–दिल के टुकड़े।

नहीं इक़्लीम-ए-उल्फ़त में, कोई तूमार-ए-नाज़ ऐसा
कि पुश्त-ए-चश्म से जिसके न होवे मुहर 'अुन्वाँ पर

मुझे अब देखकर अब्र-ए-शफ़क़ आलूदः, याद आया
कि फ़ुर्क़त में तिरी, आतश बरसती थी गुलिस्ताँ पर

बजुज़ परवाज़-ए-शौक़-ए-नाज़, क्या बाक़ी रहा होगा
क़यामत इक हवा-ए-तुँद है, ख़ाक-ए-शहीदाँ पर

न लड़ नासेह् से, ग़ालिब, क्या हुआ, गर उसने शिद्दत की
हमारा भी तो, आख़िर, ज़ोर चलता है गरीबाँ पर

इक़्लीम-ए-उल्फ़त–प्रेम का साम्राज्य (सल्तनत)। **तूमार-ए-नाज़**–नाज़ (सौन्दर्याभिमान) की रामकहानी, नाज़ का दफ़्तर, दिल जिसपर मा'शूक़ के नाज़-ओ-अदा की रामकहानी लिखी है। **पुश्त-ए-चश्म**–फिरी हुई आँखें, बेवफ़ाई, निर्मोही पन। **'अुन्वाँ**–शीर्षक, प्रसंग। (प्रेम के जगत में हर दिल पर बेवफ़ाई की मुहरें लगी हुई हैं)।

अब्र-ए-शफ़क़ आलुदः–लालिमा-रंजित बादल। **फ़ुर्क़त**–विरह, जुदाई। **आतश**–आग। **गुलिस्ताँ**–फुलवारी, बाग़।

बजुज़ परवाज़-ए-शौक़-ए-नाज़–(बजुज–सिवाय। परवाज़–उड़ना। शौक़–चाव। नाज़–सौन्दर्याभिमान अर्थात् हुस्न या'नी मा'शूक़) प्रेम के शौक़ में उड़ने (मारे-मारे फिरने) के सिवा। **क़यामत**–प्रलय जब सूर (दुंदुभी) फूँका जायेगा और तेज़ हवाएँ चलेंगी और मरे हुए लोग दुबारः ज़िन्दा होंगे। **हवा-ए-तुँद**–तेज़ हवा, झक्कड़ प्रभंजन। **ख़ाक-ए-शहीदाँ**–शहीदों की मिट्टी।

नासेह्–उपदेशक। **शिद्दत**–ज़्यादती, अत्याचार, कठोरता।

63

है बसकि, हर इक उनके इशारे में निशाँ और
करते हैं महब्बत, तो गुज़रता है गुमाँ और

यारब, न वह समझे हैं, न समझेंगे मिरी बात
दे और दिल उनको, जो न दे मुझको ज़बाँ और

अबरू से है क्या, उस निगह-ए-नाज़ को, पैवन्द
है तीर मुक़र्रर, मगर इसकी है कमाँ और

तुम शहर में हो, तो हमें क्या ग़म, जब उठेंगे
ले आयेंगे बाज़ार से, जाकर दिल-ओ-जाँ और

हरचन्द सुबुक दस्त हुए, बुत शिकनी में
हम हैं, तो अभी राह में है सँग-ए-गिराँ और

है ख़ून-ए-जिगर जोश में, दिल खोल के रोता
होते जो कई दीदः-ए-ख़ूँनाबः फ़िशाँ और

इशारे–(इशारः) अदा, अन्दाज़, हाव-भाव। **निशाँ**–मा'नी, अर्थ, मतलब। **और**–दूसरा, उल्टा, अन्यथा। **गुमाँ**–विचार, भ्रांति।

अबरु–भौंह। **निगाह-ए-नाज़**–गर्वीली दृष्टि, मा'शूक़ की निगाह। **पैवन्द**–रिश्तः सम्बन्ध। **मुक़र्रर**–ज़रूर, अवश्य। **कमाँ**–धनुष।

हरचन्द–यद्यपि, अत्यधिक। **सुबुक दस्त**–(सुबुक-हल्का। दस्त-हाथ) सिद्ध-हस्त, चालाक, मश्शाक़। **बुत शिकनी**–मूर्ति-खंडन (असत्य-खंडन)। **संग-ए-गिराँ**–भारी पत्थर, राह के रोड़े। **दीदः-ए-ख़ूनाबःफ़िशाँ**–ख़ून टपकाने (रोने) वाली आँखें।

मरता हूँ इस आवाज़ प, हरचन्द सर उड़ जाये
जल्लाद को, लेकिन, वह कहे जाएँ, कि हाँ और

लोगों को है ख़ुर्शीद-ए-जहाँ ताब का धोका
हर रोज़ दिखाता हूँ मैं इक दाग़-ए-निहाँ और

लेता, न अगर दिल तुम्हें देता, कोई दम चैन
करता, जो न मरता, कोई दिन आह-ओ-फ़ुग़ाँ और

पाते नहीं जब राह, तो चढ़ जाते हैं नाले
रुकती है मिरी तब'अ, तो होती है रवाँ और

हैं और भी दुनिया में सुख़नवर बहुत अच्छे
कहते हैं, कि ग़ालिब का है अन्दाज़-ए-बयाँ और

ख़ुर्शीद-ए-जहाँ ताब–संसार को आलोकित करनेवाला सूर्य। **दाग़-ए-निहाँ**–छुपा हुआ दाग़, दिल का दाग़।

आह-ओ-फ़ुग़ाँ–ठंडी साँसें और आर्त्तनाद (ग़ालिब ने जैसे शब्दों को आगे-पीछे रखा है, यह फ़ारसी कविता में गुण माना जाता है मगर उर्दू कविता में दोष)।

नाले–(नालः का बहुवचन) आर्त्तनाद। **तब्'अ**–स्वभाव, प्रकृति। **रवाँ**–गतिमान।

सुख़नवर–कवि। **अन्दाज़-ए-बयाँ**–वर्णन शैली।

64

सफ़ा-ए-हैरत-ए-आईनः है, सामान-ए-ज़ंग आख़िर
तग़य्युर आब-ए-बर जा माँदः का, पाता है रंग आख़िर

न की सामान-ए-'ऐश-ओ-जाह ने तद्बीर वह्शत की
हुआ जाम-ए-ज़मर्रुद भी मुझे, दाग़-ए-पलँग आख़िर

सफ़ा-ए-हैरत-ए-आईनः–दर्पण की परिष्कृति जो विस्मय के रूप में दिखाई देती है अर्थात् दर्पण की स्थिरता। **सामान-ए-ज़ंग**–ज़ंग लगने का कारण।

तग़य्युर–परिवर्तन, विकार। **आब-ए-बर जा माँदः**–ठहरा हुआ पानी।

सामान-ए-'ऐश-ओ-जाह–वैभव और ऐश्वर्य का सामान। **तदबीर वह्शत की**–घबराहट, भय और उन्माद का इलाज। ('तदबीर' शब्द का ग़ालिब ने इलाज के अर्थों में प्रयोग किया है। इसका शब्दार्थ उपाय है)। **जाम-ए-ज़मर्रुद**–(ज़मुर्रद) पन्ने का मधुपात्र। **दाग़-ए-पलँग**–चीते की खाल के धब्बे। (मैं ऐश्वर्य और वैभव के सामान से ऐसे ही भय खाता हूँ जैसे हिंस्र पशु से)

65

जुनूँ की दस्तगीरी किससे हो, गर हो न 'उरियानी
गरीबाँ चाक का हक़ हो गया है, मेरी गर्दन पर

बरंग-ए-काग़ज़-ए-आतश ज़दः नैरंग-ए-बेताबी
हज़ार आईनः दिल बाँधे है बाल-ए-यक तपीदन पर

फ़लक से, हमको 'ऐश-ए-रफ़्तः का, क्या क्या तक़ाज़ा है
मता'-ए-बुर्दः को, समझे हुए हैं क़र्ज़, रहज़न पर

हम और वह बेसबब रँज, आश्ना दुश्मन, कि रखता है
शु'आ'-ए-मेह्र से, तुहमत निगह की, चश्म-ए-रौज़न पर

जुनूँ–पागलपन, दीवानगी, उन्माद। **दस्तगीरी**–सहायता, मदद, हाथ का सहारा।
'उरियानी–नग्नता। **गरीबाँ चाक**–(चाक-ए-गरीबाँ) कुर्ते का फटा हुआ गला (नग्नता)
बरँग-ए-काग़ज़-ए-आतश ज़दः–आग में जलते हुए काग़ज़ की तरह। **नैरँग-ए-बेताबी**–बेताबी (व्याकुलता) का इन्द्रजाल, बेताबी का जादू। **बाल-ए-यक तपीदन**–तड़प का एक पंख। (मेरी बेताबी ऐसी है जैसे आग में जलता हुआ काग़ज़, जिसपर चिंगारियों के अनगिनत सितारे झिलमिलाते हैं। मेरा दिल तड़प के हर पंख पर हज़ारों आईने बाँध देता है। दूसरा अर्थ यह भी हो सकता है कि बेताबी का जादूगर हर तड़प के पंख पर आईने की तरह चमकते हुए हजारों दिल बाँध देता है)
फ़लक–आकाश, भाग्य। **'ऐश-ए-रफ़्तः**–अतीत ऐश्वर्य। **मता'-ए-बुर्दः**–लुटा हुआ माल। **रहज़न**–डाकू।
बेसबब रँज–अकारण रूठनेवाला (मा'शूक़) **आश्ना दुश्मन**–दोस्त का दुश्मन।
शु'आ'-ए-मेह्र–सूर्य-किरण। **तुहमत**–लांछन। **निगह**–(निगाह) दृष्टि।
चश्म-ए-रौज़न–खिड़की की आँख।

फ़ना को सौंप, गर मुश्ताक़ है अपनी हक़ीक़त का
फ़रोग़-ए-ताले'-ए-ख़ाशाक है मौक़ूफ़ गिलख़न पर

असद बिस्मिल है किस अन्दाज़ का, क़ातिल से कहता है
कि, मश्क़-ए-नाज़ कर, ख़ून-ए-दो 'आलम मेरी गर्दन पर

फ़ना–मृत्यु, विनाश। **मुश्ताक़**–उत्सुक। **हक़ीक़त**–वास्तविकता, मर्म।
फ़रोग़-ए-ताले'-ए-ख़ाशाक–घास-फूस के भाग्य की चमक। **मौक़ूफ़**–निर्भर।
गिलख़न–(गुलख़न) भाड़, भट्टी।
असद–ग़ालिब का नाम। **बिस्मिल**–घायल, ज़ख़्मी। **मश्क़-ए-नाज़ कर**–रूप-गर्व की तलवार चला। **ख़ून-ए-दो 'आलम**–दोनों लोकों का ख़ून।

66

सितम कश मस्लिहत से हूँ , कि ख़ूबाँ तुझ प'आशिक़ हैं
तकल्लुफ़ बर तरफ़, मिल जायेगा तुझसा रक़ीब आख़िर

सितम कश–अन्याय सहन करनेवाला। **मस्लिहत**–अप्रकट शुभ हेतु। **ख़ूबाँ**–ख़ूबसूरत लोग, मा'शूक़। **तकल्लुफ़ बरतरफ़**–तकल्लुफ़ से दूर। **रक़ीब**–प्रतिद्वन्द्वी।

67

लाज़िम था कि देखो मिरा रस्तः कोई दिन और
तनहा गये क्यों अब रहो तनहा कोई दिन और

मिट जाएगा सर, गर तिरा पत्थर न घिसेगा
हूँ दर प तिरे नासियः फ़रसा कोई दिन और

आये हो कल और आज ही कहते हो, कि जाऊँ
माना, कि हमेशः नहीं अच्छा, कोई दिन और

जाते हुए कहते हो, क़यामत को मिलेंगे
क्या ख़ूब, क़यामत का है गोया कोई दिन और

हाँ अय फ़लक-ए-पीर, जवाँ था अभी 'आरिफ़
क्या तेरा बिगड़ता, जो न मरता कोई दिन और

तुम माह-ए-शब-ए-चारदहुम थे, मिरे घर के
फिर क्यों न रहा घर का वह नक़्शा कोई दिन और

लाज़िम–ज़रूरी, आवश्यक। **तन्हा**–अकेले।

दर–दरवाज़ः, चौखट। **नासियः फ़रसा**–माथा रगड़नेवाला।

फ़लक-ए-पीर–बूढ़ा आकाश। **'आरिफ़**–ग़ालिब के भाँजे ज़ैनुल 'आबदीन का उपनाम जिन्हें ग़ालिब ने गोद ले लिया था। 1852 में 36 वर्ष की आयु में उनका देहान्त हो गया। उनके मरने पर यह ग़ज़ल कही गई थी।

माह-ए-शब-ए-चारदहुम–चौदहवीं रात के चाँद।

तुम कौन से थे ऐसे खरे, दाद-ओ-सितद के
करता मलकुल मौत तक़ाज़ा, कोई दिन और

मुझसे तुम्हें नफ़रत सही, नय्यर से लड़ाई
बच्चों का भी देखा न तमाशा कोई दिन और

गुज़री न बहरहाल यह मुद्दत ख़ुश-ओ-नाख़ुश
करना था, जवाँमर्ग, गुज़ारा कोई दिन और

नादाँ हो, जो कहते हो, कि क्यों जीते हो ग़ालिब
क़िस्मत में है, मरने की तमन्ना कोई दिन और

दाद-ओ-सितद–लेन-देन। **मलकुत मौत**–यमराज।
बहरहाल–हर हाल में। **मुद्दत**–समय। **जवाँमर्ग**–युवा-मृत। **नादाँ**–मूर्ख।

68

फ़ारिग़ मुझे न जान, कि मानिन्द-ए-सुबूह-ओ-मेह्र
है दाग़-ए-'अिश्क़, ज़ीनत-ए-जैब-ए-कफ़न हनोज़

है नाज़-ए-मुफ़्लिसाँ ज़र-ए-अज़दस्त रफ़्तः पर
हूँ गुल फ़रोश-ए-शोख़ि-ए-दाग़-ए-कुहन हनोज़

मैख़ानः-ए-जिगर में यहाँ ख़ाक भी नहीं
ख़मियाज़ा खेंचे है बुत-ए-बेदाद फ़न हनोज़

फ़ारिग़–निवृत्त और निश्चिन्त। **मानिन्द-ए-सुबूह-ओ-मेह्र**–प्रातःकाल और सूर्य की तरह। **ज़ीनत-ए-जैब-ए-कफ़न**–कफ़न के गरीबान की शोभा। **हनोज़**–अभी तक।

नाज़-ए-मुफ़्लिसाँ–ग़रीबों का गर्व। **ज़र-ए-अज़दस्त रफ़्तः**–हाथ से निकला हुआ सोना, खोया हुआ धन। **गुलफ़रोश-ए-शोख़ि-ए-दाग़-ए-कुहन**–पुराने दाग़ों की सुन्दरता को फूल समझकर बेचनेवाला (मूल्य माँगनेवाला)।

मैख़ानः-ए-जिगर–जिगर का मदिरालय ('अिश्क़ में जिगर का ख़ून होता है इसलिए मैख़ानः)। **ख़मियाज़ः खेंचे है**–अँगड़ाई लेता है। **बुत-ए-बेदाद फ़न**–मा'शूक़ जिसने अत्याचार को कला बना लिया है, अत्याचारी मा'शूक़। (अँगड़ाई मदिरालय की निशानी है, या'नी मा'शूक़ मैख़ानः-ए-जिगर से और शराब माँग रहा है)

69

हरीफ़-ए-मतलब-ए-मुश्किल नहीं, फ़ुसून-ए-नियाज़
दु'आ क़ुबूल हो यारब, कि 'उम्र-ए-ख़िज़्र दराज़

न हो बहरज़ः बयाबाँ नवर्द-ए-वहम-ए-वुजूद
हनोज़ तेरे तसव्वुर में है नशेब-ओ-फ़राज़

विसाल जल्वः तमाशा है, पर दिमाग़ कहाँ
कि दीजे आईनः-ए-इन्तिज़ार को परवाज़

हरीफ़-ए-मतलब-ए-मुश्किल–(हरीफ़-मुक़ाबिला करनेवाला, काम बनानेवाला) कठिन काम को बनानेवाला। **फ़ुसून-ए-नियाज़**–श्रद्धा और विनम्रता का मंत्र। **'उम्र-ए-ख़िज़्र दराज़**–ख़िज़्र की उम्र लम्बी हो (ख़िज़्र एक पैग़म्बर का नाम है, जो कहा जाता है कि जीवित और अमर हैं। इसलिए उनकी दीर्घायु की दु'आ माँगना व्यंग है–और कोई प्रार्थना तो स्वीकृत होती नहीं शायद यही हो जाए।)

बहरज़ः–नादानी से, मूर्खतावश। **बयाबाँ नवर्द-ए-वहम-ए-वुजूद**–अस्तित्व के भ्रम के जंगल में मारे-मारे फिरना। **हनोज़**–अभी। **तसव्वुर**–कल्पना, विचार, अनुध्यान।

नशेब-ओ-फ़राज़–ऊँच-नीच।

विसाल–मिलन, दोस्त से मुलाक़ात। **जल्वः तमाशा**–दर्शन देनेवाला, दर्शन देने का नाम। **दिमाग़ कहाँ**–सहन की शक्ति कहाँ। **आईनः-ए-इन्तिज़ार**–प्रतीक्षा का दर्पण (दिल)। **परवाज़**–उड़ान (किसी-किसी दीवान में परदाज़ है जिसका अर्थ है परिष्कृत करना)।

हर एक ज़र्रः-ए-'आशिक़ है आफ़्ताब परस्त
गई न ख़ाक हुए पर, हवा-ए-जल्वः-ए-नाज़

न पूछ वुस'अत-ए-मैख़ान-ए-जुनूँ, ग़ालिब
जहाँ, यह कासः-ए-गर्दूं, है एक ख़ाक अन्दाज़

ज़र्रः-ए-'आशिक़—'आशिक़ की ख़ाक का ज़र्रः (कण)। **आफ़्ताब परस्त**—सूर्य-पूजक। **हवा-ए-जल्वः-ए-नाज़**—सौन्दर्य-दर्शन की अभिलाषा। **वुस'अत-ए-मैख़ानः-ए-जुनूँ**—उन्माद के मदिरालय का विस्तार। **कासः-ए-गर्दूं**—आकाश का प्यालः। **ख़ाक अन्दाज़**—कूड़ा-करकट उठाने की टोकरी।

70

वुस'अत ए-स'अि-ए-करम देख, कि सर ता सर-ए-ख़ाक
गुज़रे है आबलः पा अब्र-ए-गुहर बार हनोज़

यक क़लम काग़ज़-ए-आतश ज़दः, है सफ़हः-ए-दश्त
नक़्श-ए-पा में है तप-ए-गर्मि-ए-रफ़्तार हनोज़

वुस'अत-ए-स'अि-ए-करम–करुणा और दानशीलता की अत्यधिक कोशिश। **सर ता-सर-ए-ख़ाक**–धरती के एक सिरे से दूसरे सिरे तक। **आबलः पा**–जिसके पैरों में छाले पड़ गए हों। **अब्र-ए-गुहर बार**–मोती बरसानेवाला बादल। **हनोज़**–अभी तक।
यक क़लम–बिल्कुल। **काग़ज़-ए-आतश ज़दः**–आग में जलता हुआ काग़ज़।
सफ़्हः-ए-दश्त–मैदान का पृष्ठ। **नक़्श-ए-पा**–पद चिह्न। **तप-ए-गर्मि-ए-रफ़्तार**– प्रवाह की तीव्रता से उत्पन्न गर्मी।

71

क्योंकर उस बुत से रखूँ जान 'अज़ीज़
क्या नहीं है मुझे ईमान 'अज़ीज़

दिल से निकला, प न निकला दिल से
है तिरे तीर का पैकान 'अज़ीज़

ताब लाये ही बनेगी, ग़ालिब
वाक़ि'अः सख़्त है और जान 'अज़ीज़

बुत–मूर्ति, हसीन, मा'शूक़। **जान 'अज़ीज़ रखना**–जान बचाकर रखना ('अज़ीज–प्रिय)
पैकान–तीर की नोक, फलक।
ताब लाना–सहन करना। **वाक़ि'अः**–घटना।

72

न गुल-ए-नग़मः हूँ , न पर्दः-ए-साज़
मैं हूँ अपनी शिकस्त की आवाज़

तू , और आराइश-ए-ख़म-ए-काकुल
मैं, और अन्देशः हा-ए-दूर ओ दराज़

लाफ़-ए-तमकीं, फ़रेब-ए-सादः दिली
हम हैं, और राज़हा-ए-सीनः गुदाज़

हूँ गिरफ़्तार-ए-उल्फ़त-ए-सय्याद
वर्नः बाक़ी है ताक़त-ए-परवाज़

वह भी दिन हो, कि उस सितमगर से
नाज़ खेंचूँ , बजाय हसरत-ए-नाज़

गुल-ए-नग़मः–संगीत का फूल, संगीत की प्रफुल्लता। **पर्दः-ए-साज़**–साज़ का पर्दः जिससे सुर (स्वर) निकलते हैं। **शिकस्त**–भंग, पराजय, हार।

आराइश-ए-ख़म-ए-काकुल–अलकों का शृंगार, केश-विन्यास। **अन्देशःहा-ए-दूर- ओ-दराज़**–दूर-दूर (तरह-तरह) की शंकाएँ।

लाफ़-ए-तमकीं–सहन करने का दा'वा। **फ़रेब-ए-सादः दिली**–सरल हृदयता का धोका। **राज़हा-ए-सीनः गुदाज़**–दिल को फूँक देनेवाले भेद।

गिरफ़्तार-ए-उल्फ़त-ए-सय्याद–(गिरिफ़्तार) शिकारी के प्रेम में बन्दी। **ताक़त-ए- परवाज़**–उड़ने की शक्ति।

सितमगर–अत्याचारी। **नाज़ खेंचूँ**–नाज़ करूँ, नाज़ उठाऊँ। **बजाय हसरत-ए-नाज़**–नाज़ करने या नाज़ उठाने की अभिलाषा के बजाय।

नहीं दिल में मिरे, वह क़तरः-ए-ख़ूँ
जिससे मिश्‌गाँ हुई न हो गुलबाज़

अय तिरा ग़मज़ः, यक क़लम अँगेज़
अय तिरा ज़ुल्म, सर बसर अन्दाज़

तू हुआ जल्वःगर, मुबारक हो
रेज़िश-ए-सिज्दः-ए-जबीन-ए-नियाज़

मुझको पूछा, तो कुछ ग़ज़ब न हुआ
मैं ग़रीब और तू ग़रीब नवाज़

असदुल्लाह ख़ाँ तमाम हुआ
अय दरेग़ा, वह रिन्द'-ए-शाहिद बाज़

क़तरः-ए-ख़ूँ–ख़ून की बूँद। **मिश्‌गाँ**–पलकें, दृग-अंचल। **गुल बाज़**–फूलों से खेलनेवाला (गुलबाज़ी) एक खेल का नाम है जिसमें गुलाब और गेंदे के फूल एक-दूसरे पर फेंके जाते हैं।
ग़मज़ः–सैन, नयन-कटाक्ष, हाव-भाव, नख़रा। **यक क़लम**–बिल्कुल, पूरी तरह।
अँगेज़–मनोभाव को उभारनेवाला, सहन करने योग्य। **सर बसर**–पूर्णतया, सर से पाँव तक।
अन्दाज़–अदा, हाव-भाव, नख़रा।
जल्वःगर–प्रकट। **रेज़िश-ए-सिजदः-ए-जबीन-ए-नियाज़**–श्रद्धा और विनम्रता के मस्तक से सिजदों की वर्षा। **तमाम हुआ**–मर गया।
अय दरेग़ा–हाय अफ़सोस, खेद है। **रिन्द-ए-शाहिद बाज़**–(रिन्द–शराबी, मनमौजी, उर्दू कविता में स्वतंत्र-विचारक के लिए प्रयुक्त होता है) शराबी और मनमौजी रूपासक्त (मा'शूक़ों से खेलनेवाला)।

73

मुशदः अय ज़ौक़-ए-असीरी, कि नज़र आता है
दाम ख़ाली, क़फ़स-ए-मुर्ग़-ए-गिरफ़्तार के पास

जिगर-ए-तश्नः-ए-आज़ार, तसल्ली न हुआ
जू-ए-ख़ूँ हम ने बहाई बुन-ए-हर ख़ार के पास

मुँद गईं खोलते ही खोलते आँखें, हय, हय
ख़ूब वक़्त आये तुम, इस 'आशिक़-ए-बीमार के पास

मैं भी रुक रुक के न मरता, जो ज़बाँ के बदले
दश्नः इक तेज़ सा होता, मिरे ग़मख़्वार के पास

दहन-ए-शेर में जा बैठिये, लेकिन अय दिल
न खड़े हूजिये ख़ूबान-ए-दिल आज़ार के पास

मुशदः–शुभ-समाचार, धन्यवाद। **ज़ौक़-ए-असीरी**–बन्दी होने का चाव और आनन्द। **दाम**–जाल। **क़फ़स-ए-मुर्ग़-ए-गिरफ़्तार**–बन्दी पंछी का पिंजरः।
जिगर-ए-तश्नः-ए-आज़ार–दुखों का प्यासा जिगर। **तसल्ली न हुआ**–शान्त न हुआ, सांत्वना न मिली। **जू-ए-ख़ूँ**–रक्त की नहर, रक्त धारा। **बुन-ए-हर ख़ार**–हर काँटे की जड़।
दश्नः–कटार। **ग़मख़्वार**–सहानुभूतिकर्त्ता, हमदर्द।
दहन-ए-शेर–शेर का मुँह। **ख़ूबान-ए-दिल आज़ार**–दिल दुखानेवाले हसीन (मा'शूक़)

देखकर तुझको, चमन बसकि नमू करता है
ख़ुद बख़ुद पहुँचे है गुल, गोशः-ए-दस्तार के पास

मर गया फोड़ के सर, ग़ालिब-ए-वहूशी, हय, हय
बैठना उसका वह आकर तिरी दीवार के पास

नमू–विकास, बढ़ान। **गोशः-ए-दस्तार**–पगड़ी का कोना (पेच)

74

न लेवे गर ख़स-ए-जौहर, तरावत सब्ज़ः-ए-ख़त से
लगावे ख़ानः-ए-आईनः में रू-ए-निगार आतश

फ़रोग़-ए-हुस्न से होती है हल्ल-ए-मुश्किल-ए-'आशिक़
न निकले शम'अ के पा से, निकाले गर न ख़ार आतश

ख़स-ए-जौहर–(जौहर–फ़ौलादी आईने को चमकाने से पड़ी लकीरें) जौहर के तृण। **तरावत**–तरी, ताज़्गी। **सब्ज़ः-ए-ख़त**–मुखलोम। **ख़ानः-ए-आईनः**–आईने का घर (दिल) **रू-ए-निगार**–मा'शूक़ का चेहरः। **आतश**–आग।

फ़रोग़-ए-हुस्न–सौन्दर्य की कान्ति। **हल्ल-ए-मुश्किल-ए-'आशिक़**–'आशिक़ की कठिनाइयों का समाधान। **शमू'अ**–मोमबत्ती। **पा**–पैर। **ख़ार**–काँटा।

75

जादः-ए-रह ख़ुर को वक़्त-ए-शाम है तार-ए-शु'आ'अ
चर्ख़ वा करता है माह-ए-नौ से आग़ोश-ए-विदा'अ

जादः-ए-रह–राह का निशान, पथ-चिन्ह। **ख़ुर**–ख़ुर्शीद, सूरज। **तार-ए-शु'आ'अ**–किरण का तार। **चर्ख़**–आकाश, गगन। **वा**–उद्‌घटित, अनावृत। **माह-ए-नौ**–नया चाँद। **आग़ोश-ए-विदा'अ**–विदाई की गोद (बाहें)

76

रुख़-ए-निगार से, है सोज़-ए-जाविदानि-ए-शम्'अ
हुई है आतश-ए-गुल, आब-ए-ज़िन्दगानि-ए-शम्'अ

ज़बान-ए-अहल-ए-ज़बाँ में, है मर्ग ख़ामोशी
यह बात बज़्म में, रौशन हुई ज़बानि-ए-शम्'अ

करे है सिर्फ़ ब ईमा-ए-शो'लः क़िस्सः तमाम
बतर्ज़-ए-अह्ल-ए-फ़ना, है फ़सानःख़्वानि-ए-शम्'अ

ग़म उसको हसरत-ए-परवानः का है, अय शो'लः
तिरे लरज़ने से ज़ाहिर है नातवानि-ए-शम्'अ

रुख़-ए-निगार–मा'शूक़ का चेहरः, मा'शूक़ की कान्ति। **सोज़-ए-जाविदानि-ए- शम्'अ**–शम्'अ की अमर तपन। **आतश-ए-गुल**–फूल की आग (मा'शूक़ की कान्ति)
आब-ए-ज़िन्दगानि-ए-शम्'अ–शम्'अ के लिए अमृत।
ज़बान-ए-अह्ल-ए-ज़बाँ–भाषाविदों की भाषा। **मर्ग**–मृत्यु, मौत। **बज़्म**–महफ़िल, गोष्ठी। **रौशन हुई**–प्रकट हुई। **ज़बानि-ए-शम्'अ**–शम्'अ की ज़बान से।
सिर्फ़–केवल। **ब ईमा-ए-शो'लः**–शो'ले के इशारे से। **क़िस्सः तमाम**–अपने जीवन का अन्त।
बतर्ज़-ए-अह्ल-ए-फ़ना–(अहल-ए-फ़ना तसव्वुफ़ का परिभाषिक शब्द है, जिसका अर्थ मृत्यु के चाहनेवाले, या'नि आ'शिक़) अहल-ए-फ़ना की तरह।
फ़सानः ख़्वानि-ए-शम्'अ–शम्'अ की कथा-वर्णन-शैली।
हस्रत-ए-परवानः–पतंगे की अभिलाषा। **लरज़ने से**–काँपने से। **नातवानि-ए- शम्'अ**–(नातुवानी) शम्'अ की अशक्ति।

तिरे ख़याल से रूह एहतिज़ाज़ करती है
ब जल्वः रेज़ि-ए-बाद-ओ-ब परफ़िशानि-ए-शम्'अ

नशात-ए-दाग़-ए-'अिश्क़ की बहार, न पूछ
शिगुफ़्तिगी है शहीद-ए-गुल-ए-ख़ज़ानि-ए-शम्'अ

जले है देख के बालीन-ए-यार पर मुझको
न क्यों हो दिल प मिरे, दाग़-ए-बदगुमानि-ए-शम्'अ

रुह–(रूह) आत्मा। **ख़याल**–कल्पना, याद। **एहतिज़ाज़**–नृत्य, हर्ष भरी तड़प। **ब जल्वः रेज़ि-ए-बाद-ओ-ब परफ़िशानि-ए-शम्'अ**–(जल्वः रेज़ी–छवि दिखलाना। परफ़िशानी–पर फड़फड़ाना) हवा के चलने और शम्'अ के झिलमिलाने की सौगन्ध (जैसे हवा नाचती है और शम्'अ नृत्य करती है)।

नशात-ए-दाग़-ए-ग़म-ए-'अिश्क़–प्रेम-सन्ताप के दाग़ का हर्ष। **शिगुफ़्तगी**–फूल खिलना (प्रफुल्लता)। **शहीद-ए-गुल-ए-ख़ज़ानि-ए-शम्'अ**–(गुल फूल को भी कहते हैं और मोमबत्ती की जली हुई बत्ती को भी। शहीद का अर्थ यहाँ मुग्ध और आसक्त है) शम्'अ के हेमन्तकालीन फूल पर आसक्त।

बालीन-ए-यार–मा'शूक़ का सिरहाना। **दाग़-ए-बद गुमानि-ए-शम्'अ**–शम्'अ के मिथ्या सन्देह का दाग़।

77

बीम-ए-रक़ीब से नहीं करते विदा‘-ए-होश
मजबूर याँ तलक हुए, अय इख़्तियार, हैफ़

जलता है दिल, कि क्यों न हम इक बार जल गये
अय नातमामि-ए-नफ़स-ए-शो‘लः बार, हैफ़

बीम-ए-रक़ीब–प्रतिद्वन्द्वी का भय। **विदा‘-ए-होश**–चेतना खोना। **इख़्तियार**–शक्ति, सामर्थ्य। **हैफ़**–पश्चात्ताप, अफ़सोस, धिक्।
नातमामि-ए-नफ़स-ए-शो‘लःबार–शो‘ले बरसानेवाले श्वास की अपूर्णता।

78

ज़ख़्म पर छिड़कें कहाँ, तिफ़्लान-ए-बेपरवा, नमक
क्या मज़ा होता, अगर पत्थर में भी होता, नमक

गर्द-ए-राह-ए-यार है सामान-ए-नाज़-ए-ज़ख़्म-ए-दिल
वर्नः होता है जहाँ में किस क़दर पैदा, नमक

मुझको अरज़ानी रहे, तुझको मुबारक हूजियो
नालः-ए-बुलबुल का दर्द, और ख़न्दः-ए-गुल का नमक

शोर-ए-जौलाँ था किनार-ए-बह्र पर किसका, कि आज
गर्द-ए-साहिल है, बज़ख़्म-ए-मौजः-ए-दरिया, नमक

दाद देता है मिरे ज़ख़्म-ए-जिगर की, वाह, वाह
याद करता है मुझे, देखे है वह जिस जा, नमक

तिफ़्लान-ए-बेपरवा–बेपरवा बच्चे।
गर्द-ए-राह-ए-यार–दोस्त के पथ की धूल। **सामान-ए-नाज़-ए-ज़ख़्म-ए-दिल**–दिल के घाव के गर्व (ख़ुशी) का सामान।
अरज़ानी–सस्तापन, अधिकता। **नालः-ए-बुलबुल**–बुलबलु का आर्त्तनाद।
ख़न्दः-ए-गुल–फूल की हँसी।
शोर-ए-जौलाँ–आगमन की धूमधाम। **कनार-ए-बह्र**–सागर के कनारे।
गर्द-ए-साहिल–सागर-तट की रेत। **ब ज़ख़्म-ए-मौजः-ए-दरिया**–सागर की तरंगों के घाव के लिए।
दाद–न्याय, प्रशंसा (दाद देना उर्दू का महावरः है जिसका अर्थ है न्याय करना, प्रशंसा करना)।

छोड़कर जाना तन-ए-मजरूह-ए-'आशिक़ हैफ़ है
दिल तलब करता है ज़ख़्म, और माँगे हैं आ'ज़ा, नमक

ग़ैर की मिन्नत न खेंचूँगा, पै-ए-तौक़ीर-ए-दर्द
ज़ख़्म मिस्ल-ए-ख़न्दः-ए-क़ातिल है, सर ता पा नमक

याद हैं, ग़ालिब, तुझे वह दिन, कि वज्द-ए-ज़ौक़ में
ज़ख़्म से गिरता, तो मैं पलकों से चुनता था नमक

तन-ए-मजरूह-ए-'आशिक़–'आशिक़ का घायल तन। **तलब करता है**–माँगता है।
आ'ज़ा–अंग-प्रत्यंग।
मिन्नत खेंचना–प्रार्थना करना, आभारी होना। **पै-ए-तौक़ीर-ए-दर्द**–(किसी-किसी दीवान में तौफ़ीर भी छपा है, जिसका अर्थ है अधिकता। तौक़ीर का अर्थ है सम्मान और महिमा) दर्द की अधिकता के लिए, दर्द के सम्मान के लिए। **मिस्ल-ए-ख़न्दः-ए-क़ातिल**–क़ातिल की हँसी की तरह। **सर ता पा**–सर से पैर तक।
वज्द-ए-ज़ौक़–आनन्द और रस की मत्तता।

79

आह को चाहिये इक 'उम्र, असर होने तक
कौन जीता है तिरी ज़ुल्फ़ के सर होने तक

दाम-ए-हर मौज में है, हल्क़ः-ए-सद काम-ए-निहँग
देखें क्या गुज़रे है क़तरे प, गुहर होने तक

'आशिक़ी सब्र तलब और तमन्ना बेताब
दिल का क्या रंग करूँ, ख़ून-ए-जिगर होने तक

हमने माना, कि तग़ाफ़ुल न करोगे, लेकिन
ख़ाक हो जायेंगे हम, तुमको ख़बर होने तक

परतव-ए-ख़ुर से है शबनम को, फ़ना की ता'लीम
मैं भी हूँ, एक 'अिनायत की नज़र होने तक

इक 'उम्र–एक आयु, एक मुद्दत, एक लम्बा समय। **ज़ुल्फ़ के सर होने तक**–(ज़ुल्फ़-अलक) ज़ुल्फ़ के खुलने तक, ज़ुल्फ़ के सुलझने तक, ज़ुल्फ़ के जीत लिये जाने तक, 'अिश्क़ के सफल होने तक।

दाम-ए-हर मौज–लहरों का जाल। **हल्क़ः-ए-सद काम-ए-निहँग**–मगरमच्छों के सैकड़ों खुले हुए जबड़े। **गुज़रे है**–गुज़रती है, बीतती है। **क़तरे प**–बूँद पर। **गुहर**–मोती।

सब्र तलब–सन्तोष-याचक। **तमन्ना**–कामना। **बेताब**–व्याकुल। **रंग**–हाल, दशा।

ख़ून-ए-जिगर होने तक–जिगर का ख़ून होने तक, प्रेम के सफल होने तक

तग़ाफ़ुल–उपेक्षा। **परतव-ए-ख़ुर**–सूर्य-प्रकाश। **शबनम**–ओस। **फ़ना की ता'लीम**–मिट जाने की शिक्षा, नश्वरता का पाठ। **'अिनायत की नज़र**–कृपादृष्टि।

यक नज़र बेश नहीं, फ़ुर्सत-ए-हस्ती ग़ाफ़िल
गर्मि-ए-बज़्म है, इक रक़्स-ए-शरर होने तक

ग़म-ए-हस्ती का, असद किससे हो जुज़ मर्ग 'अिलाज
शम'अ हर रंग में जलती है सहर होने तक

यक नज़र बेश नहीं–एक नज़र (पल) से अधिक नहीं। **फ़ुर्सत-ए-हस्ती**–अस्तित्व का अवकाश। **ग़ाफ़िल**–असावधान। **गर्मि-ए-बज़्म**–महफ़िल की गर्मी, मानव-जीवन की चहल-पहल। **रक़्स-ए-शरर**–चिंगारी का नृत्य।
ग़म-ए-हस्ती–जीवन-संताप। **जुज़ मर्ग**–मौत के सिवा। **सहर**–उषाकाल।

80

गर तुझको है यक़ीन-ए-इजाबत, दु'आ न माँग
या'नी बिग़ैर-ए-यक दिल-ए-बेमुद्द'आ, न माँग

आता है दाग़-ए-हसरत-ए-दिल का शुमार याद
मुझसे मिरे गुनह का हिसाब, अय ख़ुदा न माँग

यक़ीन-ए-इजाबत–स्वीकृति का विश्वास। **या'नी**–अर्थात्। **बिग़ैर-ए-यक दिल-ए-बेमुद्द'आ**–निष्काम हृदय के बिना।

दाग़-ए-हसरत-ए-दिल–दिल की अपूर्ण कामनाओं का दाग़। **शुमार**–गिनती। **गुनह**–गुनाह, पाप।

81

है किस क़दर हलाक-ए-फ़रेब-ए-वफ़ा-ए-गुल
बुलबुल के कार-ओ-बार प हैं ख़न्दःहा-ए-गुल

आज़ादि-ए-नसीम मुबारक, कि हर तरफ़
टूटे पड़े हैं हल्क़-ए-दाम-ए-हवा-ए-गुल

जो था, सो मौज-ए-रंग के धोके में रह गया
अय वाये, नालः-ए-लब-ए-ख़ूनीं नवा-ए-गुल

ख़ुश हाल उस हरीफ़-ए-सियह मस्त का, कि जो
रखता हो मिस्ल-ए-सायः-ए-गुल, सर ब पा-ए-गुल

ईजाद करती है उसे तेरे लिए, बहार
मेरा रक़ीब है, नफ़स-ए-'अित्र सा-ए-गुल

हलाक-ए-फ़रेब-ए-वफ़ा-ए-गुल–इस धोखे में गिरफ़्तार कि फूल वफ़ा करेंगे।
ख़न्दःहा-ए-गुल–फूलों की हँसी। **आज़ादि-ए-नसीम**–समीर की स्वतंत्रता।
हल्क़ः-ए-दाम-ए-हवा-ए-गुल–(हवा-इच्छा, कामना) फूलों की चाहत के जाल।
मौज-ए-रंग–रंग की तरंग। **अय वाये**–हा हंत। **नालः-ए-लब-ए-ख़ूनीं नवा-ए-गुल**–फूलों के रक्त-रंजित अधरों से निकला आर्त्तनाद।
ख़ुश–अच्छा, शुभ। **हरीफ़-ए-सियह मस्त**–(हरीफ़–सहकर्मी, सहोद्योगी, इसलिए मित्र और प्रतिद्वन्द्वी दोनों अर्थ निकलते हैं) नशे में धुत हरीफ़। **मिस्ल-ए-सायः-ए-गुल**–फूल की छाया की तरह। **सर ब पा-ए-गुल**–फूल के पाँव पर सर (पहले गुल का अर्थ फूल है और दूसरे गुल का मतलब मा'शूक़)।
नफ़स-ए-'अित्र सा-ए-गुल–फूल के 'अित्र से सुरभित श्वास, कुसुम-सुरभित समीर।

शर्मिन्दः रखते हैं मुझे बाद-ए-बहार से
मीना-ए-बे शराब-ओ-दिल-ए-बे हवा-ए-गुल

सतवत से तेरे जल्वः-ए-हुस्न-ए-ग़यूर की
ख़ूँ है मिरी निगाह में रंग-ए-अदा-ए-गुल

तेरे ही जल्वे का है यह धोका, कि आज तक
बे इख़्तियार दौड़े है गुल दर क़फ़ा-ए-गुल

ग़ालिब, मुझे है उससे हम आग़ोशी आरज़ू
जिसका ख़याल है गुल-ए-जैब-ए-क़बा-ए-गुल

मीना-ए-बे शराब-ओ-दिल-ए-बे हवा-ए-गुल–मदिरा रहित मधुपात्र (ग़रीबी) और कुसुम की कामना से रहित दिल (बुझा हुआ दिल)।
सतवत–आतंक, दबदबा, धाक। **जल्वः-ए-हुस्न-ए-ग़यूर**–स्वाभिमानी सौन्दर्य की छवि। **रंग-ए-अदा-ए-गुल**–फूलों की अदा का रंग, फूलों का रंग।
जल्वे–(जल्वः) छवि, कान्ति, दर्शन। **गुल दर क़फ़ा-ए-गुल**–फूल के पीछे फूल।
हम आग़ोशी–आलिंगन। **गुल-ए-जैब-ए-क़बा-ए-गुल**–फूल के गरीबान में लगा हुआ फूल (ऐसा सौन्दर्य जो फल के रूप की भी शोभा बढ़ा दे)।

82

ग़म नहीं होता है आज़ादों को, बेश अज़ यक नफ़स
बर्क़ से करते हैं रौशन, शम्'-ए-मातम ख़ानः हम

महफ़िलें बरहम करे है, गँजफ़ः बाज़-ए-ख़याल
हैं वरक़ गर्दानि-ए-नैरंग-ए-यक बुतख़ानः हम

बावुजूद-ए-यक जहाँ, हँगामः पैदाई नहीं
हैं चराग़ान-ए-शबिस्तान-ए-दिल-ए-परवानः हम

बेश अज़ यक नफ़स–एक साँस (पल भर) से अधिक। **बर्क़**–बिजली। **रौशन**–आलोकित, प्रकाशित। **शम्'-ए-मातम ख़ानः**–शोकगृह का दीपक।
बरहम करना–बिखेरना, बिगाड़ना, उलट-पुलट करना। **गँजफ़ःबाज़-ए-ख़याल**– (गँजफ़ः–एक खेल जो गोल ताशों से खेला जाता है) कल्पना का गँजफ़ः बाज़ (खिलाड़ी)। **वरक़ गर्दानि-ए-नैरंग-ए-यक बुतख़ानः**–(नैरँग–इन्द्रजाल, चित्रों की पुस्तक) चित्रों की पुस्तक के उलटते हुए पृष्ठ जिनपर स्वयं एक-एक मूर्त्तिशाला अंकित है।
बावुजूद-ए-यक जहाँ–एक दुनिया के बावुजूद, तरह-तरह की चीज़ों के बावुजूद।
हंगामः पैदाई–हंगामे का प्रत्यक्ष प्रकट होना। **चराग़ान-ए-शबिस्तान-ए-दिल- ए-परवानः**–पतिंगे के दिल के अँधेरे में जलते हुए दीप। **ज़ो'फ़**–दुर्बलता, कमज़ोरी।

ज़ो'फ़ से है, ने क़ना'अत से, यह तर्क-ए-जुस्तुजू
है वबाल-ए-तकयः गाह-ए-हिम्मत-ए-मर्दानः हम

दाइमुल हब्स इस में हैं लाखों तमन्नाएँ, असद
जानते हैं सीनः-ए-पुरख़ूँ को ज़िन्दाँ ख़ानः हम

क़ना'अत–निस्पृहता। **तर्क-ए-जुस्तुजू**–खोज का त्याग (हाथ पर हाथ रखकर बैठना)। **वबाल-ए-तकियःगाह-ए-हिम्मत-ए-मर्दानः**–पुरुषोचित साहस के लिए आपत्ति (या'नी बेहिम्मत, साहसहीन)।

दाइमुल हब्स–आजीवन कारावास। **सीनः-ए-पुरख़ूँ**–ख़ून में लिथड़ा (घावों से भरा) हुआ सीनः। **ज़िन्दाँ ख़ानः**–बन्दीगृह।

83

ब नालः हासिल-ए-दिल बस्तगी फ़राहम कर
मता'-ए-ख़ानः-ए-ज़ंजीर, जुज़ सदा, मा'लूम

बनालः–आर्त्तनाद से, फ़रियाद से। **हासिल-ए-दिल बस्तगी**–दिल लगाने का सामान, ख़ुश रहने का सामान। **फ़राहम कर**–प्राप्त कर, इकट्ठा कर। **मता'-ए-ख़ानः-ए-ज़ंजीर**–ज़ंजीर घर की दौलत। **जुज़ सदा**–आवाज़ (झनकार) के सिवा। **मा'लूम**–कुछ नहीं (मालूम का यह प्रयोग उर्दू मुहावरः है)।

84

मुझको दयार-ए-ग़ैर में मारा, वतन से दूर
रख ली मिरे ख़ुदा ने, मिरी बेकसी की शर्म

वह हल्क़ःहा-ए-ज़ुल्फ़, कमीं में हैं, अय ख़ुदा
रख लीजो मेरे दा'वः-ए-वारस्तगी की शर्म

दयार-ए-ग़ैर–पराया घर (परदेश)।
हल्क़ःहा-ए-ज़ुल्फ़–ज़ुल्फ़ के छल्ले (ज़ुल्फ़ों की ज़ंजीर के हल्क़े) **कमीं**–घात, ताक।
दा'व-ए-वारस्तगी–आज़ाद होने का दा'वा।

85

लूँ वाम बख़्त-ए-ख़ुफ़्तः से, यक ख़्वाब-ए-ख़ुश, वले
ग़ालिब, यह ख़ौफ़ है, कि कहाँ से अदा करूँ

वाम–उधार। **बख़्त-ए-ख़ुफ़्तः**–सोये हुए भाग्य। **यक ख़्वाब-ए-ख़ुश**–एक सुख स्वप्न। **वले**–लेकिन।

86

वह फ़िराक़ और वह विसाल कहाँ
वह शब-ओ-रोज़-ओ-माह-ओ-साल कहाँ

फ़ुर्सत-ए-कार-ओ-बार-ए-शौक़ किसे
ज़ौक़-ए-नज़्ज़ारः-ए-जमाल कहाँ

दिल तो दिल, वह दिमाग़ भी न रहा
शोर-ए-सौदा-ए-ख़त्त-ओ-ख़ाल कहाँ

थी वह इक शख़्स के तसव्वुर से
अब वह र'अनाइ-ए-ख़याल कहाँ

ऐसा आसाँ नहीं, लहू रोना
दिल में ताक़त, जिगर में हाल कहाँ

हम से छूटा क़िमार ख़ानः-ए-'अिश्क़
वाँ जो जावें, गिरह में माल कहाँ

फ़िराक़–विरह। **विसाल**–मिलन। **शब-ओ-रोज़-ओ-माह-ओ-साल**–रात और दिन और माह और वर्ष (ज़मानः समय)। **फ़ुर्सत-ए-कार-ओ-बार-ए-शौक़**–जगत के व्यापार के लिए अवकाश। **ज़ौक़-ए-नज़्ज़ारः-ए-जमाल**–सौन्दर्य का तमाशा देखने का आनन्द।
शोर-ए-सौदा-ए-ख़त्त-ओ-ख़ाल–(सौदा–पागलपन, उन्माद, खत्त-ओ-ख़ाल–रूप, हुस्न) रूप की कल्पना की धूमधाम।
रा'नाई-ए-ख़याल–कल्पना का शृंगार।
क़िमार ख़ानः-ए-'अिश्क़–प्रेम का जुआघर।

फ़िक्र-ए-दुनिया में सर खपाता हूँ
मैं कहाँ और यह वबाल कहाँ

मुज़्महिल हो गये क़ुवा, ग़ालिब
वह 'अनासिर में ए'तिदाल कहाँ

मुज़्महिल–शिथिल, श्रात। **क़ुवा**–(क़ुव्वत का बहुवचन) शक्तियाँ। **'अनासिर**–तत्व (बहुवचन), पंचभूत। **ए'तिदाल**–सन्तुलन।

87

की वफ़ा हम से, तो ग़ैर उसको जफ़ा कहते हैं
होती आई है, कि अच्छों को बुरा कहते हैं

आज हम अपनी परीशानि-ए-ख़ातिर उनसे
कहने जाते तो हैं, पर देखिये, क्या कहते हैं

अगले वक़्तों के हैं यह लोग, इन्हें कुछ न कहो
जो मै-ओ-नग़्मः को, अन्दोह रुबा कहते हैं

दिल में आजाए है, होती है जो फ़ुर्सत ग़श से
और फिर कौन से नाले को रसा कहते हैं

है परे सरहद-ए-इदराक से, अपना मस्जूद
क़िबले को अहल-ए-नज़र क़िबलः नुमा कहते हैं

पा-ए-अफ़गार प, जबसे तुझे रहम आया है
ख़ार-ए-रह को तिरे हम, मेहूर गिया कहते हैं

परीशानि-ए-ख़ातिर–दिल की परिशानी, मन् की व्यथा।
मै-ओ-नग़्मः–मदिरा और संगीत। **अन्दोह रुबा**–ग़म दूर करनेवाला।
रसा–पहुँचनेवाला, असर करनेवाला।
सरहद-ए-इदराक–ज्ञान की सीमा। **मस्जूद**–जिसको सिजदा किया जाए (ख़ुदा)
क़िबले (क़िबलः)–का'बः जिसकी ओर मुसलमान सिजदः करते हैं। **अहल-ए-नज़र**–नज़रवाले, पारखी। **क़िबलःनुमा**–क़िबले की दिशा दिखानेवाला (दिग्दर्शक यंत्र)
पा-ए-अफ़गार–घायल पैर। **ख़ार-ए-रह**–पथ के कंटक। **मेहूर गिया** (ह)–एक प्रकार की घास (कहते हैं कि यह बूटी जिसके पास हो लोग उसपर मेहरबान हो जाते हैं)

इक शरर दिल में है, उससे कोई घबरायेगा क्या
आग मतलूब है हमको, जो हवा कहते हैं

देखिये लाती है उस शोख़ की नख़्वत, क्या रंग
उसकी हर बात प हम, नाम-ए-ख़ुदा कहते हैं

वह्शत-ओ-शेफ़्तः अब मरसियः कहवें, शायद
मर गया ग़ालिब-ए-आशुफ़्तः नवा, कहते हैं

शरर–चिंगारी। **मतलूब**–अभीष्ट।

शोख़–चंचल। **नख़्वत**–दर्प, अभिमान, गुरूर।

वह्शत-ओ-शेफ़्तः–ग़ालिब के समकालीन दो कवि गुलाम 'अली ख़ाँ 'वह्शत' और नवाब मुस्तफ़ा ख़ाँ 'शेफ़्तः'। **ग़ालिब-ए-आशुफ़्तःनवा**–मिथ्यावादी ग़ालिब।

88

आबरू क्या ख़ाक उस गुल की, कि गुलशन में नहीं
है गरीबाँ नँग-ए-पैराहन, जो दामन में नहीं

ज़ो'फ़ से, अय गिरियः, कुछ बाक़ी मिरे तन में नहीं
रंग होकर उड़ गया, जो ख़ूँ कि दामन में नहीं

हो गये हैं जम'अ, अज्ज़ा-ए-निगाह-ए-आफ़ताब
ज़र्रे, उसके घर की दीवारों के रौज़न में नहीं

क्या कहूँ तारीकि-ए-ज़िन्दान-ए-ग़म, अंधेर है
पँबः नूर-ए-सुबृह से कम, जिसके रौज़न में नहीं

रौनक़-ए-हस्ती है 'अिश्क़-ए-ख़ानः वीराँ साज़ से
अंजुमन बे शम्'अ है, गर बर्क़ ख़िर्मन में नहीं

नंग-ए-पैराहन–वस्त्रों को लज्जित करनेवाला (गरीबान के दामन में होने का अर्थ है उन्माद की दशा में कपड़ों का तार-तार होना)
ज़ो'फ़–दुर्बलता, कमज़ोरी। **गिरियः**–रुदन।
अज्ज़ा-ए-निगाह-ए-आफ़ताब–सूर्य की दृष्टि के कण अर्थात् टूटी हुई किरणें। **रौज़न**–रौशनदान। **तारीकि-ए-ज़िन्दान-ए-ग़म**–ग़म के कारागृह का अन्धकार। **पंबः**–रूई (प्रकाश को रोकने के लिए कभी-कभी रूई के गदेले रौशनदान में लगा दिए जाते हैं)। **नूर-ए-सुबृह**–प्रभात का आलोक। **रौनक़-ए-हस्ती**–अस्तित्व की शोभा। **'अिश्क़-ए-ख़ाँनःवीराँ साज़**–घर को वीरान कर देनेवाला प्रेम। **अंजुमन**–महफ़िल। **बे शम्'अ**–बे चराग़, दीप रहित। **बर्क़**–बिजली। **ख़िर्मन**–खलियान (बिजली खलियान को जलाती है और 'अिश्क़ दिल को)

ज़ख़्म सिलवाने से, मुझ पर चारः जूई का है ता'न
ग़ैर समझा है, कि लज़्ज़त ज़ख़्म-ए-सोज़न में नहीं

बसकि हैं हम इक बहार-ए-नाज़ के मारे हुए
जल्वः-ए-गुल के सिवा, गर्द अपने मदफ़न में नहीं

क़तरः क़तरः, इक हयूला है, नये नासूर का
ख़ूँ भी, ज़ौक़-ए-दर्द से, फ़ारिग़ मिरे तन में नहीं

ले गई साक़ी की नख़्वत, क़ुल्ज़ुम आशामी मिरी
मौज-ए-मै की आज रग मीना की गर्दन में नहीं

हो फ़िशार-ए-ज़ो'फ़ में क्या नातवानी की नुमूद
क़द के झुकने की भी गुंजाइश मिरे तन में नहीं

थी वतन में शान क्या ग़ालिब, कि हो ग़ुर्बत में क़द्र
बे तकल्लुफ़, हूँ वह मुश्त-ए-ख़स, कि गुलख़न में नहीं

चारःजूई–'अिलाज करवाना। **ता'न**–ताना, कटाक्ष। **ज़ख़्म-ए-सोज़न (सूज़न अशुद्ध है)**–सूई चुभने का घाव।
बहार-ए-नाज़–बहुत हसीन मा'शूक़, अनन्य रूपसी। **जल्वः-ए-गुल**–फूलों की छवि (बहार) **गर्द**–धूल, **मदफ़न**–क़ब्र।
हयूला–मूल पदार्थ। **ज़ौक़-ए-दर्द**–वेदना का चाव। **फ़ारिग़**–निश्चिंत, प्राप्तवकाश, अव्यस्त।
नख़्वत–दर्प, अभिमान। **क़ुल्ज़ुम आशामी**–सागर को पी जाना, बलानोशी, बहुत शराब पीना।
मौज-ए-मै–मदिरा की तरंग। **मीना**–मदिरा पात्र।
फ़िशार-ए-ज़ो'फ़–दुर्बलता का दबाव। **नातवानी**–(नातुवानी) दुर्बलता, कमज़ोरी।
नुमूद–प्रकटन।
ग़ुर्बत–प्रदेश। **क़द्र**–इज़्ज़त, सम्मान। मुश्त-ए-ख़स–मुट्ठी भर घास। **गुलख़न (गिलख़न)**–आग की भट्ठी।

89

‘ओहदे से मद्ह-ए-नाज़ के, बाहर न आ सका
गर इक अदा हो, तो उसे अपनी क़ज़ा कहूँ

हल्क़े हैं चश्महा-ए-कुशादः ब सू-ए-दिल
हर तार-ए-ज़ुल्फ़ को निगह-ए-सुर्मः सा कहूँ

मैं और सद हज़ार नवा-ए-जिगर ख़राश
तू, और एक वह न शनीदन, कि क्या कहूँ

ज़ालिम, मिरे गुमाँ से मुझे मुनफ़‘अिल न चाह
हय, हय, ख़ुदा न करदः, तुझे बेवफ़ा कहूँ

‘ओहदे (‘ओह्दः)–पद। **मद्ह-ए-नाज़**–सौन्दर्य की प्रशंसा। **अदा**–हाव-भाव। **क़ज़ा**–मौत, मृत्यु। (पद से बाहर न आ सका का अर्थ है कर्तव्य पालन न कर सका या‘नी जान एक और मा‘शूक़ की अदाएँ हज़ारों)।

हल्क़े–बालों के छल्ले। **चश्महा-ए-कुशादः**–खुली हुई आँखें, उन्मीलित नयन। **ब सू-ए-दिल**–मेरे दिल की ओर। **हर तार-ए-ज़ुल्फ़**–एक-एक बाल। **निगह-ए-सुर्मः सा**–सुर्मे से अलंकृत दृष्टि। **सद हज़ार**–एक लाख, असंख्य। **नवा-ए-जिगर ख़राश**–जिगर को घायल करनेवाला स्वर। **न शनीदन**–न सुनना।

गुमाँ–भ्रम, विचार। **मुनफ़‘अिल न चाह**–लज्जित न कर। **ख़ुदा न करदः**–खुदा न करे।

90

मेहूरबाँ होके बुलालो मुझे, चाहो जिस वक़्त
मैं गया वक़्त नहीं हूँ, कि फिर आ भी न सकूँ

ज़ो'फ़ में, ता'नः-ए-अग़यार का शिकवा क्या है
बात कुछ सर तो नहीं है, कि उठा भी न सकूँ

ज़हर मिलता ही नहीं मुझको, सितमगर वर्नः
क्या क़सम है तिरे मिलने की, कि खा भी न सकूँ

ज़ोफ़–दुर्बलता, कमज़ोरी। **ता'नः-ए-अग़यार**–शत्रुओं का ता'नः। **शिकवः**–शिकायत।

91

हमसे खुल जाओ, बवक़्त-ए-मै परस्ती, एक दिन
वर्नः हम छेड़ेंगे, रखकर 'उज़्र-ए-मस्ती एक दिन

ग़र्रः-ए-औज-ए-बिना-ए-'आलम-ए-इम्काँ न हो
इस बलन्दी के नसीबों में है पस्ती, एक दिन

क़र्ज़ की पीते थे मै, लेकिन समझते थे, कि हाँ
रंग लायेगी हमारी फ़ाक़ः मस्ती, एक दिन

नग़्मःहा-ए-ग़म को भी, अय दिल ग़नीमत जानिये
बेसदा हो जायगा, यह साज़-ए-हस्ती, एक दिन

धौल धप्पा उस सरापा नाज़ का शेवः नहीं
हम ही कर बैठे थे, ग़ालिब पेशदस्ती एक दिन

ब वक़्त-ए-मै परस्ती–शराब पीते वक़्त। **'उज़्र-ए-मस्ती**–मस्ती का बहाना।

ग़र्रः-ए-औज-ए-बिना-ए-'आलम-ए-इम्काँ–('आलम-ए-इम्काँ–सम्भावनाओं का संसार, अखिल विश्व) यह गर्व कि संसार अत्यंत महान है। **बलन्दी**–ऊँचाई। **पस्ती**–नीचाई, ज़वाल, पतन।

फ़ाक़ः मस्ती–भूख में भी मस्त रहना।

नग़्मःहा-ए-ग़म–वेदना के गीत। **बेसदा**–निःस्वर, स्वरहीन। **साज़-ए-हस्ती**–अस्तित्व का साज़, प्राणवीणा।

सरापा नाज़–सर से पाँव तक गर्व, अभिमान की मूर्ति। **शेवः**–व्यवहार। **पेशदस्ती**–पहल करना, हाथ डालना।

92

हम पर, जफ़ा से, तर्क-ए-वफ़ा का गुमाँ नहीं
इक छेड़ है, वगरनः मुराद इम्तिहाँ नहीं

किस मुँह से शुक्र कीजिये, इस लुत्फ़-ए-ख़ास का
पुरसिश है और पा-ए-सुख़न दरमियाँ नहीं

हमको सितम ‘अज़ीज़, सितमगर को हम ‘अज़ीज़
ना मेह्रबाँ नहीं है, अगर मेह्रबाँ नहीं

बोसः नहीं, न दीजिये, दुश्नाम ही सही
आख़िर ज़बाँ तो रखते हो तुम, गर दहाँ नहीं

हरचन्द जाँ गुदाज़ि-ए-क़ह्र-ओ-‘अिताब है
हरेचन्द पुश्त गर्मि-ए-ताब-ओ-तवाँ नहीं

जफ़ा–अन्याय, अत्याचार, निर्ममता। **तर्क-ए-वफ़ा**–बेवफ़ा हो जाना। **गुमाँ**–सन्देह।
वगरनः–वर्नः, अन्यथा। **मुराद**–अभिप्राय।
लुत्फ़-ए-ख़ास–विशेष कृपा। **पुरसिश**–पूछ-गछ, कुशलक्षेम पूछना। **पा-ए-सुख़न**–वार्त्ता-चरण (शब्द)। **दरमियाँ**–बीच में, मध्य।
‘अज़ीज़–प्रिय।
दुश्नाम–गाली। **दहाँ**–मुँह (मा‘शूक़ के छोटे दहाने पर व्यंग्य है)।
हरचन्द–यद्यपि। **जाँगुदाज़ि-ए-क़ह्र-ओ-‘अिताब**–क्रोध और रोष जनित कष्ट।
पुश्त गर्मि-ए-ताब-ओ-तवाँ–(पुश्त गर्मी–सहारा) सन्तोष का सहारा।

जाँ मुतरिब-ए-तरानः-ए-हल मिन मज़ीद है
लब पर्दः सँज-ए-ज़मज़मः-ए-अलअमाँ नहीं

ख़ंजर से चीर सीनः, अगर दिल न हो दुनीम
दिल में छुरी चुभो, मिश़ः गर ख़ूँचकाँ नहीं

है नँग-ए-सीनः, दिल अगर आतश कदः न हो
है 'आर-ए-दिल, नफ़स अगर आज़र फ़िशाँ नहीं

नुक़्साँ नहीं जुनूँ में, बला से हो घर ख़राब
सौ ग़ज़ ज़मीं के बदले, बयाबाँ गिराँ नहीं

कहते हो, क्या लिखा है तिरी सरनविश्त में
गोया जबीं प सिजूदः-ए-बुत का निशाँ नहीं

पाता हूँ उस से दाद कुछ अपने कलाम की
रूहुलक़ुदुस अगरचेः, मिरा हमज़बाँ नहीं

जाँ है बहा-ए-बोसः, वले क्यों कहे, अभी
ग़ालिब को जानता है, कि वह नीमजाँ नहीं

जाँ–प्राण। **मुतरिब-ए-तरानः-ए-हल मिन मज़ीद**–''क्या कुछ और है'' के गीत का गायक। **लब**–होंठ, अधर। **पर्दः संज-ए-ज़मज़मः-ए-अलअमाँ**–(अलअमाँ–त्राहिमाम) त्राहिमाम के गीत को गानेवाले (पाँचवाँ और छठा शे'र दोनों मिलकर पूरा अर्थ देते हैं, या'नी दुख और अत्याचार जितने बढ़ते हैं उतना ही अधिक आनन्द मिलता है और मैं और दुख माँगने लगता हूँ)।

दुनीम–दो टुकड़े। **मिश़ः**–पलकें, दृग-अंचल। **ख़ूँचकाँ**–रक्त रंजित।

नंग-ए-सीनः–वक्ष के लिए लज्जा। **आतश कदः**–अग्निशाला। **'आर-ए-दिल**–दिल के लिए लज्जा। **नफ़स**–साँस। **आज़र फ़िशाँ**–अग्निवर्षक।

जुनूँ–उन्माद। **बयाबाँ**–जंगल, अरण्य। **गिराँ**–महँगा।

सरनविश्त–भाग्य। **जबीं**–माथा, मस्तक। **सिजदः-ए-बुत**–(सजदः) मूर्ति (मा'शूक़) को सिजदः करना।

दाद–प्रशंसा। **कलाम**–रचना, कविता। **रूहुलक़ुदुस**–जिब्रील, एक फ़रिश्ते का नाम जो ख़ुदा का सन्देश लेकर आता है। **हमज़बाँ**–समभाषी।

बहा-ए-बोसः–चुम्बन का मूल्य। **नीमजाँ**–अधमुआ, अर्धमृत।

93

माने‘-ए-दश्त नवर्दी कोई तदबीर नहीं
एक चक्कर है, मिरे पाँव में ज़ंजीर नहीं

शौक़ उस दश्त में दौड़ाये हैं मुझको, कि जहाँ
जादः ग़ैर अज़ निगह-ए-दीदः-ए-तस्वीर नहीं

हसरत-ए-लज़्ज़त-ए-आज़ार रही जाती है
जादः-ए-राह-ए-वफ़ा, जुज़ दम-ए-शमशीर नहीं

रँज-ए-नौमीदि-ए-जावेद, गवारा रहियो
ख़ुश हूँ गर नालः ज़बूनी कश-ए-तासीर नहीं

सर खुजाता है, जहाँ ज़ख़्म-ए-सर अच्छा हो जाए
लज़्ज़त-ए-सँग ब अन्दाज़ः-ए-तक़रीर नहीं

माने‘-ए-दश्त नवर्दी–जंगल-जंगल भटकने से रोकनेवाली। **तदबीर**–युक्ति।
शौक़–कामना, आकांक्षा। **दश्त**–मैदान। **जादः**–पथ, रास्ता। **ग़ैर अज़ निगह-ए-दीदः-ए-तस्वीर**–चित्र में अंकित नयनों की दृष्टि से अलग।
हसरत-ए-लज़्ज़त-ए-आज़ार–दुखों से आनन्द प्राप्त करने की लालसा।
जादः-ए-राह-ए-वफ़ा–प्रेम मार्ग। **जुज़ दम-ए-शमशीर**–तलवार की धार के सिवा।
रंज-ए-नौमीदि-ए-जावेद–शाश्वत निराशा का शोक। **गवारा**–रुचिकर। **नालः**–आर्त्तनाद। **ज़बूनी कश-ए-तासीर**–प्रभाव के आभार की लज्जा उठानेवाला।
लज़्ज़त-ए-संग–पत्थर का मज़ा, पत्थर की चोट खाने का आनन्द। **ब अन्दाज़ः-ए-तक़रीर नहीं**–वर्णनातीत, वर्णन से परे।

जब करम रुख़सत-ए-बेबाकि-ओ-गुस्ताख़ी दे
कोई तक़सीर बजुज़ ख़जलत-ए-तक़सीर नहीं

ग़ालिब, अपना यह 'अक़ीदः है, बक़ौल-ए-नासिख़
आप बेबहरः है, जो मो'तक़िद-ए-मीर नहीं

करम–कृपा, मेहरबानी (मा'शूक़ जो कृपा की मूर्ति है)। **रुख़सत-ए-बेबाकि-ओ-गुस्ताख़ी**–उद्धत और निर्भय होने की अनुमति। **तक़सीर**–अपराध। **ब जुज़ ख़जलत-ए- तक़सीर**–अपराध पर लज्जित होने के सिवा।

'अक़ीदः–विश्वास। **ब क़ौल-ए-नासिख़**–नासिख़ (एक कवि) के कथानुसार।

बेबहरः–मूर्ख। **मो'तिक़द-ए-मीर**–मीर के प्रति श्रद्धा रखनेवाला। (मीर को उर्दू काव्य का खुदा माना जाता है।)

94

मत मर्दुमक-ए-दीदः में समझो यह निगाहें
हैं जम'अ सुवैदा-ए-दिल-ए-चश्म में आहें

मर्दुमक-ए-दीदः–आँखों की पुतली। **सुवैदा-ए-दिल-ए-चश्म**–(सुवैदा–दुखों से पड़नेवाला दिल का दाग़) आँखों के दिल का दाग़ (पुतली)।

95

बर्शकाल-ए-गिरियः-ए-'आशिक़ है, देखा चाहिये
खिल गई मानिन्द-ए-गुल, सौ जा से दीवार-ए-चमन

उल्फ़त-ए-गुल से ग़लत है दा'वः-ए-वारस्तगी
सर्व है बावस्फ़-ए-आज़ादी गिरफ़्तार-ए-चमन

बर्शकाल-ए-गिरियः-ए-'आशिक़–'आशिक़ के रुदन का वर्षाकाल। **मानिन्द-ए-गुल**–फूल की तरह। **जा**–जगह। **दीवार-ए-चमन**–बाग़ की दीवार।

उल्फ़त-ए-गुल–फूल का प्रेम। **दा'वः-ए-वारस्तगी**–आज़ाद होने का दा'वा। **सर्व**–एक वृक्ष जिसकी हरियाली सदाबहार है लेकिन उसमें फूल व फल नहीं आते और वह हेमन्त से बचा रहता है इसलिए उसको आज़ाद कहते हैं। **बा वस्फ़-ए-आज़ादी**–आज़ादी के बावुजूद। **गिरफ़्तार-ए-चमन**–(गिरिफ़्तार) उद्यान का बन्दी।

96

‘अिश्क़ तासीर से नौमीद नहीं
जाँ सुपारी शजर-ए-बेद नहीं

सल्तनत दस्त. बदस्त आई है
जाम-ए-मै, ख़ातम-ए-जमशेद नहीं

है तजल्ली तिरी सामान-ए-वुजूद
ज़र्रः बे परतव-ए-ख़ुरशीद नहीं

राज़-ए-मा‘शूक़ न रुस्वा हो जाये
वर्नः मर जाने में कुछ भेद नहीं

गर्दिश-ए-रंग-ए-तरब से डर है
ग़म-ए-महरूमि-ए-जावेद नहीं

कहते हैं, जीते हैं उम्मीद प लोग
हम को जीने की भी उम्मीद नहीं

तासीर–प्रभाव। **नौमीद**–निराशा। **जाँसुपारी**–प्राण किसी के हवाले करना, प्राण देना। **शजर-ए-बेद**–बेंत का वृक्ष (जिसमें फल-फूल नहीं होते), निष्फल।
दस्त बदस्त–हाथों हाथ। **जाम-ए-मै**–मधुपात्र। **ख़ातम-ए-जमशेद**–जमशेद की अँगूठी (जमशेद प्राचीन ईरान का महान सम्राट था; उसका शराब का प्याला प्रसिद्ध है। सम्राट की अँगूठी पर उसका नाम होता है और उसे केवल वह ही पहन सकता है। शराब का प्याला किसी सम्राट की अँगूठी नहीं है कि जिसे कोई दूसरा छू न सके)
तजंल्ली–ज्योति, प्रभा, आलोक। **सामान-ए-वुजूद**–अस्तित्व का कारण। **ज़र्रः**–कण।
बे परतव-ए-ख़ुर्शीद–सूर्य के आलोक के बिना।
राज़-ए-मा‘शूक़–प्रेयसी का रहस्य। **रुस्वा**–बदनाम।
गर्दिश-ए-रंग-ए-तरब–हर्ष की अवस्था की संक्रान्ति। **ग़म-ए-महरूमि-ए-जावेद**–शाश्वत महरूमी (वंचित होने) का ग़म।

97

जहाँ तेरा नक़्श-ए-क़दम देखते हैं
ख़ियाबाँ ख़ियाबाँ इरम देखते हैं

दिल आशुफ़्तगाँ ख़ाल-ए-कुंज-ए-दहन के
सुवैदा में सैर-ए-'अदम देखते हैं

तिरे सर्व क़ामत से, इक क़द्द-ए-आदम
क़यामत के फ़ितने को, कम देखते हैं

तमाशा कर अय महूव-ए-आईनादारी
तुझे किस तमन्ना से हम देखते हैं

नक़्श-ए-क़दम–पदचिन्ह। **ख़ियाबाँ ख़ियाबाँ**–क्यारी-क्यारी, रविश-रविश। **इरम**–स्वर्गोद्यान नन्दन कानन (एक पुराने बादशाह शद्दाद का बनाया हुआ कृत्रिम स्वर्ग)

दिल आशुफ़्तगाँ–(उद्विग्न हृदयवाले) 'आशिक़। **ख़ाल-ए-कुँज-ए-दहन**–अधरों के कोने में स्थित तिल। **सुवैदा**–काला दाग़। (मा'शूक़ का छोटा दहाना जो न होने के बराबर है, अनस्तित्व का नमूना है)। **सैर-ए-'अदम**–अनस्तित्व का तमाशा।

सर्व क़ामत–सर्व वृक्ष का-सा आकार। **क़द्द-ए-आदम**–आदमी के क़द के बराबर।

क़यामत–(क़ियामत) प्रलय। **फ़ितने**–(फ़ितनः) उपद्रव, विपत्ति।

तमाशा कर–हमारा तमाशा देख। **महूव-ए-आईनादारी**–आत्म-शृंगार में लीन। **तमन्ना**–अभिलाषा, कामना, चाव, शौक़।

सुराग़-ए-तुफ़-ए-नालः ले, दाग़-ए-दिल से
कि शब रौ का नक़्श-ए-क़दम देखते हैं

बनाकर फ़क़ीरों का हम भेस, ग़ालिब
तमाशा-ए-अहल-ए-करम देखते हैं

सुराग़-ए-तुफ़-ए-नालः–आर्त्तनाद की तपन और द्रवण की खोज। **शब रौ**–रात का राही। **तमाशा-ए-अहल-ए-करम**–कृपालुओं (दानियों) का तमाशा।

98

मिलती है ख़ू-ए-यार से नार, इल्तिहाब में
काफ़िर हूँ, गर न मिलती हो राहत 'अज़ाब में

कब से हूँ, क्या बताऊँ, जहान-ए-ख़राब में
शबहा-ए-हिज्र को भी रखूँ गर हिसाब में

ता फिर न इन्तिज़ार में नींद आए 'उम्र भर
आने का वा'दः कर गये, आये जो ख़्वाब में

क़ासिद के आते आते, ख़त इक और लिख रखूँ
मैं जानता हूँ, जो वह लिखेंगे जवाब में

मुझ तक कब, उनकी बज़्म में, आता था दौर-ए-जाम
साक़ी ने कुछ मिला न दिया हो शराब में

जो मुन्किर-ए-वफ़ा हो, फ़रेब उस प क्या चले
क्यों बदगुमाँ हूँ दोस्त से, दुश्मन के बाब में

ख़ू-ए-यार–मित्र का स्वभाव। **नार**–आग (नरक)। **इल्तिहाब**–ज्वाला, लपट, धधक।
राहत–सुख, चैन, आराम। **'अज़ाब**–यमयातना, पाप का दंड।
जहान-ए-ख़राब–दुखमय संसार। **शबहा-ए-हिज्र**–विरह की रातें।
क़ासिद–पत्रवाहक।
दौर-ए-जाम–घूमता हुआ मधुपात्र।
मुन्किर-ए-वफ़ा–प्रेम-निर्वाह से मुकरनेवाला। **फ़रेब**–धोखा। **बदगुमाँ**–सन्देहशील।
दुश्मन के बाब में–शत्रु के सम्बन्ध में।

क्यों मुज़्तरिब हूँ वस्ल में, ख़ौफ़-ए-रक़ीब से
डाला है तुमको वहूम ने, किस पेच-ओ-ताब में

मैं और हज़्ज़-ए-वस्ल, ख़ुदासाज़ बात है
जाँ नज़्र देनी भूल गया, इज़्तिराब में

है तेवरी चढ़ी हुई, अंदर निक़ाब के
है इक शिकन पड़ी हुई, तर्फ़-ए-निक़ाब में

लाखों लगाव, एक चुराना निगाह का
लाखों बनाव, एक बिगड़ना 'अिताब में

वह नालः, दिल में ख़स क़े बराबर जगह न पाये
जिस नाले से शिगाफ़ पड़े आफ़ताब में

वह सेहूर, मुद्द'आ तलबी में न काम आए
जिस सेहूर से सफ़ीनः रवाँ हो सराब में

ग़ालिब छुटी शराब, पर अब भी, कभी कभी
पीता हूँ रोज़-ए-अब्र-ओ-शब-ए-माहताब में

मुज़्तरिब–विकल, अधीर। **वस्ल**–प्रिय-मिलन। **ख़ौफ़-ए-रक़ीब**–प्रतिद्वन्द्वी का भय।
वहूम–शंका। **पेच-ओ-ताब**–कुढ़न में बल खाना।
हज़्ज़-ए-वस्ल–प्रिय-मिलन का आनन्द। **ख़ुदासाज़ बात**–ईश्वर की देन। **जाँ**–प्राण। **नज़्र**–उपहार।
इज़्तिराब–व्याकुलता, घबराहट, आतुरता।
तर्फ़-ए-निक़ाब–नक़ाब का कोना।
'अिताब–ग़ुस्सा, क्रोध।
ख़स–तृण। **शिगाफ़**–दरार। **आफ़ताब**–सूर्य।
सेहूर–जादू। **मुद्द'आ तलबी**–उद्देश्यपूर्ति। **सफ़ीनः**–नाव, कश्ती, नौका। **रवाँ हो**–चले। **सराब**–मृगजल।
रोज़-ए-अब्र-ओ-शब-ए-माहताब–घटाओं-घिरे दिन और चाँदनी रातें।

99

कल के लिए कर आज न ख़िस्सत शराब में
यह सू-ए-ज़न है साक़ि-ए-कौसर के बाब में

हैं आज क्यों ज़लील, कि कल तक न थी पसन्द
गुस्ताख़ि-ए-फ़रिश्तः हमारी जनाब में

जाँ क्यों निकलने लगती है, तन से, दम-ए-समा'अ
गर वह सदा समाई है चँग-ओ-रबाब में

रौ में है रख़्श-ए-'उम्र, कहाँ, देखिये, थमे
ने हाथ बाग पर है, न पा है रिकाब में

ख़िस्सत–कंजूसी, कृपणता। **सू-ए-ज़न**–दुर्भावना। **साक़ि-ए-कौसर के बाब में**–कौसर के साक़ी के सम्बन्ध में मुसलमानों का विश्वास है कि स्वर्ग में पवित्र मदिरा की एक नहर, कौसर, है और स्वर्ग में जानेवालों को हज़रत 'अली अपने हाथ से पिलाएँगे। इसलिए उनको साक़ि-ए-कौसर कहा जाता है।

ज़लील–अपमानित। **गुस्ताख़ि-ए-फ़रिश्तः**–फ़रिश्तों की अशिष्टता। **हमारी जनाब में**– हमारी ड्योढ़ी पर, हमारी उपस्थिति में (शैतान पहले एक बहुत बड़ा फ़रिश्तः देवदूत था। जब ख़ुदा ने आदम को बनाया और फ़रिश्तों को सिजदः करने का हुक्म दिया तो सब फ़रिश्तों ने आदम को सिजदः किया लेकिन 'अिज़्राईल ने इनकार कर दिया। इस पर ख़ुदा ने उसे सज़ा दी और आसमानों से बाहर निकाल दिया। अब वही अिज़्राईल दुनिया में शैतान है।)

दम-ए-समा'अ–गाना सुनते समय (समा'अ–श्रवण, राग, गान)। **सदा**–आवाज़, ध्वनि, नाद। **चँग-ओ-रबाब**–वाद्य यंत्रों के नाम।

रौ–गति। **रख़्श-ए-उम्र**–जीवन-अश्व।

उतना ही मुझको अपनी हक़ीक़त से बो'द है
जितना कि वह्म-ए-ग़ैर से हूँ पेच-ओ-ताब में

अस्ल-ए-शुहूद-ओ-शाहिद-ओ-मशहूद एक है
हैराँ हूँ, फिर मुशाहिदः है किस हिसाब में

है मुश्तमिल नुमूद-ए-सुवर पर वुजूद-ए-बह्र
याँ क्या धरा है क़तरः-ओ-मौज-ओ-हबाब में

शर्म इक अदा-ए-नाज़ है, अपने ही से सही
हैं कितने बे हिजाब, कि हैं यों हिजाब में

आराइश-ए-जमाल से फ़ारिग़ नहीं हनोज़
पेश-ए-नज़र है आइनः दाइम निक़ाब में

है ग़ैब-ए-ग़ैब, जिसको समझते हैं हम शुहूद
हैं ख़्वाब में हनोज़, जो जागे हैं ख़्वाब में

ग़ालिब, नदीम-ए-दोस्त से, आती है बू-ए-दोस्त
मशग़ूल-ए-हक़ हूँ, बन्दगि-ए-बू तुराब में

हक़ीक़त–वास्तविकता। **बो'द**–दूरी। **वह्म-ए-ग़ैर**–अन्य का भ्रम। **पेच-ओ-ताब**–कुढ़न में बल खाना।

अस्ल-ए-शुहूद-ओ-शाहिद-ओ-मशहूद–शुहूद (उपस्थिति), शाहिद (प्रत्यक्षदशी) और मशहूद (अवलोकनीय) का मूल। **हैराँ**–चकित। **मुशाहिदः**–अवलोकन।

मुश्तमिल–सम्मिलित। **नुमूद-ए-सुवर**–रूप का प्रकटन। **वुजूद-ए-बह्र**–सागर का अस्तित्व। **क़तरः-ओ-मौज-ओ-हबाब**–बूँद, लहर और बुलबुला।

शर्म–लज्जा। **अदा-ए-नाज़**–सौन्दर्याभिमान की अदा। **बेहिजाब**–बेपर्दः।

आराइश-ए-जमाल–सौन्दर्य का शृंगार। **फ़ारिग़**–निवृत, निश्चिन्त। **हनोज़**–अभी तक। **पेश-ए-नज़र**–दृष्टि के सामने। **दाइम**–सदैव, हमेशः।

ग़ैब-ए-ग़ैब–परोक्ष का परोक्ष। **शुहूद**–उपस्थित।

नदीम-ए-दोस्त–मित्र का साथी। **बू-ए-दोस्त**–मित्र की गन्ध। **मशग़ूल-ए-हक़**–ख़ुदा की 'अिबादत में व्यस्त। **बन्दगि-ए-बू तुराब**–हज़रत 'अली की वन्दना। (पाँचवें से लेकर ग्यारहवें तक सब शे'र तसव्वुफ़ के हैं। लेकिन आठवाँ और नवाँ शे'र तसव्वुफ़ से अलग भी अर्थ देता है)।

100

हैरॉं हूँ, दिल को रोऊँ, कि पीटूँ जिगर को मैं
मक़दूर हो, तो साथ रखूँ नौहःगर को मैं

छोड़ा न रश्क ने, कि तिरे घर का नाम लूँ
हर इक से पूछता हूँ, कि जाऊँ किधर को मैं

जाना पड़ा रक़ीब के दर पर, हज़ार बार
अय काश, जानता न तिरी रहगुज़र को मैं

है क्या, जो कसके बाँधिये, मेरी बला डरे
क्या जानता नहीं हूँ, तुम्हारी कमर को मैं

लो, वह भी कहते हैं कि यह बे नँग-ओ-नाम है
यह जानता अगर, तो लुटाता न घर को मैं

चलता हूँ थोड़ी दूर, हर इक तेज़ रौ के साथ
पहचानता नहीं हूँ अभी, राहबर को मैं

मक़दूर–सामर्थ्य। **नौहःगर**–शोक मनानेवाला।
रश्क–ईर्ष्या।
रक़ीब–प्रतिद्वन्द्वी। **रहगुज़र**–पथ, राह।
बे नंग-ओ-नाम–बेआबरू, अनादृत।
तेज़ रौ–तीव्रगामी, तेज़ चलनेवाला। **राहबर**–मार्गदर्शक।

ख़्वाहिश को, अहमक़ों ने, परस्तिश दिया क़रार
क्या पूजता हूँ उस बुत-ए-बेदादगर को मैं

फिर बेख़ुदी में भूल गया, राह-ए-कू-ए-यार
जाता वगरनः एक दिन अपनी ख़बर को मैं

अपने प कर रहा हूँ क़ियास, अह्ल-ए-दह्र का
समझा हूँ दिल पिज़ीर, मता'-ए-हुनर को मैं

ग़ालिब, ख़ुदा करे कि सवार-ए-समंद-ए-नाज़
देखूँ 'अली बहादुर-ए-'आली गुहर को मैं

परस्तिश–पूजा। बुत-ए-बेदादगर–ज़ालिम मा'शूक़।

बेख़ुदी–आत्मविस्मृति। **राह-ए-कू-ए-यार**–यार की गली की राह। **वगरनः**–वर्नः।

क़ियास–अनुमान। **अह्ल-ए-दह्र**–दुनियावाले, संसारी। **दिल पिज़ीर**–मनोहर, मूल्यवान। **मता'-ए-हुनर**–कला की सम्पत्ति।

सवार-ए-समन्द-ए-नाज़–गर्व और अश्व पर आरोहित, गर्वित। **'अली बहादुर-ए-'आली गुहर**–कुलीन 'अली बहादुर (ग़ालिब के एक रईस दोस्त का नाम)।

101

ज़िक्र मेरा, ब बदी भी, उसे मंज़ूर नहीं
ग़ैर की बात बिगड़ जाये, तो कुछ दूर नहीं

वा'दः-ए-सैर-ए-गुलिस्ताँ है, ख़ुशा ताले'-ए-शौक़
मुश़दः-ए-क़त्ल मुक़द्दर है, जो मज़कूर नहीं

शाहिद-ए-हस्ति-ए-मुत्लक़ की कमर है 'आलम
लोग कहते हैं कि है, पर हमें मंज़ूर नहीं

क़तरः अपना भी हक़ीक़त में है दरिया, लेकिन
हमको तक़लीद-ए-तुनुक ज़रफ़ि-ए-मंसूर नहीं

ज़िक्र–चर्चा। **ब बदी**–बुराई के साथ। **मंज़ूर**–पसन्द, स्वीकृत।
वा'दः-ए-सैर-ए-गुलिस्ताँ–उद्यान की सैर का वा'दः।
ताले'-ए-शौक़–शौक़ (अभिरुचि) का भाग्य। **मुश़दः-ए-क़त्ल**–क़त्ल की ख़ुशख़बरी।
मुक़द्दर–भाग्य। **मज़कूर**–चर्चित, वर्णित।
शाहिद-ए-हस्ति-ए-मुतलक़–परम पुरुष (ब्रह्म) **'आलम**–विश्व। (ग़ालिब ने अतिश्योक्ति से काम लिया है, जहाँ उसने मा'शूक़ की पतली कमर को इतना पतला कर दिया है कि वह अस्तित्वहीन हो गई है। ऐसी ही अतिरंजना ग़ज़ल 100, शे'र 4 में है)।
क़तरः–बूँद। **हक़ीक़त में**–वास्तव में। **दरिया**–सागर। **तक़लीद-ए-तुनुक ज़रफ़ि-ए-मंसूर**–मंसूर के ओछेपन का अनुकरण (मंसूर एक सूफ़ी था जिसको अनलहक़, मैं सत्य हूँ, मैं ब्रह्म हूँ [अहम्ब्रह्मोस्मि] कहने पर सूली चढ़ा दिया गया था।)

हसरत, अय ज़ौक़-ए-ख़राबी, कि वह ताक़त न रही
'अिश्क़-ए-पुर 'अर्बदः की गौं तन-ए-रंजूर नहीं

मैं जो कहता हूँ, कि हम लेंगे क़यामत में तुम्हें
किस र'अूनत से वह कहते हैं, कि हम हूर नहीं

जुल्म कर, जुल्म, अगर लुत्फ़ दरेग़ आता हो
तू तग़ाफ़ुल में किसी रंग से मा'ज़ूर नहीं

साफ़ दुर्दी कश-ए-पैमानः-ए-जम हैं, हम लोग
वाय, वह बादः, कि अफ़शुरदः-ए-अँगूर नहीं

हूँ ज़हूरी के मुक़ाबिल में ख़िफ़ाई ग़ालिब
मेरे दा'वे प यह हुज्जत है, कि मशहूर नहीं

हसरत–हाय रे मेरी अभिलाषा। **ज़ौक़-ए-ख़राबी**–बर्बाद होने का चाव।
अिश्क़-ए-पुर'अर्बदः–जंगजू 'अिश्क़। **गौं**–योग्य। **तन-ए-रँजूर**–दुख भरा शरीर, रोगी तन।
र'अूनत–अहंकार, घमंड। **हूर**–अप्सरा।
लुत्फ़ दरेग़ आता हो–कृपा करने को मन न करता हो। **तग़ाफ़ुल**–उपेक्षा। **मा'ज़ूर**–विवश।
दुर्दीकश-ए-पैमानः-ए-जम–(जम–जमशेद का संक्षिप्त नाम जो प्राचीन ईरान का महान सम्राट था। उसका मधुपात्र बहुत बड़ा था) जमशेद के मधुपात्र की तलछट तक पी जानेवाले। **वाय, वह बादः**–उस शराब पर ला'नत। **अफ़शुर्दः-ए-अँगूर**–अंगूर का सत्व, अंगूरी शराब।
ज़ुहूरी (ज़हूरी अशुद्ध है)–एक फ़ारसी कवि (अर्थ, प्रकट होनेवाला) **मुक़ाबिले में**–सामने, तुलना में। **ख़िफ़ाई**–छिपा हुआ, गुमनाम। **हुज्जत**–सुबूत।

102

नालः जुज़ हुस्न-ए-तलब, अय सितम ईजाद, नहीं
है तक़ाज़ा-ए-जफ़ा, शिकवः-ए-बेदाद नहीं

‘अिश्क़-ओ-मज़दूरि-ए-‘अिश्रत गह-ए-ख़ुसरू क्या ख़ूब
हमको तसलीम निकुनामि-ए-फ़रहाद नहीं

कम नहीं वह भी ख़राबी में, प वुस‘अत मा‘लूम
दश्त में, है मुझे वह ‘अैश, कि घर याद नहीं

अहल-ए-बीनिश को, है तूफ़ान-ए-हवादिस, मकतब
लतमः-ए-मौज, कम अज़ सेलि-ए-उस्ताद, नहीं

वाय महरूमि-ए-तसलीम-ओ-बदा हाल-ए-वफ़ा
जानता है, कि हमें ताक़त-ए-फ़रियाद नहीं

नालः–आर्त्तनाद। **जुज़**–सिवाय, अतिरिक्त। **हुस्न-ए-तलब**–ख़ूबसूरती से माँगना, बिनमाँगे माँगना। **सितमईजाद**–ज़ालिम, अत्याचारी। **तक़ाज़ा-ए-जफ़ा**–अत्याचार करने का तक़ाज़ा। **शिकवः-ए-बेदाद**–अत्याचार की शिकायत।

‘अिश्रतगह-ए-ख़ुसरु (ख़ुसरौ)–ख़ुसरौ का विलास-भवन। **तसलीम**–स्वीकृत।

निकुनामि-ए-फ़रहाद–फ़रहाद की नेकनामी (ख़ुसरौ ईरान का बादशाह था जिसने धोखे से फ़रहाद की प्रेयसी शीरीं से शादी कर ली थी। फ़रहाद शीरीं के महल, क़स्र-ए-शीरीं, का मज़दूर था)।

वुस‘अत–विस्तार, फैलाव। **दश्त**–जंगल, मैदान। **अह्ल-ए-बीनिश**–आँखवाले, अक़्लमन्द, बुद्धिमान। **तूफ़ान-ए-हवादिस**–विपत्तियों की अधिकता। **मकतब**–पाठशाला। **लतमः-ए-मौज**–लहरों का थपेड़ा। **कम अज़ सेलि-ए-उस्ताद**–गुरु के तमाचे से कम।

वाय–हाय, अफ़सोस। **महरूमि-ए-तसलीम**–हमारी स्वीकृति जो मा‘शूक़ की कृपा से वंचित है। **बदा हाल-ए-वफ़ा**–वफ़ा की दुर्गति। **ताक़त-ए-फ़रियाद**–आर्त्तनाद की शक्ति।

रंग-ए-तमकीन-ए-गुल-ओ-लालः परीशाँ क्यों है
गर चराग़ान-ए-सर-ए-रह गुज़र-ए-बाद नहीं

सबद-ए-गुल के तले बन्द करे है गुलचीं
मुश़दः, अय मुर्ग़, कि गुलज़ार में सय्याद नहीं

नफ़ि से करती है इस्बात तराविश गोया
दी है जा-ए-दहन उसको दम-ए-ईजाद, नहीं

कम नहीं, जल्वः गरी में, तिरे कूचे से बिहिश्त
यही नक़्शः है, वले इस क़दर आबाद नहीं

करते किस मुँह से हो गुर्बत की शिकायत, ग़ालिब
तुम को बेमेहूरि-ए-यारान-ए-वतन याद नहीं

रंग-ए-तमकीन-ए-गुल-ओ-लालः–(तमकीन का अर्थ शक्ति और सहन है किन्तु ग़ालिब ने यहाँ शान और अहंकार के अर्थ में प्रयोग किया है) फूलों के अहंकार का रंग।
चराग़ान-ए-सर-ए-रहगुज़र-ए-बाद–पवन के पथ के दीपक।
सबद-ए-गुल–फूलों की टोकरी। **गुलचीं**–फूल तोड़नेवाला। **मुश़दः**–शुभ समाचार। **मुर्ग़**–चिड़िया, बुलबुल। **सय्याद**–व्याध।
नफ़ि–नकार। **इस्बात**–सकार। **तराविश**–स्राव। **गोया**–जैसे, मानो।
जा-ए-दहन–मुँह की जगह। **दम-ए-ईजाद**–सृष्टि के समय।
जल्वःगरी–रौनक़, शोभा। **कूचे (कूचः)**–गली। **वले**–लेकिन, किन्तु।
ग़ुर्बत–प्रवास। **बेमेहूरि-ए-यारान-ए-वतन**–देशवासी मित्रों की बेवफ़ाई।

103

दोनों जहान दे के, वह समझे, यह ख़ुश रहा
याँ आ पड़ी यह शर्म, कि तकरार क्या करें

थक थक के, हर मक़ाम प दो चार रह गये
तेरा पता न पायें, तो नाचार क्या करें

क्या शम्'अ के नहीं हैं हवा ख़्वाह अहल-ए-बज़्म
हो ग़म ही जाँ गुदाज़, तो ग़मख़्वार क्या करें

नाचार–लाचार, मजबूर।
हवाख़्वाह–हमदर्द, मित्र। **अह्ल-ए-बज़्म**–महफ़िल वाले। **जाँ गुदाज़**–प्राण को पिघलानेवाला, जान लेवा। **ग़मख़्वार**–हमदर्द।

104

हो गई है ग़ैर की शीरीं बयानी, कारगर
अिश्क़ का उसको गुमाँ हम बेज़बानो पर नहीं

ग़ैर–रक़ीब, प्रतिद्वन्द्वी। **शीरीं बयानी**–मृदुभाषित। **कारगर**–प्रभावकर। **गुमाँ**–शंका।

105

क़यामत है, कि सुन लैला का दश्त-ए-क़ैस में आना
त'अज्जुब से वह बोला, यों भी होता है ज़माने में

दिल-ए-नाज़ुक प उसके रह्म आता है मुझे, ग़ालिब
न कर सर्गर्म उस काफ़िर को उल्फ़त आज़माने में

दश्त-ए-क़ैस–मजनूँ का जंगल (मजनूँ लैला के प्रेम में जंगल-जंगल मारा-मारा फिरता था)। **दिल-ए-नाज़ुक**–कोमल हृदय। **सरगर्म**–संलग्न। **उल्फ़त**–प्रेम।

106

दिल लगाकर लग गया उनको भी तन्हा बैठना
बारे, अपनी बेकसी की हमने पाई दाद, याँ

हैं ज़वाल आमादः अज्ज़ा आफ़रीनिश के तमाम
मेहूर-ए-गर्दूं है चराग़-ए-रहगुज़ार-ए-बाद, याँ

तन्हा–अकेला। **बारे**–अन्ततः। **बेकसी**–निस्सहायता, असहायता। **दाद**–न्याय, प्रशंसा। **ज़वाल आमादः**–पतनोन्मुख, ह्रासोन्मुख। **अज्ज़ा**–अंश का बहुवचन। **आफ़रीनिश**–सृष्टि। **मेहूर-ए-गर्दूं**–आकाश का सूर्य। **चराग़-ए-रहगुज़ार-ए-बाद**–पवन के पथ का दीया।

107

यह हम जो हिज्र में, दीवार-ओ-दर को देखते हैं
कभी सबा को, कभी नामःबर को देखते हैं

वह आयें घर में हमारे, ख़ुदा की क़ुदरत है
कभी हम उनको, कभी अपने घर को देखते हैं

नज़र लगे न कहीं, उसके दस्त-ओ-बाज़ू को
यह लोग क्यों मिरे ज़ख़्म-ए-जिगर को देखते हैं

तिरे जवाहिर-ए-तर्फ़-ए-कुलह को क्या देखें
हम औज-ए-ताले'-ए-ला'ल-ओ-गुहर को देखते हैं

हिज्र–विरह। **सबा**–हवा, समीर। **नामःबर**–पत्रवाहक।
दस्त-ओ-बाज़ू–हाथ और बाँहें।
जवाहिर-ए-तर्फ़-ए-कुलह–टोपी में टँके हुए रत्न। **औज-ए-ताले'-ए-ला'ल-ओ-गुहर**–हीरे-मोती के भाग्य की ऊँचाई।

108

नहीं, कि मुझको क़ियामत का ए'तिक़ाद नहीं
शब-ए-फ़िराक़ से, रोज़-ए-जज़ा, ज़ियाद नहीं

कोई कहे, कि शब-ए-मह में क्या बुराई है
बला से, आज अगर दिन को अब्र-ओ-बाद नहीं

जो आऊँ सामने उनके, तो मरहबा न कहें
जो जाऊँ वाँ से कहीं को, तो ख़ैरबाद नहीं

कभी जो याद भी आता हूँ मैं, तो कहते हैं
कि, आज बज़्म में कुछ फ़ितनः-ओ-फ़साद नहीं

'अलावः'ईद के मिलती है, और दिन भी, शराब
गदा-ए-कूचः-ए-मैख़ानः नामुराद नहीं

जहाँ में हो ग़म-ओ-शादी बहम, हमें क्या काम
दिया है हमको ख़ुदा ने वह दिल, कि शाद नहीं

तुम उनके वा'दे का ज़िक्र उनसे क्यों करो, ग़ालिब
यह क्या, कि तुम कहो, और वह कहें, कि याद नहीं

क़ियामत–(क़यामत) प्रलय। **ए'तिक़ाद**–विश्वास। **शब-ए-फ़िराक़**–विरह यामिनी।
रोज़-ए-जज़ा–अन्तिम न्याय का दिन। **ज़ियाद**–ज़्यादा (अधिक कठोर)
शब-ए-मह–चाँदनी रात। **अब्र-ओ-बाद**–घटाएँ और हवाएँ।
मरहबा–शुभागमन, सुस्वागतम्। **ख़ैरबाद**–ख़ुदा हाफ़िज़, विदाई के समय शुभ-सम्बोधन।
फ़ितनः-ओ-फ़साद–गड़बड़, धमा-चौकड़ी, उपद्रव।
गदा-ए-कूचः-ए-मैख़ानः–मदिरालय की गली का भिक्षुक। **नामुराद**–असफल, अपूर्णकाम।
ग़म-ओ-शादी–दुख और सुख। **बहम**–एक साथ। **शाद**–ख़ुश, सुखी।

109

तेरे तौसन को सबा बाँधते हैं
हम भी मज़मूँ की हवा बाँधते हैं

आह का किसने असर देखा है
हम भी इक अपनी हवा बाँधते हैं

तेरी फ़ुर्सत के मुक़ाबिल, अय 'उम्र
बर्क़ को पा ब हिना बाँधते हैं

क़ैद-ए-हस्ती से रिहाई, मा'लूम
अश्क को बे सर-ओ-पा बाँधते हैं

नश्शः-ए-रंग से, है वाशुद-ए-गुल
मस्त कब बन्द-ए-क़बा बाँधते हैं

तौसन–अश्व, घोड़ा। **सबा**–हवा, पवन। (उर्दू में वर्णन करने को मज़मून [विषय] बाँधना कहते हैं। बाँधने का अर्थ उपमा देना और लिखना भी है)। **मज़मूँ**–विषय। **हवा बाँधना**–मुहावरः जिसका अर्थ है धाक बाँधना।

फ़ुर्सत–अवकाश (यहाँ अवधि अर्थ है) **मुक़ाबिल**–सामने, तुलना में। **बर्क़**–बिजली। **पा ब हिना**–मेंहदी लगे पाँव (गतिहीन)।

क़ैद-ए-हस्ती–जीवन-पाश, जीवन की क़ैद। **अश्क**–आँसू। **बे सर-ओ-पा**–बिना सर और पैर (आदि-अन्त रहित)

नश्शः-ए-रंग–रंग का नशा। **वाशुद-ए-गुल**–फूलों का खिलना। **बन्द-ए-क़बा**– (क़बा–अँगरखे की तरह का एह वस्त्र) क़बा की डोरियाँ।

ग़लतीहा-ए-मज़ामीं मत पूछ
लोग, नाले को रसा बाँधते हैं

अह्ल-ए-तद्बीर की वामान्दगियाँ
आबलों पर भी हिना बाँधते हैं

सादः पुरकार हैं ख़ूबाँ, ग़ालिब
हम से पैमान-ए-वफ़ा बाँधते हैं

ग़लतीहा-ए-मज़ामीं–(हा–बहुवचन) विषयों की ग़लतियाँ। **नाले (नालः)**–आर्त्तनाद।
रसा–पहुँचा हुआ, सफल, प्रभावपूर्ण।
अहल-ए-तदबीर–बुद्धिमान लोग। **वामान्दगियाँ**–थकन, लाचारी, मजबूरी। **आबलों (आबलः)**–छाला।
हिना–मेंहदी।
सादः पुरकार–देखने में कमसमझ और भोले, किन्तु वास्तव में चतुर और कपटी।
ख़ूबाँ–ख़ूबसूरत लोग, मा'शूक़। **पैमान-ए-वफ़ा**–प्रेम-निर्वाह की प्रतिज्ञा।

110

ज़मानः सख़्त कम आज़ार है बजान-ए-असद
वगरनः हम तो तवक़्क़ो' ज़ियादः रखते हैं

ज़मानः–समय, संसार। **सख़्त कम आज़ार**–बहुत कम दुख पहुँचानेवाला। **ब जान-ए-असद**–असद की जान की सौगन्ध। **वगरनः**–वर्नः, वर्ना। **तवक़्क़ो'अ**–आशा।

111

दाइम पड़ा हुआ तिरे दर पर नहीं हूँ मैं
ख़ाक ऐसी ज़िन्दगी प, कि पत्थर नहीं हूँ मैं

क्यों गर्दिश-ए-मुदाम से घबरा न जाये दिल
इंसान हूँ, पियालः-ओ-साग़र नहीं हूँ मैं

यारब, ज़मानः मुझको मिटाता है किस लिये
लौह-ए-जहाँ प हर्फ़-ए-मुकर्रर नहीं हूँ मैं

हद चाहिये सज़ा में, 'अुक़ूबत के वास्ते
आख़िर गुनाहगार हूँ, काफ़िर नहीं हूँ मैं

किस वास्ते 'अज़ीज़ नहीं जानते मुझे
ला'ल-ओ-ज़मर्रुद-ओ-ज़र-ओ-गौहर नहीं हूँ मैं

दाइम–हमेशा, सदैव। **दर**–द्वार, चौखट।

गर्दिश-ए-मुदाम–(गर्दिश-चक्कर) हमेशा की परेशानी। **पियालः-ओ-साग़र**–पुराने ज़माने में एक ही प्याले या पात्र से शराब पी जाती थी, इसलिए वह घूमता था।

यारब–ऐ ख़ुदा। **लौह-ए-जहाँ**–संसार का पृष्ठ। **हर्फ़-ए-मुकर्रर**–दूसरी बार लिखा हुआ अक्षर, फ़ालतू या अधिक अक्षर।

'अुक़ूबत–तकलीफ़, कष्ट, दुख। **काफ़िर**–अनास्थावादी।

'अज़ीज़–प्रिय। **ला'ल-ओ-ज़मर्रुद-ओ-ज़र-ओ-गौहर**–(ज़ुमर्रुद) ला'ल, पन्ना, सोना और मोती।

रखते हो तुम क़दम मिरी आँखों से क्यों दिरेग़
रुतबे में मेहूर-ओ-माह से कमतर नहीं हूँ मैं

करते हो मुझको मन'-ए-क़दम बोस किस लिये
क्या आसमान के भी बराबर नहीं हूँ मैं

ग़ालिब, वज़ीफ़ः ख़्वार हो, दो शाह को दु'आ
वह दिन गये कि कहते थे, नौकर नहीं हूँ मैं

दिरेग़–शोक संकोच (ग़ालिब ने इस शब्द का अन्तर के अर्थ में प्रयोग किया है)। **रुतबः**–पद।
मेहूर-ओ-माह–चाँद और सूरज।
मन'-ए-क़दम बोस–पैर चूमने से मना करना।
वज़ीफ़ःख़्वार–वज़ीफ़ा खाने (पाने) वाले।

112

सब कहाँ, कुछ लालः-ओ-गुल में नुमायाँ हो गईं
ख़ाक में क्या सूरतें होंगी, कि पिन्हाँ हो गईं

याद थीं, हम को भी, रंगारंग बज़्म आराइयाँ
लेकिन अब नक़्श-ओ-निगार-ए-ताक़-ए-निसियाँ हो गईं

थीं बनातुन्ना'श-ए-गर्दूं, दिन को पर्दे में निहाँ
शब को उनके जी में क्या आई, कि 'उरियाँ हो गईं

क़ैद में या'क़ूब ने ली, गो, न यूसुफ़ की ख़बर
लेकिन आँखें रौज़न-ए-दीवार-ए-ज़िन्दाँ हो गईं

लालः-ओ-गुल–लाले और गुलाब के फूल (फूल, बाग़ और बहार तीनों के लिए प्रयुक्त होता है)। **नुमायाँ**–प्रकट। **पिन्हाँ**–विलीन।
रंगारंग–बहुरंगी, विविधरूप। **बज़्म आराइयाँ**–हर्ष और ऐश्वर्य की महफ़िलें गर्म करना।
नक़्श-ओ-निगार-ए-ताक़-ए-निसियाँ–विस्मृति के ताक़ में सजे बेल-बूटे।
बनातुन्ना'श-ए-गर्दूं–सप्तर्षि मंडल। **निहाँ**–गुप्त, छिपी हुई। **शब**–रात। **उरियाँ**–नग्न, निरावरण।
या'क़ूब–एक पैग़म्बर का नाम। (यूसुफ़ उनके बारहवें बेटे थे जो अत्यन्त सुन्दर थे। उनके भाइयों ने ईर्ष्यावश उन्हें एक कुएँ में फेंक दिया, जहाँ से व्यापारियों का एक क़ाफ़िला उन्हें निकाल ले गया और मिस्र में ग़ुलाम के रूप में बेच दिया। ज़ुलैख़ा ने उनके रूप पर मोहित हो उन्हें ख़रीद लिया। लेकिन यूसुफ़ को ज़ुलैख़ा से कोई लगाव नहीं था इसलिए उसने अपने पति 'अज़ीज़-ए-मिस्र से झूठी शिकायत करके उन्हें क़ैद करा दिया। यूसुफ़ के शोक में रोते-रोते या'क़ूब की आँखें अन्धी हो गईं। इन आँखों को ग़ालिब ने रौज़न-ए-दीवार-ए-ज़िंदाँ [कारागृह की दीवार का छेद] कहा है। जैसे रौज़न हर समय यूसुफ़ को तकता रहता था वैसे ही या'क़ूब की आँखें कल्पना में यूसुफ़ को देखती रहती थीं या रौज़न की तरह सफ़ेद हो गई थीं)

सब रक़ीबों से हों नाख़ुश, पर ज़नान-ए-मिस्र से
है ज़ुलैख़ा ख़ुश, कि महव-ए-माह-ए-कन्'आँ हो गईं

जू-ए-ख़ूँ आँखों से बहने दो, कि है शाम-ए-फ़िराक़
मैं यह समझूँगा, कि शम'अें दो फ़ुरोज़ाँ हो गईं

इन परीज़ादों से लेंगे ख़ुल्द में हम इन्तिक़ाम
क़ुदरत-ए-हक़ से, यही हूरें अगर वाँ हो गईं

नीन्द उसकी है, दिमाग़ उसका है, रातें उसकी हैं
तेरी ज़ुल्फ़ें, जिसके बाज़ू पर, परीशाँ हो गईं

मैं चमन में क्या गया, गोया दबिस्ताँ खुल गया
बुलबुलें सुनकर मिरे नाले, ग़ज़लख़्वाँ हो गईं

वह निगाहें क्यों हुई जाती हैं, यारब, दिल के पार
जो मिरी कोताहि-ए-क़िस्मत से मिश़गाँ हो गईं

रक़ीब–प्रतिद्वन्द्वी। **ज़नान-ए-मिस्र**–मिस्र की नारियाँ। **महव-ए-माह-ए-कन्'आँ**– कन्'आँ (यूसुफ़ का देश) के चाँद में लीन (जब मिस्र की नारियाँ ज़ुलैख़ा पर हँसीं कि वह अपने ग़ुलाम पर आसक्त हो गई है तो ज़ुलैख़ा ने उनकी दा'वत की और उनको फल और छुरी दे दी और हुक्म दिया कि जब मैं कहूँ तब फल काटना। फिर यूसुफ़ को इशारा किया कि वह उन महिलाओं के बीच से गुज़र जाएँ। वे औरतें यूसुफ़ के रूप में ऐसी खो गईं कि फल के बजाय अपनी उँगलियाँ काट बैठीं और कहने लगीं कि यूसुफ़ इंसान नहीं हैं फ़रिश्ता हैं)।
जू-ए-ख़ूँ–रक्त की धार। **शाम-ए-फ़िराक़**–विरह की सन्ध्या। **फ़ुरोज़ाँ**–प्रज्वलित।
परीज़ाद–परी, अप्सरा, रूपसी। **ख़ुल्द**–स्वर्ग। **इन्तक़ाम**–बदला, प्रतिशोध।
क़ुदरत-ए-हक़–ख़ुदा की क़ुदरत (शक्ति)। **हूर**–अप्सरा।
ज़ुल्फ़ें–अलकें। **परीशाँ हो गईं**–बिखर गईं।
दबिस्ताँ–पाठशाला। **नाले**–आर्त्तनाद। **ग़ज़लख़्वाँ**–ग़ज़ल गानेवाला, गायक।
कोताहि-ए-क़िस्मत–कमनसीबी, हीन भाग्य। **मिश़गाँ**–पलकें, दृगाँचल, बरौनियाँ।

बसकि रोका मैंने, और सीने में उभरीं पै ब पै
मेरी आहें बख़ियः-ए-चाक-ए-गरीबाँ हो गईं

वाँ गया भी मैं, तो उनकी गालियों का क्या जवाब
याद थीं जितनी दु'आएँ, सर्फ़-ए-दरबाँ हो गईं

जाँ फ़िज़ा है बादः, जिसके हाथ में जाम आ गया
सब लकीरें हाथ की, गोया रग-ए-जाँ हो गईं

हम मुवह्हिद हैं, हमारा केश है, तर्क-ए-रुसूम
मिल्लतें जब मिट गईं, अज्ज़ा-ए-ईमाँ हो गईं

रँज से ख़ूगर हुआ इंसाँ, तो मिट जाता है रँज
मुश्किलें मुझ पर पड़ीं इतनी, कि आसाँ हो गईं

यों ही गर रोता रहा ग़ालिब, तो अय अह्ल-ए-जहाँ
देखना इन बस्तियों को तुम, कि वीराँ हो गईं

पै ब पै–बारम्बार। **बख़ियाः-ए-चाक-ए-गरीबाँ**–फटे हुए गरीबान की सीवन के टाँके।
सर्फ़-ए-दरबाँ–दरबान पर ख़त्म।
जाँ फ़िज़ा–प्राणवर्द्धक, आत्मा को आनन्दित करनेवाली। **बादः**–मदिरा। **गोया**–जैसे। **रग-ए-जाँ**–शिराएँ।
मुवह्हिद–समस्त सृष्टि को एक माननेवाला। **केश**–तरीक़ा, धर्म। **तर्क-ए-रुसूम**– रीति-त्याग, प्रकट पूजा-पाठ का त्याग। **मिल्लत**–सम्प्रदाय। **अज्ज़ा-ए-ईमाँ**–आस्था के अंश।
ख़ूगर हुआ–आदी हुआ, अभ्यस्त हुआ।
अह्ल-ए-जहाँ–दुनियावालो। **वीराँ**–वीरान, निर्जन, उजाड़।

113

दीवानगी से, दोश प ज़ुन्नार भी नहीं
या'नी हमारी जैब में इक तार भी नहीं

दिल को नियाज़-ए-हसरत-ए-दीदार कर चुके
देखा तो हम में ताक़त-ए-दीदार भी नहीं

मिलना तिरा अगर नहीं आसाँ, तो सह्ल है
दुश्वार तो यही है, कि दुश्वार भी नहीं

बे 'अिश्क़ 'उम्र कट नहीं सकती है, और याँ
ताक़त ब क़द्र-ए-लज़्ज़त-ए-आज़ार भी नहीं

शोरीदगी के हाथ से, है सर वबाल-ए-दोश
सह्रा में, अय ख़ुदा, कोई दीवार भी नहीं

दीवानगी–दीवानापन, उन्माद। **दोश**–कन्धा, स्कन्ध। **ज़ुन्नार**–जनेऊ, (मूर्तिपूजा या'नी 'अिश्क़ का प्रतीक)। **जैब**–गरीबान, कुरते की कंठी। **तार**–धागा।
नियाज़-ए-हसरत-ए-दीदार–दर्शन की अभिलाषा की भेंट। **ताक़त-ए-दीवार**–दर्शन की शक्ति।
आसाँ–सहल, आसान, सरल।
दुश्वार–कठिन।
ब क़द्र-ए-लज़्ज़त-ए-आज़ार–दुखों का आनन्द उठाने के योग्य।
शोरीदगी–जुनून, उन्माद। **वबाल-ए-दोश**–कन्धों की लिए दूभर। **सह्रा**–जंगल, वीरानः।

गुँजाइश-ए-'अदावत-ए-अग़यार इक तरफ़
याँ दिल में, ज़ो'फ़ से, हवस-ए-यार भी नहीं

डर नालःहा-ए-ज़ार से मेरे, ख़ुदा को मान
आख़िर नवा-ए-मुर्ग़-ए-गिरफ़्तार भी नहीं

दिल में है यार की सफ़-ए-मिश्गाँ से रूकशी
हालाँकि ताक़त-ए-ख़लिश-ए-ख़ार भी नहीं

इस सादगी प कौन न मर जाये, अय ख़ुदा
लड़ते हैं और हाथ में तलवार भी नहीं

देखा असद को ख़ल्वत-ओ-जल्वत में बारहा
दीवानः गर नहीं है, तो हुशियार भी नहीं

गुंजाइश-ए-'अदावत-ए-अग़यार–परायों से बैर की समाई। **ज़ो'फ़**–कमज़ोरी, दुर्बलता। **हवस-ए-यार**–मा'शूक़ की चाहत।

नालःहा-ए-ज़ार–निर्बल आर्त्तनाद। **नवा-ए-मुर्ग़-ए-गिरफ़्तार**–(गिरिफ़्तार) पिंजरे में बन्द पंछी की आवाज़।

सफ़-ए-मिश्गाँ–पलकदल। **रूकशी**–मुक़ाबला, सामना। **ताक़त-ए-ख़लिश-ए-ख़ार**– काँटों की चुभन सहन करने की शक्ति।

ख़ल्वत-ओ-जल्वत–एकान्त और प्रकट। **बारहा**–अनेक बार, बारम्बार।

114

नहीं है ज़ख़्म कोई बख़िये के दरख़ुर, मिरे तन में
हुआ है तार-ए-अश्क-ए-यास रिश्तः चश्म-ए-सोज़न में

हुई है माने'-ए-ज़ौक़-ए-तमाशा, ख़ानः वीरानी
कफ़-ए-सैलाब बाक़ी है, बरंग-ए-पँबः रौज़न में

वदी'अत ख़ानः-ए-बेदाद-ए-काविशहाः-ए-मिश़गाँ हूँ
नगीन-ए-नाम-ए-शाहिद है मिरा हर क़तरः ख़ूँ तन में

बयाँ किससे हो, ज़ुल्मत गुस्तरी मेरे शबिस्ताँ की
शब-ए-मह हो, जो रख दें पँबः दीवारों के रौज़न में

निकोहिश माने'-ए-बेरब्ति-ए-शोर-ए-जुनूँ आई
हुआ है ख़न्दः-ए-अहबाब बख़ियः, जैब-ओ-ए-दामन में

दरख़ुर–योग्य। **तार-ए-अश्क-ए-यास**–निराशा के आँसुओं का तार। **रिश्तः**–धागा। **चश्म-ए-सोज़न**–सुई की आँख, सुई का नाका।

माने'-ए-ज़ौक़-ए-तमाशा–तमाशे से रोकनेवाली। **ख़ानःवीरानी**–घर की वीरानी।

कफ़-ए-सैलाब–जलप्लावन का झाग। **बरँग-ए-पंबः**–रूई की तरह। **रौज़न**–दीवार का छेद।

वदी'अत ख़ान-ए-बेदाद-ए-काविशहा-ए-मिश़गाँ–पलकों के अत्याचारों का अमानत घर।

नगीन-ए-नाम-ए-शाहिद–वह नगीना जिस पर मा'शूक़ का नाम अंकित है। (मा'शूक़ ने अपनी पलकों से मेरे रक्त के हर कण पर अपना नाम अंकित कर दिया है और यह ख़ज़ाना मेरे तन में जमा है)

ज़ुल्मत गुस्तरी–अन्धकार। **शबिस्ताँ**–रात बिताने की जगह (यहाँ अर्थ है घर)।

शब-ए-मह–चाँदनी रात।

निकोहिश–निन्दा, धिक्कार। **माने'-ए-बेरब्ति-ए-शोर-ए-जुनूँ आई**–उन्माद के आवेग को अवरुद्ध किया। **ख़न्दः-ए-अह्बाब**–मित्रों की हँसी। **जैब-ओ-दामन**–गरीबान और दामन।

हुए उस मेहूर वश के जल्वः-ए-तिम्साल के आगे
पर अफ़शाँ जौहर आइने में, मिस्ल-ए-ज़र्रः रौज़न में

न जानूँ नेक हूँ या बद हूँ, पर सोहबत मुख़ालिफ़ है
जो गुल हूँ तो हूँ गुलख़न में, जो ख़स हूँ तो हूँ गुलशन में

हज़ारों दिल दिये, जोश-ए-जुनून-ए-'अिश्क़ ने मुझको
सियह होकर सुवैदा हो गया हर क़तरः ख़ूँ तन में

असद, ज़िन्दानि-ए-तासीर-ए-उल्फ़तहा-ए-ख़ूबाँ हूँ
ख़म-ए-दस्त-ए-नवाज़िश हो गया है तौक़ गर्दन में

मेहूर-वश–सूर्यमुखी, सुन्दरी। **जल्वः-ए-तिम्साल**–चित्र-छवि, प्रतिबिम्ब। **परअफ़्शाँ**– उड़ना। **जौहर**–दर्पण की चमक। **मिस्ल-ए-ज़र्रः**–कण की तरह।

सोहूबत–साथ, संगति। **मुख़ालिफ़**–विरुद्ध, विपरीत। **गुल**–फूल। **गुलख़न**–आग की भट्टी। **ख़स**–घासफूस, तृण। **गुलशन**–उद्यान।

जोश-ए-जुनून-ए-'अिश्क़–प्रेमोन्माद का आवेश। **सियह**–सियाह, काला। **सुवैदा**–दिल में दुखों से पड़ा काला दाग़।

ज़िन्दानि-ए-तासीर-ए-उल्फ़तहा-ए-ख़ूबाँ–मा'शूक़ों की प्रीत के प्रभाव का बन्दी।

ख़म-ए-दस्त-ए-नवाज़िश–प्यार से गले में पड़ी बाँह। **तौक़**–क़ैदियों की गर्दन में पहनाया जानेवाला लोहे का कड़ा (एक आभूषण का भी नाम है)।

115

मज़े जहान के अपनी नज़र में ख़ाक नहीं
सिवाय ख़ून-ए-जिगर, सो जिगर में ख़ाक नहीं

मगर गुबार हुए पर, हवा उड़ा ले जाये
वगरनः ताब-ओ-तवाँ बाल-ओ-पर में ख़ाक नहीं

यह किस बिहिश्त शमाइल की आमद आमद है
कि ग़ैर-ए-जल्वः-ए-गुल रहगुज़र में ख़ाक नहीं

भला उसे न सही, कुछ मुझी को रह्म आता
असर मिरे नफ़स-ए-बेअसर में ख़ाक नहीं

ख़याल-ए-जल्वः-ए-गुल से ख़राब है मैकश
शराब ख़ाने के दीवार-ओ-दर में ख़ाक नहीं

जहान–दुनिया, संसार। **ख़ाक नहीं**–कुछ भी नहीं।
मगर–शायद। **गुबार**–धूल। **वगरनः**–वर्ना, अन्यथा। **ताब-ओ-तवाँ**–शक्ति। **बाल-ओ-पर**–पंख।
बिहिश्त शमाइल–स्वर्गिक गुणों से सम्पन्न, अनन्य सुन्दरी, अपरिमित सौन्दर्यमयी रूपसी।
ग़ैर-ए-जल्वः-ए-गुल–फूलों की छवि के सिवा। **रहगुज़र**–रास्ता, पथ।
रहम–दया। **असर**–प्रभाव। **नफ़स-ए-बेअसर**–बेअसर साँस, प्रभावहीन आर्त्तनाद।
ख़याल-ए-जल्वः-ए-गुल–फूलों की कान्ति की कल्पना। **ख़राब**–मस्त। **मैकश**–शराबी, मद्यप, मधुपायी।

हुआ हूँ 'अिश्क़ की ग़ारतगरी से शर्मिन्दः
सिवाय हसरत-ए-ता'मीर घर में ख़ाक नहीं

हमारे शे'र हैं अब सिर्फ़ दिल्लगी के, असद
खुला, कि फ़ायदः अर्ज़-ए-हुनर में ख़ाक नहीं

ग़ारतगरी–लूटमार, तेबाह करना। **शर्मिन्दः**–लज्जित।
सिवाय-हसरत-ए-ता'मीर–निर्माण की अभिलाषा के अतिरिक्त।
अर्ज़-ए-हुनर–कला को प्रस्तुत करना।

116

दिल ही तो है, न सँग-ओ-ख़िश्त, दर्द से भर न आए क्यों
रोयेंगे हम हज़ार बार, कोई हमें सताये क्यों

दैर नहीं, हरम नहीं, दर नहीं, आस्ताँ नहीं
बैठे हैं रहगुज़र प हम, कोई हमें उठाये क्यों

जब वह जमाल-ए-दिल फ़रोज़, सूरत-ए-मेह्र-ए-नीमरोज़
आप ही हो नज़ारः सोज़, पर्दे में मुँह छुपाये क्यों

दश्नः-ए-ग़मज़ः जाँ सिताँ, नावक-ए-नाज़ बे पनाह
तेरा ही 'अक्स-ए-रुख़ सही, सामने तेरे आये क्यों

क़ैद-ए-हयात-ओ-बन्द-ए-ग़म, अस्ल में दोनों एक हैं
मौत से पहले, आदमी ग़म से नजात पाये क्यों

संग-ओ-ख़िश्त–ईंट-पत्थर।

दैर–मन्दिर। **हरम**–मस्जिद, का'बः। **दर**–द्वार। **आस्ताँ**–चौखट। **रहगुज़र**–राह, पथ।

जमाल-ए-दिलफ़रोज़–मन को प्रकाशित करनेवाला रूप। **सूरत-ए-मेह्र-ए-नीमरोज़**–दोपहर के सूर्य की तरह। **नज़ारः सोज़**–दृष्टि को जला देनेवाला।

दश्नः-ए-ग़मज़ः–सैन कटारी। **जाँसिताँ**–जानलेवा। **नावक-ए-नाज़**–सौन्दर्याभिमान का तीर। **बे पनाह**–जिससे बचना सम्भव नहीं। **'अक्स-ए-रुख़**–चेहरे का प्रतिबिम्ब।

क़ैद-ए-हयात-ओ-बन्द-ए-ग़म–जीवन-कारा और दुख-बन्धन। **नजात**–मुक्ति, छुटकारा।

हुस्न और उस प हुस्न-ए-ज़न, रह गई बुल्हवस की शर्म
अपने प ए'तिमाद है, ग़ैर को आज़माये क्यों

वाँ वह ग़ुरूर-ए-'अिज़्ज़-ओ-नाज़, याँ यह हिजाब-ए-पास-ए-वज़्'अ
राह में हम मिलें कहाँ, बज़्म में वह बुलाये क्यों

हाँ वह नहीं ख़ुदा परस्त, जाओ वह बेवफ़ा सही
जिसको हो दीन-ओ-दिल 'अज़ीज़, उसकी गली में जाये क्यों

ग़ालिब-ए-ख़स्तः के बिग़ैर, कौन-से काम बन्द हैं
रोइये ज़ार ज़ार क्या, कीजिये हाय हाय क्यों

हुस्न–सौन्दर्य, रूप। **हुस्न-ए-ज़न**–अच्छा ख़याल, सुविचार। **बुल्हवस**–तीव्रकामी, अत्याकांक्षी। (यह शब्द प्रतिद्वन्द्वी के लिए इस्तेमाल किया जाता है जिसके दिल में मा'शूक़ के लिए निष्कपट प्रेम और त्याग की भावना नहीं होती, बल्कि केवल उसके रूप को पा लेने का लोभ होता है)।
शर्म–लज्जा। **ए'तिमाद**–भरोसा, विश्वास।
ग़ैर–प्रतिद्वन्द्वी। **आज़माये क्यों**–क्यों परखे।
ग़ुरूर-ए-'अिज़्ज़-ओ-नाज़–अपनी शान का अभिमान। **हिजाब-ए-पास-ए-वज़्'अ**–यह लज्जा कि हम अपनी व्यवहार-प्रणाली कैसे बदलें, अपनी रीति कैसे छोड़ें।
बज़्म–महफ़िल, गोष्ठी। **ख़ुदा परस्त**–ख़ुदा को माननेवाला। **बेवफ़ा**–प्रेम-निर्वाह न करनेवाला, निर्मोही। **दीन-ओ-दिल**–धर्म और हृदय। **'अज़ीज़**–प्रिय।
ग़ालिब-ए-ख़स्तः–दुर्दशाग्रस्त ग़ालिब। **ज़ार-ज़ार**–फूट-फूटकर।

117

गुंचः-ए-नाशिगुफ़्तः को दूर से मत दिखा, कि यों
बोसे को पूछता हूँ मैं, मुँह से मुझे बता, कि यों

पुरसिश-ए-तर्ज़-ए-दिलबरी, कीजिये क्या, कि बिन कहे
उसके हर इक इशारे से निकले है यह अदा, कि यों

रात के वक़्त मै पिये, साथ रक़ीब को लिये
आये वह याँ ख़ुदा करे, पर न करे ख़ुदा, कि यों

ग़ैर से रात क्या बनी, यह जो कहा, तो देखिये
सामने आन बैठना, और यह देखना कि यों

बज़्म में उसके रूबरू, क्यों न ख़मोश बैठिये
उसकी तो ख़ामुशी में भी, है यही मुद्द'आ कि यों

मैंने कहा कि, बज़्म-ए-नाज़ चाहिये ग़ैर से, तिही
सुन के सितम ज़रीफ़ ने मुझको उठा दिया, कि यों

गुंचः-ए-नाशिगुफ़्तः–अनखिली कली। **बोसः**–चुम्बन।
पुरसिश-ए-तर्ज़-ए-दिलबरी–दिल लेने का तरीक़ा पूछना। **अदा**–हाव-भाव।
मै–मदिरा। **रक़ीब**–प्रतिद्वन्द्वी।
ग़ैर–प्रतिद्वन्द्वी।
बज़्म–महफ़िल। **रू-ब-रू**–सामने। **ख़मोश**–(ख़ामोश)–चुप। **मुद्द'आ**–अभिप्राय।
बज़्म-ए-नाज़–मा'शूक़ की महफ़िल। **तिही**–ख़ाली। **सितम ज़रीफ़**–जिसके अत्याचार में भी परिहास हो।

मुझसे कहा जो यार ने, जाते हैं होश किस तरह
देख के मेरी बेख़ुदी, चलने लगी हवा, कि यों

कब मुझे कू-ए-यार, में रहने की वज़्'अ याद थी
आईनःदार बन गई, हैरत-ए-नक़्श-ए-पा, कि यों

गर तिरे दिल में हो ख़याल, वस्ल में शौक़ का ज़वाल
मौज मुहीत-ए-आब में, मारे है दस्त-ओ-पा, कि यों

जो यह कहे, कि रेख़्तः क्योंकि हो रश्क-ए-फ़ारसी
गुफ़्तः-ए-ग़ालिब एक बार पढ़के उसे सुना, कि यों

बेख़ुदी–आत्मविस्मृति। **कू-ए-यार**–प्रिय की गली। **वज़्'अ**–रीति। **आईनःदार**–दर्पण दिखानेवाला। **हैरत-ए-नक़्श-ए-पा**–पदचिन्ह का विस्मय।

वस्ल–मिलन। **शौक़**–अभिलाषा, अभिरुचि। **ज़वाल**–पतन। **मौज़**–लहर, तरंग।

मुहीत-ए-आब–पानी का घेरा, जल-परिधि, सागर। **दस्त-ओ-पा**–हाथ-पाँव।

रेख़्तः–उर्दू काव्य। **क्योंकि**–क्योंकर, किस तरह। **रश्क-ए-फ़ारसी**–फ़ारसी भाषा के लिए ईर्ष्या का कारण। **गुफ़्तः-ए-ग़ालिब**–ग़ालिब का कहा हुआ शे'र।

118

हसद से दिल अगर अफ़सुर्दः है, गर्म-ए-तमाशा हो
कि चश्म-ए-तंग, शायद, कसरत-ए-नज़्ज़ारः से वा हो

बक़द्र-ए-हसरत-ए-दिल, चाहिये ज़ौक़-ए-म'आसी भी
भरूँ यक गोशः-ए-दामन, गर आब-ए-हफ़्त दरिया हो

अगर वह सर्व क़द, गर्म-ए-ख़िराम-ए-नाज़ आ जावे
कफ़-ए-हर ख़ाक-ए-गुलशन शक्ल-ए-क़ुमरी नालः फ़र्सा हो

हसद–डाह। **अफ़सुर्दः**–उदास, खिन्न। **गर्म-ए-तमाशा हो**–तमाशे में लीन हो, दुनिया को ग़ौर से देख। **चश्म-ए-तंग**–संकीर्ण नयन। **कसरत-ए-नज़्ज़ारः**–दृश्य-विपुलता। **वा हो**–उन्मीलित हो, खुले।

बक़द्र-ए-हसरत-ए-दिल–मन की अपूर्ण कामना के बराबर। **जौक़-ए-म'आसी**–गुनाहों की अभिरुचि। **यक गोशः-ए-दामन**–दामन का एक कोना। **आब-ए-हफ़्त दरिया**–सात सागरों का जल।

सर्व क़द–सर्व के से आकारवाला। **गर्म-ए-ख़िराम-ए-नाज़**–मन्द मन्थर गति लीन।

कफ़-ए-हर ख़ाक-ए-गुलशन–बाग़ की एक-एक मुट्ठी मिट्टी। **शक्ल-ए-क़ुमरी**–क़ुमरी (फ़ाख़्ता) की तरह। **नालः फ़र्सा**–आर्त्तनादरत (अर्थात् 'आशिक़ हो जाना)

119

का'बे में जा रहा, तो न दो ता'नः, क्या कहीं
भूला हूँ हक़्क़-ए-सोहबत-ए-अह्ल-ए-कुनिश्त को

ता'अत में ता, रहे न मै-ओ-अँगबीं की लाग
दोज़ख़ में डाल दो, कोई लेकर बिहिश्त को

हूँ मुन्हरिफ़ न क्यों, रह-ओ-रस्म-ए-सवाब से
टेढ़ा लगा है क़त, क़लम-ए-सरनविश्त को

ग़ालिब, कुछ अपनी स'अि से लहना नहीं मुझे
ख़िरमन जले, अगर न मलख़ खाए किश्त को

ता'नः–ताना, व्यंग्य। **हक़्क़-ए-सोहबत-ए-अह्ल-ए-कुनिश्त**–अग्निशाला वालों की संगति का अधिकार। (कुनिश्त, अग्निशाला, का शब्द ईरानी परम्परा से उर्दू काव्य में आया है क्योंकि सूफ़ी दूसरे धर्म-मतों का आदर करते थे)।

ता'अत–'अिबादत, पूजा, वन्दना। **ता**–ताकि। **मै-ओ-अँगबी**–शराब और शहद, मदिरा और मधू। **लाग**–चस्का, लालच। **दोज़ख़**–नरक। **बिहिश्त**–स्वर्ग (ईरान और हिन्दुस्तान की सूफ़ी शा'अिरी में यह ख़याल बार-बार दोहराया गया है कि 'अिबादत नरक के डर और स्वर्ग के लालच से नहीं करनी चाहिए। शायद इसका आरम्भ एक महान सूफ़ी स्त्री राबि'आ बसरी से हुआ है, जो एक हाथ में पानी का कटोरा और दूसरे हाथ में आग की अंगीठी लिए रहती थी और कहती थी कि मैं पानी से नरक की आग बुझा दूँगी और आग से स्वर्ग को भस्म कर दूँगी ताकि लोग आराधना केवल ईश्वर के प्रति प्रेमवश करें)।

मुनहरिफ़–विमुख, विद्रोही। **रह-ओ-रस्म-ए-सवाब**–पुण्य का पथ और रीति। **क़त**–काट (पुराने क़लमों की नोक तिरछी काटी जाती थी)।

क़लम-ए-सरनविश्त–भाग्य-लेखनी।

स'अि–कोशिश, प्रयास। **लहना**–फ़ायदा, लाभ। **ख़िरमन**–खलियान। **मलख़**–टिड्डी। **किश्त**–खेती, कृषि।

120

वारस्तः उससे हैं, कि महब्बत ही क्यों न हो
कीजे हमारे साथ, 'अदावत ही क्यों न हो

छोड़ा न मुझमें ज़ो'फ़ ने रंग इख़्तिलात का
है दिल प बार, नक़्श-ए-महब्बत ही क्यों न हो

है मुझको तुझसे तज़किरः-ए-ग़ैर का गिला
हरचन्द बरसबील-ए-शिकायत ही क्यों न हो

पैदा हुई है, कहते हैं, हर दर्द की दवा
यों हो, तो चारः-ए-ग़म-ए-उल्फ़त ही क्यों न हो

डाला न बेकसी ने किसी से मु'आमला
अपने से खेंचता हूँ, ख़जालत ही क्यों न हो

है आदमी बजा-ए-ख़ुद, इक मह्शर-ए-ख़याल
हम अंजुमन समझते हैं, ख़ल्वत ही क्यों न हो

वारस्तः–आज़ाद, स्वतंत्र। **'अदावत**–दुश्मनी, शत्रुता।
ज़ो'फ़–दुर्बलता। **इख़्तिलात**–मेल-मिलाप, प्यार, स्नेह। **बार**–भार, बोझ।
नक़्श-ए-महब्बत–प्रेम का चिन्ह, प्रेम का चित्र।
तज़किरः-ए-ग़ैर–प्रतिद्वन्द्वी का ज़िक्र। **गिला**–शिकायत, उलाहना। **हरचन्द**–चाहे।
बरसबील-ए-शिकायत–शिकायत के सिलसिले में।
चारः-ए-ग़म-ए-उल्फ़त–प्रेम के दुख का उपचार।
बेकसी–असहायता। **ख़जालत**–लज्जा।

हँगामः-ए-ज़बूनि-ए-हिम्मत है, इन्फ़ि'आल
हासिल न कीजे दह्‌र से, 'अिब्रत ही क्यों न हो

वारस्तगी बहानः-ए-बेगानगी नहीं
अपने से कर, न ग़ैर से, वहशत ही क्यों न हो

मिटता है फ़ौत-ए-फ़ुर्सत-ए-हस्ती का ग़म कोई
अुम्र-ए-'अज़ीज़ सर्फ़-ए-'अिबादत ही क्यों न हो

उस फ़ितनः ख़ू के दर से अब उठते नहीं, असद
इसमें हमारे सर प क़यामत ही क्यों न हो

बजा-ए-ख़ुद–स्वयं, अपनी जगह। **महशर-ए-ख़याल**–कल्पना का हंगामा, कल्पना-व्यापार। **अंजुमन**–महफ़िल, परिषद। **ख़ल्वत**–एकान्त।

हँगामः-ए-ज़बूनि-ए-हिम्मत–कमहिम्मती की अधिकता। **इन्फ़ि'आल**–लज्जा, शर्मिन्दगी। **हासिल**–प्राप्त। **दह्‌र**–ज़माना, संसार। **'अिब्रत**–शिक्षा।

वारस्तगी–आज़ादी, स्वतंत्रता, संसार के मोहपाश से छूटना या'नी त्याग। **बहानः-ए-बेगानगी**–परायेपन का बहाना (लोगों से भागने का बहाना)। **न ग़ैर से**–दूसरे से नहीं। **वहशत**–उपेक्षा, त्रास, भय।

फ़ौत-ए-फ़ुर्सत-ए-हस्ती–जीवन के अवकाश (काल) का अन्त। **उम्र-ए-अज़ीज़**–प्रिय जीवन। **सर्फ़-ए-'अिबादत**–पूजा में व्यतीत।

फ़ितनः ख़ू–स्वभाव से उपद्रव बरसानेवाला अर्थात् मा'शूक़। **दर**– द्वार। **क़यामत**–प्रलय, महाविपत्ति।

121

क़फ़स में हूँ, गर अच्छा भी न जानें मेरे शेवन को
मिरा होना बुरा क्या है, नवा सँजान-ए-गुलशन को

नहीं गर हमदमी आसाँ, न हो यह रश्क क्या कम है
न दी होती, ख़ुदाया, आरजू-ए-दोस्त दुश्मन को

न निकला आँख से तेरी इक आँसू, उस जराहत पर
किया सीने में जिसे ख़ूँचकाँ, मिश्गान-ए-सोज़न को

ख़ुदा शरमाये हाथों को, कि रखते हैं कशाकश में
कभी मेरे गरीबाँ को, कभी जानाँ के दामन को

अभी हम क़त्लगह का देखना आसाँ समझते हैं
नहीं देखा शनावर जू-ए-ख़ूँ में तेरे तौसन को

हुआ चर्चा जो मेरे पाँव की ज़ंजीर बनने का
किया बेताब काँ में, जुंबिश-ए-जौहर ने आहन को

क़फ़स–पिंजरा। **शेवन**–रुदन, नालः, फ़रियाद। **नवा सँजान-ए-गुलशन**–उद्यान के गायक (पक्षी)। **हमदमी**–मैत्री, दोस्ती। **रश्क**–ईर्ष्या। **आरज़ू-ए-दोस्त**–मित्र (मा'शूक़) की कामना। **दुश्मन**–शत्रु (रक़ीब, प्रतिद्वन्द्वी)।
जराहत–ज़ख़्म, घाव। **ख़ूँचकाँ**–रक्तरंजित। **मिश्गान-ए-सोज़न**–सुई की पलक (नोक)।
कशाकश–खैंचतान, कष्ट। **जानाँ**–प्राणप्रिय, मा'शूक़। **क़त्लगह**–क़त्लगाह, वधस्थल। **शनावर**–तैरते हुए, सन्तरित। **जू-ए-ख़ूँ**–रक्त की धारा। **तौसन**–अश्व, घोड़ा। **बेताब**–व्याकुल।
काँ–खान। **जुंबिश-ए-जौहर**–जौहर (रत्न, गुण) की गतिशीलता।

ख़ुशी क्या, खेत पर मेरे, अगर सौ बार अब्र आवे
समझता हूँ, कि ढूँडे है अभी से बर्क़ ख़िरमन को

वफ़ादारी, बशर्त-ए-उस्तुवारी, अस्ल-ए-ईमाँ है
मरे बुतख़ाने में, तो का'बे में गाड़ो बरहूमन को

शहादत थी मिरी क़िस्मत में, जो दी थी यह ख़ू मुझको
जहाँ तलवार को देखा, झुका देता था गर्दन को

न लुटता दिन को, तो कब रात को यों बेख़बर सोता
रहा खटका न चोरी का, दु'आ देता हूँ रहज़न को

सुख़न क्या कह नहीं सकते, कि जोया हूँ जवाहिर के
जिगर क्या हम नहीं रखते कि खोदें जाके मा'दन को

मिरे शाह-ए-सुलैमाँ जाह से निस्बत नहीं, ग़ालिब
फ़रीदून-ओ-जम-ओ-कैख़ुसरु-ओ-दाराब-ओ-बहमन को

आहन–लोहा।

अब्र–बादल, घटा। **बर्क़**–बिजली। **ख़िरमन**–खलिहान।

वफ़ादारी–प्रतिज्ञापालन, निर्वाह। **बशर्त-ए-उस्तुवारी**–स्थायित्व की शर्त के साथ।

अस्ल-ए-ईमाँ–सत्य धर्म। **बुतख़ाने (बुतख़ानः)**–मन्दिर।

शहादत–शहीद होना, वीरगति। **ख़ू**–स्वभाव।

रहज़न–बटमार, लुटेरा।

सुख़न–शे'र, काव्य। **जोया**–ढूँढनेवाला। **जवाहिर**–जवाहिरात, रत्न, हीरे-मोती।

मा'दन–खान।

शाह-ए-सुलैमाँ जाह–सुलैमान की-सी शान शौकत वाला बादशाह। **निस्बत**–सम्बन्ध, तुलना।

फ़रीदून...बहमन–प्राचीन ईरान के पाँच महान सम्राटों के नाम।

122

धोता हूँ जब मैं पीने को, उस सीमतन के पाँव
रखता है, ज़िद से, खेंच के बाहर लगन के पाँव

दी सादगी से, जान, पड़ूँ कोहकन के पाँव
हैहात, क्यों न टूट गये, पीरज़न के पाँव

भागे थे हम बहुत, सो उसी की सज़ा है यह
होकर असीर दाबते हैं, राहज़न के पाँव

मरहम की जुस्तुजू से, फिरा हूँ जो दूर दूर
तन से सिवा फ़िगार हैं, इस ख़स्तःतन के पाँव

अल्लह रे ज़ौक़-ए-दश्त नवर्दी, कि बा'द-ए-मर्ग
हिलते हैं ख़ुद बख़ुद मिरे, अन्दर कफ़न के पाँव

है जोश-ए-गुल बहार में याँ तक, कि हर तरफ़
उड़ते हुए उलझते हैं मुर्ग़-ए-चमन के पाँव

सीमतन–रजतबदना, चाँदी जैसे बदनवाला।
कोहकन–पहाड़ काटनेवाला (फ़रहाद को कहते हैं)। **हैहात**–हाय, अफ़सोस।
पीरज़न–बूढ़ी 'औरत, वृद्धा, वह औरत जिसने फ़रहाद को शीरीं की मृत्यु की झूठी ख़बर सुनाई थी, जिसके कारण वह सर फोड़कर मर गया।
असीर–क़ैद, गिरफ़्तार, बन्दी। **राहज़न**–बटमार, लुटेरा।
जुस्तुजू–तलाश। **सिवा**–अधिक, बढ़कर। **फ़िगार**–ज़ख़्मी, घायल। **ख़स्तःतन**–दुखी, दरिद्र।
ज़ौक़-ए-दश्तनवर्दी–जंगल-जंगल घूमने का शौक़। **बा'द-ए-मर्ग**–मरने के बाद।
जोश-ए-गुल–फूलों की अधिकता। **मुर्ग़-ए-चमन**–बाग़ के पक्षी।

शब को किसी के ख़्वाब में आया न हो कहीं
दुखते हैं आज उस बुत-ए-नाज़ुक बदन के पाँव

ग़ालिब, मिरे कलाम में क्योंकर मज़ा न हो
पीता हूँ धोके ख़ुसरू-ए-शीरीं सुख़न के पाँव

शब–रात, रजनी, यामिनी। **बुत-ए-नाज़ुक बदन**–कोमलांगी, रूपसी।
कलाम–काव्य। **ख़ुसरू-ए-शीरींसुख़न** (**ख़ुसरव-ए-**)–मधुरभाषी (बहादुरशाह 'ज़फ़र' की ओर इशारा है जो स्वयं अच्छे कवि थे)।

123

वाँ उसको हौल-ए-दिल है, तो याँ मैं हूँ शर्मसार
या'नी यह मेरी आह की तासीर से न हो

अपने को देखता नहीं, ज़ौक-ए-सितम तो देख
आईनः ताकि दीदः-ए-नख़चीर से न हो

हौल-ए-दिल–दिल की घबराहट। **शर्मसार**–लज्जित। **आह**–आर्त्तनाद।
तासीर–असर, प्रभाव।
ज़ौक़-ए-सितम–अत्याचार करने की रुचि। **ताकि**–जब तक। **दीदः-ए-नख़चीर**– शिकार किए हुए की आँख।

124

वाँ पहुँचकर जो ग़श आता पै-ए-हम है हमको
सदरह आहँग-ए-ज़मीं बोस-ए-क़दम है हमको

दिल को मैं, और मुझे दिल, मह्व-ए-वफ़ा रखता है
किस क़दर ज़ौक़-ए-गिरफ़्तारि-ए-हम है हमको

ज़ो'फ़ से, नक़्श-ए-पै-ए-मोर, है तौक़-ए-गर्दन
तेरे कूचे से, कहाँ ताक़त-ए-रम है हमको

जान कर कीजे तग़ाफ़ुल, कि कुछ उम्मीद भी हो
यह निगाह-ए-ग़लत अन्दाज़ तो सम है हमको

रश्क-ए-हमतरूहि-ओ-दर्द-ए-असर-ए-बाँग-ए-हज़ीं
नालः-ए-मुर्ग़-ए-सहर, तेग़-ए-दुदम है हमको

ग़श–मूर्च्छा। **पै-ए-हम (पैहम)**–बारबार। **सदरह**–सौबार। **आहँग-ए-ज़मींबोस- ए-क़दम**–पाँव चूमने के लिए ज़मीन पर झुकने का इरादा।

मह्व-ए-वफ़ा–निर्वाह में लीन। **ज़ौक़-ए-गिरफ़्तारि-ए-हम**–(हमगिरफ़्तारी) एक साथ होने का शौक़।

ज़ो'फ़–कमज़ोरी, दुर्बलता। **नक़्श-ए-पै-ए-मोर**–(पा-ए-) चींटियों के पैर के चिन्ह।

तौक़-ए-गर्दन–गर्दन का तौक़ (लोहे का भारी कड़ा)। **कूचे से**–गली से।

ताक़त-ए-रम–भागने की शक्ति।

तग़ाफ़ुल–उपेक्षा। **उम्मीद**–आशा। **निगाह-ए-ग़लतअन्दाज़**–अजाने पड़नेवाली निगाह, अंजान दृष्टि। **सम**–ज़हर, विष।

रश्क-ए-हमतरूहि-ओ-दर्द-ए-असर-ए-बाँग-ए-हज़ीं–समान शैली होने की ईर्ष्या और दुख भरे स्वर के प्रभाव से उत्पन्न दर्द। **नालः-ए-मुर्ग़-ए-सहर**–प्रातःकालीन पक्षी का आर्त्तनाद। **तेग़-ए-दुदम**–(दोदम)–दोधारी तलवार।

सर उड़ाने के जो वा'दे को मुकर्रर चाहा
हँस के बोले कि, तिरे सर की क़सम है हमको

दिल के ख़ूँ करने की क्या वजूह्, वलेकिन नाचार
पास-ए-बेरौनक़ि-ए-दीदः अहम है हमको

तुम वह नाज़ुक, कि ख़मोशी को फ़ुग़ाँ कहते हो
हम वह 'आजिज़, कि तग़ाफ़ुल भी सितम है हमको

क़त'अः

लखनऊ आने का बा'अिस नहीं खुलता, या'नी
हवस-ए-सैर-ओ-तमाशा, सो वह कम है हमको

मक़त'-ए-सिलसिलः-ए-शौक़ नहीं है यह शह्र
'अज़्म-ए-सैर-ए-नजफ़-ओ-तौफ़-ए-हरम है हमको

लिये जाती है कहीं एक तवक़्क़ो'अ, ग़ालिब
जादः-ए-रह कशिश-ए-काफ़-ए-करम है हमको

वा'दे (वा'दः)–वचन, वादा। **मुकर्रर**–दुबारा।
वजूह–कारण, वजह। **वलेकिन**–लेकिन, किन्तु। **नाचार**–लाचार, असहाय।
पास-ए-बेरौनक़ि-ए-दीदः–नयनों की ज्योतिहीनता का आदर। **अहम**–महत्वपूर्ण।
फ़ुग़ाँ–आह, नालः, आर्त्तनाद। **'आजिज़**–निर्बल, असफल, विवश। **तग़ाफ़ुल**–उपेक्षा। **सितम**–अत्याचार।

क़त'अः

क़त'अः–खंड (ग़ज़ल का हर क्षेत्र अलग-अलग होता है किन्तु क़त'अः के शे'रों का एक दूसरे से सम्बन्ध होता है)।
बा'अिस–कारण, निमित्त। **हवस-ए-सैर-ओ-तमाशा**–सैर-सपाटे की लालसा।
मक़्त'-ए-सिलसिलः-ए-शौक़–अभिरुचि के क्रम का अन्त। **'अज़्म-ए-सैर-ए-नजफ़-ओ-तौफ़-ए-हरम**–नजफ़ (हज़रत 'अली का मज़ार) के दर्शन और का'बे की परिक्रमा का इरादः।
तवक़्क़ो'अ–आशा। **जादः-ए-रह**–मार्ग, पथ। **कशिश-ए-काफ़-ए-करम**–करम (कृपा) के काफ़ (एक उर्दू अक्षर) की आरम्भ-रेखा।

125

तुम जानो, तुमको ग़ैर से जो रस्म-ओ-राह हो
मुझको भी पूछते रहो, तो क्या गुनाह हो

बचते नहीं मुआख़ज़ः-ए-रोज़-ए-हश्र से
क़ातिल अगर रक़ीब है, तो तुम गवाह हो

क्या वह भी बेगुनह कुश-ओ-हक़ ना शनास हैं
माना कि तुम बशर नहीं, ख़ुर्शीद-ओ-माह हो

उभरा हुआ निक़ाब में है उनके, एक तार
मरता हूँ मैं, कि यह न किसी की निगाह हो

जब मैकदः छुटा, तो फिर अब क्या जगह की क़ैद
मस्जिद हो, मद्रसः हो, कोई ख़ानक़ाह हो

ग़ैर–अन्य, शत्रु, प्रतिद्वन्द्वी। **रस्म-ओ-राह**–व्यवहार, मेलजोल। **गुनाह**–पाप।
मुआख़ज़ः-ए-रोज़-ए-हश्र–प्रलय के दिल की पकड़। **क़ातिल**–बधिक। **रक़ीब**–प्रतिद्वन्द्वी, शत्रु।
बेगुनह कुश-ओ-हक़ नाशनास–निरपराधियों का वध करनेवाला और सत्य को न पहचाननेवाला।
बशर–आदमी, मनुष्य। **ख़ुर्शीद-ओ-माह**–सूरज और चाँद।
मैकदः–मुधशाला, मदिरालय। **क़ैद**–पाबन्दी, बन्धन। **मद्रसः**–पाठशाला, मदरसा।
ख़ानक़ाह–आश्रम।

सुनते हैं जो बिहिश्त की ता'रीफ़, सब दुरुस्त
लेकिन ख़ुदा करे, वह तिरी जल्वःगाह हो

ग़ालिब भी गर न हो, तो कुछ ऐसा ज़रर नहीं
दुनिया हो, यारब, और मिरा बादशाह हो

बिहिश्त–स्वर्ग। **दुरुस्त**–ठीक, सत्य। **जल्वःगाह**–दर्शनस्थल।
ज़रर–नुक़सान, हानि। **यारब**–अय ख़ुदा।

126

गई वह बात, कि हो गुफ़्तुगू तो क्योंकर हो
कहे से कुछ न हुआ, फिर कहो, तो क्योंकर हो

हमारे ज़ेह्न में, इस फ़िक्र का है नाम विसाल
कि गर न हो, तो कहाँ जायें, हो, तो क्योंकर हो

अदब है और यही कशमकश, तो क्या कीजे
हया है और यही गोमगो, तो क्योंकर हो

तुम्हीं कहो, कि गुज़ारा सनम परस्तों का
बुतों की हो अगर ऐसी ही ख़ू , तो क्योंकर हो

उलझते हो तुम, अगर देखते हो आईनः
जो तुमसे शह्र में हों एक दो, तो क्योंकर हो

जिसे नसीब हो, रोज़-ए-सियाह मेरा सा
वह शख़्स दिन न कहे रात को, तो क्योंकर हो

गुफ़्तुगू–बातचीत, वार्त्तालाप।
ज़ेह्न–दिमाग़, मस्तिष्क। **फ़िक्र**–विचार, चिन्ता। **विसाल**–प्रियमिलन।
अदब–आदर। **कशमकश**–दुविधा। **हया**–लज्जा। **गोमगो**–अनिश्चय, संकोच।
सनम परस्तों का–सौन्दर्योपासकों का, मूर्तियों के उपासकों का। (सनम और बुत दोनों का अर्थ मूर्ति है। उर्दू काव्य में यह शब्द हसीनों और मा'शूक़ों के लिए भी प्रयुक्त होते हैं)।
ख़ू–स्वभाव, मिजाज़।
नसीब हो–(नसीब-भाग्य) प्राप्त हो। **रोज़-ए-सियाह**–काला दिन।

हमें फिर उनसे उमीद, और उन्हें हमारी क़द्र
हमारी बात ही पूछें न वो, तो क्योंकर हो

ग़लत न था, हमें ख़त पर, गुमाँ तसल्ली का
न माने दीदः-ए-दीदार जू , तो क्योंकर हो

बताओ उस मिश़ः को देखकर, हो मुझको क़रार
यह नेश हो रग-ए-जाँ में फ़रो, तो क्योंकर हो

मुझे जुनूँ नहीं, ग़ालिब, वले बक़ौल-ए-हुज़ूर
फ़िराक़-ए-यार में तस्कीन हो, तो क्योंकर हो

उमीद–उम्मीद, आशा। **क़द्र**–आदर। **वो**–वह।
गुमाँ–गुमान, भ्रम, ख़याल। **तसल्ली**–सांत्वना, ढारस। **दीदः-ए-दीदारजू**–दर्शनाभिलाषी नयन। **मिश़ः (मिश़ह)**–पलकें, बरौनियाँ। **क़रार**–शान्ति। **नेश**–काँटा। **रग-ए-जाँ**–प्राण-शिरा। **फ़रो**–शान्त। **जुनूँ**–उन्माद। **वले**–लेकिन। **बक़ौल-ए-हुज़ूर**–हुज़ूर के कथनानुसार। **फ़िराक़-ए-यार**–प्रिय-विरह। **तस्कीन**–सन्तोष।
(आख़री मिसरा बहादुरशाह 'ज़फ़र' का है)

127

किसी को देके दिल कोई नवा सँज-ए-फ़ुग़ाँ क्यों हो
न हो जब दिल ही सीने में, तो फिर मुँह में ज़बाँ क्यों हो

वह अपनी ख़ू न छोड़ेंगे, हम अपनी वज़्'अ क्यों छोड़ें
सुबुक सर बन के क्या पूछें, कि हमसे सरगिराँ क्यों हो

किया ग़मख़्वार ने रुस्वा, लगे आग इस महब्बत को
न लावे ताब जो ग़म की, वह मेरा राज़दाँ क्यों हो

वफ़ा कैसी, कहाँ का 'अिश्क़, जब सर फोड़ना ठहरा
तो फिर, अय सँग दिल, तेरा ही सँग-ए-आस्ताँ क्यों हो

क़फ़स में, मुझसे रूदाद-ए-चमन कहते, न डर, हमदम
गिरी है जिस प कल बिजली, वह मेरा आशियाँ क्यों हो

यह कह सकते हो, हम दिल में नहीं हैं, पर यह बतलाओ
कि जब दिल में तुम्हीं तुम हो, तो आँखों से निहाँ क्यों हो

नवा सँज-ए-फ़ुग़ाँ–आर्त्तनाद का स्वर पैदा करनेवाला।

ख़ू–स्वभाव। **वज़्'अ**–रीति, व्यवहार-शैली। **सुबुकसर**–अपमानित। **सरगिराँ**–अप्रसन्न। (दोनों शब्द सर के साथ मिलकर बने हैं। सुबुक का अर्थ है हल्का और गिराँ का भारी)।

ग़मख़्वार–हमदर्द, सहानुभूतिकर्ता, मित्र। **रुस्वा**–अनादृत, लांछित, बदनाम। **ताब लाना**–सहन करना। **राज़दाँ**–विश्वासपात्र, मित्र।

वफ़ा–निर्वाह। **सँगदिल**–पाषाणहृदय, ज़ालिम। **सँग-ए-आस्ताँ**–देहलीज़ का पत्थर, द्वार, चौखट।

क़फ़स–पिंजरा। **रूदाद-ए-चमन**–उद्यान का हाल। **हमदम**–साथी। **आशियाँ**–नीड़, घोंसला।

निहाँ–ओझल।

ग़लत है जज़्ब-ए-दिल का शिकवः, देखो जुर्म किसका है
न खेंचो गर तुम अपने को, कशाकश दरमियाँ क्यों हो

यह फ़ितनः, आदमी की ख़ानःवीरानी को क्या कम है
हुए तुम दोस्त जिसके, दुश्मन उसका आस्माँ क्यों हो

यही है आज़माना, तो सताना किसको कहते हैं
'अदू के हो लिये जब तुम, तो मेरा इम्तिहाँ क्यों हो

कहा तुमने कि, क्यों हो ग़ैर के मिलने में रुस्वाई
बजा कहते हो, सच कहते हो, फिर कहियो कि हाँ क्यों हो

निकाला चाहता है काम क्या ता'नों से तू, ग़ालिब
तिरे बेमेह्र कहने से, वह तुझ पर मेह्रबाँ क्यों हो

जज़्ब-ए-दिल–हृदय का आकर्षण। **शिकवः**–शिकायत। **जुर्म**–अपराध। **कशाकश**–संघर्ष, खेंचतान। **दरमियाँ**–बीच में, मध्य।

फ़ितनः–मूर्तिमान उपद्रव, चपल, आपत्ति। **ख़ानः वीरानी को**–घर उजाड़ने के लिए, बरबादी के लिए। **आस्माँ**–आसमान, आकाश, (यह शब्द उर्दू काव्य में अत्यन्त व्यापक अर्थों में प्रयुक्त होता है, जैसे भाग्य, संसार, आदि)।

आज़माना–परीक्षा लेना, परखना। **'अदू**–शत्रु। **इम्तिहाँ**–परीक्षा।

रुस्वाई–बदनामी, अनादर।

बे मेह्र–प्रेमरहित।

128

रहिये अब ऐसी जगह चलकर, जहाँ कोई न हो
हम सुख़न कोई न हो और हम ज़बाँ कोई न हो

बेदर-ओ-दीवार सा इक घर बनाया चाहिये
कोई हमसायः न हो और पास्बाँ कोई न हो

पड़िये गर बीमार, तो कोई न हो तीमारदार
और अगर मर जाइये, तो नौहः ख़्वाँ कोई न हो

हमसुख़नः–बात करनेवाला। **हमज़बाँ**–अपनी भाषा बोलनेवाला।
हमसायः–पड़ोसी। **पास्बाँ**–प्रहरी।
तीमारदार–परिचारक, रोगी की सुश्रुष करनेवाला। **नौहःख़्वाँ**–रोनेवाला।

129

अज़ मेहर ता ब ज़र्रः दिल-ओ-दिल है आइनः
तूती को शश जिहत से मुक़ाबिल है आइनः

अज़ मेहर ता बज़र्रः–सूर्य से कण तक। **दिल-ओ-दिल है आइनः**–दर्पण की तरह दिल के सामने दिल है। **तूती**–छोटी जात का तोता जिसे दर्पण के सामने बैठाकर बोलना सिखलाते हैं। **शश जिहत**–छह दिशाएँ, सब तरफ़। **मुक़ाबिल**–सामने, सन्मुख।

130

है सब्ज़ः ज़ार हर दर-ओ-दीवार-ए-ग़मकदः
जिसकी बहार यह हो, फिर उसकी ख़ज़ाँ न पूछ

नाचार बेकसी की भी हसरत उठाइये
दुश्वारि-ए-रह-ओ-सितम-ए-हमरहाँ न पूछ

सब्ज़ः ज़ार–हरियाली, हरीतिमा। **दर-ओ-दीवार-ए-ग़मकदः**–शोकगृह (उजाड़ घर) के द्वार और दीवारें। **बहार**–वसन्त। **ख़ज़ाँ**–पतझड़।
नाचार–लाचारी से, असहायतावश। **बेकसी**–निस्सहायता। **हसरत**–अपूर्ण कामना।
दुश्वारि-ए-रह-ओ-सितम-ए-हमरहाँ–पथ की कठिनाइयाँ और सहपंथियों के अत्याचार।

131

सद जल्वः रू ब रू है, जो मिश़गाँ उठाइये
ताक़त कहाँ, कि दीद का एहसाँ उठाइये

है सँग पर, बरात-ए-म'आश-ए-जुनून-ए-'अिश्क़
या'नी हनोज़ मिन्नत-ए-तिफ़्लाँ उठाइये

दीवार, बार-ए-मिन्नत-ए-मज़दूर से, है ख़म
अय ख़ानूमाँ ख़राब, न एहसाँ उठाइये

या मेरे ज़ख़्म-ए-रश्क को रुस्वा न कीजिये
या पर्दः-ए-तबस्सुम-ए-पिन्हाँ उठाइये

सद जल्वः–सौ छवि, अनगिनत दृश्य। **रू ब रू**–सामने, सन्मुख। **मिश़गाँ**–पलकें, बरौनियाँ। **ताक़त**–शक्ति। **दीद**–दर्शन। **एहसाँ**–अहसान, आभार।

संग–पत्थर, पाषाण। **बरात-ए-म'आश-ए-जुनून-ए-'अिश्क़**–(बरात–हुंडी, चेक या वेतन की चिट्ठी। म'आश–जीविका, रोज़ी) प्रेमोन्माद की जीविका की हुंडी।

हनोज़–अभी, अभी तक। **मिन्नत-ए-तिफ़्लाँ**–बच्चों का अहसान।

बार-ए-मिन्नत-ए-मज़दूर–मज़दूर के अहसान का भार। **ख़म**–झुकी हुई। **ख़ानूमाँ ख़राब**–निर्वासी, गृह-विहीन, अनिकेत।

132

मस्जिद के ज़ेर-ए-सायः, ख़राबात चाहिये
भौं पास आँख, क़िबलः-ए-हाजात चाहिये

'आशिक़ हुए हैं आप भी, इक और शख़्स पर
आख़िर सितम की कुछ तो मुकाफ़ात चाहिये

दे दाद, अय फ़लक, दिल-ए-हसरत परस्त की
हाँ कुछ न कुछ तलाफ़ि-ए-माफ़ात चाहिये

सीखे हैं महरुख़ों के लिए हम मुसव्विरी
तक़रीब कुछ तो बहूर-ए-मुलाक़ात चाहिये

मै से ग़रज़ नशात है किस रूसियाह को
इक गूनः बेख़ुदी मुझे दिन रात चाहिये

ज़ेर-ए-सायः–छाँह तले। **ख़राबात**–मदिरालय, देवालय। **क़िबलः-ए-हाजात**–शैख़ या वा'अिज़ (धर्मोपदेशक) या ज़ाहिद (वैरागी)। (भौं मस्जिद की मेहराब की तरह है और आँख मदिरालय की तरह)

सितम–अत्याचार। **मुकाफ़ात**–बदला, प्रतिशोध।

दे दाद–न्याय कर। **फ़लक**–आसमान, आकाश। **दिल-ए-हसरतपरस्त**–अपूर्ण कामनाओं की पूजा करनेवाला हृदय। **तलाफ़ि-ए-माफ़ात**–कमी की पूर्ति।

महरुख़–चन्द्रमुखी। **मुसव्विरी**–चित्रकला। **तक़रीब**–कारण, हेतु। **बहूर-ए-मुलाक़ात**– मिलने के लिए।

मै–मदिरा, मधु, सुरा, वारुणी। **ग़रज़**–अभिष्ट। **नशात**–हर्ष, आनन्द। **रूसियाह**–गुनहगार, कलंकित, पापी। **इक गूनः**–थोड़ी-सी, किंचित्। **बेख़ुदी**–आत्मविस्मृति।

है रंग-ए-लालः-ओ-गुल-ओ-नसरीं, जुदा जुदा
हर रंग में बहार का इस्बात चाहिये

सर पा-ए-ख़ुम प चाहिये हंगाम-ए-बेख़ुदी
रू सू-ए-क़िबलः वक़्त-ए-मुनाजात चाहिये

या'नी ब हस्ब-ए-गर्दिश-ए-पैमानः-ए-सिफ़ात
आरिफ़ हमेशः मस्त-ए-मै-ए-ज़ात चाहिये

नश्व-ओ-नुमा है अस्ल से, ग़ालिब फ़ुरू'अ को
ख़ामोशी ही से निकले है, जो बात चाहिये

रंग-ए-लालः-ओ-गुल-ए-नसरीं–लाले, गुलाब और सेवती के फूल का रंग। **जुदा जुदा**–अलग-अलग। **इस्बात**–पुष्टि।

पा-ए-ख़ुम–मधुघट के चरण। **हँगाम-ए-बेखुदी**–आत्मविस्मृति के समय। **रू**–मुख।

सू-ए-क़िबलः–क़िबले (का'बे) की ओर। **वक़्त-ए-मुनाजात**–प्रार्थना के समय।

ब हस्ब-ए-गर्दिश-ए-पैमानः-ए-सिफ़ात–गुणों की मदिरा से भरे हुए प्याले के चक्कर के अनुरूप। **आरिफ़**–ज्ञानी, आत्मज्ञानी, ब्रह्मज्ञानी। **मस्त-ए-म-ए-ज़ात**–ब्रह्म की मदिरा से मत्त (ऊपर के तीनों शे'र मिलकर पूरा अर्थ देते हैं)।

नश्व-ओ-नुमा–उन्नति, विकास। **अस्ल**–मूल, जड़। **फ़ुरू'अ**–शाखाएँ। **ख़ामोशी**–नीरवता, मौन।

133

बिसाते 'अिज्ज़ में था एक दिल, यक क़तरः ख़ूँ वह भी
सो रहता है, बअन्दाज़-ए-चकीदन सर निगूँ, वह भी

रहे उस शोख़ से आज़ुर्दः हम चन्दे, तकल्लुफ़ से
तकल्लुफ़ बरतरफ़, था एक अन्दाज़-ए-जुनूँ वह भी

ख़याल-ए-मर्ग, कब तस्कीं दिल-ए-आज़ुर्दः को बख़्शे
मिरे दाम-ए-तमन्ना में है इक सैद-ए-ज़ुबूँ, वह भी

न करता काश नालः, मुझको क्या मा'लूम था, हमदम
कि होगा बा'अिस-ए-अफ़ज़ाइश-ए-दर्द-ए-दुरूँ वह भी

बिसात-ए-'अिज्ज़ ('अज्ज़)–नम्रता और विनय की पूँजी। **यक क़तरः ख़ूँ**–रक्त की एक बूँद। **बअन्दाज़-ए-चकीदन**–टपकने की स्थिति में। **सर निगूँ**–शीश झुकाए हुए।

शोख़–चपल, चंचल। **आज़ुर्दः**–रूठे हुए। **चन्दे**–कुछ समय तक। **तकल्लुफ़**–दिखावा, बनावट, आडम्बर, नम्र बाह्य-आचार। **तकल्लुफ़ बरतरफ़**–संकोच और शिष्टाचार से अलग। **अन्दाज़-ए-जुनूँ**–उन्माद की शैली।

ख़याल-ए-मर्ग–मृत्यु का विचार। **तस्कीं**–सन्तोष, सांत्वना। **दिल-ए-आज़ुर्दः**–संतप्त हृदय, दुखी मन। **बख़्शे**–प्रदान करे। **दाम-ए-तमन्ना**–कामना का जाल। **सैद-ए-'ज़ुबूँ**–तुच्छ शिकार।

काश–कामना सूचक शब्द (जैसे काश ऐसा हो जाए)। **नालः**–आर्त्तनाद।

हमदम–मित्र, साथी। **बा'अिस-ए-अफ़ज़ाइश-ए-दर्द-ए-दुरूँ**–आन्तरिक दुख को बढ़ाने का कारण।

न इतना बुर्रिश-ए-तेग़-ए-जफ़ा पर नाज़ फ़रमाओ
मिरे दरिया-ए-बेताबी में है इक मौज-ए-ख़ूँ वह भी

मै-ए-'अिश्रत की ख़्वाहिश, साक़ि-ए-गर्दूं से क्या कीजे
लिये बैठा है, इक दो चार जाम-ए-वाशगूँ वह भी

मिरे दिल में है, ग़ालिब, शौक़-ए-वस्ल-ओ-शिकवः-ए-हिजराँ
ख़ुदा वह दिन करे, जो उससे मैं यह भी कहूँ, वह भी

बुर्रिश-ए-तेग़-ए-जफ़ा–अत्याचार की तलवार की काट। **नाज़ फ़रमाओ**–दम्भ करो, घमंड करो। **दरिया-ए-बेताबी**–व्याकुलता का सागर। **मौज-ए-ख़ूँ**–रक्त की तरंग। **मै-ए-'अिश्रत**–ऐश्वर्य की शराब। **ख़्वाहिश**–इच्छा। **साक़ि-ए-गर्दूं**–आकाश का साक़ी। **जाम-ए-वाशगूँ**–औंधे प्याले। (सात आकाश माने जाते हैं, और एक, दो, चार का योग भी सात है। वैसे इक दो चार मुहावरा है, जिसका अर्थ है चन्द [कतिपय])
शौक़-ए-वस्ल-ओ-शिकवः-ए-हिजराँ–मिलन की कामना और विरह की शिकायत।

134

है बज़्म-ए-बुताँ में सुख़न आज़ुर्दः लबों से
तँग आये हैं हम, ऐसे ख़ुशामद तलबों से

है दौर-ए-क़दह, वजूह-ए-परीशानि-ए-सहबा
यक बार लगा दो ख़ुम-ए-मै मेरे लबों से

रिन्दान-ए-दर-ए-मैकदः, गुस्ताख़ हैं, ज़ाहिद
ज़िन्हार न होगा तरफ़, इन बेअदबों से

बेदाद-ए-वफ़ा देख, कि जाती रही आख़िर
हरचन्द मिरी जान को था रब्त लबों से

बज़्म-ए-बुताँ–मा'शूक़ों की महफ़िल। **सुख़न**–बात। **आज़ुर्दः**–रूठा हुआ। **लबों से**–अधरों से। **ख़ुशामद तलबों से**–ख़ुशामद चाहनेवाले, चाटुकारिताप्रिय।

दौर-ए-क़दह–शराब के प्याले का चक्कर। **वजूह-ए-परीशानि-ए-सहबा**–शराब की परेशानी का कारण। **ख़ुम-ए-मै**–मधुघट, शराब का मटका।

रिन्दान-ए-दर-ए-मैकदः–मदिरालय के द्वारे पड़े मनमौजी मधुपायी। **गुस्ताख़**–धृष्ट, अशिष्ट। **ज़ाहिद**–मुसलमान वैरागी। **ज़िनूहार**–हरगिज़, कदापि। **न होना तरफ़**–न उलझना। **बेअदब**–अशिष्ट।

बेदाद-ए-वफ़ा–प्रेम-निर्वाह के ढाए हुए अत्याचार। **हरचन्द**–यद्यपि, अत्यधिक। **जान**–प्राण। **रब्त**–सम्बन्ध।

135

ता, हम को शिकायत की भी बाक़ी न रहे जा
सुन लेते हैं, गो ज़िक्र हमारा नहीं करते

ग़ालिब, तिरा अहवाल सुना देंगे हम उनको
वह सुन के बुला लें, यह इजारा नहीं करते

ता–ताकि। **जा**–जगह, स्थान। **गो**–गोकि, यद्यपि। **ज़िक्र**–चर्चा।
अहवाल–हालचाल (हाल का बहुवचन)। **इजारा नहीं करते**–ठेका नहीं लेते, दायित्व नहीं लेते।

136

घर में था क्या, कि तिरा ग़म उसे ग़ारत करता
वह जो रखते थे हम इक हसरत-ए-ता'मीर, सो है

ग़ारत–नष्ट, तबाह, बर्बाद। **हसरत-ए-ता'मीर**–निर्माण की कामना।

137

ग़म-ए-दुनिया से, गर पाई भी फ़ुर्सत, सर उठाने की
फ़लक का देखना, तक़रीब तेरे याद आने की

खुलेगा किस तरह मज़मूँ मिरे मकतूब का, यारब
क़सम खाई है उस काफ़िर ने, काग़ज़ के जलाने की

लिपटना परनियाँ में शो'लः-ए-आतश का आसाँ है
वले मुश्किल है हिकमत, दिल में सोज़-ए-ग़म छुपाने की

उन्हें मंजूर अपने जख़्मियों को देख आना था
उठे थे सैर-ए-गुल को, देखना शोख़ी बहाने की

हमारी सादगी थी, इल्तिफ़ात-ए-नाज़ पर मरना
तिरा आना न था, ज़ालिम, मगर तम्हीद जाने की

ग़म-ए-दुनिया–संसार की चिन्ता। **फ़लक**–आकाश। **तक़रीब**–कारण।
मज़मूँ–विषय। **मकतूब**–पत्र। **यारब**–अय ख़ुदा।
परनियाँ–महीन रेशमी वस्त्र। **शो'लः-ए-आतश**–अग्निज्वाला। **वले**–लेकिन, किन्तु। **हिकमत**–उपाय।
सोज़-ए-ग़म–दुख की तपन, संताप।
मंज़ूर–स्वीकृत। **ज़ख़्मियों**–घायलों, आहतों। **सैर-ए-गुल**–फूलों की सैर। **शोख़ी**–चंचलता, तीखापन।
सादगी–सीधापन, मूढ़ता। **इल्तिफ़ात-ए-नाज़**–सौन्दर्य (मा'शूक़) की कृपा।
तम्हीद–भूमिका, आरम्भ।

लकद कोब-ए-हवादिस का तहम्मुल कर नहीं सकती
मिरी ताक़त, कि ज़ामिन थी बुतों के नाज़ उठाने की

कहूँ क्या ख़ूबि-ए-औज़ा'-ए-इबना-ए-ज़माँ, ग़ालिब
बदी की उसने, जिससे हमने की थी बारहा नेकी

लकदकोब-ए-हवादिस–दुर्घटनाओं की ठोकरें। **तहम्मुल**–सहन, बर्दाश्त। **ज़ामिन**–सामर्थ्यवान। **बुतों के नाज़ उठाने की**–मा'शूकों के नख़रे सहने की।

ख़ूबि-ए-औज़ा'-ए-इबना-ए-ज़माँ–ज़मानेवालों के रंग-ढंग की अच्छाई (यहाँ व्यंग्य है या'नी बुराई)। **बदी**–बुराई। **नेकी**–अच्छाई।

138

हासिल से हाथ धो बैठ, अय आरज़ू ख़िरामी
दिल जोश-ए-गिरियः में है डूबी हुई असामी

उस शम्‘अ की तरह से, जिसको कोई बुझा दे
मैं भी जले हुओं में, हूँ दाग़-ए-नातमामी

हासिल–आय, लाभ, प्राप्ति। **आरज़ू ख़िरामी**–कामना।
(ग़ालिब ने ख़िरामी का शब्द जिस तरह लगा दिया है, वह उर्दू और फ़ारसी में कहीं प्रचलित नहीं है। खैंच तानकर यदि कोई अर्थ निकाला जाए तो भटकती हुई कामना कह सकते हैं)
जोश-ए-गिरियः–अत्यधिक रुदन। **डूबी हुई असामी**–वह किसान जिसकी खेती बह गई हो।
दाग़-ए-नातमामी–पूरी तरह न जल सकने का दाग़।

139

क्या तँग हम सितमज़दगाँ का जहान है
जिसमें कि एक बैज़ः-ए-मोर आसमान है

है कायनात को हरकत तेरे ज़ौक़ से
परतौ से आफ़ताब के, ज़र्रे में जान है

हालआँकि है यह सेलि-ए-ख़ारा से लालः रंग
ग़ाफ़िल को मेरे शीशे प मै का गुमान है

की उसने गर्म सीनः-ए-अहल-ए-हवस में जा
आवे न क्यों पसन्द, कि ठंडा मकान है

क्या ख़ूब, तुमने ग़ैर को बोसः नहीं दिया
बस चुप रहो, हमारे भी मुँह में ज़बान है

तंग–संकीर्ण। **सितम ज़दगाँ**–मुसीबत के मारे हुए, उत्पीड़ित। **जहान**–संसार।
बैज़ः-ए-मोर–चींटी का अंडा।
काइनात–विश्व, जगत। **हरकत**–गति। **ज़ौक़**–अभिरुचि। **परतौ**–प्रतिबिम्ब।
आफ़ताब–सूर्य। **ज़र्रः**–कण।
सेलि-ए-ख़ारा–पत्थर की चोट। **लालःरंग**–लाल रंग, रक्ताभ। **ग़ाफ़िल**–असावधान।
शीशे (**शीशः**)–ग़ालिब ने दिल को उसकी कोमलता के कारण शीशः कहा है।
मै–मदिरा। **गुमान**–भ्रम।
सीनः-ए-अहल-ए-हवस–लोभियों (स्वार्थियों) का सीनः। **जा**–जगह। (जा गर्म करना–जगह बनाना)।
ग़ैर–अन्य, प्रतिद्वन्द्वी। **बोसः**–चुम्बन।

बैठा है जो कि सायः-ए-दीवार-ए-यार में
फ़रमाँरवा-ए-किश्वर-ए-हिन्दोस्तान है

हस्ती का ए'तिबार भी ग़म ने मिटा दिया
किससे कहूँ कि दाग़-ए-जिगर का निशान है

है बारे ए'तिमाद-ए-वफ़ादारी इस क़दर
ग़ालिब, हम इसमें ख़ुश हैं, कि नामेहरबान है

सायः-ए-दीवार-ए-यार–मित्र (मा'शूक़) की दीवार की छाँह। **फ़रमाँरवा-ए-किश्वर -ए-हिन्दोस्ताँ**–हिन्दोस्तान देश पर शासन करनेवाला।

हस्ती–अस्तित्व, जीवन। **ए'तिमाद-ए-वफ़ादारी**–वफ़ादारी का विश्वास। **नामेहरबान**–अकृपालु।

140

दर्द से मेरे है तुझको बेक़रारी हाय हाय
क्या हुई ज़ालिम तिरी ग़फ़्लत शि'आरी हाय हाय

तेरे दिल में गर, न था आशोब-ए-ग़म का हौसलः
तूने फिर क्यों की थी मेरी ग़मगुसारी हाय हाय

क्यों मिरी ग़मख़्वारगी का तुझको आया था ख़याल
दुश्मनी अपनी थी मेरी दोस्तदारी हाय हाय

'उम्र भर का तूने पैमान-ए-वफ़ा बाँधा तो क्या
'उम्र को भी तो नहीं है पायदारी हाय हाय

ज़हूर लगती है मुझे आब-ओ-हवा-ए-ज़िन्दगी
या'नी तुझसे थी उसे नासाज़गारी हाय हाय

ग़ालिब ने यह ग़ज़ल जवानी में अपनी प्रेयसी की मृत्यु पर कही थी, जिसे बाद में अपने पत्रों में डोमनी अर्थात् तीखी औरत के नाम से याद किया है।

बेक़रारी–व्याकुलता। **ज़ालिम**–अन्यायी (प्यार का सम्बोधन है)। **ग़फ़्लत शि'आरी**–असावधानी का आचरण।

(अर्थ यह है कि मा'शूक़ मेरे प्रेम में मर गया। आगे के शे'रों में भी इसी भाव को दोहराया है)

आशोब-ए-ग़म का हौसलः–ग़म की परीशानी उठाने की शक्ति। **ग़मगुसारी**–ग़म में शरीक होना, दुख में सम्मिलित होना।

ग़मख़्वारगी–सहानुभूति, ग़मगुसारी, दुख बँटाना। **दोस्तदारी**–मित्रता।

पैमान-ए-वफ़ा–प्रेम-निर्वाह का वचन। **पायदारी**–स्थायित्व।

ज़हूर लगती है–विष प्रतीत होती है। **आब-ओ-हवा-ए-ज़िन्दगी**–जीवन का जलवायु, अर्थात् जीवन। **नासाज़गारी**–प्रतिकूलता।

गुलफ़िशानीहा-ए-नाज़-ए-जल्वः को क्या हो गया
ख़ाक पर होती है तेरी लालः कारी हाय हाय

शर्म-ए-रुस्वाई से, जा छुपना निक़ाब-ए-ख़ाक में
ख़त्म है उल्फ़त की तुझ पर पर्दःदारी हाय हाय

ख़ाक में नामूस-ए-पैमान-ए-महब्बत मिल गई
उठ गई दुनिया से राह-ओ-रस्म-ए-यारी हाय हाय

हाथ ही तेग़ आज़्मा का काम से जाता रहा
दिल प इक लगने न पाया ज़ख़्म-ए-कारी हाय हाय

किस तरह काटे कोई, शबहा-ए-तार-ए-बर्शकाल
है नज़र ख़ू करदः-ए-अख़्तर शुमारी हाय हाय

गोश महजूर-ए-पयाम-ओ-चश्म महरूम-ए-जमाल
एक दिल, तिसपर यह नाउम्मीदवारी हाय हाय

'अिश्क़ ने पकड़ा न था, ग़ालिब, अभी वह्शत का रंग
रह गया, था दिल में जो कुछ ज़ौक़-ए-ख़्वारी हाय हाय

गुलफ़िशानीहा-ए-नाज़-ए-जल्वः–(गुलफ़िशानी–फूल बरसाना। हा, बहुवचन। ए, इज़ाफ़त। नाज़–सौन्दर्याभिमान। जल्वः–छवि, कान्ति) गर्वित सौन्दर्य की अठखेलियों की पुष्पवर्षा।
ख़ाक–मिट्टी, धरती। **लालःकारी**–फूल-पत्ती का शृंगार (अर्थात् तेरी क़ब्र पर फूल उगे हुए हैं)।
शम-ए-रुस्वाई–बदनामी की लाज। **निक़ाब-ए-ख़ाक में**–मिट्टी के पर्दे में।
उल्फ़त–प्रेम। **पर्दःदारी**–पर्दा रखना।
नामूस-ए-पैमान-ए-महब्बत–प्रेम के वचन का आदर। **राह-ओ-रस्म-ए-यारी**–मित्रता (प्रेम) की रीति।
तैग़ आज़्मा–तलवार चलानेवाला। **ज़ख़्म-ए-कारी**–गहरा घाव।
(ग़ालिब ने उर्दू के अन्य कवियों की तरह प्रेम को दिल का घाव कहा है और मा'शूक़ की अदा को तलवार–देखिए ग़ज़ल 107, शे'र 3)।
शबहा-ए-तार-ए-बर्शकाल–वर्षाकाल की अँधेरी रातें (आँसुओं से भीगी रात)। **नज़र**–दृष्टि।
ख़ू करदः-ए-अख़्तर शुमारी–तारे गिनने की अभ्यस्त।
गोश–कान। **महजूर-ए-पयाम**–सन्देश से वंचित। **चश्म**–नयन, आँख। **महरूम-ए-जमाल**–रूप से वंचित। **नाउम्मीदवारी**–नाउम्मीदी, निराशा।
वह्शत–उन्माद। **ज़ौक़-ए-ख़्वारी**–निरादृत होने की अभिरुचि।

141

सरगश्तगी में, 'आलम-ए-हस्ती से यास है
तस्कीं को दे नवेद, कि मरने की आस है

लेता नहीं मिरे दिल-ए-आवारः की ख़बर
अब तक वह जानता है, कि मेरे ही पास है

कीजे बयाँ सुरूर-ए-तब-ए-ग़म कहाँ तलक
हर मू मिरे बदन प ज़बान-ए-सिपास है

है वह ग़ुरूर-ए-हुस्न से बेगानः-ए-वफ़ा
हरचन्द उसके पास दिल-ए-हक़ शनास है

पी, जिस क़दर मिले, शब-ए-महताब में शराब
इस बलग़मी मिज़ाज को गर्मी ही रास है

हर इक मकान को है मकीं से शरफ़, असद
मजनूँ जो मर गया है, तो जंगल उदास है

सरगश्तगी–परेशानी। **'आलम-ए-हस्ती**–अस्तित्व का जगत। **यास**–निराशा।
तस्कीं–सांत्वना। **नवेद**–शुभसमाचार, ख़ुशख़बरी।
दिल-ए-आवारः–मा'शूक़ की तलाश में भटकनेवाला दिल।
बयाँ–बयान, वर्णन। **सुरूर-ए-तब-ए-ग़म**–ग़म के ताप का आनन्द। **मू**–बाल, रोम।
ज़बान-ए-सिपास–धन्यवाद की जिह्वा।
ग़ुरूर-ए-हुस्न–रूप का गर्व। **बेगानः-ए-वफ़ा**–बेवफ़ा, निर्मोही। **हरचन्द**–यद्यपि।
दिल-ए-हक़शनास–सत्य को पहचाननेवाला दिल।
शब-ए-महताब–चाँदनी रात। **बलग़मी मिज़ाज**–यूनानी इलाज में रोगियों की अलग-अलग प्रकृतियाँ बतलाई गई हैं। ठंडी प्रकृति के लोगों को बलग़मी मिज़ाज कहते हैं। और चाँदनी रात ठंडी होती है, और शराब जो गरम होती है उसका इलाज है।
मकीं–मकान में रहनेवाला, गृहवासी। **शरफ़**–प्रतिष्ठा, इज़्ज़त।

142

गर ख़ामुशी से फ़ायदः, इख़फ़ा-ए-हाल है
ख़ुश हूँ, कि मेरी बात समझनी मुहाल है

किसको सुनाऊँ हस्रत-ए-इज़हार का गिला
दिल फ़र्द-ए-जम'-ओ-ख़र्च-ए-ज़बाँहा-ए-लाल है

किस पर्दे में है आइनः परदाज़, अय ख़ुदा
रहमत, कि 'उज़्रख़्वाह लब-ए-बेसवाल है

है है, ख़ुदा न ख़्वास्तः वह और दुश्मनी
अय शौक़, मुनफ़'अिल, यह तुझे क्या ख़्याल है

मिश्कीं लिबास-ए-का'बः, 'अली के क़दम से जान
नाफ़-ए-ज़मीन है, न कि नाफ़-ए-ग़ज़ाल है

ख़ामुशी–ख़ामोशी, चुप रहना, मौन। **फ़ायदः**–फ़ायदा, लाभ। **इख़फ़ा-ए-हाल**–हाल का छिपाना। **मुहाल**–असम्भव।
हस्रत-ए-इज़हार–अभिव्यक्ति की कामना। **गिला**–शिकायत। **फ़र्द-ए-जम'-ओ-ख़र्च-ए-ज़बाँहा-ए-लाल**–गूँगी ज़बानों का बहीखाता (फ़र्द–हिसाब लिखने का इकहरा काग़ज़। लाल–गूँगा)।
आइनः-परदाज़–दर्पण के सन्मुख शृंगार में लीन। **रहमत**–कृपा, दया (दया कर)।
'उज़्रख़्वाह–क्षमायाचक। **लब-ए-बेसवाल**–कृपा का सवाल न करनेवाला होंठ (मुँह)।
ख़ुदा न ख़्वास्तः–ईश्वर न करे। **शौक़**–अभिलाषा, कामना। **मुनफ़'अिल**–लज्जित (हो)।
मिश्कीं (मुश्कीं)–कस्तूरी के रंग का, काला। **लिबास-ए-का'बः**–का'बे का ग़िलाफ़। **'अली**–रसूल अल्लाह के चचेरे भाई का नाम। मुसलमानों के एक सम्प्रदाय के विचार से वह रसूल के पहले ख़लीफ़ा थे और दूसरे के विचार में चौथे। सूफ़ी अपना सिलसिला हज़रत 'अली से मिलाते हैं। वह का'बे में पैदा हुए थे जिसे मुसलमान पृथ्वी का केन्द्र मानते हैं। **नाफ़-ए-ज़मीन**–पृथ्वी की नाभि। **नाफ़-ए-ग़ज़ाल**–हिरन की नाभि (जिससे कस्तूरी निकलती है) मृग-नाभि।

वहशत प मेरी 'अर्सः-ए-आफ़ाक़ तंग था
दरिया ज़मीन को 'अरक़-ए-इन्फ़ि'आल है

हस्ती के मत फ़रेब में आजाइयो, असद
'आलम तमाम हल्क़ः-ए-दाम-ए-ख़याल है

वहशत–उन्माद। **'अर्सः-ए-आफ़ाक़**–(आफ़ाक़-उफ़ुक़, क्षितिज, का बहुवचन–संसार) संसार का विस्तार। **तंग**–संकीर्ण। **दरिया**–सागर। **'अरक़-ए-इन्फ़ि'आल**–लज्जा का पसीना। (पृथ्वी अपनी संकीर्णता से लज्जित हो पसीने में डूब गई)।
हस्ती–अस्तित्व। **फ़रेब**–धोखा। **'आलम**–संसार। **हल्क़ः-ए-दाम-ए-ख़याल**– कल्पना-जाल।

143

तुम अपने शिकवे की बातें, न खोद खोद के पूछो
हज़र करो मिरे दिल से, कि इसमें आग दबी है

दिला, यह दर्द-ओ-अलम भी तो मुग़तनम है, कि आख़िर
न गिरियः-ए-सहरी है, न आह-ए-नीमशबी है

शिकवे (शिकवः)–शिकायत। **हज़र करो**–परहेज़ करो, डरो।
दिला–अय दिल (अब प्रचलित नहीं है) **दर्द-ओ-आलम**–दर्द और ग़म। **मुग़तनम**–ग़नीमत, सन्तोष की बात। **गिरियः-ए-सहरी**–सुबह के समय रोना। **आह-ए-नीमशबी**–आधी रात की आहें।

144

एक जा हर्फ़-ए-वफ़ा लिक्खा था, सो भी मिट गया
ज़ाहिरा काग़ज़ तिरे ख़त का ग़लत बरदार है

जी जले ज़ौक़-ए-फ़ना की नातमामी पर न क्यों
हम नहीं जलते, नफ़स हरचन्द आतशबार है

आग से, पानी में बुझते वक़्त, उठती है सदा
हर कोई दरमाँदगी में नाले से नाचार है

है वही बदमस्ति-ए-हर ज़र्रः का ख़ुद 'उज़्रख़्वाह
जिसके जल्वे से ज़मीं ता आसमाँ सरशार है

मुझसे मत कह, तू हमें कहता था अपनी ज़िन्दगी
ज़िन्दगी से भी मिरा जी इन दिनों बेज़ार है

आँख की तस्वीर सरनामे प खेंची है, कि ता
तुझ प खुल जावे, कि इसको हसरत-ए-दीदार है

एकजा–एक जगह। **हर्फ़-ए-वफ़ा**–निर्वाह का अक्षर। **ज़ाहिरा**–प्रकटतया। **ग़लत बरदार**–वह काग़ज़ जिस पर से अक्षर आसानी से मिट सके और निशान बाक़ी न रह जाए।
ज़ौक़-ए-फ़ना–मृत्यु की कामना। **नातमामी**–अपूर्णता। **नफ़स**–साँस। **हरचन्द**–यद्यपि, गोकि। **आतशबार**–अग्निवर्षक।
सदा–आवाज़, ध्वनि। **दरमाँदगी**–मुसीबत, क्लेश। **नाले (नालः)**–आर्त्तनाद। **नाचार**–लाचार, मजबूर, असहाय।
बदमस्ति-ए-हर ज़र्रः–प्रत्येक कण की बदमस्ती (उन्मत्तता)। **ख़ुद**–स्वयं। **उज़्रख़्वाह**–क्षमायाचक। **जलवे (जल्वः)**–कान्ति, छवि। **ज़मीं ता आसमाँ**–पृथ्वी से आकाश तक।
सरशार–परिपूर्ण, छलकता हुआ, नशे में।
बेज़ार–उचाट, असन्तुष्ट।
सरनामे–(सरनामः)–लिफ़ाफ़ा। **कि ता**–ताकि। **हसरत-ए-दीदार**–दर्शन की अभिलाषा।

145

पीनस में गुज़रते हैं जो कूचे से वह मेरे
कन्धा भी कहारों को बदलने नहीं देते

पीनस–पालकी। **कूचे** (कूचः)–गली।

146

मिरी हस्ती फ़ज़ा-ए-हैरत आबाद-ए-तमन्ना है
जिसे कहते हैं नालः वह इसी 'आलम 'अन्क़ा है

ख़ज़ाँ क्या, फ़स्ल-ए-गुल कहते हैं किसको, कोई मौसम हो
वही हम हैं, क़फ़स है, और मातम बाल-ओ-पर का है

वफ़ा-ए-दिलबराँ है इत्तिफ़ाक़ी, वर्नः, अय हमूदम
असर फ़रियाद-ए-दिलूहा-ए-हज़ीं का, किसने देखा है

न लाई शोख़ि-ए-अन्देशः ताब-ए-रंज-ए-नौमीदी
कफ़-ए-अफ़सोस मलना अहूद-ए-तजदीद-ए-तमन्ना है

हस्ती–अस्तित्व। **फ़ज़ा-ए-हैरत आबाद-ए-तमन्ना**–कामना के विस्मय का वातावरण (अन्तरिक्ष)।
नालः–आर्त्तनाद। **'आलम**–विश्व। **'अन्क़ा**–एक काल्पनकि पक्षी, अनस्तित्व का प्रतिक।
ख़ज़ाँ–पतझड़। **फ़स्ल-ए-गुल**–कुसुम-ऋतु, वसन्त। **क़फ़स**–पिंजरा। **मातम**–रोना-पीटना, शोक।
बाल-ओ-पर–पंख।
वफ़ा-ए-दिलबराँ–दिल ले जानेवालों (मा'शूक़ों) का प्रेम-निर्वाह। **इत्तिफ़ाक़ी**–आकस्मिक
हमूदम–मित्र, साथी। **फ़रियाद-ए-दिलूहा-ए-हज़ीं**–दुखी दिलों की पुकार।
शोख़ि-ए-अन्देशः–विचारों की सुन्दरता एवं चंचलता। **ताब लाना**–सहन करना।
रंज-ए-नौमीदी–निराशा का दुख। **कफ़-ए-अफ़सोस मलना**–अफ़सोस में हाथ मलना।
'अहूद-ए-तजदीद-ए-तमन्ना–कामना के पुनरुज्जीवन की प्रतिज्ञा।

147

रह्म कर ज़ालिम, कि क्या बूद-ए-चराग़-ए-कुश्तः है
नब्ज़-ए-बीमार-ए-वफ़ा, दूद-ए-चराग़-ए-कुश्तः है

दिल्लगी की आरज़ू, बेचैन रखती है हमें
वर्नः याँ बेरौनक़ी, सूद-ए-चराग़-ए-कुश्तः है

बूद-ए-चराग़-ए-कुश्तः–बुझे हुए दीप की हैसियत (योग्यता)। **नब्ज़-ए-बीमार-ए- वफ़ा**–प्रेम-निर्वाह के दुख में सन्तप्त रोगी की नाड़ी। **दूद-ए-चराग़-ए-कुश्तः**–बुझे हुए दीप का धुआँ। **आरज़ू**–कामना। **बेरौनक़ी**–निष्प्रभता, श्रीहीनता, अँधेरा। **सूद-ए-चराग़-ए-कुश्तः**–बुझे हुए दीप की पूँजी।

148

चश्म-ए-ख़ूबाँ ख़ामुशी में भी नवा पर्दाज़ है
सुर्मः, तू कहवे, कि दूद-ए-शो'लः-ए-आवाज़ है

पैकर-ए-'उश्शाक़, साज़-ए-ताले'-ए-नासाज़ है
नालः गोया गर्दिश-ए-सय्यारः की आवाज़ है

दस्तगाह-ए-दीदः-ए-ख़ूँबार-ए-मजनूँ देखना
यक बयाबाँ जल्वः-ए-गुल फ़र्श-ए-पा अन्दाज़ है

चश्म-ए-ख़ूबाँ–रूपसियों के नयन। **ख़ामुशी**–ख़ामोशी, मौन। **नवा पर्दाज़**–स्वर-साधक (गायक)।
दूद-ए-शो'लः-ए-आवाज़–ध्वनिं की ज्वाला का धुआँ।
पैकर-ए-'उश्शाक़–'आशिक़ों का शरीर। **साज़-ए-ताले'-ए-नासाज़**–अभागे भाग्य का बाजा (जिससे भाग्यहीनता के स्वर निकल रहे हैं)। **नालः**–आर्त्तनाद।
गोया–मानो, जैसे कि। **गर्दिश-ए-सय्यारः**–गतिमान तारे का चक्कर।
दस्तगाह-ए-दीदः-ए-ख़ूँबार-ए-मजनूँ–मजनूँ की ख़ून रोती आँखों का सामर्थ्य। **यक बयाबाँ जल्वः-ए-गुल**–इतने कुसुमों की कान्ति जिनसे पूरा वन भर जाए। **फ़र्श-ए-पा अन्दाज़**–पैरों के नीचे बिछा फ़र्श।

149

‘अिश्क़ मुझको नहीं, वहशत ही सही
मेरी वहशत, तिरी शोहूरत ही सही

क़त‘अ कीजे न त‘अल्लुक़ हम से
कुछ नहीं है, तो ‘अदावत ही सही

मेरे होने में है क्या रुस्वाई
अय, वह मज्लिस नहीं, ख़ल्वत ही सही

हम भी दुश्मन तो नहीं हैं अपने
ग़ैर को तुझ से महब्बत ही सही

अपनी हस्ती ही से हो, जो कुछ हो
आगही गर नहीं ग़फ़्लत ही सही

(सही का शब्द उर्दू में अनेक अर्थ रखता है, जिसका उदाहरण इस ग़ज़ल में मिलेगा)
वहशत–उन्माद। **शोहूरत**–प्रसिद्धि। **सही**–मानो, जानो, ख़याल करो।
क़त‘अ कीजे–काटिए, तोड़िए। **त‘अल्लुक़**–सम्बन्ध। **‘अदावत**–शत्रुता, दुश्मनी।
सही–जारी रखिए, बाक़ी रखिए।
रुस्वाई–बदनामी, निन्दा। **मज्लिस**–महफ़िल, परिषद, सबके सामने। **ख़ल्वत**–एकान्त, तनूहाई।
सही–स्वीकार करो।
हस्ती–अस्तित्व। **आगही**–चेतना। **ग़फ़्लत**–अचेतना। **सही**–यही समझेंगे, यूँ ही जानेंगे (मनसमझौती)।

'उम्र हरचन्द कि है बर्क़ ख़िराम
दिल के ख़ूँ करने की फ़ुर्सत ही सही

हम कोई तर्क-ए-वफ़ा करते हैं
न सही 'अिश्क़, मुसीबत ही सही

कुछ तो दे, अय फ़लक-ए-ना-इंसाफ़
आह-ओ-फ़र्याद की रुख़सत ही सही

हम भी तस्लीम की ख़ू डालेंगे
बेनियाज़ी तिरी 'आदत ही सही

यार से छेड़ चली जाये, असद
गर नहीं वस्ल, तो हसरत ही सही

'उम्र—आयु, जीवन। **हरचन्द**—यद्यपि। **बर्क़ ख़िराम**—विद्युतवेगगामी।
तर्क-ए-वफ़ा—प्रेम-निर्वाह का त्याग। **फ़लक-ए-नाइंसाफ़**—अन्यायी आकाश। **रुख़सत**—इजाज़त, अनुमति। **सही**—अवश्यमेव।
तस्लीम—स्वीकृति। **ख़ू**—आदत, बान। **बेनियाज़ी**—निस्पृहता। **सही**—यही समझेंगे। **वस्ल**—मिलन।
हसरत—अपूर्ण कामना। **सही**—ग़नीमत है।

150

है आर्मीदगी में निकोहिश बजा मुझे
सुबूह-ए-वतन है ख़न्द-ए-दन्दाँनुमा मुझे

ढूंडे है उस मुग़न्नि-ए-आतश नफ़स को जी
जिसकी सदा हो जल्वः-ए-बर्क़-ए-फ़ना मुझे

मस्तानः तय करूँ हूँ रह-ए-वादि-ए-ख़याल
ता बाज़गश्त से न रहे मुद्द'आ मुझे

करता है बसकि बाग़ में तू बेहिजाबियाँ
आने लगी है नकहत-ए-गुल से हया मुझे

खुलता किसी प क्यों, मिरे दिल का मु'आमलः
शे'रों के इन्तिख़ाब ने रुस्वा किया मुझे

आर्मीदगी—आरामतलबी, विश्रामप्रियता। **निकोहिश**—उपालभ, भर्त्सना, निन्दा। **बजा**—उचित, ठीक। **सुबूह-ए-वतन**—स्वदेश का सवेरा। **ख़न्दः-ए-दन्दाँनुमा**—हँसी जिसमें दाँत दिखाई दें। **मुग़न्नि-ए-आतशनफ़स**—गायक जिसका स्वर ज्वाला जगा दे। **सदा**—आवाज़, स्वर। **जल्वः-ए-बर्क़-ए-फ़ना**—मौत की बिजली की चमक।

मस्तानः—मस्ती की दशा में। **रह-ए-वादि-ए-ख़्याल**—कल्पना की घाटियों (उपत्काओं) का पथ (राह तय करना—राह चलना)। **ता**—ताकि। **बाज़गश्त**—वापसी, पलट आना। **मुद्द'आ**—उद्देश्य, मतलब।

बेहिजाबियाँ—लाज का पर्दा हटाना। **नक्हत-ए-गुल**—कुसुम-सौरभ। **हया**—लज्जा। **मु'आमिलः**—मामला, हाल, चलन। **इन्तिख़ाब**—चयन, चुनाव। **रुस्वा**—बदनाम, विनिंदित।

151

ज़िन्दगी अपनी जब इस शक्ल से गुज़री, ग़ालिब
हम भी क्या याद करेंगे, कि ख़ुदा रखते थे

शक्ल से–दशा से, हालत से।

152

उस बज़्म में, मुझे नहीं बनती हया किये
बैठा रहा, अगर्चेः इशारे हुआ किये

दिल ही तो है, सियासत-ए-दर्बां से डर गया
मैं, और जाऊँ दर से तिरे, बिन सदा किये

रखता फिरूँ हूँ, ख़िर्क़ः-ओ-सज्जादः रह्न-ए-मै
मुद्दत हुई है, दा'वत-ए-आब-ओ-हवा किये

बेसर्फ़ः ही गुज़रती है, हो गर्चे, 'उम्र-ए-ख़िज़्र
हज़रत भी कल कहेंगे, कि हम क्या किया किये

मक़दूर हो तो ख़ाक से पूछूँ कि, अय लईम
तू ने वह गँजूहा-ए-गिराँमायः क्या किये

उस बज़्म—यार की महफ़िल। **नहीं बनती हया किए**—लज्जा नहीं आती।
सियासत-ए-दर्बां—दरबान की धमकी। **दर**—द्वार। **बिना सदा किए**—आवाज़ लगाए बिना।
ख़िर्क़ः-ओ-सज्जादः—कथा और जानमाज़। **रह्न-ए-मै**—मदिरा के लिए गिरवी। **मुद्दत**—समय, ज़माना। **दा'वत-ए-आब-ओ-हवा**—जलवायु की दावत, बहार की ऋतु की दावत, शराब पीकर ऐश करना।
बेसर्फ़ः—निरर्थक, निष्प्रयोजन, बेमानी। **उम्र-ए-ख़िज़्र**—ख़िज़्र का जीवन (ख़िज़्र एक पैग़म्बर का नाम है जो जीवित हैं और भूले-भटकों को राह दिखाते हैं)।
मक़दूर—क़ुदरत, इख्तियार, सामर्थ्य। **ख़ाक़**—मिट्टी, धरती। **लईम**—कंजूस, कृपण। **गँजूहा-ए-गिराँमायः**—अमूल्य निधियाँ, क़ीमती ख़ज़ाने (अर्थ है वे लोग जो ज़मीन में दफ़्न हो चुके हैं)।

किस रोज़ तुहमतें न तराशा किये 'अदू
किस दिन हमारे सर प न आरे चला किये

सोहबत में ग़ैर की, न पड़ी हो कहीं यह ख़ू
देने लगा है बोसः बिग़ैर इल्तिजा किये

ज़िद की है और बात, मगर ख़ू बुरी नहीं
भूले से उसने सैकड़ों वा'दे वफ़ा किये

ग़ालिब, तुम्हीं कहो, कि मिलेगा जवाब क्या
माना कि तुम कहा किये और वह सुना किये

तुहमतें तराशना—इल्ज़ाम लगाना, दोषारोपण। **'अदू**—दुश्मन, शत्रु।
सोहबत—संगति। **ग़ैर**—अन्य, शत्रु, प्रतिद्वन्द्वी। **ख़ू**—आदत। **इल्तिजा**—याचना, विनती। **वा'दः वफ़ा करना**—वचन-निर्वाह।

153

रफ़्तार-ए-'उम्र, क़त'-ए-रह-ए-इज़्तिराब है
इस साल के हिसाब को, बर्क़ आफ़ताब है

मीना-ए-मै है सर्व, नशात-ए-बहार से
बाल-ए-तदर्व जल्वः-ए-मौज-ए-शराब है

ज़ख़्मी हुआ है पाश्नः पा-ए-सबात का
ने भागने की गौं, न इक़ामत की ताब है

जादाद-ए-बादः नोशि-ए-रिन्दाँ है शश जिहत
ग़ाफ़िल गुमाँ करे है, कि गेती ख़राब है

रफ़्तार-ए-'उम्र—जीवन की गति। **क़त'-त-रह-ए-इज़्तिराब**—व्याकुलता की राह काटना (चलना)। **बर्क़**—बिजली। **आफ़ताब**—सूरज।

मीना-ए-मै—शराब की सुराही, मधु-कलश। **सर्व**—सरो, एक सदाबहार वृक्ष। **नशात-ए-बहार**—वसन्त ऋतु का हर्ष, वसन्तोल्लास। **बाल-ए-तदर्व**—चकोर के पंख। **जल्वः-ए-मौज-ए-शराब**—मदिरा की तरंग की छवि।

पाश्नः—एड़ी। **पा-ए-सबात**—स्थायित्व के पैर। **इक़ामत**—ठहरना, स्थिरता। **ताब**—सहन, शक्ति।

जादाद-ए-बादःनोशि-ए-रिन्दाँ—(रिन्द—शराबी और मनमौजी) वह जायदाद (सम्पत्ति) जिससे रिन्दों के मदिरापान का प्रबन्ध हो। **ग़ाफ़िल**—असावधान। **गुमाँ**—भ्रम, सन्देह, शंका। **गेती**—पृथ्वी, धरती। **ख़राब**—बुरी, निकृष्ट, उजाड़।

नज़्ज़ारः क्या हरीफ़ हो, उस बर्क़-ए-हुस्न का
जोश-ए-बहार, जल्वे को जिसके निक़ाब है

मैं नामुराद दिल की तसल्ली को क्या करूँ
माना, कि तेरे रुख़ से निगह कामयाब है

गुज़रा असद, मसर्रत-ए-पैग़ाम-ए-यार से
क़ासिद प मुझको रश्क-ए-सवाल-ओ-जवाब है

नज़्ज़ारः—दृश्य। **हरीफ़**—मुक़ाबिल, प्रतिस्पर्धी। **बर्क़-ए-हुस्न**—रूप की बिजली। **जोश-ए-बहार**—भरपूर बहार।

जल्वे (जल्वः)—कान्ति, छवि। **निक़ाब**—पर्दा, आवरण।

नामुराद—अपूर्णकाम, असफल। **तसल्ली**—सन्तोष, सांत्वना। **रुख़**—चेहरा, मुखड़ा। **निगह**—निगाह, दृष्टि। **कामयाब**—सफल।

मसर्रत-ए-पैग़ाम-ए-यार—मित्र (प्रिय) के सन्देश की ख़ुशी। **क़ासिद**—पत्रवाहक। **रश्क-ए-सवाल-ओ-जवाब**—यह ईर्ष्या कि मित्र (प्रिय) ने उससे सवाल-जवाब किया होगा।

154

देखना क़िस्मत, कि आप अपने प रश्क आजाये है
मैं उसे देखूँ, भला कब मुझसे देखा जाये हैं

हाथ धो दिल से, यही गर्मी गर अन्देशे में है
आबगीनः, तुन्दि-ए-सहबा से पिघला जाये है

ग़ैर को, यारब, वह क्योंकर मन'-ए-गुस्ताख़ी करे
गर हया भी उसको आती है, तो शर्मा जाये है

शौक़ को यह लत, कि हरदम नालः खेंचे जाइये
दिल की वह हालत, कि दम लेने से घबरा जाये है

दूर चश्म-ए-बद, तिरी बज़्म-ए-तरब से, वाह, वाह
नग़्मः हो जाता है, वाँ गर नालः मेरा जाये है

क़िस्मत—भाग्य। **रश्क**—ईर्ष्या।

अन्देशे (अन्देशः)—चिन्ता, कल्पना। **आबगीनः**—शीशे का पात्र (दिल)। **तुन्दि-ए-सहबा**—शराब की गर्मी।

ग़ैर—अन्य, प्रतिद्वन्द्वी। **यारब**—अय ख़ुदा। **मन'-ए-गुस्ताख़ी**—बदतमीज़ी (धृष्टता) से मना करना। **हया**—लाज, लज्जा।

लत—आदत। **नालः**—आर्त्तनाद। **दम लेना**—साँस लेना, आराम करना।

चश्म-ए-बद—बुरी आँख। **बज़्म-ए-तरब**—हर्ष और ऐश्वर्य की महफ़िल। **नग़्मः**—गीत।

गरचेः है तर्ज़-ए-तग़ाफ़ुल, पर्दःदार-ए-राज़-ए-‘अिश्क़,
पर हम ऐसे खोये जाते हैं, कि वह पा जाये है

उसकी बज़्म आराइयाँ सुनकर, दिल-ए-रंजूर, याँ
मिस्ल-ए-नक़्श-ए-मुद्द‘आ-ए-ग़ैर बैठा जाये है

होके ‘आशिक़, वह परीरुख़, और नाज़ुक बन गया
रंग खुलता जाये है, जितना कि उड़ता जाये है

नक़्श को उसके, मुसव्विर पर भी क्या-क्या नाज़ हैं
खेंचता है जिस क़दर, उतना ही खिंचता जाये है

सायः मेरा, मुझसे मिस्ल-ए-दूद भागे है, असद
पास मुझ आतश बजाँ के, किससे ठहरा जाये है

तर्ज़-ए-तग़ाफ़ुल—उपेक्षा का अंदाज़ा (शैली)। **पर्दःदार-ए-राज़-ए-‘अिश्क़**—प्रेम के भेद को छिपानेवाला।

बज़्म आराइयाँ—हर्ष और ऐश्वर्य की महफ़िलें गर्म करना। **दिल-ए-रंजूर**—मेरा दुखी मन। **मिस्ल-ए-नक़्श-ए-मुद्द‘आ-ए-ग़ैर बैठा जाये है**—जैसे प्रतिद्वन्द्वी के मतलब का नक़्श (सिक्का, धाक) मा‘शूक़ के दिल पर बैठता है, वैसे मेरा दुखी मन बैठा जाता है। **परीरुख़**—परीचेहरः, रूपसी।

नक़्श—रेखाएँ, चित्र। **मुसव्विर**—चित्रकार।

सायः—परछाँई। **मिस्ल-ए-दूद**—धुएँ की तरह। **आतश बजाँ**—जिसके दिल में आग लगी हो।

155

गर्म-ए-फ़रियद रखा, शक्ल-ए-निहाली ने मुझे
तब अमाँ हिज्र में दी, बर्द-ए-लियाली ने मुझे

निस्यः-ओ-नक़्द-ए-दो 'आलम की हक़ीक़त मा'लूम
ले लिया मुझसे, मिरी हिम्मत-ए-'आली ने मुझे

कस्रत आराइ-ए-वहदत, है परस्तारि-ए-वहम
कर दिया काफ़िर, इन असनाम-ए-ख़याली ने मुझे

हवस-ए-गुल का तसव्वुर में भी खटका न रहा
'अजब आराम दिया, बेपर-ओ-बाली ने मुझे

गर्म-ए-फ़रियाद–आर्त्तनादरत। **शक्ल-ए-निहाली**–क़ालीन पर अंकित चित्र। (जो सुन्दर है पर मेरा मा'शूक़ नहीं है)। **अमाँ** (अमान)–सुरक्षा। **हिज्र**–विरह। **बर्द-ए-लियाली**–रातों की शीतलता (लियाली लैल का बहुवचन है)।

निस्यः-ओ-नक़्द-ए-दो'आलम–दोनों जगत का उधार और नक़्द (इस जगत की ख़ुशी नक़्द और दूसरे की उधार)। **हक़ीक़त**–वास्तविकता, यथार्थ। **मा'लूम**–मालूम, ज्ञात, (यहाँ अर्थ है कुछ नहीं)। **हिम्मत-ए-'आली**–महान साहस।

कस्रत आराइ-ए-वहदत–एकत्व की अनेकरूपता। **परस्तारि-ए-वहम**–भ्रम (मिथ्या) की पूजा। **काफ़िर**–अनास्थावादी। **असनाम-ए-ख़याली**–काल्पनिक प्रतिमाएँ (असनाम-प्रतिमाएँ, सनम का बहुवचन)।

हवस-ए-गुल–फूलों की हवस (लालसा)। **तसव्वुर**–कल्पना, विचार। **बे पर-ओ-बाली ने**–पंखों के न होने ने।

156

कारगाह-ए-हस्ती में, लालः दाग़ सामाँ है
बर्क़-ए-ख़िरमन-ए-राहत, ख़ून-ए-गर्म-ए-देहक़ाँ है

गुंचः ता शिगुफ़्तनहा, बर्ग-ए-'आफ़ियत मा'लूम
बावुजूद-ए-दिलजम'ई, ख़्वाब-ए-गुल परीशाँ है

हम से रँज-ए-बेताबी किस तरह उठाया जाये
दाग़ पुश्त-ए-दस्त-ए-'अिज्ज़, शो'लः ख़स ब दन्दाँ है

कारगाह-ए-हस्ती–अस्तित्व का कार्यालय। **लालः**–एक रक्ताभ कुसुम। **दाग़ सामाँ**–दाग़ रखनेवाला। **बर्क़-ए-ख़िर्मन-ए-राहत**–सुख-चैन के खलियान पर गिरनेवाली बिजली। **ख़ून-ए-गर्म-ए-देह्क़ाँ**–किसान का गर्म ख़ून।
(अर्थ यह है कि हर वस्तु का विनाश स्वयं उसके अन्दर विनिहित होता है। ग़ालिब ने इस शे'र का अर्थ स्वयं यह लिखा है कि फूल के पौधे या अनाज जो कुछ भी बोया जाता है किसान को जोतने-बोने, पानी देने में श्रम करना पड़ता है और परिश्रम में लहू गर्म हो जाता है यानी अस्तित्व केवल दुख और सन्ताप है। अस्तित्व की उपलब्धि दाग़ है और दाग़ सुख-चैन का विरोधी, इसलिए रंज का रूप (खुतूत-ए-ग़ालिब, मेह्र, पृष्ठ 531) आगे के दो शे'र इसी विचार का विस्तार हैं)।
गुंचः ता शिगुफ़्तनहा–कली के खिलने तक। **बर्ग-ए-'आफ़ियत**–कुशलता का सामान। **बावुजूद-ए-दिलजम'ई**–तसल्ली के बावुजूद, इतमीनान के होते हुए। **ख़्वाब-ए-गुल**–कुसुम-स्वप्न। **परीशाँ**–परेशान, बिखरा हुआ। (कली का रूप दिल जैसा होता है किन्तु फूल बनते ही वह परेशान हो जाती है)।
रँज-ए-बेताबी–व्याकुलता का दुख। **पुश्त-ए-दस्त-ए-'अिज्ज़** ('अज्ज़)–विनय के हाथ की पीठ। **ख़स ब दन्दाँ**–दाँतों में तिनका लिए हुए।

157

उग रहा है दर-ओ-दीवार से सब्ज़ः ग़ालिब
हम बयाबाँ में है और घर में बहार आई है

सब्ज़ः—हरियाली, घास। **बयाबाँ**—जंगल।

158

सादगी पर उसकी, मरजाने की हसरत, दिल में है
बस नहीं चलता, कि फिर ख़ंजर कफ़-ए-क़ातिल में है

देखना तक़रीर की लज़्ज़त, कि जो उसने कहा
मैंने यह जाना, कि गोया यह भी मेरे दिल में है

गरचेः है किस किस बुराई से, वले बा ईं हमः
ज़िक्र मेरा, मुझसे बेहतर है, कि उस महफ़िल में है

बस, हुजूम-ए-ना उमीदी, ख़ाक में मिल जाएगी
यह जो इक लज़्ज़त हमारी स'अि-ए-बे हासिल में है

रंज-ए-रह क्यों खेंचिये, वामान्दगी को 'अिश्क़ है
उठ नहीं सकता, हमारा जो क़दम मंज़िल में है

सादगी—सरलता, भोलापन। **हसरत**—अभिलाषा। **कफ़-ए-क़ातिल**—क़ातिल (मा'शूक़) के हाथ में।

तक़रीर—भाषण, वार्त्ता। **लज़्ज़त**—मज़ा, स्वाद, आनन्द। **गोया**—जैसे कि, मानो कि। **वले बा ईं हमः**—लेकिन इस सबके बावुजूद।

हुजूम-ए-नाउमीदी—निराशा का समूह। **स'अि-ए-बेहासिल**—निष्फल प्रयत्न। **रँज-ए-रह खेंचना**—पथ के दुख उठाना। **वामान्दगी**—थकान, श्रांति। **मंज़िल**—गन्तव्य।

जल्वः ज़ार-ए-आतश-ए-दोज़ख़, हमारा दिल सही
फ़ितनः-ए-शोर-ए-क़यामत, किसकी आब-ओ-गिल में है

हैं दिल-ए-शोरीदः-ए-ग़ालिब, तिलिस्म-ए-पेच-ओ-ताब
रहम कर अपनी तमन्ना पर, कि किस मुश्किल में है

जल्वः ज़ार-ए आतश-ए-दोज़ख़—नरकाग्नि से भरा हुआ। **फ़ितनः-ए-शोर-ए-क़यामत**—प्रलय का साकार उपद्रव। **आब-ओ-गिल**—पानी और मिट्टी, शरीर, आकार।

दिल-ए-शोरीदः-ए-ग़ालिब—ग़ालिब का उन्मन और व्याकुल हृदय। **तिस्लिम-ए-पेच-ओ-ताब**—दुख और व्याकुलता का जादूघर। **रह्म**—दया। **तमन्ना**—कामना।

159

दिल से तिरी निगाह जिगर तक उतर गई
दोनों को इक अदा में रज़ामन्द कर गई

शक़ हो गया है सीनः, ख़ुशा लज़्ज़त-ए-फ़राग़
तकलीफ़-ए-पर्दः दारि-ए-ज़ख़्म-ए-जिगर गई

वह बादः-ए-शबानः की सरमस्तियाँ कहाँ
उठिये बस अब, कि लज़्ज़त-ए-ख़्वाब-ए-सहर गई

उड़ती फिरे है ख़ाक मिरी, कू-ए-यार में
बारे अब अय हवा, हवस-ए-बाल-ओ-पर गई

देखो तो, दिलफ़रेबि-ए-अन्दाज़-ए-नक़्श-ए-पा
मौज-ए-ख़िराम-ए-यार भी, क्या गुल कतर गई

रज़ामन्द—राज़ी, ख़ुश, प्रस्तुत।

शक़—विदीर्ण। **ख़ुशा लज़्ज़त-ए-फ़राग़**—मुक्ति के आनन्द का क्या होगा। **तकलीफ़-ए-पर्दःदारि-ए-ज़ख़्म-ए-जिगर**—जिगर के घाव को छिपाने का कष्ट।

बादः-ए-शबानः—रात की शराब (जवानी की रात से उपमा देते हैं और बुढ़ापे की सुबह से)। **सरमस्तियाँ**—अतिशय उन्मदता। **लज़्ज़त-ए-ख़्वाब-ए-सहर**—प्रातःकालीन निद्रा का आनन्द।

कू-ए-यार—मित्र (मा'शूक़) की गली। **बारे**—अंततः। **हवा**—पवन, इच्छा। **हवस-ए-बाल-ओ-पर**—उड़ने की लालसा।

दिल फ़रेबि-ए-अन्दाज़-ए-नक़्श-ए-पा—पदचिन्ह की सुन्दरता, पदचिन्ह की मनमोहकता। **मौज-ए-ख़िराम-ए-यार**—मित्र (मा'शूक़) की मंथरगति की तरंग। **गुल कतर गई**—फूल बिखेर गई (गुल कतरना मुहावरा है और इसके कई अर्थ हैं, जैसे अद्‌भुत काम करना, ग़ज़ब ढाना, बेल-बूटे बनाना)।

हर बुल्हवस ने हुस्न परस्ती शि'आर की
अब आबरु-ए-शेवः-ए-अह्‌ल-ए-नज़र गई

नज़्ज़ारे ने भी, काम किया वाँ निक़ाब का
मस्ती से हर निगह तिरे रुख़ पर बिखर गई

फ़रदा-ओ-दी का तफ़रिक़ः यक बार मिट गया
कल तुम गए, कि हम प क़यामत गुज़र गई

मारा ज़माने ने, असदुल्लाह ख़ाँ, तुम्हें
वह वलवले कहाँ, वह जवानी किधर गई

बुल्हवस–नितान्त लोभी। **हुस्न परस्ती**–सौन्दर्योपासना। **शि'आर की**–अपनायी। **आबरु-ए-शेवः-ए-अह्‌ल-ए-नज़र**–दृष्टाओं के आचार का सम्मान।
नज़्ज़ारे (नज़्ज़ारः)–दृश्य, अवलोकन, दर्शन। **निक़ाब**–नक़ाब, पर्दा, आवरण। **निगह**–निगाह, दृष्टि। **रुख़**–मुखड़ा, वदन।
फ़र्दा-ओ-दी–बीता हुआ कल और आनेवाला कल। **तफ़रिक़ः**–फ़र्क़, भेद, अन्तर। **क़यामत गुज़र गई**–मुसीबत टूट पड़ी, आफ़त आ गई।
वलवले–उमंगें।

160

तस्कीं को हम न रोयें, जो ज़ौक़-ए-नज़र मिले
हूरान-ए-ख़ुल्द में तिरी सूरत मगर मिले

अपनी गली में, मुझको न कर दफ़्न, बा'द-ए-क़त्ल
मेरे पते से ख़ल्क को क्यों तेरा घर मिले

साक़ीगरी की शर्म करो आज, वर्नः हम
हर शब पिया ही करते हैं मै, जिस क़दर मिले

तुझसे तो कुछ कलाम नहीं, लेकिन अय नदीम
मेरा सलाम कहियो, अगर नामःबर मिले

तुमको भी हम दिखायें, कि मजनूँ ने क्या किया
फ़ुर्सत कशाकश-ए-ग़म-ए-पिन्हाँ से गर मिले

तस्कीं—सांत्वना, सन्तोष। **ज़ौक़-ए-नज़र**—दृष्टि की अभिरुचि (मा'शूक़ की सूरत जिससे दृष्टि की अभिरुचि पूरी हो सके)। **हूरान-ए-ख़ुल्द**—स्वर्ग की अप्सराएँ।
बा'द-ए-क़त्ल—क़त्ल के बाद। **ख़ल्क़**—संसारवाले, जनसाधारण।
साक़ीगरी की शर्म करो—साक़ी होने की लाज रखो। **शब**—रात। **मै**—मदिरा।
कलाम—वार्त्तालाप। **नदीम**—साथी, मित्र। **नामःबर**—पत्रवाहक।
फ़ुर्सत—अवकाश।

लाज़िम नहीं, कि ख़िज़्र की हम पैरवी करें
माना कि इक बुज़ुर्ग हमें हमसफ़र मिले

अय साकिनान-ए-कूचः-ए-दिलूदार, देखना
तुमको कहीं जो ग़ालिब-ए-आशुफ़्तः सर मिले

ख़िज़्र–एक पैग़म्बर का नाम जो अमर हैं और भूले-भटकों को राह दिखलाते हैं। **पैरवी**–अनुगमन। **बुज़ुर्ग**–वयोवृद्ध, बड़े मियाँ। **हमसफ़र**–सहपंथी।
अय साकिनान-ए-कूचः-ए-दिलदार–मा'शूक़ की गली में बसनेवालो। **ग़ालिब-ए-आशुफ़्तः सर**–सर फिरा ग़ालिब।

161

कोई दिन, गर ज़िन्दगानी और है
अपने जी में हम ने ठानी और है

आतश-ए-दोज़ख़ में, यह गर्मी, कहाँ
सोज़-ए-ग़मूहा-ए-निहानी और है

बारहा देखी हैं उनकी रंजिशें
पर कुछ अबके सरगिरानी और है

दे के ख़त, मुँह देखता है नामःबर
कुछ तो पैग़ाम-ए-ज़बानी और है

क़ाते'-ए-आ'मार, है अक्सर नुजूम
वह बला-ए-आस्मानी और है

हो चुकीं, ग़ालिब, बलाएँ सब तमाम
एक मर्ग-ए-नागहानी और है

ज़िन्दगानी–ज़िन्दगी, जीवन। **आतश-ए-दोज़ख़**–नरकाग्नि। **सोज़-ए-ग़मूहा-ए-निहानी**– आन्तरिक सन्ताप की जलन।

बारहा–अनेक बार। **रंजिशें**–मनोमालिन्य। **सरगिरानी**–अप्रसन्नता, ख़फ़गी, रोष। **नामःबर**–पत्रवाहक। **पैग़ाम-ए-ज़बानी**–मौखिक सन्देश।

क़ाते'-ए-आ'मार–उम्र को काटनेवाले (जान लेनेवाले)। **अक्सर**–बहुधा। **नुजूम**–तारे, नक्षत्र। **बला-ए-आस्मानी**–आकाश की विपदा।

बलाएँ–विपदाएँ। **तमाम**–ख़त्म, समाप्त। **मर्ग-ए-नागहानी**–अचानक आ जानेवाली मृत्यु।

162

कोई उम्मीद बर नहीं आती
कोई सूरत नज़र नहीं आती

मौत का एक दिन मु'अइयन है
नीन्द क्यों रात भर नहीं आती

आगे आती थी हाल-ए-दिल प हँसी
अब किसी बात पर नहीं आती

जानता हूँ सवाब-ए-ता'अत-ओ-ज़ोह्द
पर तबी'अत इधर नहीं आती

है कुछ ऐसी ही बात, जो चुप हूँ
वर्नः क्या बात कर नहीं आती

क्यों न चीख़ूँ कि याद करते हैं
मेरी आवाज़ गर नहीं आती

उम्मीद—आशा। **बर नहीं आती**—पूरी नहीं होती। **सूरत**—उपाय।
मु'अइयन—निश्चित।
आगे—पहले।
सवाब-ए-ता'अत-ओ-ज़ोह्द—वन्दना और वैराग्य का पुण्य। **तबी'अत**—मन।

दाग़-ए-दिल गर नज़र नहीं आता
बू भी अय चारःगर नहीं आती

हम वहाँ हैं, जहाँ से हम को भी
कुछ हमारी ख़बर नहीं आती

मरते हैं आरज़ू में मरने की
मौत आती है, पर नहीं आती

का'बे किस मुँह से जाओगे ग़ालिब
शर्म तुम को मगर नहीं आती

बू–गंध। **चारःगर**–इलाज करनेवाला, उपचारक।
आरज़ू–कामना।

163

दिल-ए-नादाँ, तुझे हुआ क्या है
आख़िर इस दर्द की दवा क्या है

हम है मुश्ताक़ और वह बेज़ार
या इलाही, यह माजरा क्या है

मैं भी मुँह में ज़बान रखता हूँ
काश, पूछो, कि मुद्द'आ क्या है

क़त'अः

जबकि तुझ बिन नहीं कोई मौजूद
फिर यह हँगामः अय ख़ुदा क्या है

यह परी चेहरः लोग कैसे हैं
ग़मज़-ओ-अिश्वः-ओ-अदा क्या है

दिल-ए-नादाँ–नादान दिल, बावरे मन।
मुश्ताक़–उत्सुक। **बेज़ार**–रुष्ट, असन्तुष्ट। **या इलाही**–अय ख़ुदा। **माजरा**–मामला, घटना।
काश–कामनासूचक उद्‌बोधन (काश ऐसा हो जाए)। **मुद्द'आ**–उद्देश्य।

क़त'अः

क़त'अः–खंड।
परीचेहरः–रूपवान। **ग़मज़ः-ओ-अिश्वः-ओ-अदा**–सैन और हाव-भाव। **अदा**–सैन और हाव-भाव।

शिकन-ए-ज़ुल्फ़-ए-'अँबरीं क्यों है
निगह-ए-चश्म-ए-सुर्मः सा क्या है

सब्ज़ः-ओ-गुल कहाँ से आये हैं
अब्र क्या चीज़ है, हवा क्या है

हमको उनसे, वफ़ा की है उम्मीद,
जो नहीं जानते, वफ़ा क्या है

हाँ भला कर, तिरा भला होगा
और दर्वेश की सदा क्या है

ज़ान तुम पर निसार करता हूँ
मैं नहीं जानता, दु'आ क्या है

मैंने माना कि कुछ नहीं ग़ालिब
मुफ़्त हाथ आये, तो बुरा क्या है

शिकन-ए-ज़ुल्फ़-ए-अँबरीं—अंबर सुरभित अलकों के बल (घूँघर)। **निगह-ए-चश्म-ए-सुर्मः सा**—सुर्मा-रंजित नयनों की चितवन।
सब्ज़ः-ओ-गुल—हरियाली और फूल। **अब्र**—बादल, मेघ।
वफ़ा—प्रेम-निर्वाह।
दर्वेश—फ़क़ीर, महात्मा, विनीत।
निसार—निछावर।

164

कहते तो हो तुम सब, कि बुत-ए-ग़ालियः मू आये
इक मर्तबः घबरा के कहो कोई कि, वो आये

हूँ कशमकश-ए-नज़्‘अ में, हाँ जज़्ब-ए-महब्बत
कुछ कह न सकूँ, पर वह मिरे पूछने को आये

है सा‘अिक़ः-ओ-शो‘लः-ओ-सीमाब का ‘आलम
आना ही समझ में मिरी आता नहीं, गो आये

ज़ाहिर है, कि घबरा के न भागेंगे नकीरैन
हाँ, मुँह से मगर बादः-ए-दोशीनः की बू आये

जल्लाद से डरते हैं, न वा‘अिज़ से झगड़ते
हम समझे हुए हैं उसे, जिस भेस में जो आये

बुत-ए-ग़ालियः मू—(ग़ालियः—एक सुगन्धि जो कर्पूर, कस्तूरी और ‘अम्बर से मिलाकर बनाई जाती है) सुरभित केशराशिवाला मा‘शूक़। **इक मर्तबः**—एक बार। **वो**—वह (उर्दू में वह का उच्चारण वो है) मा‘शूक़।

कशमकश-ए-नज़्‘अ—मृत्यु के समय साँस टूटने की पीड़ा। जज़्ब-ए-महब्बत—प्रेम का आकर्षण।

सा‘अिक़ः-ओ-शो‘लः-ओ-सीमाब का ‘आलम—बिजली, ज्वाला और पारे की सी दशा (अतिशय तेज़ी और व्यग्रता)।

नकीरैन—मुसलमानों के विश्वास के अनुसार दो फ़रिश्ते जो क़ब्र में सवाल-जवाब करने आते हैं। **बादः-ए-दोशिनः**—बीती हुई रात की पी हुई शराब। **जल्लाद**—वधिक। **वा‘अिज़**—धर्मोपदेशक।

हाँ अहल-ए-तलब, कौन सुने ता'नः-ए-नायाफ़्त
देखा, कि वह मिलता नहीं, अपने ही को खो आये

अपना नहीं वह शेवः, कि आराम से बैठें
उस दर प नहीं बार, तो का'बे ही को हो आये

की हमनफ़सों ने असर-ए-गिरियः में तक़रीर
अच्छे रहे आप उससे, मगर मुझको डुबो आये

उस अंजुमन-ए-नाज़ की क्या बात है, ग़ालिब
हम भी गये वाँ, और तिरी तक़दीर को रो आये

अहूल-ए-तलब—इच्छुक और अभिलाषी, अन्वेषी। **ता'नः-ए-नायाफ़्त**—इच्छित वस्तु के न मिलने का ताना।

शेवः—व्यवहार, चलन। **दर**—द्वार। **बार**—पैठ, प्रवेश।

हमनफ़स—साथी, मित्र। **असर-ए-गिरियः में तक़रीर**—रुदन के प्रभाव का ज़िक्र।

अंजुमन-ए-नाज़—मा'शूक़ की महफ़िल। **तक़दीर**—भाग्य।

165

फिर कुछ इक दिल को बेक़रारी है
सीनः जोया-ए-ज़ख़्म-ए-कारी है

फिर जिगर खोदने लगा, नाख़ुन
आमद-ए-फ़स्ल-ए-लालः कारी है

क़िबलः-ए-मक़्सद-ए-निगाह-ए-नियाज़
फिर वही पर्दः-ए-'अमारी है

चश्म दल्लाल-ए-जिंस-ए-रुसवाई
दिल ख़रीदार-ए-ज़ौक़-ए-ख़्वारी है

वही सदरंग नालः फ़रसाई
वही सदगूनः अश्क बारी है

दिल हवा-ए-ख़िराम-ए-नाज़ से, फिर
मह्शरिस्तान-ए-बेक़रारी है

बेक़रारी–व्याकुलता। **जोया-ए-ज़ख़्म-ए-कारी**–भरपूर घाव का ढूँढनेवाला।
आमद-ए-फ़स्ल-ए-लालःकारी–फूलों की ऋतु का आगमन।
क़िबलः-ए-मक़्सद-ए-निगाह-ए-नियाज़–आकांक्षा और श्रद्धा (प्रेमी) की दृष्टि का चरमलक्ष्य।
पर्दः-ए-'अमारी–हौदे का पर्दा।
चश्म–आँख, नेत्र। **दल्लाल-ए-जिंस-ए-रुसवाई**–बदनामी की सामग्री का दलाल।
ख़रीदार-ए-ज़ौक़-ए-ख़्वारी–निरादर की अभिरुचि का ख़रीदार।
सदरँग–सौ प्रकार। **नालः फ़रसाई**–आर्त्तनाद करना।
सदगूनः–सौ प्रकार। **अश्कबारी**–आँसू बहना, अश्रुवर्षा।
हवा-ए-ख़िराम-ए-नाज़–मा'शूक की मंथरगति की अभिलाषा। **मह्शरिस्तान-ए-बेक़रारी**–व्याकुलता का प्रलयस्थल।

जल्वः फिर अर्ज़-ए-नाज़ करता है
रोज़ बाज़ार-ए-जाँसुपारी है

फिर उसी बेवफ़ा प मरते हैं
फिर वही ज़िन्दगी हमारी है

क़त'अः

फिर खुला है दर-ए-'अदालत-ए-नाज़
गर्म बाज़ार-ए-फ़ौजदारी है

हो रहा है जहान में अँधेर
ज़ुल्फ़ की फिर सरिश्तःदारी है

फिर दिया पारः-ए-जिगर ने सवाल
एक फ़रियाद-ओ-आह-ओ-ज़ारी है

फिर हुए हैं गवाह-ए-'अिश्क़ तलब
अश्क बारी का हुक्म जारी है

जल्वः—कान्ति, छवि। **अर्ज़-ए-नाज़ करता है**—सौन्दर्याभिमान प्रदर्शित करता है।
बाज़ार-ए-जाँसुपारी—प्राण देने का बाज़ार।
बेवफ़ा—निर्मोही।

क़त'अः

क़त'अः—खंड।
दर-ए-'अदालत-ए-नाज़—अभिमानी रूप के न्यायालय का द्वार। **जहान**—संसार।
अंधेरे—अन्याय, जुल्म। **ज़ुल्फ़**—केशराशि, कुन्तलराशि।
सरिश्तःदारी—(सरिश्तःदार—न्यायालय का प्रधान मुंशी जो मुक़द्दमा पेश करता है)।
पारः-ए-जिगर—जिगर का टुकड़ा। **फ़रियाद-ओ-आह-ओ-ज़ारी**—रोना-पीटना।
गवाह-ए-'अिश्क़—प्रेम के गवाह। **अश्कबारी का**—आसूँ बहाने का।

दिल-ओ-मिशगाँ का जो मुक़द्दमः था
आज फिर उसकी रूबकारी है

बेख़ुदी बे सबब नहीं, ग़ालिब
कुछ तो है, जिसकी पर्दःदारी है

दिल-ओ-मिशगाँ–'आशिक़ का दिल और मा'शूक़ की पलकें। **रूबकारी**–रोबकारी, मुक़द्दमे की पेशी।

(ग़ालिब ने अपने पत्र में लिखा है कि उसने पहली बार ग़ज़ल में फ़ौजदारी, सरिश्तेदारी और रूबकारी के शब्द इस्तेमाल किए हैं। ग़ालिब की राय थी कि समाज की नई वस्तुएँ जैसे बिजली के तार और धुएँ के जहाज़ शा'अिरी में आनी चाहिये। उर्दू में तो नहीं लेकिन अपनी फ़ारसी शा'अिरी में ग़ालिब ने कहीं-कहीं चैक, तमस्सुक और नोट के शब्द बाँधे हैं)। **बेख़ुदी**–आत्मविस्मृति। **बेसबब**–अकारण। **पर्दःदारी**–पर्दा।

166

जुनूँ तोहमत कश-ए-तस्कीं न हो, गर शादमानी की
नमक पाश-ए-ख़राश-ए-दिल है, लज़्ज़त ज़िन्दगानी की

कशाकशहा-ए-हस्ती से करे क्या स'अि-ए-आज़ादी
हुई ज़ंजीर, मौज-ए-आब को फ़ुर्सत रवानी की

पस अज़ मुर्दन भी, दीवानः ज़ियारत गाह-ए-तिफ़्लाँ है
शरार-ए-संग ने तुर्बत प मेरी गुल फ़िशानी की

जुनूँ—उन्माद। **तोहमत कश-ए-तस्कीं**—जिस पर सन्तोष का आरोप लगाया जाए। **शादमानी की**—खुशी मनाई (उर्दू में प्रचलित नहीं है)। **नमकपाश-ए-ख़राश-ए-दिल**—दिल के ज़ख़्म पर नमक छिड़कनेवाला। **लज़्ज़त ज़िन्दगानी की**—जीवन का आनन्द। **कशाकशहा-ए-हस्ती**—जीवन की खैंचातानी (बन्धन)।

स'अि-ए-आज़ादी—मुक्ति का प्रयास। **मौज-ए-आब**—पानी की लहर। **फ़ुर्सत**—अवकाश। **रवानी**—बहाव।

पस अज़ मुर्दन—मृत्यु के उपरान्त। **ज़ियारतगाह-ए-तिफ़्लाँ**—बच्चों का तीर्थस्थान।

शरार-ए-सँग—पत्थर की चिनगारियाँ। **तुर्बत**—क़ब्र। **गुलफ़िशानी**—पुष्पवर्षा।

167

निकोहिश है सज़ा, फ़रियादि-ए-बेदाद-ए-दिलबर की
मबादा ख़न्दः-ए-दन्दाँ नुमा हो सुबह महशर की

रग-ए-लैला को ख़ाक-ए-दश्त-ए-मजनूँ, रेशगी बख़्शे
अगर बोदे बजाये दानः देह्क़ाँ, नोक नश्तर की

पर-ए-परवानः, शायद बादबान-ए-कश्ति-ए-मै था
हुई मज्लिस की गर्मी से रवानी दौर-ए-साग़र की

करूँ बेदाद-ए-ज़ौक़-ए-परफ़िशानी 'अर्ज़, क्या क़ुदरत
कि ताक़त उड़ गई, उड़ने से पहले, मेरे शहपर की

कहाँ तक रोऊँ उसके ख़ेमे के पीछे, क़यामत है
मिरी क़िस्मत में, यारब, क्या न थी दीवार पत्थर की

निकोहिश—भर्त्सना, निन्दा, उपालंभ, मलामत। **फ़रियादि-ए-बेदाद-द-दिलबर**—मा'शूक़ के ज़ुल्मों की शिकायत करने वाला। **मबादा**—कहीं ऐसा न हो। **ख़न्दः-ए-दन्दाँनुमा**—व्यंग्य की हँसी। **महशर**—प्रलय, अन्तिम न्याय का दिन।

रग-ए-लैला—लैला (मजनूँ की प्रेयसी) की रग। **ख़ाक-ए-दश्त-ए-मजनूँ**—उस मरुस्थल की धूल जहाँ मजनूँ मारा-मारा फिरता था। **रेशगी बख़्शे**—उन्नति प्रदान करे, जड़ें पैदा करे। **बोदे** (दो शब्द हैं, बो और दे)—बो दे। **बजाए दानः**—बीज के बजाए। **देह्क़ाँ**—किसान। **नश्तर**(निश्तर)—छोटी छुरी।

पर-ए-परवानः—पतिंगे का पंख। **बादबान-ए-कश्ति-ए-मै**—मदिरा की नौका का पाल। **मज्लिस**—पतिंगे का पंख। **रवानी**—गति। **दौर-ए-साग़र**—मधुपात्र का चक्कर।

बेदाद-ए-ज़ौक़-ए-परफ़िशानी—पंख फड़फड़ाने की लालसा का ज़ुल्म। **'अर्ज़**—बयान, वर्णन, निवेदन। **क्या क़ुदरत**—क्या मजाल। **शह्पर**—पंख, डैने।

168

बे ए'तिदालियों से, सुबुक सबमें हम हुए
जितने ज़ियादः हो गये, उतने ही कम हुए

पिन्हाँ था दाम-ए-सख़्त, क़रीब आशियान के
उड़ने न पाये थे, कि गिरफ़्तार हम हुए

हस्ती हमारी, अपनी फ़ना पर दलील है
याँ तक मिटे, कि आप हम अपनी क़सम हुए

सख़्ती कशान-ए-'अिश्क़ की, पूछे है क्या ख़बर
वह लोग रफ़्तः रफ़्तः सरापा अलम हुए

तेरी वफ़ा से क्या हो तलाफ़ी, कि दहूर में
तेरे सिवा भी, हम प बहुत से सितम हुए

बे ए'तिदालियों (बे ए'तिदाली)—असन्तुलन। **सुबुक**—हलका (सुबुक होना—ज़लील होना)
पिन्हाँ—निहित। **दाम-ए-सख़्त**—मज़बूत जाल। **आशियान**—घोंसला, नीड़।
हस्ती—अस्तित्व। **फ़ना**—विनाश। **दलील**—सुबूत। **क़सम**—सौगन्ध (अपनी क़सम होना—न होना)
सख़्ती कशान-ए-'अिश्क़—'अिश्क़ की मुश्किलें सहनेवाले। **रफ़्तः रफ़्तः**—धीरे-धीरे। **सरापा अलम**—सिर से पाँव तक दुख की मूर्ति।
तलाफ़ी—क्षतिपूर्ति। **दहूर**—संसार। **सितम**—अत्याचार।

लिखते रहे, जुनूँ की हिकायात-ए-ख़ूँ चकाँ
हरचन्द इसमें हाथ हमारे क़लम हुए

अल्लाह री तेरी तुन्दि-ए-ख़ू , जिसके बीम से
अज्ज़ा-ए-नालः दिल में मिरे रिज़्क़-ए-हम हुए

अहल-ए-हवस की फ़तूह है, तर्क-ए-नबर्द-ए-'अिश्क़
जो पाँव उठ गये, वही उनके 'अलम हुए

नाले 'अदम में चन्द हमारे सिपुर्द थे
जो वाँ न खिंच सके, सो वह याँ आके दम हुए

छोड़ी, असद न हमने गदाई में दिल्लगी
साइल हुए तो 'आशिक़-ए-अहल-ए-करम हुए

जुनूँ—उन्माद। **हिकायात-ए-ख़ूँचकाँ**—रक्तरंजित कहानियाँ। **हरचन्द**—यद्यपि। **क़लम हुए**—काटे गए।

तुन्दि-ए-ख़ू—स्वभाव की उग्रता। **बीम**—डर, 'ख़ौफ,' भय। **अज्ज़ा-ए-नालः**—आर्त्तनाद के टुकड़े। **रिज़्क़-ए-हम**—(हम—मनस्ताप, रंज, ग़म) दुखों की ख़ूराक। **अह्ल-ए-हवस**—लोलुप। **फ़तूह**—जीत, विजय। **तर्क-ए-नबर्द-ए-'अिश्क़**—प्रेम के संघर्ष का परित्याग (प्रेम के संघर्ष से जान बचाकर भागना)। **'अलम**—ध्वजा, पताका।

नाले—(नालः)—आर्त्तनाद। **'अदम**—अनस्तित्व (जन्म से पहले का ज़माना)।

दम—साँस।

गदाई—फ़क़ीरी, भिखमंगापन। **साइल**—सवाल करने वाला, याचक भिक्षुक। **'आशिक़-ए-अह्ल-ए-करम**—कृपालुओं पर 'आशिक़।

169

जो न नक़्द-ए-दाग़-ए-दिल की, करे शो'लः पासूबानी
तो फ़सुर्दगी निहाँ है, ब कमीन-ए-बेज़बानी

मुझे उससे क्या तवक़्क़ो'अ, ब ज़मानः-ए-जवानी
कभी कोदकी में जिसने, न सुनी मिरी कहानी

यों ही दुख किसी को देना नहीं ख़ूब, वर्नः कहता
कि मिरे 'अदू को, यारब, मिले मेरी ज़िन्दगानी

नक़्द-ए-दाग़-ए-दिल—दिल के दाग़ की दौलत। **पासूबानी**—रक्षा, हिफ़ाज़त। **फ़सुर्दगी**—अफ़सुर्दगी, ग़मगीनी, बुझा हुआ होना। **निहाँ**—निहित। **बकमीन-ए-बेज़वानी**—ख़ामोशी की ओट में। (यदि प्रेम की ज्वाला न हो तो दिल बुझ जाए)।

तवक़्क़ो'अ—उम्मीद, आशा। **ब ज़मानः-ए-जवानी**—जवानी के ज़माने में, युवावस्था में। **कोदकी**—बचपन।

'अदू—दुश्मन, शत्रु। **यारब**—अय ख़ुदा। **ज़िन्दगानी**—ज़िन्दगी, जीवन।

170

जुल्मत कदे में मेरे, शब-ए-ग़म का जोश है
इक शम्'अ है दलील-ए-सहर, सो ख़मोश है

ने मुश़दः-ए-विसाल, न नज़्ज़ार-ए-जमाल
मुद्दत हुई, कि आश्ति-ए-चश्म-ओ-गोश है

मैं ने किया है, हुस्न-ए-ख़ुदआरा को, बेहिजाब
अय शौक़, याँ इजाज़त-ए-तस्लीम-ए-होश है

(यह ग़ज़ल ग़ालिब की श्रेष्ठतम कृतियों में है, जिसमें उसने अपने युग की भावनाओं को समेट लिया है)

ज़ुल्मतकदे (ज़ुल्मतक़दः)—अँधेरा घर। **शब-ए-ग़म का जोश**—ग़म की रात का तूफ़ान (ग़ालिब ने स्वयं इसका अर्थ लिखा है अँधेरा ही अँधेरा) **शम्'अ**—मोमबत्ती, चराग़, दीपक। **दलील-ए-सहर**—सुबह का सुबूत। **ख़मोश**—मौन, बुझी हुई।

(ग़ालिब ने स्वयं एक पत्र में लिखा है कि सुबह दीप बुझ जाता है और जिस घर में बुझा हुआ दीपक सुबह का प्रतीक हो वह घर कितना अँधेरा होगा?)

मुश़दः-ए-विसाल—प्रियमिलन का शुभ सन्देश। **नज़्ज़ारः-ए-जमाल**—रूप का दर्शन। **मुद्दत हुई**—युग बीत गए। **आश्ति-ए-चश्म-ओ-गोश**—आँखों और कानों के बीच सुलह (मेल, मैत्री) (पहले आँख और कान रूप के दर्शन या प्रियमिलन के शुभ सन्देश पर एक-दूसरे से ईर्ष्या करते थे। अब इस ईर्ष्या का कोई सामान नहीं रह गया इसलिए दोनों में सुलह हो गई है)

मै—मदिरा। **हुस्न-ए-ख़ुदआरा**—अपनी अदाओं से सजा हुआ रूप, मा'शूक़। **बेहिजाब**—बेपर्दा, निवारण। **शौक़**—अभिलाषा, चाव, आकांक्षा।

इजाज़त-ए-तस्लीम-ए-होश—चेतना के समर्पण की अनुमति (रूप के चरणों में चेतना की भेंट चढ़ाने की इजाज़त)।

गौहर को 'अिक़्द-ए-गर्दन-ए-ख़ूबाँ में देखना
क्या औज पर सितारः-ए-गौहर फ़रोश है

दीदार बादः, हौसलः साक़ी, निगाह मस्त
बज़्म-ए-ख़याल, मैकदः-ए-बेख़रोश है

क़त'अः

अय ताज़ः वारिदान-ए-बिसात-ए-हवा-ए-दिल
ज़िन्हार, अगर तुम्हें हवस-ए-नाय-ओ-नोश है

देखो मुझे, जो दीदः-ए-'अिब्रत निगाह हो
मेरी सुनो, जो गोश-ए-नसीहत नियोश है

साक़ी, ब जलवः दुश्मन-ए-ईमान-ओ-आगही
मुतरिब, ब नग़्मः, रहज़न-ए-तमकीन-ओ-होश है

गौहर—मोती। **'अिक़्द-ए-गर्दन-ए-ख़ूबाँ**—मा'शूक़ के गले की माला। **औज**—ऊँचाई, बुलन्दी, उत्कर्ष। **सितारः-ए-गौहर फ़रोश**—मोती बेचनेवाले के भाग्य का सितारा।

दीदार—दर्शन। **बादः**—शराब, मदिरा। **हौसलः**—साहस। **साक़ी**—शराब पिलानेवाला। **निगाह**—दृष्टि, चितवन। **बज़्म-ए-ख़याल**—कल्पना की महफ़िल, कल्पना का जगत। **मैकदः-ए-बेख़रोश**—नीरव मदिरालय।

क़त'अः

क़त'अः—खंड।

अय.....दिल—(ताज़ः वारिदान—नए आनेवाले, नवागत। **बिसात**—फ़र्श, ज़मीन। **हवा**—इच्छा, अभिलाषा। ऐश्वर्य की प्यास बुझाने के लिए हृदय की कामनाओं की महफ़िल में आनेवालो, रंगरलियाँ मनाने का नया-नया शौक़ रखनेवालो। **ज़िन्हार**—ख़बरदार, सावधान। **हवस-ए-नाय-ओ-नोश**—पीने की हवस (लिप्सा)।

दीदः-ए-'अिब्रत निगाह—पराए अनुभव से शिक्षा ग्रहण करने की दृष्टि रखनेवाली आँख। **गोश-ए-नसीहत नियोश**—सदोपदेश सुननेवाला कान। **ब जलवः**—अपनी छवि के कारण। **दुश्मन-ए-ईमान-ओ-आगही**—धर्म, ज्ञान और चेतना का शत्रु। **मुतरिब**—गायक। **ब नग़्मः**—अपने संगीत के कारण। **रहज़न-ए-तमकीन-ओ-होश**—मन के सन्तोष और बुद्धि को लूटनेवाला।

या शब को देखते थे, कि हर गोशः-ए-बिसात
दामान-ए-बाग़बान-ओ-कफ़-ए-गुलफ़रोश है

लुत्फ़-ए-ख़िराम-ए-साक़ि-ओ-ज़ौक़-ए-सदा-ए-चँग
यह जन्नत-ए-निगाह, वह फ़िर्दौस-ए-गोश है

या सुब्ह दम जो देखिये आकर, तो बज़्म में
ने वह सुरूर-ओ-सोज़, न जोश-ओ-ख़रोश है

दाग़-ए-फ़िराक़-ए-सोह्बत-ए-शब की जली हुई
इक शम्'अ रह गई है, सो वह भी खमोश है

आते हैं ग़ैब से, यह मज़ामीं ख़याल में
ग़ालिब, सरीर-ए-ख़ामः नवा-ए-सरोश है

शब—रात। **हर गोशः-ए-बिसात**—फ़र्श का एक-एक कोना।
दामान-ए-बाग़बान-ओ-कफ़-ए-गुलफ़रोश—माली की झोली और फूल बेचनेवाले की हथेली।
लुत्फ़-ए-ख़िराम-ए-साक़ी—शराब पिलानेवाले की मंथर गति का सौन्दर्य (मा'शूक़ का नृत्य)।
ज़ौक़-ए-सदा-ए-चंग—चंग (एक बाजा) की आवाज़ का आनन्द। **जन्नत-ए-निगाह**—दृष्टि के सन्मुख फैला हुआ स्वर्ग। **फ़िर्दौस-ए-गोश**—कानों में बसा हुआ स्वर्ग।
सुब्ह दम—प्रातःकाल। **बज़्म**—महफ़िल। **सुरूर-ओ-सोज़**—खुशी और गर्मी।
जोश-ओ-ख़रोश—हंगामा और शोर।
दाग़-ए-फ़िराक़-ए-सोह्बत-ए-शब—रात की महफ़िल के विरह का दाग़। **शम्'अ**—मोमबत्ती, चराग़, दीपक। **ख़मोश**—मौन, बुझी हुई।
ग़ैब—परोक्ष, आकाश। **मज़ामीं**—विषय। **सरीर-ए-ख़ामः**—क़लम की आवाज़। **नवा-ए-सरोश**—जिब्रील (ख़ुदा का सन्देश लानेवाला फ़रिश्ता) की आवाज़।

171

आ, कि मिरी जान को क़रार नहीं है
ताक़त-ए-बेदाद-ए-इन्तिज़ार नहीं है

देते हैं जन्नत, हयात-ए-दह्र के बदले
नश्शः ब अन्दाज़ः-ए-ख़ुमार नहीं है

गिरियः निकाले है तिरी बज़्म से, मुझको
हाय, कि रोने प इख़्तियार नहीं है

हम से, 'अबस है, गुमान-ए-रंजिश-ए-ख़ातिर
ख़ाक में 'उश्शाक़ की ग़ुबार नहीं है

दिल से उठा लुत्फ़-ए-जल्वःहा-ए-म'आनी
ग़ैर-ए-गुल, आईनः-ए-बहार नहीं है

क़रार—शान्ति, सन्तोष। **ताक़त-ए-बेदाद-ए-इन्तिज़ार**—इन्तिज़ार के दुख सहने की शक्ति।
हयात-ए-दह्र—इस जगत का जीवन। **नश्शः**—नशा। **ब अंदाज़ः-ए-ख़ुमार**—मदिरालस के बराबर।
गिरियः—रुदन, रोना। **बज़्म**—महफ़िल। **इख़्तियार**—क़ाबू , वश।
ख़ाक—प्रकृति, सृष्टि। **'उश्शाक़**—'आशिक़ का बहुवचन। **ग़ुबार**—धूल, गर्द, छल-कपट, द्वेष।
लुत्फ़-ए-जल्वःहा-ए-म'आनी—अर्थ की छवियों का आनन्द। **ग़ैर-ए-गुल**—फूल के सिवा।
आईनः-ए-बहार—बहार (बसन्त) का दर्पण।

क़त्ल का मेरे किया है 'अह्द तो बारे
वाय, अगर 'अह्द उस्तुवार नहीं है

तू ने क़सम मैकशी की खाई है, ग़ालिब
तेरी क़सम का कुछ ए'तिबार नहीं है

'अह्द–प्रतिज्ञा।
बारे–अंततः, आख़िरकार। **वाय**–हाय। **उस्तुवार**–मज़बूत, पक्का, दृढ़।
मैकशी–मदिरापान (मैकशी की क़सम खाना, शराब न पीने की प्रतिज्ञा करना)।
ए'तिबार–भरोसा विश्वास।

172

हुजूम-ए-ग़म से, याँ तक सरनिगूनी मुझको हासिल है
कि तार-ए-दामन-ओ-तार-ए-नज़र में फ़र्क़ मुश्किल है

रफ़ू-ए-ज़ख़्म से मतलब है लज़्ज़त ज़ख़्म-ए-सोज़न की
समझियो मत, कि पास-ए-दर्द से, दीवानः गाफ़िल है

वह गुल जिस गुलसिताँ में जल्वः फ़रमाई करे, ग़ालिब
चिटकना ग़ुँचः-ए-गुल का, सदा-ए-ख़न्दः-ए-दिल है

हुजूम-ए-ग़म—दुखों का समूह। **सरनिगूनी**—सर का झुकना। **हासिल है**—प्राप्त है। **तार-ए-दामन-ओ-तार-ए-नज़र**—दामन का तार और दृष्टि का तार। **फ़र्क़**—विभेद, अन्तर। **रफ़ू-ए-ज़ख़्म**—घाव की सिलाई। **लज़्ज़त**—मज़ा, आनन्द, स्वाद। **ज़ख़्म-ए-सोज़न**—सुई चुभने से उत्पन्न घाव। **पास-ए-दर्द**—पीड़ा का आदर। **ग़ाफ़िल**—असावधान, निश्चेत।

गुल—फूल (मा'शूक़)। **गुलसिताँ** (गुलिस्ताँ)—फुलवारी, पुष्पोद्यान। **जल्वः फ़रमाई करे**—छवि दिखलाए, मुस्कराए, खिले। **ग़ुंचः-ए-गुल**—कुसुम-कली। **सदा-ए-ख़न्दः-ए-दिल**—दिल के हँसने की आवाज़।

173

पा ब दामन हो रहा हूँ, बसकि मैं सहूरा नवर्द
ख़ार-ए-पा हैं, जौहर-ए-आईनः-ए-ज़ानू मुझे

देखना हालत मिरे दिल की, हमआग़ोशी के वक़्त
है निगाह-ए-आ्शना, तेरा सर-ए-हर मू, मुझे

हूँ सरापा साज़-ए-आहँग-ए-शिकायत, कुछ न पूछ
है यही बेहूतर, कि लोगों में न छेड़े तू मुझे

पा ब दामन होना—पाँव दामन में समेटकर बैठना, चलने फिरने से बाज़ आना। **सहूरा नवर्द**—जंगल-जंगल घूमनेवाला। **ख़ार-ए-पा**—पाँव के काँटे। **जौहर-ए-आईनाः-ए-ज़ानू**—जंघा के दर्पण में जौहर (फ़ौलादी दर्पण पर पड़ी लकीरें)।

(झुककर बैठे हुए व्यक्ति की दृष्टि अपनी जंघाओं पर होती है इसलिए जंघा को दर्पण कहा जाता है।)

हमआग़ोशी—आलिंगन। **निगाह-ए-आश्ना**—प्यार भरी दृष्टि, स्नेहसिक्त चितवन।

सर-ए-हर मू—बाल-बाल की नोक।

सरापा—सर से पाँव तक। **साज़-ए-आहंग-ए-शिकायत**—शिकायत के स्वरों से भरा बाजा।

174

जिस बज़्म में, तू नाज़ से, गुफ़्तार में आवे
जाँ, काल्बुद-ए-सूरत-ए-दीवार में आवे

साये की तरह साथ फिरें सर्व-ओ-सनोबर
तू इस क़द-ए-दिलकश से, जो गुलज़ार में आवे

तब नाज़-ए-गिराँ मायगि-ए-अश्क बजा है
जब लख़्त-ए-जिगर दीदः-ए-ख़ूँबार में आवे

दे मुझको शिकायत की इजाज़त, कि सितमगर
कुछ तुझको मज़ा भी मिरे आज़ार में आवे

उसे चश्म-ए-फ़ुसूँगर का, अगर पाये इशारा
तूती की तरह आइनः गुफ़्तार में आवे

बज़्म—महफ़िल। **नाज़**—गर्व, सौन्दर्याभिमान। **गुफ़्तार**—वार्तालाप (गुफ़्तार में आवे—बात करे; अब प्रचलित नहीं है)। **जाँ**—जान, प्राण। **काल्बुद-ए-सूरत-ए-दीवार**—दीवार का आकार।
सर्व-ओ-सनोबर—सरो व सनोबर के वृक्ष। **क़द-ए-दिलकश**—मनमोहक (अति सुन्दर) आकार। **गुलज़ार**—बाग़, उद्यान।
नाज़-ए-गिराँ मायगि-ए-अश्क—आसुँओं को अपनी बहुमूल्यता पर अभिमान। **बजा**—ठीक, सही, उचित। **लख़्त-ए-जिगर**—जिगर का टुकड़ा। **दीदः-ए-ख़ूँबार**—रक्त बरसाने वाले नयन।
सितमगर—अन्यायी, अत्याचारी। **आज़ार**—दुख।
चश्म-ए-फ़ूसूँगर—जादूभरी आँख। **तूती**—एक छोटी जाति का तोता, जिसे दर्पण के सामने बैठकर बोलना सिखलाते हैं।

काँटों की ज़बाँ सूख गई प्यास से, यारब
इक आबूलः पा वादि-ए-पुरख़ार में आवे

मरजाऊँ न क्यों रश्क से, जब वह तन-ए-नाज़ुक
आग़ोश-ए-ख़म-ए-हल्क़-ए-ज़ुन्नार में आवे

ग़ारतगर-ए-नामूस न हो, गर हवस-ए-ज़र
क्यों शाहिद-ए-गुल, बाग़ से बाज़ार में आवे

तब चाक-ए-गरीबाँ का मज़ा है, दिल-ए-नादाँ
जब इक नफ़स उलझा हुआ, हर तार में आवे

आतशकदः है सीनः मिरा, राज़-ए-निहाँ से
अय वाय, अगर मा'रिज़-ए-इज़्हार में आवे

गँजीनः-ए-मा'नी का तिलिस्म उसको समझिये
जो लफ़्ज़ कि ग़ालिब, मिरे अश'आर में आवे

यारब—अय ख़ुदा। **आबूलः पा**—जिसके पैरों में छाले पड़े हों। **वादि-ए-पुरख़ार**—काँटों भरी उपत्यका (घाटी)

रश्क—ईर्ष्या। **तन-ए-नाज़ुक**—कोमल तन। **आग़ोश-ए-ख़म-ए-हल्क़ः-ए-ज़ुन्नार**—जनेऊ की वर्तुलता की गोद में।

ग़ारतगर-ए-नामूस—आदर-सम्मान को नष्ट करनेवाला। **हवस-ए-ज़र**—धन का लोभ, धनलिप्सा। **शाहिद-ए-गुल**—मा'शूक़ की तरह सुन्दर फूल।

चाक-ए-गरीबाँ का—गरीबान फाड़ने का। **दिल-ए-नादाँ**—अय भोले मन। **नफ़स**—साँस।

आतशकदः—अग्निशाला, आग से भरा हुआ। **राज़-ए-निहाँ**—अन्तर में निहित रहस्य या मर्म। **अय वाय**—हा हंत। **मा'रिज़-ए-इज़्हार**—वर्णन की परिधि। **गंजीनः-ए-मा'नी**—अर्थ का ख़ज़ाना। **तिलिस्म**—जादू। **लफ़्ज़**—शब्द। **अश'आर**—शे'र का बहुवचन, काव्य।

175

हुस्न-ए-मह, गरचेः, ब हँगाम-ए-कमाल, अच्छा है
उससे मेरा मह-ए-ख़ुर्शीद जमाल अच्छा है

बोसः देते नहीं, और दिल प है हर लह्ज़ः निगाह
जी में कहते हैं, कि मुफ़्त आये, तो माल अच्छा है

और बाज़ार से ले आये, अगर टूट गया
साग़र-ए-जम से मिरा जाम-ए-सिफ़ाल अच्छा है

बेतलब दें तो मज़ा उसमें सिवा मिलता है
वह गदा, जिसको न हो ख़ू-ए-सवाल, अच्छा है

उनके देखे से, जो आ जाती है मुँह पर रौनक़
वह समझते है कि बीमार का हाल अच्छा है

देखिये, पाते हैं 'उश्शाक़, बुतों से क्या फ़ैज़
इक ब्रह्मन ने कहा है, कि यह साल अच्छा है

हुस्न-ए-मह—चन्द्रमा का सौन्दर्य। **गरचेः**—यद्यपि। **ब हँगाम-ए-कमाल**—पूर्णचन्द्र होने का समय। **मह-ए-ख़ुर्शीद जमाल**—सूर्य की सी आभावाला चाँद (मा'शूक़)। **बोसः**—चुम्बन। **हर लह्ज़ः**—हर क्षण, हर समय।

साग़र-ए-जम—जमशेद का माधुपात्र (जमशेद प्राचीन ईरान का महान सम्राट था, उसका मधुपात्र प्रसिद्ध है)। **जाम-ए-सिफ़ाल**—मिट्टी का मधुपात्र।

बेतलब—बिन माँगे। **सिवा**—ज़्यादा, अधिक। **गदा**—भिखारी, फ़क़ीर। **ख़ू-ए-सवाल**—सवाल करने की आदत।

'उश्शाक़—आ'शिक़ का बहुवचन। **बुतों** (बुत)—प्रतिमा, रूपवान, मा'शूक़। **फ़ैज़**—दानशीलता, लाभ।

हम सुख़न तेशे ने फ़रहाद को, शीरीं से किया
जिस तरह का कि किसी में हो कमाल, अच्छा है

क़तरः दरिया में जो मिल जाये, तो दरिया हो जाये
काम अच्छा है वह, जिसका कि मआल अच्छा है

ख़िज़्र सुलताँ को रखे, ख़ालिक़-ए-अकबर सरसब्ज़
शाह के बाग़ में, यह ताज़ः निहाल अच्छा है

हम को मा'लूम है, जन्नत की हक़ीक़त, लेकिन
दिल के ख़ुश रखने को, ग़ालिब, यह ख़याल अच्छा है

हमसुख़न—समान भाषा बोलनेवाला। **तेशः**—कुदाल। **कमाल**—गुण।
क़तरः—क़तरा, बूँद। **दरिया**—सागर। **मआल**—अन्त, परिणाम।
ख़िज़्र सुलताँ—बहादुरशाह के एक बेटे का नाम। **ख़ालिक़-ए-अकबर**—ख़ुदा।
सरसब्ज़—हराभरा, तन्दुरुस्त। **ताज़ः निहाल**—नया पौधा।
हक़ीक़त—वास्तविकता।

176

न हुई गर मिरे मरने से तसल्ली, न सही
इम्तिहाँ और भी बाक़ी हो, तो यह भी न सही

ख़ार ख़ार-ए-अलम-ए-हस्रत-ए-दीदार तो है
शौक़, गुलचीन-ए-गुलिस्तान-ए-तसल्ली न सही

मैं परस्ताँ, ख़ुम-ए-मै मुँह से लगाये ही बने
एक दिन गर न हुआ बज़्म में साक़ी, न सही

नफ़स-ए-क़ैस, कि है चश्म-ओ-चराग़-ए-सहूरा
गर नहीं शम'-ए-सियहख़ानः-ए-लैला, न सही

एक हँगामे प मौक़ूफ़, है घर की रौनक़
नौहः-ए-ग़म ही सही, नग़्मः-ए-शादी न सही

तसल्ली—सन्तोष। **इम्तिहाँ**—परीक्षा।
ख़ार ख़ार-ए-अलम-ए-हस्रत-ए-दीदार—दर्शन की अभिलाषा के दुख जिनमें काँटे ही काँटे हैं।
शौक़—आकांक्षा, चाव। **गुलचीन-ए-गुलिस्तान-ए-तसल्ली**—सन्तोष के फूल चुननेवाला।
मै परस्ताँ—अय शराब पीनेवालो। **ख़ुम-ए-मै**—मधुघट। **बज़्म**—महफ़िल।
नफ़स-ए-क़ैस—मजनूँ का साँस। **चश्म-ओ-चराग़-ए-सहूरा**—(चश्म-ओ-चराग़—अत्यन्त प्रिय) जंगल की आँख और दीप, यानी जंगल को आलोकित करनेवाला।
शमृ'-ए-सियहख़ानः-ए-लैला—लैला के अँधेरे घर का प्रकाश।
(अँधेरा घर इसलिए कहा है कि एक तो लैला स्वयं काली थी और दूसरे अपने प्रेमी से वंचित। शे'र का अर्थ है कि यदि लैला मजनूँ को पा लेती तो दुनिया मजनूँ से वंचित हो जाती)
हंगामः—शोरगुल, उपद्रव। **मौक़ूफ़**—निर्भर। **नौहः-ए-ग़म**—दुखों का विलाप।
नग़्मः-ए-शादी—सुखों का संगीत।

न सताइश की तमन्ना, न सिले की परवा
गर नहीं है मिरे अश'आर में मा'नी न सही

'अिश्रत-ए-सोह्‌बत-ए-ख़ूबाँ ही ग़नीमत समझो
न हुई, ग़ालिब, अगर 'अुम्र-ए-तबी'अी, न सही

सताइश (सिताइश)–तारीफ़, प्रशंसा। **तमन्ना**–कामना। **सिले** (सिलः)–प्रतिफल, इनाम। **अश'आर**–शे'र का बहुवचन, काव्य। **मा'नी**–अर्थ।
'अिश्रत-ए-सोह्‌बत-ए-ख़ूबाँ–मा'शूक़ों की संगति का ऐश्वर्य। **ग़नीमत**–काफ़ी, समुचित, संतोषप्रद। **'अुम्र-ए-तबी'अी**–प्राकृतिक पूर्ण आयु।

177

'अजब नशात से, जल्लाद के, चले हैं हम, आगे
कि अपने साये से सर, पाँव से हैं दो क़दम आगे

क़ज़ा ने था मुझे चाहा, ख़राब-ए-बादः-ए-उल्फ़त
फ़क़त ख़राब लिखा, बस न चल सका क़लम आगे

ग़म-ए-ज़मानः ने झाड़ी, नशात-ए-'अिश्क़ की मस्ती
वगरनः हम भी उठाते थे लज़्ज़त-ए-अलम, आगे

ख़ुदा के वास्ते, दाद इस जुनून-ए-शौक़ की देना
कि उसके दर प पहुँचते हैं नामःबर से हम, आगे

यह 'अुम्र भर जो परीशानियाँ उठाई हैं, हमने
तुम्हारे आइयो, अय तुर्रःहा-ए-ख़म ब ख़म, आगे

नशात—हर्ष। **जल्लाद**—वधिक।
क़ज़ा—ईश्वराज्ञा। **ख़राब-ए-बादः-ए-उल्फ़त**—प्रेम की मदिरा पीकर नष्ट होनेवाला। **फ़क़त**—केवल।
ग़म-ए-ज़मानः—संसार की चिन्ता। **नशात-ए-'अिश्क़**—प्रेम का हर्ष। **वगरनः**—वरना। **लज़्ज़त-ए-अलम**—दुखों का आनन्द। **आगे**—पहले।
दाद—प्रशंसा, न्याय। **जुनून-ए-शौक़**—अभिलाषाओं का उन्माद। **दर**—द्वार। **नामःबर**—पत्रवाहक।
तुर्रःहा-ए-ख़म ब ख़म—(तुर्रः—जुल्फ़, अलक) घुँघराली अलकें।

दिल-ओ-जिगर में परअफ़शाँ, जो एक मौजः-ए-ख़ूँ है
हम अपने ज़ा'म में समझे हुए थे इसको, दम आगे

क़सम जनाज़े प आने की मेरे खाते हैं, ग़ालिब
हमेशः खाते थे जो, मेरी जान की क़सम, आगे

पर अफ़शाँ—बेताब, व्याकुल। **मौजः-ए-ख़ूँ**—रक्त की तरंग। **ज़ा'म** (ज़ो'म)—घमंड, गर्व, विचार। **दम**—साँस, शक्ति, प्राण।

178

शिकवे के नाम से, बेमेह्‌र ख़फ़ा होता है
यह भी मत कह, कि जो कहिये, तो गिला होता है

पुर हूँ मैं शिकवे से यों, राग से जैसे बाजा
इक ज़रा छेड़िये, फिर देखिये, क्या होता है

गो समझता नहीं, पर हुस्न-ए-तलाफ़ी देखो
शिकवः-ए-जौर से, सरगर्म-ए-जफ़ा होता है

'अिश्क़ की राह में, है चर्ख़-ए-मकौकब की वह चाल
सुस्त रौ जैसे कोई आबलः पा होता है

क्यों न ठहरें हदफ़-ए-नावक-ए-बेदाद, कि हम
आप उठा लाते हैं, गर तीर ख़ता होता है

ख़ूब था, पहले से होते जो हम अपने बदख़्वाह
कि भला चाहते हैं और बुरा होता है

नालः जाता था, परे 'अर्श से मेरा, और अब
लब तक आता है जो ऐसा ही रसा होता है

शिकवे (शिकवः)—शिकायत। **बेमेह्‌र**—निर्मोही। **गिला**—शिकायत।
पुर—भरा हुआ।
हुस्न-ए-तलाफ़ी—सुन्दर विधि से क्षतिपूर्ति। **शिकवः-ए-जौर**—अत्याचार की शिकायत। **सरगर्म-ए-जफ़ा**—अत्याचार में व्यस्त। **चर्ख़-ए-मकौकब**—तारों भरा गगन। **सुस्त रौ**—धीमे चलनेवाला, मन्दगामी। **आबलः पा**—जिसके पाँव में छाले हों।
हदफ़-ए-नावक-ए-बेदाद—जुल्म के तीर का निशाना (लक्ष्य)। **ख़ता होना**—चूकना। **बदख़्वाह**—बुरा चाहनेवाला, दुराकांक्षी।
नालः—आर्त्तनाद। **'अर्श**—आकाश। **लब**—अधर, होंठ। **रसा**—पहुँचवाला, दूर तक जानेवाला।

क़त'अः

ख़ामः मेरा, कि वह है बारबद-ए-बज़्म-ए-सुख़न
शाह की मद्ह में, यों नग़्मःसरा होता है

अय शहनशाह-ए-कवाकिब सिपह-ओ-मेह्र 'अलम
तेरे इक्राम का हक़, किससे अदा होता है

सात इक़्लीम का हासिल जो फ़राहम कीजे
तो वह लश्कर का तिरे ना'ल बहा होता है

हर महीने में, जो यह बद्र से होता है हिलाल
आस्ताँ पर तिरे मह नासियः सा होता है

मैं जो गुस्ताख़ हूँ आईन-ए-ग़ज़ल ख़्वानी में
यह भी तेरा ही करम ज़ौक़ फ़िज़ा होता है

रखियो, ग़ालिब, मुझे इस तल्ख़नवाई में मु'आफ़
आज कुछ दर्द मिरे दिल में सिवा होता है

क़त'अः

क़त'अ—खंड।

ख़ामः—क़लम। **बारबद-ए-बज़्म-ए-सुख़न**—काव्य के दरबार का बारबद। (बारबुद। ईरान का सबसे महान संगीतकार जो ख़ुसरौ पर्वेज़ के दरबार में था। या तो उसने अपना नाम एक यूनानी साज़, बारबैतूस, से प्राप्त किया जो ईरान में आकर बर्बत बन गया, या बर्बत का नाम बारबद के नाम पर पड़ा। कहा जाता है कि वह सम्राट के दरबार में नित्य नया गीत सुनाता था। जब किसी को कोई कठिन काम आ पड़ता तो वह बारबद के पास जाता और बारबद उसके लिए एक गीत तैयार करता और सम्राट को सुनाकर काम निकाल लेता।)

शाह—बहादुरशाह 'ज़फ़र'। **मद्ह**—तारीफ़, प्रशंसा। **नग़्मः सरा**—गीत छेड़ना।

अय....'अलम—हे सम्राट जिसकी सेना तारों की तरह असंख्य है और जिसकी ध्वजा सूर्य तक पहुँचती है। **इक्राम**—सम्मान, सत्कार। **हक़ अदा होना**—कर्त्तव्य पूरा होना।

इक़्लीम—महाद्वीप। **हासिल**—आय। **फ़राहम**—जमा। **लश्कर**—सेना। **ना'ल बहा**—नालबन्दी का ख़र्च।

बद्र—पूर्णचन्द्र। **हिलाल**—नया चाँद, दूज का चाँद। **आस्ताँ**—ड्योढ़ी। **नासियः सा**—माथा घिसनेवाला, सिजदा करनेवाला।

गुस्ताख़—धृष्ट। **आईन-ए-ग़ज़लख़्वानी**—ग़ज़ल कहने का नियम। **करम**—कृपा। **ज़ौक़ फ़िज़ा**—चाव को उकसावा देनेवाला। **तल्ख़ नवाई**—कड़वा बोलना, कटुस्वरता।

179

हर एक बात प कहते हो तुम, कि तू क्या है
तुम्हीं कहो कि यह अन्दाज़-ए-गुफ़्तुगू क्या है

न शो'ले में यह करिश्मः न बर्क़ में यह अदा
कोई बताओ, कि वह शोख़-ए-तुन्द ख़ू क्या है

यह रश्क है कि वह होता है हमसुख़न तुमसे
वगरनः ख़ौफ़-ए-बद आमोज़ि-ए-'अदू क्या है

चिपक रहा है बदन पर, लहू से, पैराहन
हमारी जैब को अब हाजत-ए-रफ़ू क्या है

जला है जिस्म जहाँ, दिल भी जल गया होगा
कुरेदते हो जो अब राख, जुस्तुजू क्या है

रगों में दौड़ते फिरने के, हम नहीं क़ाइल
जब आँख ही से न टपका, तो फिर लहू क्या है

अन्दाज़-ए-गुफ़्तुगू—बात करने का तरीक़ा, वार्त्ताशैली।
करिश्मः—चमत्कार। **बर्क़ः**—बिजली। **शोख़-ए-तुन्द ख़ू**—तेज़ स्वभाववाला मा'शूक़। **रश्क**—ईर्ष्या।
हमसुख़न—समान भाषी, अपने से बातचीत करनेवाला। **ख़ौफ़-ए-बद आमोज़ि-ए-'अदू**—शत्रु के सिखाने बुझाने का डर।
पैराहन—वस्त्र। **जैब**—गरीबान, कुरते की कंठी। **हाजत-ए-रफ़ू**—रफ़ू की ज़रूरत।
जुस्तजू—तलाश।

वह चीज़ जिसके लिए हमको हो, बिहिश्त 'अज़ीज़
सिवाये बादः-ए-गुलफ़ाम-ए-मुश्क बू क्या है

पियूँ शराब, अगर ख़ुम भी देख लूँ दो चार
यह शीशः-ओ-क़दह-ओ-कूज़ः-ओ-सुबू क्या है

रही न ताक़त-ए-गुफ़्तार, और अगर हो भी
तो किस उमीद प कहिये कि आरज़ू क्या है

हुआ है शह का मुसाहिब, फिरे हैं इतराता
वगरनः शह्र में ग़ालिब की आबरू क्या है

'अज़ीज़–प्रिय। **बादः-ए-गुलफ़ाम-ए-मुश्कबू**–कस्तूरी की तरह सुगन्धित और फूल की तरह रंगीन मदिरा।

ख़ुम–मधुघट। **शीशः-ओ-क़दह-ओ-कूज़ः-ओ-सुबू**–बोतल, प्याला, मधुपात्र और मधुकलश।

ताक़त-ए-गुफ़्तार–बोलने की शक्ति। **उमीद**–उम्मीद, आशा। **आरज़ू**–कामना, इच्छा, लालसा, अरमान।

शह–शाह, बादशाह। **मुसाहिब**–सभासद। **आबरू**–इज़्ज़त, प्रतिष्ठा, सम्मान।

180

मैं उन्हें छेड़ूँ, और कुछ न कहें
चल निकलते, जो मै पिये होते

क़ेहर हो, या बला हो, जो कुछ हो
काशके, तुम मिरे लिये होते

मेरी क़िस्मत में ग़म गर इतना था
दिल भी, यारब, कई दिये होते

आ ही जाता वह राह पर, ग़ालिब
कोई दिन और भी जिये होते

क़ेहर—प्रकोप। बला—विपत्ति।

181

ग़ैर लें महफ़िल में, बोसे जाम के
हम रहें यों तश्नः लब, पैग़ाम के

ख़स्तगी का तुमसे क्या शिकवः कि यह
हथकंडे हैं चर्ख़-ए-नीली फ़ाम के

ख़त लिखेंगे, गरचेः मतलब कुछ न हो
हम तो 'आशिक़ हैं, तुम्हारे नाम के

रात पी ज़मज़म प मै और सुब्ह दम
धोये धब्बे जामः-ए-एह्‌राम के

दिल को आँखों ने फँसाया, क्या मगर
यह भी हल्क़े हैं तुम्हारे दाम के

शाह के है गुस्ल-ए-सेहत की ख़बर
देखिये, कब दिन फिरें हम्माम के

'अिश्क़ ने, ग़ालिब निकम्मा कर दिया
वर्नः हम भी आदमी थे काम के

ग़ैर–शत्रु, प्रतिद्वन्द्वी, दूसरे, अन्य। **तश्नःलब**–प्यासे, तृषित। **पैग़ाम**–सन्देशा।
ख़स्तगी–थकन, तबाही, परेशानी। **चर्ख़-ए-नीलीफ़ाम**–नील-गगन।
ज़मज़म–का'बे के पास एक पवित्र कुआँ जिसका पानी हज करनेवाले पीते हैं।
सुब्हदम–सवेरे के समय। **जामः-ए-एह्‌राम**–का'बे की परिक्रमा करने के लिए जो कपड़ा, हाजी शरीर पर लपेटते हैं। (इस दशा में साधारण पाप महापाप बन जाता है) **हल्क़े**–फंदे। **दाम**–जाल।
गुस्ल-ए-सेहत–आरोग्य-स्नान।

182

फिर इस अन्दाज़ से बहार आई
कि हुए मेहूर-ओ-मह तमाशाई

देखो, अय साकिनान-ए-ख़ित्तः-ए-ख़ाक
इसको कहते हैं ‘आलम आराई

कि ज़मीं हो गई है सर ता सर
रूकश - ए - सतूह - ए - चर्ख़ -ए-मीनाई

सब्ज़े को जब कहीं जगह न मिली
बन गया रू-ए-आब पर काई

सब्ज़-ओ-गुल के देखने के लिये
चश्म-ए-नर्गिस को दी है बीनाई

है हवा में शराब की तासीर
बादः नोशी है बाद पैमाई

क्यों न दुनिया को हो ख़ुशी, ग़ालिब
शाह-ए-दींदार ने शिफ़ा पाई

अन्दाज़—अदा। **मेहूर-ओ-मह**—सूर्य व चन्द्रमा, रवि-शशि।
साकिनान-ए-ख़ित्तः-ए-ख़ाक—धरती के वासियो। **‘आलम आराई**—विश्व का शृंगार।
सर ता सर—एक सिरे से दूसरे सिरे तक। **रूकश....मीनाई**—नील-गगन की स्पर्धा करनेवाली। (गगन चाँद-तारों से भरा है, ज़मीन फूलों से)
सब्ज़े (सब्ज़ः)—हरियाली। **रू-ए-अब**—पानी का स्तर।
चश्म-ए-नर्गिस—नर्गिस (एक फूल) की आँख। **बीनाई**—नयनों की ज्योति, दृष्टि।
तासीर—प्रभाव। **बादःनोशी**—मदिरापान। **बाद पैमाई**—हवा खाना, हवा नापना (बेकार काम करना)
(पहला अर्थ लें तो मतलब होगा कि हवा में इतना नशा है कि हवा खाना शराब पीने के बराबर है। दूसरे अर्थ में यह मतलब निकलता है कि हवा में इतना नशा है कि शराब पीना बेकार है।
शाह-ए-दींदार—धर्मप्राण बादशाह। **शिफ़ा पाई**—तन्दुरुस्ती पाई, स्वास्थ्य लाभ किया।

183

तग़ाफ़ुल दोस्त हूँ , मेरा दिमाग़-ए-'अिज्ज़ 'आली है
अगर पहलूतिही कीजे, तो जा मेरी भी ख़ाली है

रहा आबाद 'आलम, अह्ल-ए-हिम्मत के न होने से
भरे हैं जिस क़दर जाम-ओ-सुबू , मैख़ानः खाली है

तग़ाफ़ुल दोस्त—उपेक्षाप्रिय। **मेरा दिमाग़-ए-'अिज्ज़** (दमाग़-ए-'अज्ज़) **'आली है**—मेरी विनम्रता का दिमाग़ बहुत ऊँचा है। **पहलूतिही करना**—पहलू बचाना, खिंचकर मिलना। **जा**—जगह।

'आलम—संसार। **अह्ल-ए-हिम्मत**—साहस रखनेवाले, साहसी जन। **जाम-ओ-सुबू**—मधुपात्र और मधुकलश। **मैख़ानः**—मदिरालय।

184

कब वह सुनता है कहानी मेरी
और फिर वह भी ज़बानी मेरी

ख़लिश-ए-ग़मज़ः-ए-ख़ूँ रेज़ न पूछ
देख ख़ूँनाबः फ़िशानी मेरी

क्या बयाँ करके मिरा, रोयेंगे यार
मगर आशुफ़्तः बयानी मेरी

हूँ ज़िख़ुद रफ़्तः-ए-बैदा-ए-ख़याल
भूल जाना है, निशानी मेरी

मुतक़ाबिल है, मुक़ाबिल मेरा
रुक गया, देख रवानी मेरी,

क़द्र-ए-सँग-ए-सर-ए-रह रखता हूँ
सख़्त अरज़ाँ है, गिरानी मेरी

ख़ालिश-ए-ग़मज़ः-ए-ख़ूँरेज़—रक्तप्रवाही कटाक्ष की चुभन। **ख़ूँनाबः फ़िशानी**—रक्त का प्रभाव, ख़ून का बहाव।

आशुफ़्तः बयानी—मिथ्यावादिता।

ज़िख़ुद रफ़्तः-ए-बैदा-ए-ख़याल—(ज़िख़ुद रफ़्तः—खोया हुआ। बैदा—सहरा, जंगल) कल्पना के वन में खोया हुआ।

मुतक़ाबिल—विमुख, जो सामना न कर सके। **मुक़ाबिल**—सम्मुख, सामना करनेवाला। **रवानी**—प्रभाव, धार, तेज़ी, वेग।

क़द्र-ए-सँग-ए-सर-ए-रह—पथ में पड़े रोड़े का मूल्य। **सख़्त अरज़ाँ**—बहुत सस्ती। **गिरानी**—बहुमूल्यता, महँगापन, भारीपन।

गर्द बाद-ए-रह-ए-बेताबी हूँ
सरसर-ए-शौक़ है, बानी मेरी

दहन उसका, जो न मा'लूम हुआ
खुल गई हेच मदानी मेरी

कर दिया ज़ो'फ़ ने 'आजिज़, ग़ालिब
नँग-ए-पीरी है, जवानी मेरी

गर्दबाद-ए-रह-ए-बेताबी—व्याकुलता की राह का बगूला (वातचक्र)। **सरसर-ए-शौक़**—शौक़ की आँधी। **बानी**—प्रवर्त्तक, संस्थापक।
दहन—मुँह। **हेचमदानी**—अनभिज्ञता।
ज़ो'फ़—निर्बलता। **'आजिज़**—विवश, मजबूर। **नंग-ए-पीरी**—बुढ़ापे को लज्जित करनेवाली।

185

नक़्श-ए-नाज़-ए-बुत-ए-तन्नाज़, ब आग़ोश-ए-रक़ीब
पा-ए-ताऊस पै-ए-ख़ामः-ए-मानी माँगे

तू वह बदख़ू, कि तहय्युर को तमाशा जाने
ग़म वह अफ़्सानः, कि आशुफ़्तः बयानी माँगे

वह तप-ए-'अिश्क़-ए-तमन्ना है, कि फिर सूरत-ए-शम्'अ
शो'लः ता नब्ज़-ए-जिगर रेशः दवानी माँगे

नक़्श-ए-नाज़-ए-बुत-ए-तन्नाज़—रूपगर्विता के सौन्दर्याभिमान का चित्र।
ब आग़ोश-ए-रक़ीब—प्रतिद्वन्द्वी की गोद में। **पा-ए-ताऊस**—मोर का पैर।
पै-ए-ख़ामः-ए-मानी—मानी (एक महान ईरानी चित्रकार) की तूलिका के लिए।
बदख़ू—बुरे स्वभाववाला। **तहय्युर**—विस्मय। **अफ़सानः**—कहानी, कथा। **आशुफ़्तः बयानी**—मिथ्यावादिता।
तप-ए-'अिश्क़-ए-तमन्ना—कामनाओं के प्रेम का ताप (यह तप-ए-'अिश्क़ तमन्ना है भी हो सकता है, जिसका अर्थ 'अिश्क़ के ताप की कामना है) **सूरत-ए-शम्'अ**—मोमबत्ती की तरह। **ता नब्ज़-ए-जिगर**—जिगर की नसों तक। **रेशः दवानी**—साज़िश, षड्यंत्र, उपद्रव (रेशः तार और धागे को भी कह सकते हैं। मोमबत्ती में जो धागा होता है वह जलता है। ग़ालिब ने 'आशिक़ के जलने के लिए भी ऐसे ही धागे की कामना की है इसलिए 'रेशः दवानी' का प्रयोग किया है)

186

गुलशन को तिरी सोह्बत, अज़ बसकि ख़ुश आई है
हर गुंचे का गुल होना, आग़ोश कुशाई है

वाँ कुँग्गुर-ए-इस्तिग़ना, हर दम है बलन्दी पर
याँ नाले को और उल्टा, दा'वा-ए-रसाई है

अज़ बसकि सिखाता है ग़म, ज़ब्त के अन्दाज़े
जो दाग़ नज़र आया, इक चश्म नुमाई है

गुलशन–बाग़, उद्यान। **सोह्बत**–संगति। **अज़ बसकि ख़ुश आई है**–बहुत पसन्द आई है। **गुचे** (गुंचः)–कली। **गुल**–फूल। **आग़ोश कुशाई**–गोद खोलना, बाँहें फैलाना।

कुँग्गुर-ए-इस्तिग़ना–निस्पृहता का कलश। **बलन्दी**–ऊँचाई। **नाले** (नालः)–आर्त्तनाद। **दा'वा-ए-रसाई**–पहुँचने का दावा।

ज़ब्त–सहन, नियन्त्रण, क़ाबू। **अंदाज़े**–तरीक़े। **चश्म नुमाई**–आँख के इशारे से घुड़की देना।

187

जिस ज़ख़्म की हो सकती हो तद्बीर, रफ़ू की
लिख दीजियो, यारब, उसे क़िस्मत में 'अदू की

अच्छा है सर अँगुश्त-ए-हिनाई का तसव्वुर
दिल में नज़र आती तो है, इक बूँद लहू की

क्यों डरते हो, 'उश्शाक़ की बे हौसलगी से
याँ तो कोई सुनता नहीं फ़रियाद किसू की

दश्ने ने कभी मुँह न लगाया हो जिगर को
ख़ंजर ने कभी बात न पूछी हो गुलू की

सद हैफ़ वह नाकाम, कि इक 'उम्र से, ग़ालिब
हस्रत में रहे एक बुत-ए-'अरबदः जू की

तद्बीर—उपाय। **'अदू**—दुश्मन, शत्रु।
सर अँगुश्त-ए-हिनाई—मेंहदी रची उंगली का सिरा। **तसव्वुर**—कल्पना।
उश्शाक़—'आशिक़ का बहुवचन। **बेहौसलगी**—कम हिम्मती, असाहसिकता। **याँ**—यहाँ, संसार में। **फ़रियाद**—पुकार, शिकायत। **किसू की**—किस की (किसू दिल्ली की पुरानी भाषा का शब्द है)
दश्ने (दश्नः)—क़टार। **गुलू**—गला, गर्दन।
सद हैफ़—सौ अफ़सोस। **नाकाम**—असफल। **हस्रत**—अपूर्ण कामना। **बुत-ए-'अरबदः जू**—लड़ाका मा'शूक़, तेज़-तर्रार मा'शूक़। (इस शे'र को चौथे शे'र के साथ मिलाकर पढ़ना चाहिए।)

188

सीमाब पुश्त गर्मि-ए-आईनः दे है, हम
हैराँ किये हुए हैं दिल-ए-बेक़रार के

आग़ोश-ए-गुल कुशूदः बराए विदा'अ है
अय 'अन्दलीब, चल, कि चले दिन बहार के

सीमाब—पारा, पारद। **पुश्त गर्मि-ए-आईनः दे है**—आईने (दर्पण) को सहारा देता है। **हैराँ**—हैरान, चकित। **दिल-ए-बेक़रार**—व्याकुल हृदय। (मन पारे की तरह व्याकुल है, जैसे पारा दर्पण को चमकाकर चकित कर देता है वही हाल दिल की व्याकुलता ने हमारा किया है।) **आग़ोश-ए-गुल**—फूल की गोद। **कुशूदः**—खुली हुई, उन्मुक्त। **बराए-विदा'अ**—विदाई के लिए। **'अन्दलीब**—बुलबुल।

189

है वस्ल हिज्र, 'आलम-ए-तमूकीन-ओ-ज़ब्त में
मा'शूक़-ए-शोख़-ओ-'आशिक़-ए-दीवानः चाहिये

उस लब से मिल ही जायेगा बोसः कभी तो, हाँ
शौक़-ए-फुजूल-ओ-जुरअत-ए-रिन्दानः चाहिये

वस्ल—मिलन। **हिज्र**—विरह। **'आलम-ए-तमकीन-ओ-ज़ब्त**—सन्तोष और सहन की दशा। **लब**—अधर, होंठ। **बोसः**—चुम्बन। **शौक़-ए-फ़ुज़ूल-ओ-जुरअत-ए-रिन्दानः**—अनुद्देश्य लालसा और मद्यप का सा स्वच्छन्द साहस।

190

चाहिये अच्छों को जितना चाहिये
यह अगर चाहें, तो फिर क्या चाहिये

सोहबत-ए-रिन्दाँ से वाजिब है हज़र
जा-ए-मै अपने को खेंचा चाहिये

चाहने को तेरे क्या समझा था दिल
बारे, अब इससे भी समझा चाहिये

चाक मत कर जैब बे अय्याम-ए-गुल
कुछ उधर का भी इशारा चाहिये

दोस्ती का पर्दः, है बेगानगी
मुँह छुपाना हमसे छोड़ा चाहिये

दुश्मनी ने मेरी खोया ग़ैर को
किस क़दर दुश्मन है, देखा चाहिये

(पहले शे'र के पहले और नवें शे'र के दूसरे मिसरे में चाहिये के अर्थ हैं प्यार कीजिये। चाहना और चाहिये चाहत (प्यार) से बने हैं।)

सोहबत-ए-रिन्दाँ–मनमौजी मद्यपों की संगत। **वाजिब**–उचित, आवश्यक। **हज़र**–परहेज़, बचना। **जा-ए-मै**–शराब के बजाए।

चाक करना–फाड़ना। **जैब**–गरेबान, कुर्ते की कंठी। **बे आय्याम-ए-गुल**–फूलों की ऋतु के बिना।

बेगानगी–परायापन।

अपनी रुस्वाई में क्या चलती है स'अि
यार ही हँगामः आरा चाहिये

मुनूहसिर मरने प हो, जिसकी उमीद
नाउमीदी उसकी, देखा चाहिये

ग़ाफ़िल, इन मह तलू'अतों के वास्ते
चाहने वाला भी अच्छा चाहिये

चाहते हैं ख़ूबरुओं को असद
आपकी सूरत तो देखा चाहिये

रुस्वाई—बदनामी, अनादर, तिरस्कार। **स'अि**—कोशिश, प्रयास। **यार**—मित्र, प्रेमी, मा'शूक़।
हँमागःआरा—उपद्रवी, लड़ाका, तेज़ मिज़ाज़।
मुनहसिर—निर्भर।
ग़ाफ़िल—असावधान। **महतलू'अत**—चन्द्रमुखी। **ख़ूबरू**—खूबसूरत, सुन्दर (खूबरूओ-खूबरूयों)

191

हर क़दम दूरि-ए-मंज़िल है नुमायाँ मुझसे
मेरी रफ़्तार से भागे हैं, बयाबाँ मुझसे

दर्स-ए-'अुन्वान-ए-तमाशा, ब तग़ाफ़ुल ख़ुश्तर
है निगह रिश्तः-ए-शीराज़ः-ए-मिश़गाँ मुझसे

वहशत-ए-आतश-ए-दिल से, शब-ए-तन्हाई में
सूरत-ए-दूद, रहा सायः गुरेज़ाँ मुझसे

ग़म-ए-'अुश्शाक़ न हो, सादगी आमोज़-ए-बुताँ
किस क़दर ख़ानः-ए-आईनः है वीराँ मुझसे

असर-ए-आबलः से, जादः-ए-सहरा-ए-जुनूँ
सूरत-ए-रिश्तः-ए-गौहर है चराग़ाँ मुझसे

दूरि-ए-मंज़िल–मंज़िल की दूरी। **नुमायाँ**–प्रकट, प्रत्यक्ष। **रफ़्तार**–गति। **बयाबाँ**–जंगल, रेगिस्तान, मरुस्थल।

दर्स-ए-'अुन्वान-ए-तमाशा–तमाशे के शीर्षक से शिक्षा लेना। **बतग़ाफ़ुल**–उपेक्षा के साथ। **ख़ुश्तर**–बेहतर। **निगह**–निगाह, दृष्टि। **रिश्तः-ए-शीराज़ः-ए-मिश़गाँ**–बिखरी पलकों को एक साथ सी देनेवाला धागा।

वहशत-ए-आतश-ए-दिल–दिल की जलन से उत्पन्न होनेवाली घबराहट। **शब-ए-तन्हाई**– विरह की रात। **सूरत-ए-दूद**–धुएँ की तरह। **गुरेज़ाँ**–पलायमान।

ग़म-ए-'अुश्शाक़–आशिक़ों का दुख। **सादगी आमोज़-ए-बुताँ**–हसीनों को सादगी सिखलानेवाला। **ख़ानः-ए-आईनः**–आईने का घर, दर्पण। **वीराँ**–वीरान, उजाड़ निर्जन। (मा'शूक़ों को 'आशिक़ों का इतना ग़म नहीं होना चाहिए कि वे अपना शृंगार छोड़ दें और आईना उनके रूप के लिए तरसता रह जाए और वीरान हो जाए)

असर-ए-आबलः–छालों का असर। **जादः-ए-सह्रा-ए-जुनूँ**–उन्माद के जंगल का पथ। **सूरत-ए-रिश्तः-ए-गौहर**–उस धागे की तरह जिसमें मोती पिरोए गए हों, मोतियों की लड़ी की तरह। **चराग़ाँ**–दीपावली, दीपमाला।

बेख़ुदी बिस्तर-ए-तम्हीद-ए-फ़राग़त हूजो
पुर है साये की तरह, मेरा शबिस्ताँ मुझसे

शौक़-ए-दीदार में, गर तू मुझे गर्दन मारे
हो निगह, मिस्ल-ए-गुल-ए-शम्'अ, परीशाँ मुझसे

बेकसीहा-ए-शब-ए-हिज्र की वहशत, हय, हय
सायः ख़ुर्शीद-ए-क़यामत में है पिन्हाँ मुझसे

गर्दिश-ए-साग़र-ए-सद् जल्वः-ए-रंगीं, तुझसे
आईनःदारि-ए-यक दीदः-ए-हैराँ, मुझसे

निगह-ए-गर्म से इक आग टपकती है, असद
है चराग़ाँ, ख़स-ओ-ख़ाशाक-ए-गुलिस्ताँ मुझसे

बेख़ुदी—आत्मविस्मृति। **बिस्तर-ए-तम्हीद-ए-फ़राग़त**—आराम की भूमिका का बिस्तर। **हूजो**—हूजियो, होना। **पुर**—भरा हुआ। **साये** (सायः)—छाया, परछाईं। **शबिस्ताँ**—शयनागार, घर।

शौक़-ए-दीदार—दर्शन का चाव। **निगह**—निगाह, दृष्टि। **मिस्ल-ए-गुल-ए-शम्'अ**—मोमबत्ती के फूल की तरह। **परीशाँ**—बिखर जाना। (मोमबत्ती का फूल कतरने से रौशनी और तेज़ हो जाती है यानी बिखर जाती है)

बेकसीहा-ए-शब-ए-हिज्र—विरह की रात की असहायता। **वहशत**—परेशानी, घबराहट। **सायः**—साया, छाया। **ख़ुर्शीद-ए-क़यामत**—प्रलय के दिन का सूरज। **पिनहाँ**—छिपा हुआ, (मुझसे गुप्त ओर सूर्य में विनिहित) [मेरी विरह की रात प्रलय के दिन तक ख़त्म न होगी]

गर्दिश.....रंगीं—सैकड़ों रंगीन छवियों से छलकते हुए मधुपात्र का चक्कर।

आईनःदारि-ए-यक दीदः-ए-हैराँ—चकित आँखों का दर्पण।

निगह-ए-गर्म—गर्म दृष्टि। **चराग़ाँ**—दीपोत्सव। **ख़स-ओ-ख़ाशाक-ए-गुलिस्ताँ**—बाग़ का कूड़ा करकट।

192

नुक्तःचीं है, ग़म-ए-दिल उसको सुनाये न बने
क्या बने बात, जहाँ बात बनाये न बने

मैं बुलाता तो हूँ उसको, मगर अय जज़्बः-ए-दिल
उस प बन जाये कुछ ऐसी, कि बिन आये न बने

खेल समझा है, कहीं छोड़ न दे, भूल न जाये
काश, यों भी हो, कि बिन मेरे सताये न बने

ग़ैर फिरता है, लिये यों तिरे ख़त को, कि अगर
कोई पूछे, कि यह क्या है, तो छुपाये न बने

इस नज़ाकत का बुरा हो, वह भले हैं, तो क्या
हाथ आवें, तो उन्हें हाथ लगाये न बने

कह सके कौन, कि यह जल्वःगरी किसकी है
पर्दः छोड़ा है वह उसने, कि उठाये न बने

नुक्तःचीं—हर बात में दोष निकालनेवाला (मा'शूक़ को कहा है)। **बात बनना**—मनोकामना पूरी होना। **बात बनाना**—बातों के फेर में उलझाना, झूठ बोलना, लच्छेदार बातें करना।

जज़्बः-ए-दिल—मनोभाव, मन का आदेश।

नज़ाकत—कोमलता।

जल्वःगरी—छवि-प्रकटन की जादूगरी। (पहले मिसरे में 'देखूँ' के बाद और दूसरे में 'चाहूँ' के बाद प्रश्नसूचक चिन्ह लगा देने से अर्थ समझ में आ जाता है)

मौत की राह न देखूँ , कि बिन आये न रहे
तुम को चाहूँ , कि न आओ, तो बुलाये न बने

बोझ वह सर से गिरा है, कि उठाये न उठे
काम वह आन पड़ा है, कि बनाये न बने

'अिश्क़ पर ज़ोर नहीं, है यह वह आतश, ग़ालिब
कि लगाये न लगे और बुझाये न बने

आतश–आग।

193

चाक की ख़्वाहिश, अगर वहशत ब 'उरियानी करे
सुबह की मानिन्द, ज़ख़्म-ए-दिल गरीबानी करे

जल्वे का तेरे वह 'आलम है, कि गर कीजे ख़याल
दीदः-ए-दिल को ज़ियारत गाह-ए-हैरानी करे

है शिकस्तन से भी दिल नौमीद, यारब, कब तलक
आबगीनः कोह पर 'अर्ज़-ए-गिराँ जानी करे

मैकदः गर चश्म-ए-मस्त-ए-नाज़ से पावे शिकस्त
मू-ए-शीशः दीदः-ए-साग़र की मिश़गानी करे

ख़त्त-ए-'आरिज़ से, लिखा है ज़ुल्फ़ को उल्फ़त ने 'अह्द
यक क़लम मंज़ूर है, जो कुछ परीशानी करे

चाक—विदीर्णता। **ख़्वाहिश**—इच्छा। **वहशत**—घबराहट, आकुलता, उन्माद। **ब 'उरियानी**—नग्नता के लिए। **मानिन्द**—तरह; प्रकार। **ज़ख़्म-ए-दिल**—दिल का घाव। **गरीबानी करे**—गरीबान बन जाए (यह ग़ालिब का अपना प्रयोग है, उर्दू में प्रचलित नहीं है)।

जल्वे (जल्वः)—दर्शन, कान्ति, छवि। **'आलम**—हालत, दशा। **दीदः-ए-दिल**—मन की आँख। **ज़ियारतगाह-ए-हैरानी**—विस्मय का तीर्थस्थान।

शिकस्तन से—टूटने से (उर्दू में प्रचलित नहीं है)। **नौमीद**—नाउम्मीद, निराश। **आबगीनः**— शीशा, आईना। **कोह**—पर्वत। **'अर्ज़-ए-गिराँ जानी करे**—सख़्तजानी की शिकायत करे।

मैकदः—मदिरालय। **चश्म-ए-मस्त-ए-नाज़**—रूप के मदिर नयन। **शिकस्त**—हार, पराजय (टूटना भी अर्थ है)। **मू-ए-शीशः**—शीशे का बाल। **दीदः-ए-साग़र की मिश़गानी करे**—मधुपात्र के नयनों की पलकें बन जाए। ('मिशगानी करे' भी ग़ालिब का अपना प्रयोग है)

ख़त्त-ए-'आरिज़—मुखलोम। **ज़ुल्फ़**—अलक। **उल्फ़त**—प्रेम, 'अिश्क़। **'अह्द** ('अह्दनामः)—इक़रारनामा, प्रतिज्ञापत्र। **यक क़लम**—पूरी तरह। **परीशानी करे**—परेशानियाँ पैदा करे।

194

वह आके ख़्वाब में, तस्कीन-ए-इज़्तिराब तो दे
वले मुझे तपिश-ए-दिल मजाल-ए-ख़्वाब तो दे

करे हैं क़त्ल, लगावट में तेरा रो देना
तिरी तरह कोई तेग़-ए-निगह को आब तो दे

दिखा के जुँबिश-ए-लब ही, तमाम कर हम को
न दे जो बोसः, तो मुँह से कहीं जवाब तो दे

पिलादे ओक से, साक़ी, जो हम से नफ़रत है
पियालः गर नहीं देता, न दे, शराब तो दे

असद, ख़ुशी से मिरे हाथ पाँव फूल गये
कहा जो उसने, ज़रा मेरे पाँव दाब तो दे

ख़्वाब—स्वप्न। **तस्कीन-ए-इज़्तिराब**—व्याकुलता में सांत्वना। **वले**—लेकिन।
तपिश-ए-दिल—दिल की तपन। **मजाल-ए-ख़्वाब**—सोने का साहस।
तेग़-ए-निगह—दृष्टि की तलवार। **आब देना**—चमकाना, धार रखना।
जुँबिश-ए-लब—होंठों का कम्पन। **तमाम करना**—मार डालना। **बोसः**—चुम्बन।

195

तपिश से मेरी, वक़्फ़-ए-कशमकश, हर तार-ए-बिस्तर है
मिरा सर रंज-ए-बालीं है, मिरा तन बार-ए-बिस्तर है

सरश्क-ए-सर बसह्रा दादः, नूरुल 'अैन-ए-दामन है
दिल-ए-बेदस्त-ओ-पा उफ़्तादः, बर्ख़ुर्दार-ए-बिस्तर है

ख़ुशा इक़्बाल-ए-रंजूरी, 'अयादत को तुम आये हो
फ़रोग़-ए-शम्'-ए-बालीं, ताले'-ए-बेदार-ए-बिस्तर है

ब तूफ़ाँ गाह-ए-जोश-ए-इज़्तिराब-ए-शाम-ए-तन्हाई
शु'आ'-ए-आफ़्ताब-ए-सुबह-ए-महशर तार-ए-बिस्तर है

तपिश–तपन, जलन, तड़प। **वक़्फ़-ए-कशमकश**–तकलीफ़ में फँसा हुआ। **हर तार-ए-बिस्तर**–बिस्तर का हर धागा। **रंज-ए-बालीं**–तकिए के दुख का कारण। **बार-ए-बिस्तर**–बिस्तर के लिए बोझ।

सरश्क-ए-सर बसह्रा दादः–(सरश्क–आसूँ। सर बसहरा दादः–आवारा) बहता हुआ आसूँ। **नूरुल-'अैन-ए-दामन**–दामन की आँख का तारा। **दिल-ए-बेदस्त-ओ-पा**–मजबूर दिल। **उफ़्तादः**–जो लड़खड़ाकर गिर पड़ा हो। **बर्ख़ुर्दार-ए-बिस्तर**–बिस्तर की गोद में पड़ा बच्चा। **ख़ुशा**–क्या कहना। **इक़्बाल-ए-रंजूरी**–बीमारी का सौभाग्य। **'अयादत**–बीमार-पुरसी, रोगी का हालचाल पूछना। **फ़रोग़-ए-शम्'-ए-बालीं**–सिरहाने के दीप का प्रकाश। **ताले'-ए-बेदार-ए-बिस्तर**–बिस्तर के जागे हुए भाग्य।

ब तूफ़ाँ...तनूहाई–व्याकुलता के तूफ़ान से भरी हुई एकाकीपन (विरह) की शाम में। **शु'आ'...महशर**–प्रलय के दिन के सूरज की किरण।

अभी आती है बू , बालिश से, उसकी ज़ुल्फ़-ए-मिश्कीं की
हमारी दीद को, ख़्वाब-ए-ज़ुलैख़ा, 'आर-ए-बिस्तर है

कहूँ क्या, दिल की क्या हालत है, हिज्र-ए-यार में, ग़ालिब
कि बेताबी से, हर इक तार-ए-बिस्तर ख़ार-ए-बिस्तर है

बू—सुगन्ध। **बालिश**—तकिया। **ज़ुल्फ़-ए-मिश्कीं** (मुश्कीं)—कस्तूरी की तरह काली और सुगन्धित अलकें। **दीद**—दर्शन (यहाँ अर्थ है नयन)। **ख़्वाब-ए-ज़ुलैख़ा**—ज़ुलैख़ा की नींद और स्वप्न। (ज़ुलैख़ा ने अपने प्रिय यूसुफ़ को स्वप्न में देखा था)। **'आर-ए-बिस्तर**—बिस्तर के लिए लज्जा का कारण।

हिज्र-ए-यार—प्रिय-विरह। **बेताबी**—व्याकुलता। **तार-ए-बिस्तर**—बिस्तर का ताना-बाना। **ख़ार-ए-बिस्तर**—बिस्तर का काँटा।

196

ख़तर है, रिश्तः-ए-उल्फ़त रग-ए-गर्दन न हो जावे
गुरूर-ए-दोस्ती आफ़त है, तू दुश्मन न हो जावे

समझ इस फ़स्ल में कोताहि-ए-नश्व-ओ-नुमा, ग़ालिब
अगर गुल, सर्व के क़ामत प, पैराहन न हो जावे

ख़तर है—खतरा है डर है। **रिश्तः-ए-उल्फ़त**—प्रेम-सम्बन्ध (रिश्तः-धागा)। **रग-ए-गर्दन**—गर्दन की रग। **गुरूर-ए-दोस्ती**—मित्रता का घमंड।
फ़स्ल—ऋतु। **कोताहि-ए-नश्व-ओ-नुमा**—फलने-फूलने की कमी। **सर्व**—सरो (एक सदाबहार वृक्ष जिसनें फूल नहीं होते) **क़ामत**—आकार। **पैराहन**—वस्त्र।

197

फ़रियाद की कोई लै नहीं है
नालः पाबन्द-ए-नै नहीं है

क्यों बोते हैं बाग़बान तूँबे
गर बाग़, गदा-ए-मै नहीं है

हर चन्द हर एक शै में तू है
पर तुझसी तो कोई शै नहीं है

हाँ, खाइयो मत फ़रेब-ए-हस्ती
हर चन्द कहें, कि है, नहीं है

शादी से गुज़र, कि ग़म न होवे
उर्दी जो न हो, तो दै नहीं है

क्यों रद्द-ए-क़दह करे है, ज़ाहिद
मै है, यह मगस की क़ै नहीं है

हस्ती है, न कुछ 'अदम है, ग़ालिब
आख़िर तू क्या है, अय, नहीं है

नालः—आर्त्तनाद। **पाबन्द-ए-नै**—बाँसुरी का पाबन्द।
तूँबे (तूँबा)—कद्दू, लौकी। **गदा-ए-मै**—शराब का भिखारी।
हरचन्द—यद्यपि, अत्यधिक। **शै**—वस्तु, चीज़।
फ़रेब-ए-हस्ती—अस्तित्व का धोखा।
शादी—ख़ुशी, हर्ष। **उर्दी**—उर्दी बिहिशत पारसी महीने का नाम जो वसन्त के आरम्भ में आता है। **दै**—एक पारसी महीना जो ख़िज़ाँ (पतझड़) में आता है।
रद्द-ए-क़दह—प्याले (मधुपात्र) का खंडन। **ज़ाहिद**—विरक्त, विरागी। **मै**—मदिरा, मधु। **मगस**—मक्खी (मगस की क़ै—शहद, मधु) (ज़ाहिद शहद खाता है, शराब नहीं पीता, और स्वर्ग में भी उसे शहद मिलेगा)
हस्ती—अस्तित्व। **'अदम**—अनस्तित्व।

198

न पूछ नुस्ख़ः-ए-मरहम, जराहत-ए-दिल का
कि उसमें रेज़ः-ए-अल्मास जुज़्व-ए-आ'ज़म है

बहुत दिनों में तग़ाफ़ुल ने तेरे पैदा की
वह इक निगह, कि बज़ाहिर निगाह से कम है

नुस्ख़ः-ए-मरहम–मरहम का नुस्ख़ा। **जराहत-ए-दिल**–दिल का घाव।
रेज़ः-ए-अल्मास–हीरे की कनी। **जुज़्व-ए-आ'ज़म**–सबसे बड़ा अंश।
तग़ाफ़ुल–उपेक्षा। **निगह (निगाह)**–दृष्टि, चितवन। **बज़ाहिर**–प्रकटतः।

199

हम रश्क को अपने भी, गवारा नहीं करते
मरते हैं, वले उनकी तमन्ना नहीं करते

दर पर्दः उन्हें ग़ैर से, है रब्त-ए-निहानी
ज़ाहिर का यह पर्दा है, कि पर्दा नहीं करते

यह बा'अिस-ए-नौमीदि-ए-अर्बाब-ए-हवस है
ग़ालिब को बुरा कहते हो, अच्छा नहीं करते

रश्क—ईर्ष्या। **गवारा**—सहन, बर्दाश्त। **तमन्ना**—कामना।
दर पर्दः—छिपे-छिपे। **ग़ैर**—अन्य, शत्रु, प्रतिद्वन्द्वी। **रब्त-ए-निहानी**—गुप्त सम्बन्ध।
ज़ाहिर—प्रकट।
बा'अिस-ए-नौमीदि-ए-अर्बाब-ए-हवस—प्रेमशून्य लोलुपों की निराशा का कारण।

200

करे है बादः तिरे लब से कस्ब-ए-रंग-ए-फ़रोग़
ख़त-ए-पियालः सरासर निगाह-ए-गुलचीं है

कभी तो इस दिल-ए-शोरीदः की भी दाद मिले
कि एक 'उम्र से हस्रत परस्त-ए-बालीं है

बजा है, गर न सुने, नालःहा-ए-बुलबुल-ए-ज़ार
कि गोश-ए-गुल, नम-ए-शबनम से, पँबः आगीं है

असद है नज़्'अ में, चल बेवफ़ा, बराय ख़ुदा
मक़ाम-ए-तर्क-ए-हिजाब-ओ-विदा'-ए-तमूकीं है

बादः—मदिरा। **लब**—होंठ, अधर। **कस्ब-ए-रंग-ए-फ़रोग़**—शोभा के रंग को प्राप्त करना। **ख़त-ए-पियालः**—मधुपात्र पर मापचिन्ह। **सरासर**—बिल्कुल, पूरी तरह। **निगाह-ए-गुलचीं**—फूल चुननेवाले की दृष्टि।

(जब तेरे होंठ मधुपात्र को छूते हैं तो मदिरा उनकी शोभा और रंग से दमक उठती है और मधुपात्र पर अंकित मापचिन्ह फूल चुननेवाले की आँख की तरह बन जाता है, तेरे अधर-कुसुमों के रंग से रच जाता है)

दिल-ए-शोरीदः—पागल दिल, अभिलाषी मन। **दाद**—प्रशंसा, न्याय। **हस्रतपरस्त-ए-बालीं**—तकिये का अभिलाषी, नींद का इच्छुक।

बजा—उचित, ठीक। **नालःहा-ए-बुलबुल-ए-ज़ार**—दुखी बुलबुल का आर्त्तनाद।

गोश-ए-गुल—फूल का कान। **नम-ए-शबनम**—ओस की नमी। **पंबः आगीं**—रुई भरा।

नज़्'अ—मृत्यु के समय साँस टूटने की दशा, चन्द्रा। **मक़ाम....तमूकीं**—लज्जा को त्यागने और घमंड को विदा करने का समय।

201

क्यों न हो चश्म-ए-बुताँ महूव-ए-तग़ाफ़ुल, क्यों न हो
या'नी इस बीमार को नज़्ज़ारे से परहेज़ है

मरते मरते, देखने की आरज़ू रह जायेगी
वाय नाकामी, कि उस काफ़िर का ख़ंजर तेज़ है

'आरिज़-ए-गुल देख, रू-ए-यार याद आया, असद
जोशिश-ए-फ़स्ल-ए-बहारी इश्तियाक़ अँगेज़ है

चश्म-ए-बुताँ—मा'शूक़ों के नयन। **महूव-ए-तग़ाफ़ुल**—उपेक्षा में लीन। **नज़्ज़ारे** (नज़्ज़ारः)—दृश्य, अवलोकन। **परहेज़**—दुराव।

आरज़ू—कामना।

'आरिज़-ए-गुल—फूल के कपोल। **रू-ए-यार**—मित्र का मुखड़ा। **जोशिश-ए-फ़स्ल-ए-बहारी**—वसन्त ऋतु का तूफ़ान। **इश्तियाक़ अँगेज़**—शौक़ को उभाब्ब्ब्रनेवाला।

202

दिया है दिल अगर उसको, बशर है, क्या कहिये
हुआ रक़ीब, तो हो, नामःबर है, क्या कहिये

यह ज़िद, कि आज न आवे और आये बिन न रहे
क़ज़ा से शिकवः हमें किस क़दर है, क्या कहिये

रहे हैं यों गह-ओ-बे गह, कि कू-ए-दोस्त को अब
अगर न कहिये कि दुश्मन का घर है, क्या कहिये

ज़िहे करिश्मः कि यों दे रखा है हमको फ़रेब
कि बिन कहे ही उन्हें सब ख़बर है, क्या कहिये

समझ के करते हैं, बाज़ार में वह, पुरसिश-ए-हाल
कि यह कहे, कि सर-ए-रहगुज़र है, क्या कहिये

बशर–इंसान, मानव। **रक़ीब**–प्रतिद्वन्द्वी। **नामःबर**–पत्रवाहक।
क़ज़ा–मौत। **शिकवः**–शिकायत।
गह-ओ-बेगह–समय-असमय, वक़्त बेवक़्त। **कू-ए-दोस्त**–मित्र की गली।
ज़िहे करिश्मः–(ज़िहे-प्रशंसात्मक सम्बोधन, जैसे क्या कहना। करिश्मः–चमत्कार, छल) ज़रा छल तो देखो। **फ़रेब**–धोखा।
पुरसिश-ए-हाल–कुशल-मंगल पूछना। **सर-ए-रहगुज़र**–बीच रास्ता।

तुम्हें नहीं है सर-ए-रिश्तः-ए-वफ़ा का ख़याल
हमारे हाथ में कुछ है, मगर है क्या, कहिये

उन्हें सवाल प ज़ा'म-ए-जुनूँ है, क्यों लड़िए
हमें जवाब से क़त'-ए-नज़र है, क्या कहिये

हसद, सज़ा-ए-कमाल-ए-सुख़न है, क्या कीजे
सितम, बहा-ए-मता'-ए-हुनर है, क्या कहिये

कहा है किसने, कि ग़ालिब बुरा नहीं, लेकिन
सिवाये इसके, कि आशुफ़्तःसर है, क्या कहिये

सर-ए-रिश्तः-ए-वफ़ा—प्रेम-निर्वाह के सम्बन्ध का सिरा।
ज़ा'म-ए-जुनूँ—(ज़ो'म) उन्माद का भ्रम। **क़त'-ए-नज़र**—निराशा।
हसद—डाह। **सज़ा-ए-कमाल-ए-सुख़न**—काव्य-कला की पूर्णता की सज़ा।
सितम—अत्याचार, अन्याय। **बहा-ए-मता'-ए-हुनर**—कला की सम्पत्ति का मूल्य।
आशुफ़्तःसर—सरफिरा, दीवाना, परेशान।

203

देखकर दर पर्दः गर्म-ए-दामन अफ़्शानी मुझे
कर गई वाबस्तः-ए-तन मेरी 'उरियानी मुझे

बन गया तेग़-ए-निगाह-ए-यार का संग-ए-फ़साँ
मरहबा मैं, क्या मुबारक है गिराँ जानी मुझे

क्यों न हो बेइल्तिफ़ाती, उसकी ख़ातिर जम्'अ है
जानता है मह्व-ए-पुरसिशहा-ए-पिन्हानी मुझे

मेरे ग़म ख़ाने की क़िस्मत जब रक़म होने लगी
लिख दिया मिंजुमलः-ए-अस्बाब-ए-वीरानी, मुझे

बदगुमाँ होता है वह काफ़िर न होता, काशके
इस क़दर ज़ौक़-ए-नवा-ए-मुर्ग़-ए-बुस्तानी मुझे

दर पर्दाः—पर्दे में, छिपा हुआ, गुप्त, पैदा होने से पहले, अनस्तित्व की दशा में।
गर्म-ए-दामन अफ़्शानी—दामन झाड़ने (आज़ादी) की हालत में। **वाबस्तः-ए-तन**—तन से आबद्ध। **'उरियानी**—नग्नता।
तेग़-ए-निगाह-ए-यार—मित्र (मा'शूक़) की चितवन की तलवार। **संग-ए-फ़साँ**—सान का पत्थर।
मरहबा—धन्य-धन्य, शाबाश। **मुबारक**—शुभ। **गिराँजानी**—सख़्तजानी, प्राणों की कठोरता।
बेइल्तिफ़ाती—अनाकृष्टि, अकृपा। **उसकी ख़ातिर जम्'अ है**—वह सन्तुष्ट है।
मह्व-ए-पुरसिशहा-ए-पिनूहानी—(मह्व-लीन। पुरसिश-परिपृच्छा, हा, बहुवचन, ए, इज़ाफ़त। पिनूहानी—आन्तरिक, गुप्त) मन ही मन मा'शूक़ की कल्पना में लीन।
ग़मख़ाने (ग़मखानः)—शोकगृह। **रक़म होने लगी**—लिखी जाने लगी। **मिंजुमलः-ए-अस्बाब-ए-वीरानी**—वीरानी के सामान में से एक।
बद गुमाँ—सन्देहशील। **काफ़िर**—मान्यताओं को अस्वीकार करनेवाला (मा'शूक़)। **ज़ौक़-ए-नवा-ए-मुर्ग़-ए-बुस्तानी**—बाग़ की चिड़ियों के गाने का शौक़।

वाय, वाँ भी शोर-ए-महशर ने न दम लेने दिया
ले गया था गोर में, ज़ौक़-ए-तन आसानी मुझे

वा'दः आने का वफ़ा कीजे, यह क्या अन्दाज़ है
तुम ने क्यों सौंपी है, मेरे घर की दरबानी मुझे

हाँ नशात-ए-आमद-ए-फ़स्ल-ए-बहारी वाह, वाह
फिर हुआ है ताज़ः सौदा-ए-ग़ज़ल ख़्वानी मुझे

दी मिरे भाई को हक़ ने, अज़ सर-ए-नौ ज़िन्दगी
मीरज़ा यूसुफ़, है ग़ालिब, यूसुफ़-ए-सानी मुझे

शोर-ए-महशर—प्रलय का शोर। **दम**—साँस, चैन। **गोर**—क़ब्र।
ज़ौक़-ए-तनआसानी—आलस्यप्रियता।
नशात-ए-आमद-ए-फ़स्ल-ए-बहारी—वसन्त ऋतु के आगमन का हर्ष। **सौदा-ए-ग़ज़लख़्वानी**—ग़ज़ल गाने का उन्माद।
अज़ सर-ए-नौ—नए सिरे से। **यूसुफ़-ए-सानी**—दूसरा यूसुफ़(यूसुफ़ के लिए ग़ज़ल 37, शे'र 6 देखिये)।

204

याद है शादी में भी हँगामः-ए-यारब, मुझे
सुब्हः-ए-ज़ाहिद हुआ है, ख़न्दः ज़ेर-ए-लब मुझे

है कुशाद-ए-ख़ातिर-ए-वाबस्तः दर रह्न-ए-सुख़न
था तिलिस्म-ए-क़ुफ़्ल-ए-अबजद, ख़ानः-ए-मक्तब मुझे

यारब, इस आशुफ़्तगी की दाद किससे चाहिये
रश्क, आसाइश प है ज़िन्दानियों की, अब मुझे

तब'अ है मुश्ताक़-ए-लज़्ज़तहा-ए-हस्रत, क्या करूँ
आरज़ू से, है शिकस्त-ए-आरज़ू मतलब मुझे

दिल लगाकर आप भी ग़ालिब मुझी से हो गये
'अिश्क़ से आते थे माने'अ, मीरज़ा साहब मुझे

शादी—ख़ुशी, हर्ष। **हंगामः-ए-यारब**—यारब (अय ख़ुदा) यारब का शोर। **सुब्हः-ए-ज़ाहिद**—ज़ाहिद की तसबीह (सुमिरन)। **ख़न्दः ज़ेर-ए-लब**—होठों में दबी हँसी, हल्की मुस्कान। (तसबीह पर यारब पढ़ते हैं। हल्की मुस्कान को तसबीह पढ़ने से उपमा दी गई है)

कुशाद-ए-ख़ातिर-ए-वाबस्तः दर—मन के बन्द द्वार का खुलना। **रह्न-ए-सुख़न**—काव्य पर निर्भर। **तिलिस्म-ए-क़ुफ़्ल-ए-अबजद**—अबजद (वर्णमाला) के मेल से खुलनेवाले ताले का जादू। **ख़ानः-ए-मक्तब**—पाठशाला।

आशुफ़्तगी—परीशानी, उन्माद, विकलता, अस्तव्यस्तता। **दाद**—प्रशंसा, न्याय। **रश्क**—ईर्ष्या। **आसाइश**—आराम, सुख-सुविधाएँ। **ज़िन्दानियों की**—क़ैदियों की, बन्दियों की।

तब'अ—स्वभाव, प्रकृति। **मुश्ताक़-ए-लज़्ज़तहा-ए-हस्रत**—अपूर्ण कामनाओं के आनन्द के लिए उत्सुक। **आरज़ू**—अभिलाषा। **शिकस्त-ए-आरज़ू**—अभिलाषा का भंग होना। **मतलब मुझे**—मेरा मतलब (उर्दू में प्रचलित नहीं है)।

आते थे माने'अ—मना करते थे (माने'अ आना—रोकना)।

205

हुज़ूर-ए-शाह में, अह्ल-ए-सुख़न की आज़माइश है
चमन में, ख़ुश नवायान-ए-चमन की आज़माइश है

क़द-ओ-गेसू में, क़ैस-ओ-कोहकन की आज़माइश है
जहाँ हम हैं वहाँ दार-ओ-रसन की आज़माइश है

करेंगे कोहकन के हौसले का इम्तिहाँ आख़िर
हनोज़ उस ख़स्तः के नीरू-ए-तन की आज़माइश है

नसीम-ए-मिस्र को क्या पीर-ए-कन'आँ की हवाख़्वाही
उसे यूसुफ़ की बू-ए-पैरहन की आज़माइश है

हुज़ूर-ए-शाह—बादशाह के सामने। **अहल-ए-सुख़न**—कवि। **आज़माइश**—परीक्षा। **ख़ुश नवायान-ए-चमन**—उद्यान के मीठे बोल गानेवाले।
क़द-ओ-गेसू—आकार और अलकें। **क़ैस-ओ-कोहकन**—मजनूँ और फ़रहाद।
दार-ओ-रसन—सूली ओर फाँसी का फंदा। (दार, वह लकड़ी जो फाँसी देने के लिए गाड़ते हैं, मा'शूक़ के आकार की तरह है और रसन, फंदा, अलकों की तरह)
कोहकन—फ़रहाद। **हौसले** (हौसलः)—साहस। **हनोज़**—अभी। **ख़स्तः**—थका हुआ श्रांत, ज़ख़्मी, परेशान। **नीरू-ए-तन**—शारीरिक शक्ति, तन-बल।
नसीम-ए-मिस्र—मिस्र की हवा। **पीर-ए-कन'आँ**—कन'आँ का वृद्ध, या'क़ूब पैग़म्बर जो हज़रत यूसुफ़ के बाप थे। (देखिये ग़ज़ल 10 शे'र 9 ग़ज़ल, 62 शे'र 2, ग़ज़ल 112, शे'र 4 व 5।
बू-ए-पैरहन—वस्त्रों की सुगन्ध।
(हज़रत या'क़ूब ने हज़रत यूसुफ़ के वस्त्रों की सुगन्ध को दूर से पहचान लिया था और इस गंध को सूँघकर उनके नयनों की ज्योति वापस आ गई थी)।

वह आया बज़्म में देखो न कहियो फिर कि ग़ाफ़िल थे
शिकेब-ओ-सब्र-ए-अह्ल-ए-अंजुमन की आज़माइश है

रहे दिल ही में तीर, अच्छा, जिगर के पार हो, बेह्तर
ग़रज़ शिस्त-ए-बुत-ए-नावक फ़िगन की आज़माइश है

नहीं कुछ सुब्हः-ओ-ज़ुन्नार के फन्दे में गीराई
वफ़ादारी में शैख़-ओ-बर्हमन की आज़माइश है

पड़ा रह अय दिल-ए-वाबस्तः बेताबी से क्या हासिल
मगर फिर ताब-ए-ज़ुल्फ़-ए-पुरशिकन की आज़माइश है

रग-ओ-पै में जब उतरे ज़हर-ए-ग़म तब देखिये क्या हो
अभी तो तल्ख़ि-ए-काम-ओ-दहन की आज़माइश है

वह आवेंगे मिरे घर, वा'दः कैसा, देखना, ग़ालिब
नये फ़ितनों में अब चर्ख़-ए-कुहन की आज़माइश है

बज़्म–महफ़िल। **ग़ाफिल**–असावधान, बेसुध, अचेत। **शिकेब-ओ-सब्र-ए-अहल-ए-अंजुमन**–महफ़िलवालों का धैर्य और सन्तोष (अर्थात् सहनशक्ति)।
शिस्त-ए-बुत-ए-नावक-फ़िगन–तीर चलानेवाले मा'शूक़ का निशाना।
सुब्हः-ओ-ज़ुन्नार–तसबीह और जनेऊ। **गीराई**–पकड़, गिरफ़्त।
दिल-ए-वाबस्तः–फँसा हुआ दिल। **बेताबी**–तड़प, आकुलता। **ताब-ए-ज़ुल्फ़-ए-पुरशिकन**–(ताब–चमक, शक्ति) घुँघराली अलकों की शक्ति।
रग-ओ-पै–रग और रेशा, पूरा शरीर। **तल्ख़ि-ए-काम-ओ-दहन**–होंठों और तालू की कटुता।
चर्ख़-ए-कुहन–पुरातन गगन।

206

कभी नेकी भी उसके जी में गर आ जाये है मुझसे
जफ़ाएँ करके अपनी याद शर्मा जाये है मुझसे

ख़ुदाया, जज़्बः-ए-दिल की मगर तासीर उल्टी है
कि जितना खेंचता हूँ और खिंचता जाये है मुझसे

वह बदख़ू , और मेरी दास्तान-ए-'अिश्क़ तूलानी
'अिबारत मुख़्तसर, क़ासिद भी घबरा जाये है मुझसे

उधर वह बदगुमानी है, इधर यह नातवानी है
न पूछा जाये है उससे, न बोला जाये है मुझसे

सँभलने दे मुझे, अय नाउमीदी, क्या क़यामत है
कि दामान-ए-ख़याल-ए-यार, छूटा जाये है मुझसे

गर—अगर, यदि। **जफ़ाएँ**—अत्याचार।

जज़्बः-ए-दिल—मनोभाव, मन का आवेश। **तासीर**—प्रभाव, गुण, फल।

बदख़ू—बदमिज़ाज, दुःशील। **दास्तान-ए-'अिश्क़**—प्रेम-कथा। **तूलानी**—लम्बी, दीर्घ।

'अिबारत मुख़्तसर—('अिबारत—वर्णन। मुख़्तसर—संक्षिप्त) मुहावरा है जो लम्बी बात को छोटी कहने के लिए बोला जाता है। इसको 'क़िस्सः कोताह' भी कहते हैं।

क़ासिद—सन्देशवाहक।

बदगुमानी—मिथ्यासन्देह। **नातवानी** (नातुवानी)—निर्बलता।

नाउमीदी—निराशा। **क्या क़यामत है**—मुहावरा है, जो अत्यन्त कठिन परिस्थिति के लिए बोला जाता है। **दामान-ए-ख़याल-ए-यार**—मित्र (मा'शूक़) की कल्पना का दामन।

तकल्लुफ़ बरतरफ़, नज़्ज़ारगी में भी सही, लेकिन
वह देखा जाये, कब यह ज़ुल्म देखा जाये है मुझसे

हुए हैं पाँव ही पहले, नबर्द-ए-'अिश्क़ में ज़ख़्मी
न भागा जाये है मुझसे, न ठहरा जाये है मुझसे

क़यामत है, कि होवे मुद्द'ई का हमसफ़र, ग़ालिब
वह काफ़िर, जो ख़ुदा को भी न सौंपा जाये है मुझसे

तकल्लुफ़ बरतरफ़–तकल्लुफ़ को एक ओर रखो, साफ़ बात यह है। **नज़्ज़ारगी**–अवलोकन, दर्शन करना। **वह देखा जाए**–लोग उसे देखें। **नबर्द-ए-'अिश्क़**–प्रेम का संघर्ष।

मुद्द'ई–दावा करनेवाला, प्रतिद्वन्द्वी। **हमसफ़र**–सहपंथी, सहयात्री। **काफ़िर**–मा'शूक़। **ख़ुदा को सौंपना**–विदा के समय कहते हैं ख़ुदा हाफ़िज़ या ख़ुदा को सौंपा (ग़ालिब ने दो अर्थ लिये हैं। एक यह कि मैं उसे ख़ुदा हाफ़िज़ भी नहीं कह सकता क्योंकि उसका विरह सहन नहीं कर सकता, दूसरे यह कि इतने हसीन मा'शूक़ के मामले में ख़ुदा पर भी विश्वास नहीं कर सकता)।

207

ज़िबस कि मश्क़-ए-तमाशा, जुनूँ 'अलामत है
कुशाद-ओ-बस्त-ए-मिश़ः, सेलि-ए-नदामत है

न जानूँ, क्योंकि मिट दाग़-ए-ता'न-ए-बद 'अहदी
तुझे कि आईनः भी वरतः-ए-मलामत है

ब पेच-ओ-ताब-ए-हवस, सिल्क-ए-'आफ़ियत मत तोड़
निगाह-ए-'अिज्ज़ सर-ए-रिश्तः-ए-सलामत है

वफ़ा मुक़ाबिल-ओ-दा'वा-ए-'अिश्क़ बे बुनियाद
जुनून-ए-साख़्तः-ओ-फ़स्ल-ए-गुल क़यामत है

ज़िबसकि—बस। **मश्क़-ए-तमाशा**—देखने की आदत। **जुनूँ 'अलामत**—उन्माद का लक्षण। **कुशाद-ओ-बस्त-ए-मिश़ः**—पलकों को खोलना और मूँदना। **सेलि-ए-निदामत**—पछतावे का थप्पड़।

क्योंकि—क्योंकर, कैसे। **दाग़-ए-ता'न-ए-बद-'अहदी**—वचन भंग करने के ताने का दाग़। **वरतः-ए-मलामत**—धिक्कार का भँवर (तू जब दूसरों से मिलने के लिए शृंगार करके दर्पण देखता है तो तुझे मुझसे वचन भंग करने के दाग़ अपने चेहरे पर दिखलाई पड़ते हैं, यानी दर्पण तेरी निन्दा करता है। और तू लजाकर उन दाग़ों को धोना चाहता है, लेकिन ये इसलिए नहीं धुल सकते कि यह दर्पण के पानी का भँवर है।)

ब पेच-ओ-ताब-ए-हवस—हवस (लिप्सा) के आवेग में। **सिल्क-ए-'आफ़ियात**—सुख-चैन की डोरी (सहारा)। **निगाह-ए-'अिज्ज़** ('अज्ज़)—विनय की दृष्टि।

सर-ए-रिश्तः-ए-सलामत—कुशलता की डोरी का सिरा।

वफ़ा मुक़ाबिल—प्रेम-निर्वाह सन्मुख है, मा'शूक़ वफ़ादार। **ओ**—और। **दा'वा-ए-'अिश्क़**—प्रेम जताना ('आशिक़ की या प्रतिद्वन्द्वी की तरफ़ से) **बेबुनियाद**—निराधार, बेकार। **जुनून-ए-साख़्तः-ओ-फ़स्ल-ए-गुल**—बनावटी उन्माद और फूलों की ऋतु। (यदि मा'शूक़ वफ़ादार हो तो उस पर प्रेम जताना ऐसा है जैसे फूलों की ऋतु में बनावटी उन्माद)।

208

लाग़र इतना हूँ, कि गर तू बज़्म में जा दे मुझे
मेरा ज़िम्मः, देखकर गर कोई बतला दे मुझे

क्या त'अज्जुब है, कि उसको देखकर आ जाये रह्म
वाँ तलक कोई किसी हीले से पहुँचा दे मुझे

मुँह न दिखलावे, न दिखला, पर ब अन्दाज़-ए-'अिताब
खोलकर परदः, ज़रा आँखें ही दिखला दे मुझे

याँ तलक मेरी गिरफ़्तारी से वह ख़ुश है, कि मैं
ज़ुल्फ़ गर बन जाऊँ, तो शाने में उल्झा दे मुझे

लाग़र–अशक्त, निर्बल, क्षीणकाय। **गर**–अगर, यदि। **बज़्म**–महफ़िल। **जा**–जगह, स्थान। **ज़िम्मः**–उत्तरदायित्व।

त'अज्जुब–ताज्जुब, आश्चर्य। **रह्म**–दया। **वाँ तलक**–वहाँ तक। **हीले से**–बहाने से।

ब अन्दाज़-ए-'अिताब–गुस्से के अन्दाज़ से, रोष के भाव से। **परदः** (पर्दः)–आवरण।

ज़ुल्फ़–केशराशि, अलक। **शाने** (शानः)–कंधा।

209

बाज़ीचः-ए-अत्फ़ाल है दुनिया, मिरे आगे
होता है शब-ओ-रोज़ तमाशा, मिरे आगे

इक खेल है औरंग-ए-सुलैमाँ, मिरे नज़्दीक
इक बात है ए'जाज़-ए-मसीहा, मिरे आगे

जुज़ नाम, नहीं सूरत-ए-'आलम मुझे मंज़ूर
जुज़ वहम, नहीं हस्ति-ए-अशिया मिरे आगे

होता है निहाँ गर्द में सहूरा, मिरे होते
घिसता है जबीं ख़ाक प दरिया, मिरे आगे

मत पूछ, कि कया हाल है मेरा, तिरे पीछे
तू देख, कि क्या रंग है तेरा, मिरे आगे

सच कहते हो, ख़ुदबीन-ओ-ख़ुदआरा हूँ , न क्यों हूँ
बैठा है बुत-ए-आईनः सीमा मिरे आगे

बाज़ीचः-ए-अतफ़ाल—बच्चों का खेल। **शब-ओ-रोज़**—रात और दिन।
औरंग-ए-सुलैमाँ—सुलैमान का राजसिंहासन। (बाइबिल और क़ुरान के अनुसार सुलैमान महान सम्राट थे)। **ए'जाज़-ए-मसीहा**—ईसा का चमत्कार। (हज़रत ईसा की फूँक से मुर्दे जी उठते थे)।
जुज़ नाम—नाम के सिवा। **सूरत-ए-'आलम**—संसार का रूप। **मंज़ूर**—स्वीकृत।
जुज़ वहम—भ्रम के अतिरिक्त। **हस्ति-ए-अशिया**—वस्तुओं का अस्तित्व।
निहाँ—निहित। **सहूरा**—रेगिस्तान, मरुस्थल। **जबीं**—माथा, मस्तक।
ख़ुदबीन-ओ-ख़ुदआरा—अभिमानी और आत्म-अलंकृत। **बुत-ए-आईनः सीमा**—दर्पण की तरह चमकते हुए मुखड़ेवाला मा'शूक़।

फिर देखिये, अन्दाज़-ए-गुल अफ़शानि-ए-गुफ़्तार
रख दे कोई, पैमानः-ओ-सह्बा मिरे आगे

नफ़रत का गुमाँ गुज़रे है, मैं रश्क से गुज़रा
क्योंकर कहूँ, लो नाम न उनका मिरे आगे

ईमाँ मुझे रोके है, तो खेंचे है मुझे कुफ़्र
का'बः मिरे पीछे है, कलीसा मिरे आगे

'आशिक़ हूँ, प मा'शूक़ फ़रेबी है मिरा काम
मजनूँ को बुरा कहती है लैला, मिरे आगे

ख़ुश होते हैं, पर वस्ल में यों मर नहीं जाते
आई शब-ए-हिज्राँ की तमन्ना, मिरे आगे

है मौजज़न इक क़ुल्ज़ुम-ए-ख़ूँ, काश, यही हो
आता है, अभी देखिये, क्या क्या, मिरे आगे

गो हाथ को जुँबिश नहीं, आँखों में तो दम है
रहने दो अभी साग़र-ओ-मीना मिरे आगे

हम पेशः-ओ-हम मश्रब-ओ-हम राज़ है मेरा
ग़ालिब को बुरा क्यों कहो, अच्छा, मिरे आगे

अन्दाज़-ए-गुल अफ़शानि-ए-गुफ़्तार—बातों का ऐसा अन्दाज़ कि जैसे फूल झरते हों।
पैमानः-ओ-सह्बा—मधुपात्र और मदिरा।
नफ़रत—घृणा। **गुमाँ**—सन्देह। **रश्क**—ईर्ष्या।
ईमाँ—ईमान, सत्य, धर्म, आस्था। **कुफ़्र**—अनास्था, अधर्म। **कलीसा**—गिरजाघर।
मा'शूक़ फ़रेबी—मा'शूक़ को रिझाना।
वस्ल—मिलन। **शब-ए-हिज्राँ**—विरह-यामिनी। **तमन्ना**—कामना।
मौजज़न—तरंगायित, हिल्लोलित, लहरें मारता हुआ। **क़ुल्ज़ुम-ए-ख़ूँ**—रक्त का सागर।
जुंबिश (जुम्बिश)—कम्पन। **साग़र-ओ-मीना**—मधुपात्र और मधुकलश। **हमपेशः**—सहव्यवसायी।
हममश्रब—सहधर्मी, सहपंथी। **हमराज़**—सब भेद जाननेवाला (घनिष्ट मित्र), सखा।

210

कहूँ जो हाल, तो कहते हो, मुद्द'आ कहिये
तुम्हीं कहो, कि जो तुम यों कहो, तो क्या कहिये

न कहियो ता'न से फिर तुम, कि, हम सितमगर हैं
मुझे तो ख़ू है, कि जो कुछ कहो, बजा, कहिये

वह नेश्तर सही, पर दिल में जब उतर जावे
निगाह-ए-नाज़ को फिर क्यों न आश्ना कहिये

नहीं ज़रि'अः-ए-राहत, जराहत-ए-पैकाँ
वह ज़ख़्म-ए-तेग़ है, जिसको कि दिलकुशा कहिये

जो मुद्द'ई बने, उसके न मुद्द'ई बनिये
जो नासज़ा कहे, उसको न नासज़ा कहिये

मुद्द'आ—उद्देश्य, कामना।
ता'न—व्यंग्य। **सितमगर**—अत्याचारी। **ख़ू**—आदत। **बजा**—ठीक, उचित, सच।
नेश्तर—निश्तर, नश्तर। **निगाह-ए-नाज़**—सौन्दर्य-गर्व से भरी दृष्टि। **आश्ना**—परिचित, मित्र।
ज़रि'अः-ए-राहत—सुख-चैन का साधन। **जराहत-ए-पैकाँ**—तीर का ज़ख़्म। **ज़ख़्म-ए-तेग़**—तलवार का घाव। **दिलकुशा**—दिल को खोलनेवाला, विशाल, हर्षवर्द्धक।
मुद्द'ई—दावेदार, दुश्मन। **नासज़ा**—निकृष्ट।

कहीं हक़ीक़त-ए-जाँकाहि-ए-मरज़ लिखिये
कहीं मुसीबत-ए-नासाज़ि-ए-दवा कहिये

कभी शिकायत-ए-रंज-ए-गिराँ नशीं कीजे
कभी हिकायत-ए-सब्र-ए-गुरेज़ पा कहिये

रहे न जान, तो क़ातिल को ख़ूँ बहा दीजे
कटे ज़बान, तो ख़ंजर को मर्हबा कहिये

नहीं निगार को उल्फ़त, न हो, निगार तो है
रवानि-ए-रविश-ओ-मस्ति-ए-अदा कहिये

नहीं बहार को फ़ुर्सत, न हो, बहार तो है
तरावत-ए-चमन-ओ-ख़ूबि-ए-हवा कहिये

सफ़ीनः जबकि कनारे प आ लगा, ग़ालिब
ख़ुदा से क्या सितम-ओ-जौर-ए-नाख़ुदा कहिये

हक़ीक़त-ए-जाँकाहि-ए-मरज़—रोग के कष्ट की वास्तविकता। **मुसीबत-ए-नासाज़ि-ए-दवा**—दवा के असर न करने की दुख। **शिक़ायत-ए-रंज-ए-गिराँनशीं**—जमकर बैठ जानेवाले दुख की शिकायत। **हिकायत-ए-सब्र-ए-गुरेज़ पा**—भागते हुए सन्तोष की कहानी।

ख़ूँ-बहा—ख़ून की क़ीमत (ख़ूँ-बहा क़ातिल की तरफ़ से क़त्ल होनेवाले के सम्बन्धियों को दिया जाता था। ग़ालिब ने व्यंग्य से उल्टी बात लिखी है)। **मर्हबा**—शाबाश, साधुवाद, धन्य-धन्य।

निगार—सुन्दरी, रूपसी, मा'शूक़। **उल्फ़त**—प्रेम।

रवानि-ए-रविश-ओ-मस्ति-ए-अदा—मंथरगति की सुन्दरता और अदा की उन्मदता।

तरावत-ए-चमन-ओ-ख़ूबि-ए-हवा—उद्यान की शीतलता और हवा की उत्तमता।

सफ़ीनः—नाव, कश्ती, नौका। **सितम-ओ-जौर-ए-नाख़ुदा**—नाविक के अत्याचार और अन्याय।

211

रोने से और 'अिश्क़ में बेबाक हो गये
धोये गये हम ऐसे, कि बस पाक हो गये

सर्फ़-ए-बहा-ए-मै हुए आलात-ए-मैकशी
थे यह ही दो हिसाब, सो यों पाक हो गये

रुस्वा-ए-दह्‌र गो हुए आवारगी से तुम
बारे तबी'अतों के तो चालाक हो गये

कहता है कौन नालः-ए-बुलबुल को, बे असर
पर्दे में गुल के लाख जिगर चाक हो गये

पूछे हैं क्या वुजूद-ओ-'अदम अह्‌ल-ए-शौक़ का
आप अपनी आग के ख़स-ओ-ख़ाशाक हो गये

करने गये थे उससे, तग़ाफ़ुल का हम गिला
की एक ही निगाह, कि बस ख़ाक हो गये

इस रंग से उठाई कल उसने असद की लाश
दुश्मन भी जिसको देख के ग़मनाक हो गये

बेबाक—निडर, निर्लज्ज, बेशर्म। **पाक**—गुंडों की तरह आज़ाद।
सर्फ़-ए-बहा-ए-मै—मदिरा के मूल्य में खर्च। **आलात-ए-मैकशी**—शराब खींचने के यंत्र। **हिसाब पाक होना**—हिसाब चुक जाना।
रुस्वा-ए-दह्‌र—दुनिया भर में अपमानित (तुम किसी-किसी संस्करण में 'हम' है।)
नालः-ए-बुलबुल—बुलबुल का आर्त्तनाद। **गुल**—फूल। **चाक**—विदीर्ण।
वुजूद-ओ-अदम—अस्तित्व और अनस्तित्व। **अह्‌ल-ए-शौक़**—अभिलाषी जन, 'आशिक़।
ख़स-ओ-ख़ाक—कूड़ा-करकट, जो आग में भस्म हो जाता है।
तग़ाफ़ुल—उपेक्षा। **गिला**—शिकायत, उलाहना। **ख़ाक**—राख।
ग़मनाक—ग़मगीन, दुखी, शोकमय।

212

नश्शःहा शादाब-ए-रंग-ओ-साज़हा मस्त-ए-तरब
शीशः-ए-मै सर्व-ए-सब्ज़-ए-जूइबार-ए-नग़्मः है

हमनशीं मत कह, कि, बरहमकरनबज़्म-ए-'ऐश-ए-दोस्त
वाँ तो मेरे नाले को भी एतिबार-ए-नग़्मः है

नश्शःहा—नशे, शराब या शराब की बोतलें। **शादाबः-ए-रंग**—रंग से प्रफुल्ल, हरा-भरा। **ओ**—और। **साज़हा**—साज़ का बहुवचन। **मस्त-ए-तरब**—हर्षोन्मत्त। **शीशः-ए-मै**—मदिरा-पात्र, शराब की बोतल। **सर्व-ए-सब्ज़-ए-जूइबार-ए-नग़्मः**—संगीत का झरना जो हरा-भरा सरो प्रतीत हो रहा है। (कच्चे शीशे की बोतल जिसका रंग हरा और सूरत सरो क़ी सी होती थी)। **हमनशीं**—साथी, सखा, मित्र, पार्श्ववर्ती। **बरहम करना**—बिगाड़ना। **बज़्म-ए-'ऐश-ए- दोस्त**—मित्र क़ी ऐश्वर्य-सभा। **नाले** (नालः)—आर्त्तनाद। **ए'तिबार-ए-नग़्मः**—संगीत का धोखा। (वहाँ जाकर मेरा आर्त्तनाद संगीत बन जाता है)।

213

अर्ज़-ए-नाज़-ए-शोख़ि-ए-दंदाँ, बराय ख़न्दः है
दा'वः-ए-जम'अियत-ए-अह्बाब, जा-ए-ख़न्दः है

है 'अदम में, गुंचः मह्व-ए-''अिब्रत-ए-अंजाम-ए-गुल
यक जहाँ ज़ानू तअम्मुल, दर क़फ़ा-ए-ख़न्दः है

कुल्फ़त-ए-अफ़सुर्दगी को 'अैश-ए-बेताबी हराम
वर्नः दंदाँ दर दिल अफ़शुर्दन बिना-ए-ख़न्दः है

सोज़िश-ए-बातिन के हैं अह्बाब मुनूकिर, वर्नः याँ
दिल मुहीत-ए-गिरियः-ओ-लब आश्ना-ए-ख़न्दः है

'अर्ज़-ए-नाज़-ए-शोख़ि-ए-दंदाँ—दाँतों की चमक-दमक को प्रकट करना। **बराय ख़न्दः**—हँसने के लिए। **दा'वः-ए-जम'अियत-ए-अह्बाब**—मित्रों के एक जगह जमा होने की बात। **जा-ए-ख़न्दः**—हँसी की जगह, हँसी का कारण। (जैसे दाँत हँसते समय सुन्दर लगते हैं किन्तु बाद में उखड़ जाते हैं, वैसे ही मित्रों की ख़ूबसूरत महफ़िल भी तितर-बितर हो जाएगी।

'अदम—अनस्तित्व। **गुंचः**—कली। **मह्व-ए-'अिब्रत-ए-अंजाम-ए-गुल**—फूल के अंत से शिक्षा ग्रहण करने में लीन। **यक जहाँ**—एक दुनिया के बराबर, बहुत अधिक। **ज़ानू तअम्मुल**—पछतावा। **दर क़फ़ा-ए-ख़न्दः**—हँसी के पीछे।

कुल्फ़त-ए-अफ़सुर्दगी—मलिनता का दुख। **'अैश-ए-बेताबी**—व्याकुलता का आनन्द। **हराम**—निषिद्ध, वर्जित। **दंदाँ दर दिल अफ़शुर्दन**—(फ़ारसी मुहावरा है) दिल में दाँत गाड़ना, जान जोखिम में डालना। **बिना-ए-ख़न्दः**—हँसी का आधार।

सोज़िश-ए-बातिन—आन्तरिक तपन। **अह्बाब**—मित्र। **मुनूकिर**—इन्कार करने वाले। **मुहीत-ए-गिरियः**—आसुँओं का सागर। **लब**—होंठ, अधर। **आश्ना-ए-ख़न्दः**—हँसी से परिचित, मुस्कुराते हुए।

214

हुस्न-ए-बेपरवा ख़रीदार-ए-मता'-ए-जल्वः है
आइनः ज़ानु-ए-फ़िक्र-ए-इख़्तिरा'-ए-जल्वः है

ता कुजा, अय आगही, रंग-ए-तमाशा बाख़्तन
चश्म-ए-वा गर्दीदः आग़ोश-ए-विदा'-ए-जल्वः है

हुस्न-ए-बेपरवा–निस्पृह सौन्दर्य। **ख़रीदार-ए-मता'-ए-जल्वः**–छवि और कान्ति की सम्पत्ति का ख़रीदार, छवि दिखलाने का शौक़ीन। **ज़ानू-ए-फ़िक्र-ए-इख़्तिरा-ए-जल्वः**–(मनुष्य जब चिन्ता में सिर झुकाकर बैठता है तो उसकी दृष्टि जंघा की ओर होती है। इसलिए ग़ालिब ने कल्पना और चिन्तन को ज़ानू-ए-फ़िक्र कहा है) नित नई कान्ति और छवि ईजाद करने की चिन्ता [सौन्दर्य का दर्पण उसकी चेतना है, इसीलिए ग़ालिब ने संसार को एक जगह चेतना-दर्पण कहा है। देखिये भूमिका पृष्ठ 10]

ता कुजा–कब तक, कहाँ तक। **आगही**–आगाही, चेतना। **रंग-ए-तमाशा बाख़्तन**–तमाशे के रंगों से खेलना (रंग का शब्द फ़ारसी में अनेक अर्थ रखता है। यहाँ इसका अर्थ हर्ष और आनन्द भी है और दुख और पीड़ा भी)। **चश्म-ए-वा गर्दीदः**–खुली हुई आँख, उन्मीलित नयन। **आग़ोश-ए-विदा'-ए-जल्वः**–संसार की छवियों को विदा करनेवाली गोद।

215

जब तक दहान-ए-ज़ख़्म न पैदा करे कोई
मुश्किल, कि तुझसे राह-ए-सुख़न वा करे कोई

'आलम गुबार-ए-वहूशत-ए-मजनूँ है सरबसर
कब तक ख़याल-ए-तुर्रः-ए-लैला करे कोई

अफ़सुर्दगी नहीं तरब इंशा-ए-इल्तिफ़ात
हाँ, दर्द बन के दिल में मगर जा करे कोई

रोने से, अय नदीम, मलामत न कर मुझे
आख़िर कभी तो, 'उक़दः-ए-दिल वा करे कोई

चाक-ए-जिगर से, जब रह-ए-पुरसिश न वा हुई
क्या फ़ायदः, कि जैब को रुस्वा करे कोई

लख़्त-ए-जिगर से हैं रग-ए-हर ख़ार, शाख़-ए-गुल
ता चन्द बाग़बानि-ए-सहूरा करे कोई

दहान-ए-ज़ख़्म—घाव का मुँह। **राह-ए-सुख़न**—बातचीत की राह। **वा करना**—खोलना।
'आलम—संसार, जगत। **गुबार-ए-वहूशत-ए-मजनूँ**—मजनूँ के उन्माद की धूल।
सरबसर—एक सिरे से दूसरे सिरे तक। **ख़याल-ए-तुर्रः-ए-लैला**—लैला की अलकराशि का ख़याल।
अफ़सुर्दगी—मलिनता, उदासीनता। **तरब इंशा-ए-इल्तिफ़ात**—कृपा का आनन्द प्राप्त करनेवाली।
जा—जगह।
नदीम—साथी, दोस्त। **मलामत**—निंदा, भर्त्सना। **'उक़दः-ए-दिल**—मन की गाँठ।
चाक-ए-जिगर—जिगर का घाव। **रह-ए-पुरसिश**—परिपृच्छा और आदर-सत्कार की राह।
जैब—गरीबान, कुर्ते का गला। **रुस्वा**—ज़लील, अपमानित।
लख़्त-ए-जिगर—जिगर के टुकड़े। **रग-ए-हर-ख़ार**—हर काँटे की नस। **शाख़-ए-गुल**—फूलों की डाली। **ता चन्द**—कब तक। **बाग़बानि-ए-सहूरा**—जंगल की बाग़बानी।

नाकामि-ए-निगाह है बर्क़-ए-नज़ारः सोज़
तू वह नहीं, कि तुझको तमाशा करे कोई

हर संग-ओ-ख़िश्त है सदफ़-ए-गौहर-ए-शिकस्त
नुक़साँ नहीं, जुनूँ से जो सौदा करे कोई

सरबर हुई न वा'दः-ए-सब्र आज़मा से 'अुम्र
फ़ुर्सत कहाँ, कि तेरी तमन्ना करे कोई

है वह्शत-ए-तबी'अत-ए-ईजाद यास ख़ेज़
यह दर्द वह नहीं, कि न पैदा करे कोई

बेकारि-ए-जुनूँ को है सर पीटने का शग़्ल
जब हाथ टूट जायें, तो फिर क्या करे कोई

हुस्न-ए-फ़रोग़-ए-शम्'-ए-सुख़न दूर है, असद
पहले दिल-ए-गुदाख़्ता पैदा करे कोई

नाकामि-ए-निगाह—दृष्टि की असफलता। **बर्क़-ए-नज़ारः सोज़**—अवलोकन और दृश्य को जला देनेवाली बिजली।

संग-ओ-ख़िश्त—पत्थर और ईंट। **सद्फ़-ए-गौहर-ए-शिकस्त**—(शिकस्त-टूटना) शिकस्त के मोती की सीपी (सर के फूटने से जो रक्त की बूँदें निकलती है उनको मोती और ईंट-पत्थर को इन मोतियों की सीपियाँ कहा है)। **जुनूँ**—उन्माद, पागलपन।

सरबर होना—कर्त्तव्यमुक्त होना। **वा'दः-ए-सब्र आज़मा**—सन्तोष की परीक्षा लेनेवाली प्रतिज्ञा। **फ़ुर्सत**—अवकाश। **तमन्ना**—कामना।

वह्शत-ए-तबी'अत-ए-ईजाद—आविष्कार प्रिय स्वभाव का उन्माद। **यास ख़ेज़**—निराशाजनक। (ग़ालिब के एक भाष्याकार ने यास ख़ेज़ का अर्थ यास्मन, चमेली का फूल, बताया है। इस तरह यास ख़ेज़ का अर्थ हो जाएगा फूल खिलानेवाला। एक अन्य भाष्याकार ने यास का अर्थ कठिन काम बताया है।)

बेकारि-ए-जुनूँ—उन्माद की बेकारी। **शग़्ल**—कार्य, उद्योग, मनोविनोद।

हुस्न-ए-फ़रोग़-ए-शम्'-ए-सुख़न—काव्य के दीपक की प्रभा। **दिल-ए-गुदाख़्तः**—पिघला हुआ दिल।

216

इब्न-ए-मरियम हुआ करे कोई
मेरे दुख की दवा करे कोई

शर'-ओ-आईन पर मदार सही
ऐसे क़ातिल का क्या करे कोई

चाल, जैसे कड़ी कमान का तीर
दिल में ऐसे के जा करे कोई

बात पर वाँ ज़बान कटती है
वह कहें और सुना करे कोई

बक रहा हूँ जुनूँ में क्या क्या कुछ
कुछ न समझे, ख़ुदा करे, कोई

न सुनो, गर बुरा कहे कोई
न कहो, गर बुरा करे कोई

रोक लो, गर ग़लत चले कोई
बख़्श दो, गर ख़ता करे कोई

इब्न-ए-मरियम—मरियम का बेटा, ईसा (ईसा मुर्दों की ज़िन्दा और रोगियों को अच्छा कर देते थे)।

शर'-ओ-आईन—धार्मिक नियम और राज्य-विधान। **मदार**—आधार। **जा**—जगह।

जुनूँ—उन्माद। **बख़्श दो**—क्षमा कर दो। **ख़ता**—भूल, क़ुसूर, अपराध।

कौन है, जो नहीं है हाजतमन्द
किसकी हाजत रवा करे कोई

क्या किया ख़िज़्र ने सिकन्दर से
अब किसे रहनुमा करे कोई

जब तवक़्क़ो'अ ही उठ गई, ग़ालिब
क्यों किसी का गिला करे कोई

हाज़तमन्द—ज़रूरतमन्द। **हाजत रवा करना**—ज़रूरत पूरी करना।
ख़िज़्र—एक पैग़म्बर जो भूले-भटकों को राह दिखलाते हैं। (कहते हैं कि वे सिकन्दर को आब-ए-हयात, अमृत के झरने पर ले गए थे। खुद उन्होंने आब-ए-हयात पी लिया और सिकन्दर को वे मनुष्य दिखलाए जो यह पानी पीकर मरने से वंचित हो गए थे। सिकन्दर ने उनकी हालत देखकर पानी नहीं पिया)। **रहनुमा**—पथ-प्रदर्शक।
तवक़्क़ो'अ—आशा, आसरा। **गिला**—शिकायत।

217

बहुत सही ग़म-ए-गेती, शराब कम क्या है
गुलाम-ए-साक़ि-ए-कौसर हूँ, मुझको ग़म क्या है

तुम्हारी तर्ज़-ओ-रविश, जानते हैं हम, क्या है
रक़ीब पर है अगर लुत्फ़, तो सितम क्या है

सुख़न में ख़ामः-ए-ग़ालिब की आतश अफ़शानी
यक़ीं है हमको भी, लेकिन अब उसमें दम क्या है

ग़म-ए-गेती—(गेती—पृथ्वी) संसार के दुख। **गुलाम-ए-साक़ि-ए-कौसर**—कौसर के साक़ी का गुलाम (कौसर—स्वर्ग की शराब का झरना)।
तर्ज़-ओ-रविश—रीति-व्यवहार, आचरण। **रक़ीब**—प्रतिद्वन्द्वी। **लुत्फ़**—कृपा, अनुकम्पा।
सितम—अत्याचार।
सुख़न—काव्य। **ख़ामः-ए-ग़ालिब**—ग़ालिब की क़लम। **आतश अफ़शानी**—आग बरसाना।

218

बाग़ पाकर ख़फ़क़ानी, यह डराता है मुझे
साय:-ए-शाख़-ए-गुल, अफ़'ई नज़र आता है मुझे

जौहर-ए-तेग़ बसर चश्म:-ए-दीगर मा'लूम
हूँ मैं वह सब्ज़:, कि ज़हराब उगाता है मुझे

मुद्द'आ महव-ए-तमाशा-ए-शिकस्त-ए-दिल है
आइनः ख़ाने में कोई लिये जाता है मुझे

नालः सरमायः-ए-यक 'आलम-ओ-'आलम कफ़-ए-ख़ाक
आस्माँ बैज़:-ए-क़ुम्री नज़र आता है मुझे

ज़िन्दगी में तो वह महफ़िल से उठा देते थे
देखूँ, अब मर गये पर, कौन उठाता है मुझे

ख़फ़क़ानी—पागलपन का रोगी। **साय:-ए-शाख़-ए-गुल**—फूलों की डाली की छाया। **अफ़'ई**—साँप।

जौहर-ए-तेग़—तलवार की जौहर (फ़ौलाद की लकीरें जो हल्के हरे रंग की होती हैं)। **बसर चश्म:-ए दीगर**—किसी दूसरे उद्गम से। **मा'लूम**—नहीं। (तलवार के जौहर पर किसी दूसरे उद्गम का पानी नहीं होता)। **सब्ज़:**—हरियाली। **ज़हराब**—ज़हर का पानी, विष-जल। (तलवार ज़हर में बुझाई जाती है)।

मुद्द'आ—उद्देश्य। **महव-ए-तमाशा-ए-शिकस्त-ए-दिल**—दिल टूटने का तमाशा देखने में लीन। **आइनःख़ानः**—वह घर जिसमें चारों ओर दर्पण हों, शीशमहल (दिल की दर्पण से उपमा दी जाती है, इसलिए दिल के टूटे हुए टुकड़ों से शीशमहल बन गया है। मैं अपने दुखों का आप तमाशाई हूँ।)

नालः—आर्त्तनाद। **सरमायः-ए-यक 'आलम**—संसार की पूँजी, संसार का नतीजा। **आलम कफ़-ए-ख़ाक**—संसार एक मुट्ठीभर मिट्टी। **बैज़:-ए-क़ुम्री**—क़ुम्री पक्षी का अंडा।

219

रौंदी हुई है, कौकबः-ए-शहरियार की
इतराये क्यों न ख़ाक, सर-ए-रहगुज़ार की

जब उसके देखने के लिये आयें बादशाह
लोगों में क्यों नुमूद न हो, लालःज़ार की

भूके नहीं हैं सैर-ए-गुलिस्ताँ के हम, वले
क्योंकर न खाइये, कि हवा है बहार की

कौकबः-ए-शहरियार—बादशाह की सवारी का जुलूस। **सर-ए-रहगुज़ार**—राह, पथ।
नुमूद—ख्याति, वैभव, शोभा। **लालःज़ार**—लाले के फूलों का बग़ीचा।
सैर-ए-गुलिस्ताँ—बाग़ की सैर।

220

हज़ारों ख़्वाहिशें ऐसी, कि हर ख़्वाहिश प दम निकले
बहुत निकले मिरे अर्मान, लेकिन फिर भी कम निकले

डरे क्यों मेरा क़ातिल, क्या रहेगा उसकी गर्दन पर
वह ख़ूँ, जो चश्म-ए-तर से 'उम्र भर यों दम बदम निकले

निकलना ख़ुल्द से आदम का सुनते आये थे, लेकिन
बहुत बे आबरू होकर तिरे कूचे से हम निकले

भरम खुल जाये, ज़ालिम, तेरे क़ामत की दराज़ी का
अगर इस तुर्र-ए-पुर पेच-ओ-ख़म का पेच-ओ-ख़म निकले

मगर लिखवाये कोई उसको ख़त, तो हम से लिखवाये
हुई सुबह, और घर से कान पर रखकर क़लम निकले

ख़्वाहिश—इच्छा, अभिलाषा। **अर्मान**—मनोकामना, आकांक्षा, लालसा।
चश्म-ए-तर—भीगी आँख। **दम बदम**—क्षण-क्षण। **ख़ुल्द**—स्वर्ग, बिहिशत। **आदम**—सबसे पहला पुरुष (इंजील और क़ुरान के अनुसार खुदा ने आदम को पैदा किया लेकिन वे शैतान के बहकावे में आकर गुनाह कर बैठे और जन्नत से निकाल दिये गये। आदम की सन्तान आदमी कहलाई)।
क़ामत—आकार। **दराज़ी**—लम्बाई। **तुर्रः-ए-पुर-पेच-ओ-ख़म का पेच-ओ-ख़म**—(तुर्रः-अलक) बल खाए हुए बालों का बल।

हुई इस दौर में मंसूब मुझसे बादः आशामी
फिर आया वह ज़मानः, जो जहाँ में जाम-ए-जम निकले

हुई जिन से तवक़्क़ो'अ, ख़स्तगी की दाद पाने की
वह हम से भी ज़ियादः ख़स्तः-ए-तेग़-ए-सितम निकले

कहाँ मैख़ाने का दरवाज़ः, ग़ालिब, और कहाँ वा'अिज़
पर इतना जानते हैं, कल वह जाता था, कि हम निकले

दौर—युग, ज़माना, काल। **मंसूब**—सम्बन्धित। **बादः आशामी**—शराब पीना, मदिरापान। **जाम-ए-जम**—जमशेद का मधुपात्र (देखिये ग़ज़ल 101 शे'र 8)।
तवक़्क़ो'अ—आशा, उम्मीद। **ख़स्तगी**—घायलपन। **दाद पाना**—न्याय पाना, प्रशंसा पाना, संवेदना पाना। **ख़स्तः-ए-तेग़-ए-सितम**—अत्याचार की तलवार के घायल। **मैख़ानः**—मदिरालय। **वा'अिज़**—धर्मोपदेशक।

221

कोह के हों बार-ए-ख़ातिर, गर सदा हो जाइये
बेतकल्लुफ़, अय शरार-ए-जस्तः, क्या हो जाइये

बैज़ः आसा, तंग बाल-ओ-पर प है कुंज-ए-क़फ़स
अज़ सर-ए-नौ ज़िन्दगी हो, गर रिहा हो जाइये

कोह—पर्वत। **बार-ए-ख़ातिर**—मन का बोझ, असहनीय। **सदा**—पुकार, आवाज़। **शरार-ए-जस्तः**—उड़ती हुई चिनगारी। (आवाज़ पहाड़ से टकराकर वापस आ जाती है और चिनगारी पत्थर के सीने से उड़ जाती है। इन उपमाओं से ग़ालिब ने मनुष्य की बेबसी का वर्णन किया है)। **बैज़ः आसा**—अंडे की तरह। **तंग**—संकीर्ण। **बाल-ओ-पर**—पंख। **कुंज-ए-क़फ़स**—पिंजरे का कोना। **अज़ सर-ए-नौ**—नए सिरे से। **रिहा होना**—मुक्त होना, क़ैद से छुटना।

222

मस्ती ब ज़ौक़-ए-ग़फ़्लत-ए-साक़ी हलाक है
मौज-ए-शराब यक मिश़ः-ए-ख़्वाबनाक है

जुज़ ज़ख़्म-ए-तेग़-ए-नाज़, नहीं दिल में आरज़ू
जैब-ए-ख़याल भी तिरे हाथों से चाक है

जोश-ए-जुनूँ से कुछ नज़र आता नहीं, असद
सह्रा हमारी आँख में यक मुश्त-ए-ख़ाक है

ब ज़ौक़-ए-ग़फ़्लत-ए-साक़ी—साक़ी की उपेक्षा के कारण। **हलाक**—वधित। **मौज-ए-शराब**—मदिरा की तरंग। **मिश़ः-ए-ख़्वाबनाक**—नींद भरी पलकें। (साक़ी उपेक्षा कर रहा है, शराब की लहरें सोई हुई हैं, इसलिए पीनेवाले मस्त नहीं हो सक़ते, यानी मस्ती साक़ी की उपेक्षा पर मर मिटी है।

जुज़ ज़ख़्म-ए-तेग़-ए-नाज़—रूप-गर्व की तलवार के ज़ख़्म के सिवा। **आरज़ू**—कामना। **जैब-ए-ख़याल**—कल्पना का गरीबान। **चाक**—विदीर्ण। (ज़ख़्म की कामना से स्वयं कल्पना ज़ख़्मी है।)

जोश-ए-जुनूँ—उन्माद का आवेग। **सह्रा**—जंगल, रेगिस्तान। **यक मुश्त-ए-ख़ाक**—मुट्ठीभर मिट्टी।

223

लब-ए-'ओसा की जुँबिश करती है गहवारः जुँबानी
क़यामत कुश्तः-ए-ला'ल-ए-बुताँ का ख़्वाब-ए-संगीं है

लब-ए-'ओसा—ईसा के होंठ (जिनकी फूँक से मुर्दे जी उठते थे)। **जुंबिश** (जुम्बिश)—कम्पन। **गवहारः जुंबानी**—पालना हिलाना। **क़यामत**—(सामान्य अर्थ हैं प्रलय किन्तु यहाँ नींद के साथ प्रयुक्त हुआ है इसलिए अर्थ है गहन)। **कुश्तः-ए-ला'ल-ए-बुताँ**—मा'शूक़ के पद्मराग जैसे अधरों के मारे हुए। **ख़्वाब-ए-संगीं**—पत्थर की तरह भारी नींद।

224

आमद-ए-सैलाब तूफ़ान-ए-सदा-ए-आब है
नक़्श-ए-पा जो कान में रखता है उंगली जादः से

बज़्म-ए-मै, वह्शतकदः है, किसकी चश्म-ए-मस्त का
शीशे में नब्ज़-ए-परी, पिन्हाँ है मौज-ए-बादः से

आमद-ए-सैलाब—जलप्लावन का आगमन। **तूफ़ान-ए-सदा-ए-आब**—पानी की आवाज़ का तूफ़ान। **नक़्शः-ए-पा**—पदचिन्ह। **जादः**—पथ, रास्ता।

बज़्म-ए-मै—शराब की महफ़िल। **वह्शतकदः**—पागलख़ाना। **चश्म-ए-मस्त**—मस्त आँख, उन्मत्त नयन। **शीशे** (शीशः)—मधुपात्र, शराब की बोतल। **नब्ज़ः-ए-परी**—परी की नब्ज़। **पिन्हाँ**—निहित। **मौज-ए-बादः**—शराब की लहर।

225

हूँ मैं भी तमाशाइ-ए-नैरंग-ए-तमन्ना
मतलब नहीं कुछ इससे, कि मतलब ही बर आवे

तमाशाइ-ए-नैरँग-ए-तमन्ना—कामना के इन्द्रजाल का तमाशा देखनेवाला।
बर आवे—पूरा हो।

226

सियाही जैसे गिर जावे दम-ए-तह्रीर काग़ज़ पर
मिरी क़िस्मत में यों तस्वीर है शबहा-ए-हिज्राँ की

दम्-ए-तहरीर—लिखते समय।
शबहा-ए-हिज्राँ—विरह की रातें।

227

हुजूम-ए-नालः, हैरत, ‘आजिज़-ए-‘अर्ज़-ए-यक अफ़्ग़ाँ है
ख़मोशी, रेशः-ए-सद् नैसिताँ से ख़स ब दन्दाँ है

तकल्लुफ़ बर तरफ़, है जाँसिताँ तर, लुत्फ़-ए-बदख़ूयाँ
निगाह-ए-बेहिजाब-ए-नाज़, तेग़-ए-तेज़-ए-‘उरियाँ है

हुई यह कस्रत-ए-ग़म से तलफ़, कैफ़ियत-ए-शादी
कि सुबूह-ए-‘ईद मुझको बदतर अज़ चाक-ए-गरीबाँ है

दिल-ओ-दीं नक़्द ला, साक़ी से गर सौदा किया चाहे
कि इस बाज़ार में, साग़र मता‘-ए-दस्त गरदाँ है

ग़म आग़ोश-ए-बला में परवरिश देता है, ‘आशिक़ को
चराग़-ए-रौशन अपना, क़ुल्ज़ुम-ए-सरसर का मरजाँ है

हुजूम-ए-नालः—आर्त्तनाद का समूह। **हैरत**—विस्मय है। **‘आजिज़-ए-‘अर्ज़-ए-यक अफ़्ग़ाँ**—एक आह करने से भी मजबूर। **रेशः-ए-सद् नैसिताँ**—नरकुल के सैकड़ों रेशे। **ख़स ब दन्दाँ**—दाँतों में तिनके लिये हुए। (सीने में मौन आर्त्तनादों का ऐसा समूह है जैसे ख़ामोशी के मुँह में सैकड़ों बाँसुरियाँ दाँतों के बीच तिनके बन गई हों)।

तकल्लुफ़ बर तरफ़—संकोच और आडम्बर से अलग। **जाँसिताँ तर**—अधिक जानलेवा। **लुत्फ़-ए-बदख़ूयाँ**—दुःशील मा‘शूक़ों की कृपा। **निगाह-ए-बेहिजाब-ए-नाज़**—रूप की बेझिझक दृष्टि (बेहिजाब—जिस पर पर्दा न हो, जिसमें लज्जा न हो)। **तेग़-ए-तेज़-ए-‘उरियाँ**—तेज़ और नंगी तलवार।

कस्रत-ए-ग़म—दुख की अधिकता। **तलफ़**—नष्ट। **कैफ़ियत-ए-शादी**—ख़ुशी की अवस्था। **सुबूह-ए-‘ईद**—ईद की सुबह। **बदतर अज़ चाक-ए-गरीबाँ**—फटे हुए गरीबान से भी अधिक बुरी (चाक-ए-गरीबाँ दुखमय और आनन्दमय दोनों प्रकार के उन्मादों का प्रतीक है)।

दिल-ओ-दीं—मन और धर्म। **साग़र**—मधुपात्र। **मता‘-ए-दस्त-गरदाँ**—हाथों-हाथ घूमनेवाली सम्पत्ति। (किसी-किसी संकलन में दस्त-ए-गरदाँ लिखा है। मैं दस्त गरदाँ को बेहतर समझता हूँ, मगर मैं इसकी तहक़ीक़ नहीं कर सकता हूँ)।

आग़ोश-ए-बला—विपत्ति की गोद। **परवरिश देना**—पालना-पोसना, लालन-पालन करना। **चराग़-ए-रौशन**—प्रज्वलित दीप। **क़ुल्ज़ुम-ए-सरसर**—आँधियों का सागर। **मरजाँ**—मूँगा।

228

ख़मोशियों में तमाशा अदा निकलती है
निगाह, दिल से तिरे, सुर्मः सा निकलती है

फ़िशार-ए-तँगि-ए-ख़ल्वत से बनती है शबनम
सबा जो गुंचे के पर्दे में जा निकलती है

न पूछ सीनः-ए-'आशिक़ से आब-ए-तेग़-ए-निगाह
कि जख़्म-ए-रौज़न-ए-दर से हवा निकलती है।

तमाशा अदा–देखने योग्य अदा (अदा–हाव-भाव)। **निगाह**–दृष्टि। **सुर्मः सा**–सुर्मा लगाए हुए। **फ़िशार-ए-तंगि-ए-ख़ल्वत**–एकान्त संकीर्णता का दबाव। **शबनम**–ओस। **सबा**–हवा, समीर, पवन। **गुंचे** (गुंचः)–काली। (हवा जब कली के सीने में पहुँची तो कली ने उसको प्यार से लिपटाकर दबाया और हवा को लज्जा से पसीना आ गया, जिसका नाम ओस है)
सीनः-ए-'आशिक़–प्रेमी का सीना। **आब-ए-तेग़-ए-निगाह**–चितवन की तलवार की धार। **ज़ख़्म-ए-रौज़न-ए-दर**–दरवाज़े का ज़ख़्म। (दृष्टि जहाँ से सीने में उतरी है उसे दरवाज़ा कहा है)।

229

जिस जा नसीम शानः कश-ए-ज़ुल्फ़-ए-यार है
नाफ़ः दिमाग़-ए-आहू-ए-दश्त-ए-ततार है

किसका सुराग़-ए-जल्वः है हैरत को अय ख़ुदा
आईनः फ़र्श-ए-शश जिहत-ए-इन्तिज़ार है

है ज़र्रः ज़र्रः तँगि-ए-जा से गुबार-ए-शौक़
गर दाम यह है, वुस'अत-ए-सहरा शिकार है

दिल मुद्द'अि-ओ-दीदः बना मुद्द'आ 'अलैह
नज़्ज़ारे का मुक़द्दमः फिर रू ब कार है

छिड़के है शबनम आईनः-ए-बर्ग-ए-गुल पर आब
अय 'अन्दलीब, वक़्त-ए-विदा'-ए-बहार है

जिस जा–जिस जगह। **नसीम**–हवा, समीर, पवन। **शानः कश-ए-ज़ुल्फ़-ए-यार है**–(शानः कशी-कंघी करना) मा'शूक़ की ज़ुल्फ़ों में कंघी कर रही है। **नाफ़ः**–मृग-नाभि (मा'शूक़ के बालो से उड़ती हुई सुगन्ध) **दिमाग़-ए-आहू-ए-दश्त-ए-ततार**–ततार (मध्य एशिया का वह प्रदेश जिसके हिरन अपनी मृग-नाभि के लिए प्रसिद्ध हैं) के हिरन का दिमाग़।

सुराग़-ए-जल्वः–छवि की खोज, दर्शनों की तलाश। **हैरत**–विस्मय। **फ़र्श-ए-शश जिहत-ए-इन्तिज़ार**–(शश जिहत–छः दिशाएँ, जगत, संसार) इन्तिज़ार के संसार का फ़र्श।

ज़र्रः-ज़र्रः–प्रत्येक कण। **तंगि-ए-जा**–स्थान की संकीर्णता। **गुबार-ए-शौक़**–लालसा की धूल। **दाम**–जाल। **वुस'अत-ए-सहरा**–मरुभूमि का विस्तार।

मुद्द'अि–वादी। **दीदः**–आँख। **मुद्द'आ 'अलैह**–प्रविवादी। **नज़्ज़ारे** (नज़्ज़ारः)–अवलोकन। **रू ब कार है**–सुना जा रहा है।

शबनम–ओस। **आइनः-ए-बर्ग-ए-गुल**–(आईनः लिखने से शे'र छंद से गिर जाता है) फूल की पंखुड़ी का दर्पण। **आब**–पानी। **'अन्दलीब**–बुलबुल। **वक़्त-ए-विदा'-ए-बहार**–बहार की विदा का समय।

पच आ पड़ी है वा'दः-ए-दिलदार की मुझे
वह आये या न आये प याँ इन्तिज़ार है

बेपर्दः सू-ए-वादि-ए-मजनूँ गुज़र न कर
हर ज़र्रे के निक़ाब में दिल बेक़रार है

अय 'अन्दलीब यक कफ़-ए-ख़स बहर-ए-आशियाँ
तूफ़ान-ए-आमद आमद-ए-फ़स्ल-ए-बहार है

दिल मत गँवा, ख़बर न सही, सैर ही सही
अय बे दिमाग़, आइनः तिम्साल दार है

ग़फ़्लत कफ़ील-ए-'उम्र-ओ-असद ज़ामिन-ए-नशात
अय मर्ग-ए-नागहाँ, तुझे क्या इन्तिज़ार है

पच–पक्ष (पच करना उर्दू का मुहावरा है। यानी पक्ष लेना या पक्षपात करना, पच आ पड़ना भी इसी से बना है)। **वादः-ए-दिलदार**–मा'शूक़ का वादा।

सू-ए-वादि-ए-मजनूँ–मजनूँ के जंगल की ओर।

यक-कफ़-ए-ख़स–मुट्ठी भर तिनके। **बहर-ए-आशियाँ**–घोंसले के लिए। **तूफ़ान... बहार**–बहार के मौसम के आने का तूफ़ान।

बे दिमाग़–बे शौक़, जो सैर और आमोद-प्रमोद से घबराता हो। **आइनः**–दर्पण (यहाँ अर्थ है हृदय)। **तिम्सालदार**–चित्रों से भरा हुआ (देखिये ग़ज़ल 52, शे'र 4)।

ग़फ़्लत–उपेक्षा। **कफ़ील-ए-'उम्र**–आयु-पोषक। **ज़ामिन-ए-नशात**–हर्ष का ज़मानतदार। **मर्ग-ए-नागहाँ**–आकस्मिक मृत्यु, अचानक आ जानेवाली मौत।

230

आईनः क्यों न दूँ, कि तमाशा कहें जिसे
ऐसा कहाँ से लाऊँ, कि तुझ सा कहें जिसे

हस्रत ने ला रखा, तिरी बज़्म-ए-ख़याल में
गुलदस्तः-ए-निगाह, सुवैदा कहें जिसे

फूँका है किसने गोश-ए-महब्बत में, अय ख़ुदा
अफ़्सून-ए-इन्तिज़ार, तमन्ना कहें जिसे

सर पर हुजूम-ए-दर्द-ए-ग़रीबी से, डालिये
वह एक मुश्त-ए-ख़ाक, कि सह्रा कहें जिसे

हस्रत—अपूर्ण कामना। **बज़्म-ए-ख़याल**—कल्पना की महफ़िल (दिल)। **गुलदस्तः-ए-निगाह**—निगाह का गुलदस्ता। **सुवैदा**—दिल का काला दाग़ (भाष्याकारों ने इस शे'र के अलग-अलग अर्थ दिये हैं किन्तु यह मेरी समझ से बाहर हैं। अधिक से अधिक यह अर्थ निकाला जा सकता है कि तेरे दर्शनों की अपूर्ण-कामना से दिल में दाग़ पड़ गया है और निगाह इसलिए गुलदस्ता बनी हुई है कि उसमें तेरी सूरत बसी हुई है)।

गोश-ए-महब्बत में—प्रेम (प्रेमी) के कान में। **अफ़्सून-ए-इन्तिज़ार**—इन्तिज़ार का जादू। **तमन्ना**—कामना।

हुजूम-ए-दर्द-ए-ग़रीबी—(ग़रीबी का शब्द अब निर्धन के अर्थ में प्रयुक्त होने लगा है वैसे इसका अर्थ है अजनबी, परदेशी) दर ब दर मारे-मारे फिरने के दर्द की अधिकता।

मुश्त-ए-ख़ाक—मुट्ठी भर मिट्टी। **सह्रा**—मरुभूमि, रेगिस्तान।

है चश्म-ए-तर में हस्रत-ए-दीदार से निहाँ
शौक़े 'अिनाँ गुसेख़्तः, दरिया कहें जिसे

दरकार है, शिगुफ़्तन-ए-गुलहा-ए-'अैश को
सुबूह-ए-बहार, पँबः-ए-मीना कहें जिसे

ग़ालिब, बुरा न मान, जो वा'अिज़ बुरा कहे
ऐसा भी कोई है, कि सब अच्छा कहें जिसे

चश्म-ए-तर—आसुँओं से भरी आँख। **हस्रत-ए-दीदार**—दर्शन की लालसा। **शौक़-ए-'अिनाँ गुसेख़्तः**—बेलगाम शौक़, अत्यधिक तीव्र लालसा।
दरकार है—चाहिये। **शिगुफ़्तन-ए-गुलहा-ए-'अैश को**—ऐश्वर्य के फूलों के खिलने के लिए।
सुबूह-ए-बहार—बहार की सुबह। **पंबः-ए-मीना**—सुराधानी के मुँह पर रखी हुई रुई।
वा'अिज़—धर्मोपदेशक।

231

शबनम ब गुल-ए-लालः न ख़ाली ज़ि अदा है
दाग़-ए-दिल-ए-बे दर्द नज़र गाह-ए-हया है

दिल ख़ूँ शुदः-ए-कश्मकश-ए-हस्रत-ए-दीदार
आईनः बदस्त-ए-बुत-ए-बदमस्त-ए-हिना है

शो'ले से न होती, हवस-ए-शो'लः ने जो की
जी किस क़दर अफ़्सुर्दगि-ए-दिल प जला है

तिम्साल में तेरी, है वह शोख़ी, कि बसद ज़ौक़
आईनः ब अन्दाज़-ए-गुल, आग़ोश कुशा है

क़ुम्री कफ़-ए-ख़ाकिस्तर-ओ-बुलबुल क़फ़स-ए-रंग
अय नालः, निशान-ए-जिगर-ए-सोख़्तः क्या है

शबनम ब गुल-ए-लालः—लाले के फूल पर ओस की बूँदें। **न ख़ाली ज़ि अदा है**—अदा (इशारे) से ख़ाली नहीं है, अकारण नहीं है।

दाग़-ए-दिल-ए-बे दर्द—उस दिल का दाग़ जिसमें दर्द न हो (ग़ालिब ने शाब्दिक अर्थ लिये हैं, वैसे उर्दू में बेदर्द ज़ालिम को कहते हैं)। **नज़रगाह-ए-हया**—लज्जा के देखने की चीज़, लज्जानायक।

दिल....दीदार—अवलोकन की अपूर्ण अभिलाषा से ख़ून हो जाने वाला दिल।

आईनः....है—ऐसे बदमस्त मा'शूक़ के हाथ का दर्पण जिसने मेंहदी रचा रखी है।

हवस-ए-शो'लः—शो'ले की लालसा। **अफ़्सुर्दगि-ए-दिल**—मन की उदासी।

तिम्साल—तसवीर, चित्र, आकार। **बसद ज़ौक़**—बड़े चाव के साथ। **ब अन्दाज़-ए-गुल**—फूल की तरह। **आग़ोश कुशा**—गोद खोले हुए।

क़ुम्री—एक गानेवाली चिड़िया। **कफ़-ए-ख़ाकिस्तर**—मुट्ठी भर राख। **ओ**—और। **क़फ़स-ए-रंग**—रंगों का पिंजरा (क़ैदख़ाना)। **अय नालः**—आर्त्तनाद के सिवा। **निशान-ए-जिगर-ए-सोख़्तः**—जले हुए जिगर का निशान। [इस शे'र का अर्थ किसी की समझ में नहीं आता था, ग़ालिब ने कहा कि 'अय' को जुज़ (सिवा) पढ़ो, अर्थ समझ में आ जाएगा। लेकिन यह अब भी समझ में नहीं आया कि ग़ालिब ने जुज़ का शब्द छोड़कर अय क्यों इस्तेमाल किया है, जब तक कि हम यह मान न लें कि 'अय नालः' के बाद 'तेरे सिवा' के शब्द छिपे हुए हैं]

ख़ू ने तिरी अफ़्सुर्दः किया, वह्शत-ए-दिल को
मा'शूक़ि-ओ-बेहौसलगी, तुरफ़ः बला है

मजबूरि-ओ-दा'वा-ए-गिरफ़्तारि-ए-उल्फ़त
दस्त-ए-तह-ए-संग आमदः पैमान-ए-वफ़ा है

मा'लूम हुआ हाल-ए-शहीदान-ए-गुज़श्तः
तेग़-ए-सितम आईनः-ए-तस्वीर नुमा है

अय परतव-ए-ख़ुर्शीद-ए-जहाँ ताब, इधर भी
साये की तरह हम प 'अजब वक़्त पड़ा है

नाकरदः गुनाहों की भी हस्रत की मिले दाद
यारब, अगर इन करदः गुनाहों की सज़ा है

बेगानगि-ए-ख़ल्क़ से बेदिल न हो, ग़ालिब
कोई नहीं तेरा, तो मिरी जान, ख़ुदा है

ख़ू—स्वभाव, आदत। **अफ़्सुर्दः**—उदास, ग़मगीन। **वह्शत-ए-दिल**—मन का उन्माद, व्याकुलता, बेक़रारी। **मा'शूक़ि-ओ-बेहौसलगी**—मा'शूक़ होते हुए यह रूखापन (नाज़ और अदा की कमी)। **तुरफ़ः बला**—नई मुसीबत। (ग़ालिब को शोख़ और चंचल मा'शूक़ पसन्द है। देखिये ग़ज़ल 189)

मजबूरि....उल्फ़त—मजबूरी की हालत में महब्बत का दावा करना। **दस्त-ए-तह-ए- संगआमदः**—पत्थर के नीचे आया हुआ हाथ। **पैमान-ए-वफ़ा**—प्रेम-निर्वाह की प्रतिज्ञा। (देखिये ग़ज़ल 192, शे'र 9)

हाल-ए-शहीदान-ए-गुज़श्तः—बीते हुए ज़मानों के शहीदों का हाल। **तेग़-ए-सितम**—अत्याचार की तलवार। **आईनः-ए-तस्वीर नुमा**—चित्रों से भरा हुआ दर्पण।

परतव-ए-ख़ुर्शीद-ए-जहाँ ताब—संसार को चमका देनेवाले सूरज का प्रकाश। **नाकरदः गुनाह**—न किये हुए गुनाह, वो पाप जिनके करने की लालसा रह गई। **हस्रत**—अपूर्ण कामना। **दाद**—न्याय, प्रशंसा। **यारब**—अय ख़ुदा। **करदः गुनाह**—किये हुए गुनाह। **बेगानगि-ए-ख़ल्क़**— दुनियावालों का परायापन (विरोध)। **बेदिल**—निराश, मायूस।

232

मंज़ूर थी यह शक्ल, तजल्ली को नूर की
क़िस्मत खुली तिरे क़द-ओ-रुख़ से ज़ुहूर की

इक ख़ूँ चकाँ कफ़न में करोड़ों बनाव हैं
पड़ती है आँख, तेरे शहीदों प, हूर की

वा'अिज़ न तुम पियो, न किसी को पिला सको
क्या बात है तुम्हारी शराब-ए-'तुहूर की

लड़ता है मुझसे हश्र में क़ातिल, कि क्यों उठा
गोया, अभी सुनी नहीं आवाज़ सूर की

आमद बहार की है, जो बुलबुल है नग़्मः सँज
उड़ती सी इक ख़बर है, ज़बानी तुयूर की

मंज़ूर—स्वीकृत। **शक्ल**—रूप। **तजल्ली**—ब्रह्म-ज्योति। **नूर**—प्रकाश, आभा।
क़द-ओ-रुख़—आकार और मुखड़ा। **ज़ुहूर**—प्रकटन, आविर्भाव।
ख़ूँ चकाँ—रक्त-रंजित। **हूर**—अप्सरा।
वा'अिज़—धर्मोपदेशक। **शराब-ए-तुहूर**—पवित्र मदिरा, वह शराब जो जन्नत में मिलेगी।
हश्र—क़यामत, प्रलय। **गोया**—जैसे कि, मानो। **सूर**—दुन्दुभी (प्रलय के दिन अन्तिम न्याय के लिए तमाम मुर्दे क़ब्र से उठाये जाएँगे, इसके लिए सूर फूँका जाएगा जिसकी आवाज़ से सब जाग उठेंगे।)
आमद—आगमन। **नग़्मः संज**—गीत गाता हुआ, गायनरत। **तुयूर**—चिड़ियाँ।

गो वाँ नहीं, प वाँ के निकाले हुए तो हैं
का'बे से इन बुतों को भी निस्बत है दूर की

क्या फ़र्ज़ है, कि सबको मिले एक सा जवाब
आओ न, हम भी सैर करें कोह-ए-तूर की

गर्मी सही कलाम में, लेकिन न इस क़दर
की जिससे बात, उसने शिकायत ज़रूर की

ग़ालिब, गर इस सफ़र में मुझे साथ ले चलें
हज का सवाब नज़्र करूँगा हुज़ूर की

गो—यद्यपि। **बुत**—मूर्ति, प्रतिभा। **निस्बत**—सम्बन्ध।

फ़र्ज़—आवश्यक। **कोह-ए-तूर**—एक पर्वत का नाम जिसपर मूसा पैग़म्बर ख़ुदा की ज्योति देखने गये थे। वहाँ यह आवाज़ आई थी कि तुम इस ज्योति को नहीं देख सकते)।

कलाम—वार्त्तालाप, कथन।

सवाब—पुन्य। **नज़्र**—भेंट।

233

ग़म खाने में बोदा, दिल-ए-नाकाम, बहुत है
यह रंज, कि कम है मै-ए-गुल्फ़ाम, बहुत है

कहते हुए साक़ी से हया आती है, वर्नः
है, यों, कि मुझे दुर्द-ए-तह-ए-जाम बहुत है

ने तीर कमाँ में है, न सय्याद कमीं में
गोशे में क़फ़स के, मुझे आराम बहुत है

क्या ज़ोहद को मानूँ, कि न हो गरचेः रियाई
पादाश-ए-'अमल की तम'-ए-ख़ाम बहुत है

हैं अहल-ए-ख़िरद किस रविश-ए-ख़ास प नाज़ाँ
पा बस्तगि-ए-रस्म-ओ-रह-ए-'आम बहुत है

दिल-ए-नाकाम—असफल मन। **मै-ए-गुल्फ़ाम**—गुलाबी मदिरा।
हया—लज्जा। **दुर्द-ए-तह-ए-जाम**—मधुपात्र की तली में बैठी हुई तलछट।
सय्याद—शिकारी। **कमीं**—घात। **गोशे** (गोशः)—कोना। **क़फ़स**—पिंजरा।
ज़ोहद—संयम, निस्पृहता। **रियाई**—ढोंगी, पाखंडी। **पादाश-ए-'अमल**—कर्म का प्रतिफल, कर्म-फल। **तम'-ए-ख़ाम**—लालच (यह लालच कि जन्नत में हूरें मिलेंगी, देखिये ग़ज़ल 119 शे'र 2)।
अहल-ए-ख़िरद—बुद्धिमान, अक़्लवाले। **रविश-ए-ख़ास**—विशेष पद्धति, विशेष आचरण। **नाज़ाँ**—गर्वित। **पा बस्तगि-ए-रस्म-ओ-रह-ए-'आम**—सामान्य रीति-रिवाज का बन्धन।

ज़मज़म ही प छोड़ो, मुझे क्या तौफ़-ए-हरम से
आलूदः ब मै जामः-ए-एहराम, बहुत है

है क़ेह्र गर अब भी न बने बात, कि उनको
इन्कार नहीं और मुझे इब्राम बहुत है

ख़ूँ होके जिगर आँख से टपका नहीं, अय मर्ग
रहने दे मुझे याँ, कि अभी काम बहुत है

होगा कोई ऐसा भी, कि ग़ालिब को न जाने
शा'अिर तो वह अच्छा है, प बदनाम बहुत है

ज़मज़म—का'बे के पास एक पवित्र कुआँ जिसका पानी हज-यात्री पीते हैं। **तौफ़-ए-हरम**—का'बे का तवाफ़, का'बे की परिक्रमा। **आलूदः ब मै**—शराब से भीगा हुआ, मदिरा-सिक्त। **जामः-ए-एहराम**—का'बे की परिक्रमा करते समय जो वस्त्र हाजी शरीर पर लपेटते हैं। **क़ेह्र**—महान विपत्ति। **इब्राम**—ज़िद्द, आग्रह।
मर्ग—मौत, मृत्यु।

234

मुद्दत हुई है यार को मेह्माँ किये हुए
जोश-ए-क़दह से, बज़्म चराग़ाँ किये हुए

करता हूँ जम'अ फिर, जिगर-ए-लख़्त लख़्त को
अरसः हुआ है दा'वत-ए-मिश़गाँ किये हुए

फिर वज़'-ए-एहतियात से रुकने लगा है दम
बरसों हुए हैं चाक गरीबाँ किये हुए

फिर गर्म-ए-नालःहा-ए-शरर बार है नफ़स
मुद्दत हुई है सैर-ए-चराग़ाँ किये हुए

फिर पुरसिश-ए-जराहत-ए-दिल को चला है 'अिश्क़
सामान-ए-सद हज़ार नमकदाँ किए हुए

मुद्दत—समय, अधिक समय, दीर्घकाल। **जोश-ए-क़दह**—मदिरा का उबाल, प्यालों की अधिकता, प्यालों की गर्दिश, प्यालों का उत्सव। **बज़्म**—महफ़िल। **चराग़ाँ**—दीपोत्सव (शराब को आतश-ए-सैयाल, पिघली हुई आग कहते हैं क्योंकि उसका रंग लाल है)। **जिगर-ए-लख़्त लख़्त**—टुकड़े-टुकड़े जिगर। **'अरसः**—मुद्दत, लम्बा समय। **दा'वत-ए-मिश़गाँ**—मा'शूक़ की पलकों की दावत।

वज़्'-ए-एहतियात—सावधानी की रीति। **दम**—साँस। **चाक**—विदीर्ण।

गर्म-ए-नालः हा-ए-शरर बार—आग बरसानेवाले आर्त्तनाद में लीन। **नफ़स**—साँस।

सैर-ए-चराग़ाँ—दीपोत्सवक की सैर।

पुरसिश-ए-जराहत-ए-दिल—दिल के ज़ख़्म का हाल पूछना। **सामान-ए-सद हज़ार नमकदाँ**—लाखों नमकदान लिये हुए।

फिर भर रहा है ख़ामः-ए-मिश्गाँ, बख़ून-ए-दिल
साज़-ए-चमन तराज़ि-ए-दामाँ किये हुए

बाहम दिगर हुए हैं दिल-ओ-दीदः फिर रक़ीब
नज़्ज़ारः-ओ-ख़याल को सामाँ किये हुए

दिल फिर तवाफ़-ए-कू-ए-मलामत को जाये है
पिन्दार का सनमकदः वीराँ किये हुए

फिर शौक़ कर रहा है ख़रीदार की तलब
'अर्ज़-ए-मता'-ए-'अक़्ल-ओ-दिल-ओ-जाँ किये हुए

दौड़े है फिर हर एक गुल-ओ-लालः पर ख़याल
सद गुलसिताँ निगाह का सामाँ किये हुए

फिर चाहता हूँ नामः-ए-दिलदार खोलना
जाँ नज़्र-ए-दिल फ़रेबि-ए-'उन्वाँ किये हुए

ख़ामः-ए-मिश्गाँ—पलकों की लेखनी। **बख़ून-ए-दिल**—दिल के ख़ून से। **साज़-ए-चमन तराज़ि-ए-दामाँ**—दामन पर फूलों के चमन (उद्यान) खिलाने के सामान। **बाहम दिगर**—आपस में। **दिल-ओ-दीदः**—हृदय और नयन। **रक़ीब**—प्रतिद्वन्दी। **नज़्ज़ारः-ओ-ख़याल**—अवलोकन और कल्पना।

तवाफ़-ए-कू-ए-मलामत—धिक्कार की गली की परिक्रमा, मा'शूक़ की गली के चक्कर। **पिन्दार**—अहं। **सनमकदः**—प्रतिमाशाला। **वीराँ**—उजाड़, निर्जन।

शौक़—चाव। **तलब**—माँग। **'अर्ज़-ए-मता'-ए-अक़्ल-ओ-दिल-ओ-जाँ**—बुद्धि, मन और प्राण की सम्पत्ति का समर्पण।

गुल-ओ-लालः—गुलाब और लालः, हर तरह के फूल। **सद गुलसिताँ निगाह**—ऐसा दृष्टि जिसमें सैकड़ों फुलवारियों का रंग बसा हुआ है।

नामः-ए-दिलदार—मा'शूक़ का पत्र। **नज़्र-ए-दिलफ़रेबि-ए-'उन्वाँ**—शीर्षक की सुन्दरता की भेंट।

माँगे है फिर, किसी को लब-ए-बाम पर, हवस
जुल्फ़-ए-सियाह रुख़ प परीशाँ किये हुए

चाहे हैं फिर किसी को मुक़ाबिल में आरज़ू
सुरमे से तेज़ दश्नः-ए-मिश्गाँ किये हुए

इक नौबहार-ए-नाज़ को ताके है फिर, निगाह
चेहरः फ़रोग़-ए-मै से गुलिस्ताँ किये हुए

फिर, जी में है कि दर प किसी के पड़े रहें
सर ज़ेर-ए-बार-ए-मिन्नत-ए-दरबाँ किये हुए

जी ढूँढ़ता है फिर वही फ़ुर्सत की रात दिन
बैठे रहें तसव्वुर-ए-जानाँ किये हुए

ग़ालिब, हमें न छेड़ कि फिर जोश-ए-अश्क से
बैठे हैं हम तहय्यः-ए-तूफ़ाँ किये हुए

लब-ए-बाम—छत के किनारे, छज्जे पर। **हवस**—तीव्र लालसा, ललक। **ज़ुल्फ़-ए-सियाह**—कजरारी अलकें। **रुख़**—कपोल, गाल। **परीशाँ किये हुए**—बिखराये हुए।

मुक़ाबिल—सन्मुख। **आरज़ू**—कामना। **दश्नः-ए-मिशगाँ**—पलकों के नश्तर।

नौबहार-ए-नाज़—सौन्दर्य-अभिमान की नई बहार में डूबा हुआ आकार, नव-यौवन के रंगों से लहलहाता रूप। **फ़रोग़-ए-मै**—शराब की दमक, मदिराभा। **गुलिस्ताँ**—फूल ही फूल।

दर—द्वार। **ज़ेर-ए-बार-ए-मिन्नत-ए-दरबाँ**—दरबार के आभार के भार से दबा हुआ।

फ़ुर्सत—अवकाश। **तसव्वुर-ए-जानाँ**—मा'शूक़ की कल्पना।

जोश-ए-अश्क—आँसुओं का उबाल, अश्रुप्लावन। **तहय्यः-ए-तूफ़ाँ**—तूफ़ान का दृढ़ निश्चय। (इसकी गिनती ग़ालिब की श्रेष्ठतम ग़ज़लों में होती है।)

235

नवेद-ए-अम्न है बेदाद-ए-दोस्त, जाँ के लिये
रही न तर्ज़-ए-सितम कोई आस्माँ के लिये

बला से गर मिश़ः-ए-यार तश्नः-ए-ख़ूँ है
रखूँ कुछ अपनी भी मिश़गान-ए-ख़ूँ फ़िशाँ के लिये

वह ज़िन्दः हम हैं, कि हैं रूशनास-ए-ख़ल्क़, अय ख़िज़्र
न तुम, कि चोर बने 'उम्र-ए-जाविदाँ के लिये

रहा बला में भी मैं मुब्तिला-ए-आफ़त-ए-रश्क
बला-ए-जाँ है अदा तेरी इक जहाँ के लिये

फ़लक न दूर रख उससे मुझे, कि मैं ही नहीं
दराज़ दस्ति-ए-क़ातिल के इम्तिहाँ के लिये

मिसाल यह मिरी कोशिश की है, कि मुर्ग़-ए-असीर
करे क़फ़स में फ़राहम ख़स आशियाँ के लिये

नवेद-ए-अम्न—शन्ति का शुभसमाचार। **बेदाद-ए-दोस्त**—मित्र का अन्याय। **तर्ज़-ए-सितम**—अत्याचार की रीति।

मिश़ः-ए-यार—मा'शूक़ की पलकें। **तश्नः-ए-ख़ूँ**—खून की प्यासी। **मिशगान-ए-ख़ूँ फ़िशाँ**—ख़ून टपकनेवाली पलकें।

रूशनास-ए-ख़ल्क़—दुनियावालों से परिचित। **ख़िज़्र**—एक पैग़म्बर जो जीवित हैं पर दिखलाई नहीं देते। **'उम्र-ए-जाविदाँ**—शाश्वत जीवन, अनन्त जीवन।

बला—आपत्ति, मुसीबत। **मुब्तिला-ए-आफ़त-ए-रश्क**—ईर्ष्या की मुसीबत में गिरफ़्तार। **बला-ए-जाँ**—जानलेवा, प्राणों का संकट। **अदा**—हाव-भाव। **इक जहाँ**—सारी दुनिया।

फ़लक—आकाश। **दराज़ दस्ति-ए-क़ातिल**—क़ातिल का जुल्म (दराज़ दस्ती के शब्दार्थ है हाथ लम्बा करना)। **इम्तिहाँ**—परीक्षा।

मिसाल—उदाहरण। **मुर्ग़-ए-असीर**—बन्दी पक्षी। **क़फ़स**—पिंजरा। **फ़राहम**—प्राप्त, इकट्ठा, जमा, एकत्र। **ख़स**—घास के तिनके, तृण। **आशियाँ**—घोंसला, नीड़।

गदा समझ के वह चुप था, मिरी जो शामत आये
उठा, और उठके क़दम, मैं ने पास्बाँ के लिये

बक़द्र-ए-शौक़ नहीं, ज़र्फ़-ए-तँगना-ए-'ग़ज़ल
कुछ और चाहिये वुस'अत, मिरे बयाँ के लिये

दिया है ख़ल्क़ को भी, ता उसे नज़र न लगे
बना है 'ऐश तजम्मुल हुसैन ख़ाँ के लिये

ज़बाँ प बार-ए-ख़ुदाया, यह किसका नाम आया
कि मेरे नुत्क़ ने बोसे मिरी ज़बाँ के लिये

नसीर-ए-दौलत-ओ-दीं, और 'मु'ईन-ए-मिल्लत-ओ-मुल्क
बना है चर्ख़-ए-बरीं जिसके आस्ताँ के लिये

ज़मानः 'अहद में उसके है मह्व-ए-आराइश
बनेंगे और सितारे अब आस्माँ के लिये

वरक़ तमाम हुआ और मद्ह बाक़ी है
सफ़ीनः चाहिये इस बह्र-ए-बेकराँ के लिये

अदा-ए-ख़ास से ग़ालिब हुआ है नुक्तःसरा
सलाए आम है यारान-ए-नुक्तःदाँ के लिये

गदा—भिखारी। **शामत**—दुर्दशा। **पास्बाँ**—प्रहरी, पहरेदार। **क़दम लेना**—पाँव पड़ना।
बक़द्र-ए-शौक़—चाव के परिणाम में। **ज़र्फ़-ए-तंगना-ए-ग़ज़ल**—ग़ज़ल का मैदान, ग़ज़ल की सँकरी गली। **वुस'अत**—विस्तार। **बयाँ**—बयान, वर्णन।
ख़ल्क़—संसारवाले। **ता**—ताकि। **'ऐश**—ऐश्वर्य। **तजम्मुल हुसैन ख़ाँ**—एक रईस का नाम जो ग़ालिब के मित्र थे।
बार-ए-ख़ुदाया—अय ख़ुदा, या इलाही। **नुत्क़**—वाकशक्ति, वाणी। **बोसे**—चुम्बन।
नसीर-ए-दौलत-ओ-दीं—धर्म और सल्तनत के सहायक। **मु'ईन-ए-मिल्लत-ओ-मुल्क**—देश और राष्ट्र के सहायक। **चर्ख़-ए-बरीं**—ऊँचा गगन। **आस्ताँ**—चौखट।
ज़मानः—संसार। **'अह्द**—युग। **मह्व-ए-आराइश**—श्रृंगार में लीन।
वरक़—पन्ना, पृष्ठ। **तमाम**—समाप्त। **मद्ह**—प्रशंसा, तारीफ़। **सफ़ीनः**—कश्ती, नाव (काव्य ग्रंथ)। **बह्र-ए-बेकराँ**—तटहीन सागर।
अदा-ए-ख़ास—नई शैली। **नुक्तः सरा होना**—बारीक और ख़ूबसूरत बात कहना, कविता करना।
सला-ए-'आम—(सलाए आम हमारी लिखावट के अनुसार अशुद्ध है) सबको निमंत्रण।
यारान-ए-नुक्तः दाँ—गुणग्राही जन।

ज़मीमः

1

क़त'अः

गये वह दिन, कि नादानिस्तः ग़ैरों की वफ़ादारी
किया करते थे तुम तक़रीर, हम ख़ामोश रहते थे

बस, अब बिगड़े प क्या शर्मिन्दगी, जाने दो मिल जाओ
क़सम लो हमसे, गर यह भी कहें, क्यों हम न कहते थे

ज़मीमः (परिशिष्ट)

नादानिस्तः—अनजानेपन में। **ग़ैर**—प्रतिद्वन्द्वी, शत्रु। **वफ़ादारी**—वफ़ादारी में, प्रेम-निर्वाह में। **तक़रीर**—भाषण, वार्त्तालाप।

2

क़त'अः

कलकत्ते का जो ज़िक्र किया तू ने हमनशीं
इक तीर मेरे सीने में मारा, कि हाय हाय

वह सब्ज़ः ज़ारहा-ए-मुतर्रः, कि है गज़ब
वह नाज़नीं बुतान-ए-ख़ुदआरा, कि हाय हाय

सब्र आज़मा वह उनकी निगाहें, कि हफ़ नज़र
ताक़त रुबा वह उनका इशारा, कि हाय हाय

वह मेवःहा-ए-ताज़ः-ओ-शीरीं कि वाह वाह
वह बादःहा-ए-नाब-ओ-गवारा, कि हाय हाय

हमनशीं—साथी, सखा, मित्र।

सब्ज़ः ज़ारहा-ए-मुतर्रः—हरी दूब के लहलहाते मैदान। **नाज़नीं**—रूपगर्विता, कोमलंगी। **बुतान-ए-ख़ुदआरा**—अपने रूप से आप सजे हुए मा'शूक़।

सब्र आज़मा—धैर्य की परीक्षा करनेवाले। **हफ़ नज़र**—(हफ़—मेहमानी करना) आँखों को दर्शन का आमंत्रण देनेवाली। **ताक़त रूबा**—शक्ति छीन लेनेवाला।

मेवःहा-ए-ताज़ः-ओ-शीरीं—ताज़े और मीठे मेवे। **बादःहा-ए-नाब-ओ-गवारा**—मज़ेदार शराबें।

3

अपना अह्वाल-ए-दिल-ए-ज़ार कहूँ या न कहूँ
है हया माने'-ए-इज़्हार कहूँ या न कहूँ

नहीं करने का मैं तक़रीर, अदब से बाहर
मैं भी हूँ वाक़िफ़-ए-अस्रार, कहूँ या न कहूँ

शिकवः समझो इसे, या कोई शिकायत समझो
अपनी हस्ती से हूँ बेज़ार, कहूँ या न कहूँ

अपने दिल ही से मैं अह्वाल-ए-गिरफ़्तारि-ए-दिल
जब न पाऊँ कोई ग़मख़्वार, कहूँ या न कहूँ

दिल के हाथों से, कि है दुश्मन-ए-जानी अपना
हूँ इक आफ़त में गिरफ़्तार, कहूँ या न कहूँ

मैं तो दीवानः हूँ, और एक जहाँ है ग़म्माज़
गोश हैं दर पस-ए-दीवार, कहूँ या न कहूँ

आप से वह मिरा अह्वाल न पूछे, तो असद
हस्ब-ए-हाल अपने फिर अश'आर कहूँ या न कहूँ

अह्वाल-ए-दिल-ए-ज़ार—दुखी मन का हाल। **हया**—लज्जा। **माने'-ए-इज़्हार**—प्रकटन से रोकनेवाली। **तक़रीर**—वार्त्तालाप। **अदब**—शिष्टाचार। **वाक़िफ़-ए-अस्रार**—मर्मज्ञ।
हस्ती—अस्तित्व, जीवन। **बेज़ार**—नाख़ुश, असन्तुष्ट। **अह्वाल-ए-गिरफ़्तारि-ए-दिल**—दिल की गिरफ़्तारी का हाल।
ग़मख़्वार—दुख बँटानेवाला, सहानुभूतिकर्त्ता। **दुश्मन-ए-जानी**—प्राणों का शत्रु।
ग़म्माज़—चुग़लख़ोर। **गोश**—कान। **दर पस-ए-दीवार**—दीवार के पीछे। **हस्ब-ए-हाल**—अपनी दशा के अनुसार। **अश'आर**—शे'र का बहुवचन।

4

मुमकिन नहीं, कि भूलके भी आर्मीदः हूँ
मैं दश्त-ए-ग़म में आहू-ए-सय्याद दीदः हूँ

हूँ दर्दमन्द, जब्र हो या इख़्तियार हो
गह नालः-ए-कशीदः गह अश्क-ए-चकीदः हूँ

जाँ लब प आई, तो भी, न शीरीं हुआ दहन
अज़ बसकि, तल्ख़ि-ए-ग़म-ए-हिज्राँ चशीदः हूँ

ने सुब्हः से 'अिलाक़ः, ने साग़र से राब्तः
मैं मा'रिज़-ए-मिसाल में, दस्त-ए-बुरीदः हूँ

हूँ ख़ाकसार, पर न किसी से है मुझको लाग
ने दानः-ए-फ़ुतादः हूँ, ने दाम चीदः हूँ

आर्मीदः—आराम से। **दश्त-ए-ग़म**—दुखों का क्षेत्र। **आहू-ए-सय्याद दीदः**—हिरन जिसे शिकारी से पाला पड़ चुका हो।

दर्दमन्द—दुखी। **जब्र**—मजबूरी, असामर्थ्य। **इख़्तियार**—सामर्थ्य। **गह**—कभी। **नालः-ए-कशीदः**—खिंचा हुआ आर्त्तनाद। **अश्क-ए-चकीदः**—टपका हुआ आसूँ।

जाँ—जान, प्राण। **लब**—होंठ। **शीरीं**—मीठा। **दहन**—मुँह। **तल्ख़ि-ए-ग़म-ए-हिज्राँ चशीदः**—विरह के दुख के कड़ुवेपन को चखे हुए।

सुब्हः—तसबीह, सुमिरन। **'अिलाक़ः**—सम्बन्ध। **साग़र**—मधुपात्र। **राब्तः** (राबितः)—सम्बन्ध। **मा'रिज़-ए-मिसाल**—उदाहरण की दुनिया में। **दस्त-ए-बुरीदः**—कटा हुआ हाथ।

ख़ाकसार—नम्र, विनीत। **दानः-ए-फ़ुतादः**—गिरा हुआ दाना। **दाम चीदः**—जिसे जाल ने समेट लिया हो।

जो चाहिये, नहीं वह मिरी क़द्र-ओ-मंज़िलत
मै यूसुफ़-ए-बक़ीमत-ए-अव्वल ख़रीदः हूँ

हरगिज़ किसी के दिल में नहीं है मिरी जगह
हूँ मैं कलाम-ए-नग़्ज़, वले नाशुनीदः हूँ

अह्ल-ए-वर'अ के हल्क़े में हरचन्द हूँ ज़लील
पर 'आसियों के फ़िर्क़े में, मैं बरगुज़ीदः हूँ

पानी से सग गज़ीदः डरे जिस तरह, असद
डरता हूँ आइने से, कि मर्दुम गज़ीदः हूँ

क़द्र-ओ-मंज़िलत—आदर और सम्मान। **यूसुफ़-ए-बक़ीमत-ए-अव्वल ख़रीदः**—वह यूसुफ़ जिसे पहली बोली पर खरीद लिया गया हो।
(यूसुफ़ एक पैग़म्बर जो मिस्र के बाज़ार में गुलाम की तरह बेचे गये थे)
कलाम-ए-नग़्ज़—उत्तम काव्य। **नाशुनीदः** (नाशनीदः)—जिसे किसी ने न सुना हो।
अह्ल-ए-वर'अ—निस्पृह और संयमी लोग। **हल्क़े** (हल्क़ः)—टोली, गिरोह।
आसी—पापी, गुनहगार। **फ़िरक़े** (फ़िरक़ः)—सम्प्रदाय, वर्ग। **बर गुज़ीदः**—सदात्मा।
सग गज़ीदः—कुत्ते का काटा हुआ। **मर्दुम गज़ीदः**—आदमी का काटा हुआ।

5

मज्लिस-ए-शम्'अ 'अिज़ाराँ में जो आ जाता हूँ
शम्'अ साँ मैं तह-ए-दामान-ए-सबा जाता हूँ

होवे है जादः-ए-रह, रिश्तः-ए-गौहर हर गाम
जिस गुज़रगाह में, मैं आबलः पा जाता हूँ

सरगिराँ मुझसे सुबुक रौ के न रहने से रहो
कि बयक जुँबिश-ए-लब मिस्ल-ए-सदा जाता हूँ

मज्लिस-ए-शम्'अ 'अिज़ाराँ–दीपक की तरह दमकते कपोलोंवाले मा'शूक़ों की महफ़िल। **शम्'अ साँ**–दीपक की तरह। **तह-ए-दामान-ए-सबा**–हवा के दामन के नीचे।

जादः-ए-रह–रास्ता, पथ। **रिश्तः-ए-गौहर**–मोतियों की लड़ी। **गुज़रगाह**–रास्ता, पथ। **आबलः पा**–जिसके पैरों में छाले पड़े हो।

सरगिराँ–अप्रसन्न, रुष्ट। **सुबुक रौ**–शीघ्रगामी, मृदुलगामी। **बयक जुंबिश-ए-लब**–होंठों के कम्पन के साथ। **मिस्ल-ए-सदा**–आवाज़ की तरह।

6

मैं हूँ मुश्ताक़-ए-जफ़ा, मुझ प जफ़ा और सही
तुम हो बेदाद से ख़ुश, इससे सिवा और सही

ग़ैर की मर्ग का ग़म किस लिये, अय ग़ैरत-ए-माह
है हवस पेशः बहुत, वह न हुआ, और सही

तुम हो बुत, फिर तुम्हें पिन्दार-ए-ख़ुदाई क्यों है
तुम ख़ुदावन्द ही कहलाओ, ख़ुदा और सही

हुस्न में हूर से बढ़कर नहीं होने के कभी
आपका शेवः-ओ-अन्दाज़-ओ-अदा और सही

तेरे कूचे का है माइल दिल-ए-मुज़्तर मेरा
का'बः इक और सही, क़िब्लः नुमा और सही

मुश्ताक़-ए-जफ़ा—अत्याचार का अभिलाषी। **बेदाद**—अन्याय। **सिवा**—अधिक, ज़्यादा।
मर्ग—मृत्यु। **ग़ैरत-ए-माह**—चन्द्रमा को लजा देनेवाला रूप। **हवस पेशः**—प्रेमरहित लोलुप।
बुत—प्रतिमा, मूर्ति, मा'शूक़। **पिन्दार-ए-ख़ुदाई**—ख़ुदा होने का घमंड। **ख़ुदावन्द**—मालिक, स्वामी।
हूर—अप्सरा। **शेवः-ओ-अन्दाज़-ओ-अदा**—व्यवहार और हाव-भाव।
कूचे (कूचः)—गली। **माइल**—प्रवृत्त, अनुरक्त। **दिल-ए-मुज़्तर**—व्याकुल हृदय।
क़िब्लःनुमा—(का'बे) की राह दिखानेवाला।

कोई दुनिया में मगर बाग़ नहीं है, वा'अिज़
ख़ुल्द भी बाग़ है, ख़ैर आब-ओ-हवा और सही

क्यों न फ़िरदौस में दोज़ख़ को मिलालें, यारब
सैर के वास्ते थोड़ी-सी फ़ज़ा और सही

मुझको वह दो, कि जिसे खाके न पानी माँगूँ
ज़हूर कुछ और सही, आब-ए-बक़ा और सही

मुझसे, ग़ालिब, यह 'अलाई ने ग़ज़ल लिखवाई
एक बेदाद गर-ए-रंज फ़िज़ा और सही

वा'अिज़—धर्मोपदेशक। **ख़ुल्द**—जन्नत, स्वर्ग। **आब-ओ-हवा**—जलवायु।
फ़िरदौस—स्वर्ग। **दोज़ख़**—नरक। **फ़ज़ा**—वातावरण।
आब-ए-बक़ा—अमृत।
'अलाई—'अलाउद्दीन अहमद खाँ 'अलाई, कवि और ग़ालिब के मित्र। **बेदादगर-ए-रंज फ़िज़ा**—दुख बढ़ानेवाला अन्यायी।

7

है ग़नीमत, कि बउम्मीद गुज़र जायेगी 'उम्र
न मिले दाद, मगर रोज़-ए-जज़ा है तो सही

दोस्त गर कोई नहीं है, जो करे चारःगरी
न सही, एक तमन्ना-ए-दवा है तो सही

ग़ैर से, देखिये क्या ख़ूब निभाई उसने
न सही हमसे, पर उस बुत में वफ़ा है तो सही

कभी आ जायेगी, क्यों करते हो जल्दी, ग़ालिब
शोहरः-ए-तेज़ि-ए-शमशीर-ए-क़ज़ा है तो सही

ग़नीमत—सन्तोष की बात। **बउम्मीद**—आशा में। **दाद**—न्याय। **रोज़-ए-जज़ा**—कर्मफल पाने का दिन, क़यामत, प्रलय।

चारःगरी—उपचार। **तमन्ना-ए-दवा**—दवा की कामना।

शोहरः-ए-तेज़ि-ए-शमशीर-ए-क़ज़ा—मृत्यु की तलवार की तेज़ी की प्रसिद्धि।

8

अब्र रोता है, कि बज़्म-ए-तरब आमादः करो
बर्क़ हँसती है, कि फ़ुर्सत कोई दम है हमको

अब्र—बादल। **बज़्म-ए-तरब**—ख़ुशी की महफ़िल। **आमादः करो**—तैयार करो, सजाओ (आमादः—तत्पर) **बर्क़**—बिजली।

9

चन्द तस्वीर-ए-बुताँ, चन्द हसीनों के ख़ुतूत
बा'द मरने के मिरे घर से यह सामाँ निकला

तस्वीर-ए-बुताँ—सुन्दरियों के चित्र। **ख़ुतूत**—ख़त का बहुवचन, पत्र (ख़त का अर्थ रेखा भी है)।

10

दो रँगियाँ यह ज़माने की जीते जी हैं सब
कि मुर्दों को न बदलते हुए कफ़न देखा

11

दम-ए-वापसीं बर सर-ए-राह है
'अज़ीज़ो, अब अल्लाह् ही अल्लाह है

दम-ए-वापसीं—अन्तिम साँस। **बर सर-ए-राह**—राह में है, आ जा रहा है।
'अज़ीज़ो—दोस्तो, मित्रो। (मरने से पहले यह शे'र ग़ालिब की ज़बान पर था)

12

है कहाँ, तमन्ना का दूसरा क़दम, यारब
हमने दश्त-ए-इम्काँ को, एक नक़्श-ए-पा पाया

तमन्ना—कामना। **यारब**—अय ख़ुदा। **दश्त-ए-इम्काँ**—सम्भावना-क्षेत्र, संसार।
नक़्श-ए-पा—पदचिन्ह।

13

अगर आसूदगी है मुद्द'आ-ए-रंज-ए-बेताबी
निसार-ए-गर्दिश-ए-पैमानः-ए-मै रोज़गार अपना

आसूदगी—सन्तुष्टि। **मुद्द'आ-ए-रंज-ए-बेताबी**—व्याकुलता के दुखों का उद्देश्य।
निसार-ए-गर्दिश-ए-पैमानः-ए-मै—मदिरापात्र की गर्दिश (परिभ्रमण) पर निछावर।
रोज़गार—युग (जीवन)।

14

असद, यह 'अिज्ज़-ओ-बेसामानि-ए-फ़िर'औन तौअम है
जिसे तू बन्दगी कहता है, दा'वा है ख़ुदाई का

'अिज्ज़ ('अज्ज़)–नम्रता। **ओ**–और। **बेसामानि-ए-फ़िर'औन**–फ़िरऔन की दरिद्रता। फ़िरऔन प्राचीन मिस्र के बादशाहों की उपाधि थी। मूसा पैग़म्बर ने एक फ़िरऔन को जिसने ख़ुदा होने का दावा किया था, पराजित किया था। उर्दू में फ़िरऔन का शब्द अत्याचारी और घमंडी के लिए प्रयुक्त होता है। इसीसे फ़िरऔन-ए-बेसामाँ, दरिद्र फ़िरऔन, बना है जिसका अर्थ है ऐसा घमंडी जिसके पास फ़िरऔन की सल्तनत नहीं है लेकिन फ़िरऔन की बददिमाग़ी है)। **तौअम**–जुड़वाँ, यमज, यमल। **बन्दगी**–वन्दना।

15

हमने वहशत कदः-ए-बज़्म-ए-जहाँ में ज्यों शमू'अ
शो'लः-ए-'अिश्क़ को अपना सर-ओ-सामाँ समझा

वहशत कदः-ए-बज़्म-ए-जहाँ–(वहशत–घबराहट, भय, सुनापन, उन्माद) **ज्यों शमू'अ**–दीपक की तरह। **शो'लः-ए-'अिश्क़**–प्रेम-ज्वाला। **सर-ओ-सामाँ**–उपकरण, साधन।

16

बसूरत तकल्लुफ़, बमा'नी, तअस्सुफ़
असद, मैं तबस्सुम हूँ पश़मुर्दगाँ का

बसूरत तकल्लुफ़–रूप में कृत्रिमता। **बमा'नी तअस्सुफ़**–अर्थ (यथार्थ) में पछतावा। **तबस्सुम**–मुस्कान, स्मिति। **पश़मुर्दगाँ**–(पश़मुर्दः का बहुवचन) मलिनमुख।

17

ख़ुद परस्ती से रहे बाहम दिगर, ना आश्ना
बेकसी मेरी शरीक, आईनः मेरा आश्ना

रब्त-ए-यक शीराज़ः-ए-वह्शत है अज्ज़ा-ए-बहार
सब्ज़ः बेगानः, सबा आवारः, गुल ना आश्ना

ख़ुद परस्ती—आत्मश्लाघा, घमंड। **बाहम दिगर**—आपस में। **ना आश्ना**—अपरिचित।
बेकसी—असहायता। **शरीक**—साथी। **आश्ना**—परिचित, दोस्त।
रब्त-ए-यक शीराज़ः-ए-वह्शत—उन्माद के विच्छिन्न अंशों की एकत्रता का सम्बन्धसूत्र।
अज्ज़ा-ए-बहार—बहार के अंश। **सब्ज़ः**—हरियाली, दूब, घास। **बेगानः**—पराया। **सबा**—समीर।
आवारः—निरुद्देश्य भ्रमणशील। **गुल**—फूल।

18

फिर वह सू-ए-चमन आता है, ख़ुदा ख़ैर करे
रंग उड़ता है गुलिस्ताँ के हवादारों का

सू-ए-चमन—बाग़ की ओर। **गुलिस्ताँ**—उद्यान। **हवादार**—शुभचिन्तक।

19

अज़ आँजा कि हस्रत कश-ए-यार हैं हम
रक़ीब-ए-तमन्ना-ए-दीदार हैं हम

तमाशा-ए-गुल्शन, तमन्ना-ए-चीदन
बहार आफ़रीना, गुनहगार हैं हम

न ज़ौक़-ए-गरीबाँ, न परवा-ए-दामाँ
निगह आश्ना-ए-गुल-ओ-ख़ार हैं हम

असद' शिकवः कुफ्र-ओ-दु'आ ना सिपासी
हुजूम-ए-तमन्ना से लाचार हैं हम

अज़ आँजा—उस जगह से। **हस्रत कश-ए-यार**—मित्र से मिलने के अभिलाषी।
रक़ीब-ए-तमन्ना-ए-दीदार—दर्शन की कामना के प्रतिद्वन्द्वी।
तमाशा-ए-गुलशन—बाग़ का तमाशा (अवलोकन, दर्शन)। **तमन्ना-ए-चीदन**—फूल चुनने की कामना। **बहार आफ़रीना**—अय बहार के सृष्टिकार (ख़ुदा)। **गुनहगार**—अपराधी।
ज़ौक़-ए-गरीबाँ—गरीबान का चाव। **परवा-ए-दामाँ**—दामन की परवाह। **निगह आश्ना-ए-गुल-ओ-ख़ार**—फूलों और काँटों की निगाह पहचानने वाले।
शिकवः—शिकायत, उलाहना, उपालंभ। **कुफ्र**—अनास्था, अधर्म। **दु'आ**—प्रार्थना। **ना सिपासी**—नाशुक्री, अकृतज्ञता। **हुजूम-ए-तमन्ना**—कामनाओं का समूह।

20

फिर हल्क़ः-ए-काकुल में पड़ीं दीद की राहें
ज्यों दूद फ़राहम हुईं रौज़न में निगाहें

दैर-ओ-हरम, आईनः-ए-तकरार-ए-तमन्ना
वामान्दगि-ए-शौक़ तराशे है पनाहें

हल्क़ः-ए-काकुल–केशों की घूँघर (छल्ला)। **दीद**–दर्शन, अवलोकन। **ज्यों दूद**–धुएँ की तरह। **फ़राहम**–संचित। **रौज़न**–विवर, रंध्र।

दैर-ओ-हरम–मन्दिर और मस्जिद। **आईनः-ए-तकरार-ए-तमन्ना**–(तकरार–पुनरावृत्ति, दोहराना, वाद-विवाद, तू-तू-मैं-मैं। आईनः–दर्पण, आदर्श, प्रकट होना) कामना की तकरार का सुबूत। **वामाँदगि-ए-शौक़**–शौक़ (चाव, रुचि) की थकान। **तराशे है पनाहें**–शरण ढूँढ़ती है, आश्रय निर्मित करती है।

21

हूँ गर्मि-ए-नशात-ए-तसव्वुर से नग़्मः सँज
मैं 'अन्दलीब-ए-गुल्शन-ए-ना आफ़रीदः हूँ

गर्मि-ए-नशात-ए-तसव्वुर—कल्पना के हर्ष की गर्मी (अतिरेक)। **नग़्मःसंज हूँ**—गा रहा हूँ। **'अन्दलीब-ए-गुल्शन-ए-ना-आफ़रीदः**—अजात उद्यान का बुलबुल।

22

अय नवासाज़-ए-तमाशा, सर ब कफ़ जलता हूँ मैं
इक तरफ़ जलता है दिल, और इक तरफ़ जलता हूँ मैं

है तमाशा गाह-ए-सोज़-ए-ताज़ः, हर यक 'अज़्व-ए-तन
ज्यों चराग़ान-ए-दिवाली सफ़ ब सफ़ जलता हूँ

नवासाज़-ए-तमाशा—तमाशे को सजानेवाला। **सर ब कफ़**—सर हथेली पर लिये हुए। **तमाशागाह-ए-सोज़-ए-ताज़ः**—नई तपन का क्रीड़ास्थल। **हर यक 'अज़्व-ए-तन**—शरीर का हर अंग। **चराग़ान-ए-दिवाली**—दिवाली के दीप। **सफ़-ब-सफ़**—पंक्ति के बाद पंक्ति।

23

असद, बज़्म-ए-तमाशा में, तग़ाफ़ुल पर्दःदारी है
अगर ढाँपे, तो आँखें ढाँप, हम तस्वीर-ए-'अुरियाँ हैं

बज़्म-ए-तमाशा—तमाशागाह, क्रीड़ास्थल। **तग़ाफ़ुल**—उपेक्षा। **पर्दःदारी**—पर्दा रखना, आवरण। **तसवीर-ए-'अुरियाँ**—नंगी तस्वीर, निरावरण चित्र।

24

फ़ुतादगी में क़दम उस्तुवार रखते हैं
बरँग-ए-जादः सर-ए-कू-ए-यार रखते हैं

जुनून-ए-फ़ुर्क़त-ए-यारान-ए-रफ़्तः है, ग़ालिब
बसान-ए-दश्त दिल-ए-पुर गुबार रखते हैं

फ़ुतादगी–नम्रता, पतन। **उस्तुवार**–पोढ़ा, तन-मन से सुदृढ़। **बरंग-ए-जादः**–रास्ते की तरह। **सर-ए-कू-ए-यार**–दोस्त की गली की ओर प्रवृत्त।
जुनून-ए-फ़ुर्क़त-ए-यारान-ए-रफ़्तः–बिछुड़े हुए मित्रों के विरह का उन्माद। **बसान-ए-दश्त**–क्षेत्र के समान। **दिल-ए-पुर-ग़ुबार**–(गुबार–धूल, वैमनस्य, धूमिलता) गुबार से भरा दिल।

25

है तिलिस्म-ए-दैर में, सद हश्र-ए-पादाश-ए-'अमल
आगही ग़ाफ़िल, कि यक इम्रोज़ बे फ़र्दा नहीं

तिलिस्म-ए-दैर—मन्दिर का इन्द्रजाल। (**तिलिस्म-ए-दहूर**—समय ओर संसार का इन्द्रजाल) **सद हश्र-ए-पादाश-ए-'अमल**—कर्म के प्रतिकार के सैकड़ों प्रलय। **आगही ग़ाफ़िल**—अय अचेत। **इम्रोज़**—आज का दिन। **बे फ़र्दा**—कल के दिन के बिना।

[ग़ालिब के दीवान के जितने संस्करण छपे हैं सब में 'दैर', (मन्दिर) का शब्द मिलता है। मेरा विचार है कि यह ग़लत है, 'दैर' के बजाए 'दहूर' (काल और स्थान, संसार) होना चाहिये। इसलिए मैंने दीवान में इस शे'र को 'दैर' के शब्द के साथ छापा है, लेकिन भूमिका में 'दहूर' के शब्द के साथ लिखा है। उर्दू के प्रसिद्ध समालोचक प्रोफ़ेसर एहतिशाम हुसैन मेरे विचार से सहमत हैं, लेकिन उर्दू के दूसरे प्रसिद्ध समालोचक प्रोफ़ेसर आले अहमद सुरूर विपरीत मत रखते हैं।]

26

मुझे मा'लूम है, जो तूने मेरे हक़ में सोचा है
कहीं हो जाये जल्द, अय गर्दिश-ए-गर्दून-ए-दूँ वह भी

गर्दिश-ए-गर्दून-ए-दूँ—दुष्प्रकृत आकाश का चक्कर।

27

है यास में असद को साक़ी से भी फ़राग़त
दरिया से ख़ुश्क गुज़रे मस्तों की तश्नःकामी

यास—निराशा। **फ़राग़त**—अवकाश। **ख़ुश्क**—सूखी, प्यासी। **तश्न कामी**—प्यास।

28

गर मुसीबत थी, तो ग़ुर्बत में उठा लेते, असद
मेरी देह्ली ही में होनी थी यह ख़्वारी, हाय हाय

गुर्बत—प्रवास। **ख़्वारी**—ज़िल्लत, निरादर, अपयश।

29

बे चश्म-ए-दिल न कर हवस-ए-सैर-ए-लालःज़ार
या'नी यह हर वरक़, वरक़-ए-इन्तिख़ाब है

बेचश्म-ए-दिल—मन की आँख के बिना। **हवस-ए-सैर-ए-लालःज़ार**—फूलों की सैर की लालसा। **वरक़-ए-इन्तिख़ाब**—प्रमुख पृष्ठ।

30

ता चन्द पस्त फ़ितरति-ए-तब'-ए-आरज़ू
यारब, मिले बलन्दि-ए-दस्त-ए-दु'आ मुझे

यक बार इम्तिहान-ए-हवस भी ज़रूर है
अय जोश-ए-'अिश्क़, बादः-ए-मर्द आज़्मा मुझे

ता चन्द–कब तक। **पस्त फ़ितरति-ए-तब'-ए-आरज़ू**–कामना के भाव का नीचापन, कामना की शिथिलता। **बलन्दि-ए-दस्त-ए-दु'आ**–प्रार्थना के लिए उठे हुए हाथों की ऊँचाई।
इम्तिहान-ए-हवस–लालसा की परीक्षा। **बादः-ए-मर्द आज़्मा**–बहादुरों को आज़मानेवाली शराब, तेज़ शराब।

31

असद, उठना क़यामत क़ामतों का, वक़्त-ए-आराइश
लिबास-ए-नज़्म में, बालीदन-ए-मज़मून-ए-'आली है

क़यामत क़ामत–प्रलय ढानेवाले आकारवाला। **वक़्त-ए-आराइश**–शृंगार के समय। **लिबास-ए-नज़्म**–काव्य का वस्त्र। **बालीदन-ए-मज़मून-ए-'आली**–उच्च विषय का विकास। (विषय मा'शूक़ के शरीर की तरह है और शब्दों का रूप अलंकरणों की तरह)

32

हम मश्क़-ए-फ़िक्र-ए-वस्ल-ओ-ग़म-ए-हिज्र से, असद
लाइक़ नहीं रहे हैं, ग़म-ए-रोज़गार के

मश्क़-ए-फ़िक्र-ए-वस्ल-ओ-ग़म-ए-हिज्र—विरह के दुख और मिलन के चिन्तन का अभ्यास। **लाइक़**—लायक़, योग्य। **ग़म-ए-रोज़गार**—दुनिया के दुख।

33

असद, बन्द-ए-क़बा-ए-यार है फ़िरदौस का गुंचः
अगर वा हो, तो दिखला दूँ, कि यक 'आलम गुलिस्ताँ है

बन्द-ए-क़बा-ए-यार–दोस्त की क़बा (एक वस्त्र) के बन्द। **फ़िरदौस**–जन्नत, स्वर्ग। **ग़ुंचः**–कली। **वा हो**–खुले। **यक 'आलम**–एक दुनिया। **गुलिस्ताँ**–फुलवारी, उद्यान, बाग़।

34

आतश अफ़रोज़ि-ए-यक शो'लः-ए-ईमाँ तुझसे
चश्मक आराइ-ए-सद शहूर-ए-चराग़ाँ मुझसे

आतश अफ़रोज़ि-ए-यक-शो'लः-ए-ईमाँ–(आतश अफ़रोज़ी–आग जलाना) धर्म और विश्वास की ज्वाला। **चश्मक आराई-ए-सद-शहूर-ए-चराग़ाँ**–दीपमालाओं से अलंकृत सैकड़ों शहरों में चंचल लवों के इशारे।

[तू (ख़ुदा) ने केवल धर्म और विश्वास की लौ प्रज्वलित की है लेकिन मैं (मानव) ने नगरों को दीप से सजाया है। यानी दुनिया तूने पैदा की है और संस्कृति व सभ्यता मैंने]

35

असद, बहार-ए-तमाशा-ए-गुलिस्तान-ए-हयात
विसाल-ए-लालः 'अिज़ारान-ए-सर्व क़ामत है

बहार-ए-तमाशा-ए-गुलिस्तान-ए-हयात—जीवन की फुलवारी के अवलोकन की बहार। **विसाल-ए-लालः 'अिज़ारान-ए-सर्व क़ामत**—सरों जैसे आकार और फूल जैसे मुखड़ेवाले मा'शूक़ों का मिलन।

36

रश्क है आसाइश-ए-अर्बाब-ए-ग़फ़्लत पर, असद
पेच-ओ-ताब-ए-दिल, नसीब-ए-ख़ातिर-ए-आगाह है

रश्क—ईर्ष्या। **आसाइश-ए-अर्बाब-ए-ग़फ़्लत**—उपेक्षावादियों का सुख-चैन। **पेच-ओ-ताब-ए-दिल**—मन की कुढ़न, व्याकुलता। **नसीब-ए-ख़ातिर-ए-आगाह**—चिन्तनवादियों के भाग्य में।

37

तोड़ बैठे, जबकि हम जाम-ओ-सुबू , फिर हमको क्या
आस्माँ से बादः-ए-गुल्फ़ाम, गो बरसा करे

जाम-ओ-सुबू—मधुपात्र और मधुपट। **बादः-ए-गुल्फ़ाम**—गुलाबी शराब।

38

ता चन्द, नाज़-ए-मस्जिद-ओ-बुतख़ानः खेंचिये
ज्यों शम्'अ दिल ब ख़ल्वत-ए-जानानः खेंचिये

'अिज्ज़-ओ-नियाज़ से तो न आया वह राह पर
दामन को उसके आज हरीफ़ानः खेंचिये

है ज़ौक़-ए-गिरियः, 'अज़्म-ए-सफ़र कीजिये, असद
रख़्त-ए-जुनून-ए-सैल ब वीरानः खेंचिये

ता चन्द—कब तक। **नाज़ खेंचना**—नाज़ उठाना। **बुतख़ानः**—प्रतिमाशाला, मन्दिर। **ब ख़ल्वत-ए-जानानः**—मा'शूक़ के शयनागार की ओर।

'अिज्ज़-ओ-नियाज़—('अज्ज़) नम्रता और श्रद्धा। **हरीफ़ानः**—हरीफ़ (दुश्मन) की तरह [हरीफ़ का अर्थ सहयोगी भी है]

ज़ौक़-ए-गिरीयः—रुदन का चाव, आसुँओं का वेग। **'अज़्म-ए-सफ़र**—यात्रा का संकल्प और साहस। **रख़्त-ए-जुनून-ए-सैल**—जलप्लावन के उन्माद का रख़्त। (रख़्त-उपकरण, सामान, वस्त्र)। **ब वीरानः**—उजाड़ क्षेत्र की ओर। (पहले और तीसरे शे'र में खेंचिये का प्रयोग फ़ारसी का अनुवाद है। आगे के शे'र में भी ऐसा ही है)

39

ख़ुद नामः बन के जाइये, उस आश्ना के पास
क्या फ़ायदः कि मिन्नत-ए-बेगानः खेंचिये

नामः—पत्र। **आश्ना**—मित्र, परिचित, मा'शूक़। **मिन्नत खेंचना**—आभारी होना, एहसान उठाना। **मिन्नत-ए-बेगानः**—पराये (पत्रवाहक) का एहसान।

40

जाम-ए-हर ज़र्रः, है सर्शार-ए-तमन्ना मुझसे
किसका दिल हूँ, कि दो 'आलम से लगाया है मुझे

जाम-ए-हर ज़र्रः—हर कण का मधुपात्र। **सर्शार-ए-तमन्ना**—कामना से भरपूर। **दो'आलम**—दो संसार, लोक-परलोक।

41

गदा-ए-ताक़त-ए-तक़रीर है ज़बाँ तुझसे
कि ख़ामुशी को है पैरायः-ए-बयाँ तुझसे

फ़सुर्दगी में है फ़रियाद-ए-बेदिलाँ तुझसे
चराग़ः-ए-सुबह-ओ-गुल-ए-मौसम-ए-ख़ज़ाँ तुझसे

बहार-ए-हैरत-ए-नज्ज़ारः, सख़्त जानी से
हिना-ए-पा-ए-अजल ख़ून-ए-कुश्तगाँ तुझसे

तरावत-ए-सहर ईजादि-ए-असर, यकसू
बहार-ए-नालः-ओ-रंगीनि-ए-फ़ुग़ाँ तुझसे

चमन चमन गुल-ए-आईनः दर कनार-ए-हवस
उमीद महूव-ए-तमाशा-ए-गुल्सिताँ तुझसे

गदा-ए-ताक़त-तक़रीर—वाक्शक्ति का भिकारी। **ख़ामुशी**—खामोशी, मौन। **पैरायः-ए-बयाँ**—वर्णन-शैली।

फ़सुर्दगी—मलिनता, उदासीनता। **फ़रियाद-ए-बेदिलाँ**—निराशों का आर्त्तनाद। **चराग़-ए-सुबह**—बुझा हुआ दीपक। **गुल-ए-मौसम-ए-ख़ज़ाँ**—पतझर की ऋतु का फूल, मुरझाया हुआ फूल।

बहार-ए-हैरत-ए-नज़्ज़ारः—अवलोकन के विस्मय की बहार। **सख़्त जानी**—पोढ़ापन। **हिना-ए-पा-ए-अजल**—मौत के पैरों की मेंहदी। **ख़ून-ए-कुश्तगाँ**—क़त्ल हो जानेवालों का ख़ून। **तरावत-ए-सहर ईजादि-ए-असर**—प्रभाव की सुबह की शीतलता। **यकसू**—एक तरफ़, बाद की चीज़। **बहार-ए-नालः**—आर्त्तनाद की बहार। **रंगीनि-ए-फ़ुग़ाँ**—(**फ़ुग़ाँ**—फ़रियाद, **नालः**—आह, आर्त्तनाद) आसुँओं की रंगीनी।

गुल-ए-आईनः—दर्पणों के फूल। **दर कनार-ए-हवस**—लालसा की गोद में। **उमीद**—उम्मीद, आशा। **महूव-ए-तमाशा-ए-गुलसिताँ**—फुलवारी की सैर में लीन।

नियाज़, पर्दः-ए-इज़्हार-ए-ख़ुदपरस्ती है
जबीन-ए-सिजूदः फ़िशाँ तुझसे, आस्ताँ तुझसे

बहानः जूइ-ए-रह्मत, कमीं गर-ए-तक़रीब
वफ़ा-ए-हौसलः-ओ-रंज-ए-इम्तिहाँ तुझसे

असद, ब मौसम-ए-गुल दर तिलिस्म-ए-कुँज-ए-क़फ़स
ख़िराम तुझसे, सबा तुझसे, गुल्सिताँ तुझसे

नियाज़–श्रद्धा। **पर्दः-ए-इज़्हार-ए-ख़ुदपरस्ती**–आत्मश्लाघा (अभिमान) का पर्दा। **जबीन-ए-सिजदः फ़िशाँ**–सिजदे करनेवाला मस्तक। **आस्ताँ**–चौखट, ड्योढ़ी।

बहानः जूइ-ए-रह्मत–ईश-कृपा का बहाना ढूँढना। **कमींगर-ए-तक़रीब**–उत्सव का ओट लेनेवाली। **वफ़ा-ए-हौसलः**–साहस का निर्वाह, साहस का कसौटी पर पूरा उतरना। **रंज-ए-इम्तिहाँ**–परीक्षा का दुख।

ब मौसम-ए-गुल–फूलों की ऋतु में। **दर तिलिस्म-ए-कुंज-ए-क़फ़स**–क़ैद के जादू में फँसा हुआ। **ख़िराम**–गति। **सबा**–समीर। **गुलिस्ताँ**–फुलवारी।

[यह ग़ालिब की बहुत कठिन ग़ज़ल है और तुझसे के प्रयोग ने इसे और भी मुश्किल बना दिया है। इसका सम्बोधन ख़ुदा की ओर है, इसमें इस विश्वास का प्रकाशन है कि ब्रह्म से बाहर किसी वस्तु का अस्तित्व नहीं है। इससे मिलती-जुलती ग़ालिब की प्रसिद्ध फ़ारसी ग़ज़ल है

नशात-ए-मा'नवियाँ अज़ शराबख़ानः-ए-तुस्त
फ़ुसून-ए-बाबलियाँ फ़स्ल-ए-अज़ फ़सानः-ए-तुस्त

यानी, ज्ञानियों का हर्ष तेरे मदिरालय से है और बाबिलवालों का जादू तेरी कहानी का एक अंश है।]